除了野蛮国家，整个世界都被书统治着。

司母戊工作室

# 放言惊世法兰西

L'Attraction
de la passion française,
L'Expression
de l'esprit indépendant

郭华榕 著

人民东方出版传媒
東方出版社

**图书在版编目（CIP）数据**

放言惊世法兰西 / 郭华榕 著 . — 北京：东方出版社，2018.1
ISBN 978-7-5060-9930-1

Ⅰ. ①放…　Ⅱ. ①郭…　Ⅲ. ①法兰西人—研究
Ⅳ. ① K565.8

中国版本图书馆 CIP 数据核字（2017）第 270376 号

**放言惊世法兰西**
（FANG YAN JING SHI FA LAN XI）

**作　　者**：郭华榕
**责任编辑**：黄珊珊
**出　　版**：东方出版社
**发　　行**：人民东方出版传媒有限公司
**地　　址**：北京市东城区东四十条 113 号
**邮政编码**：100007
**印　　刷**：北京联兴盛业印刷股份有限公司
**版　　次**：2018 年 8 月第 1 版
**印　　次**：2018 年 8 月第 1 次印刷
**开　　本**：640 毫米 ×950 毫米　1/16
**印　　张**：28
**字　　数**：390 千字
**书　　号**：ISBN 978-7-5060-9930-1
**定　　价**：62.00 元
**发行电话**：（010）85924663　85924644　85924641

# Contents | 目录

## Chapter 02 “如果我有一把剑！”——争取排除障碍



## Chapter 03 “耕耘与放牧是真正的财富之源！”——良策治理国家

## Chapter 05 “先理解而后信仰！”——宗教信仰的争论



## Chapter 06 “女士之城将美丽绝伦……永远屹立于尘世中！”——法兰西女性的风采

## Chapter 09 “莱茵河不是一道鸿沟！”——面对欧洲局势



## Chapter 10 “人，生来心里便向往自由！”——追求心中的自由

Preface | 前言

# 特立独行的法兰西人

人们通常将法兰西想象为一个浪漫与激情的国度，将巴黎视作彻夜歌舞、繁花似锦的大都城，法国人日常生活中随时荡漾着情爱……法兰西是心中永远的美景。这是追寻者设想的乌托邦的异化，是一种简单化和一厢情愿，或者旅游业为了招揽游客所需而着意夸张，实际上此类想法仅仅涉及事情的某些方面。就此问题而言还应看到，法国人自身的言论也起了一定的作用。12—13 世纪，以大学生为主的一个秘密团体“哥利亚德”（Goliards）宣称：巴黎是“人间的天堂、世界的玫瑰、宇宙的慰藉”。

大革命之际，布瓦西—当格拉斯（Boissy d’ Anglas）在议会讲台上表示：“法兰西是世界上最好的民族”，“最开明的人民”，“巴黎是人类一切知识之家……世界的学校”。19 世纪前期，政治家与史学家基佐（Guizot）认为“法国是文明最完美、最有感染力的国家……” 1871 年，巴黎公社委员德勒克吕兹（Delescluze）在公告中指出：“法兰西是一切革命之母。”[①] 这些人的爱国热情可以理解，然而对于法兰西或巴黎，需要较久的生活、冷静的观察、辩证的思考。法兰西或巴黎，那里的人与事，都是复杂的历史的产物，都有

① *L’ Espace et le temps reconstruits. La Révolution française des mentalités et des cultures.* Aix-en-Provence—1990. p.160，157. 勒戈夫：《中世纪的知识分子》，商务印书馆 1996 年版，第 12 页。基佐：《法国文明史》，商务印书馆 1993 年版，第 1 卷，第 8、19 页。《巴黎公社公告集》，上海人民出版社 1978 年版，第 506 页。

复杂的现状。过去，传说在小亚细亚的吕底亚（Lydie），有一条小小的帕克托尔河（Pactole），河中漂流着黄金……传说，这只是旧日的传说而已！传说，有时是幻想的变种，翘首构思的空中楼阁，人们从中追寻着，甚至享受着自己的快乐与“快乐”。毕竟，塞纳河里从未涌现黄金波浪，却曾有造反者们的鲜血随水逝去。

在法兰西，可以找到许多著名的风景，如巴黎、马赛、博纳……卢瓦尔河畔的城堡、布尔戈尼的山峦、罗纳河中的水湾……它们都给人留下美好的印象，但令笔者深受感动的是如此景色：农舍、牛群、坡地上无际的绿茵，草野中零星地绽放着鲜红的丽春花（coquelicot，又名虞美人）……见到此景，容易让人流连忘返。人和大自然的共同努力，匠心独运与鬼斧神工，在地球上、人世间创造了如此诱人的田畴……当我们经历了柏油路、水泥楼、交通堵塞、漫天雾霾等世界性的“大城市病”之后，那翠绿青葱中猩红点缀的景致显得令人神往。

法兰西的浪漫和激情不断诱发出感人的爱情，如罗兰夫妇、拿破仑与瓦勒弗斯卡、巴尔扎克与韩斯卡、乔治·桑与缪塞或肖邦，有时他们给后人以情大如天、揪心断肠的印象。同时，法兰西人的爱情故事中，经常难免过度的冲动、迅速的分合聚散，地动山摇与顷刻崩溃几乎彼此渗透互相呼应，而且这一切多是诚挚的、认真的。就笔者有限的知识范围而言，激动人心的爱情有如孔多塞（Condorcet）夫妇。为了躲避断头之祸，无辜的他被迫隐藏在巴黎市区。她在郊区竭力工作，冒着生命危险无数次含泪潜入巴黎城里，给孔多塞以物质支持和精神温暖，患难与共，生死相交，感人至深……为了爱情，人们如此独特地奉献，而那被诗人们歌颂至极的爱神，她为何见死不救？在断头台的面前，她未能拯救受难者当中那些无辜的被损害者与被侮辱者！国际史学界较多人认为，1793—1794 年山岳派专政（另称雅各宾专政）的“恐怖统治”时期，在押的犯罪嫌疑人约 30 万人，被判处死刑者 16594 人，未经判决与死在狱中者约 4 万人。被判处死刑者 84% 属于第三等级（其中 25% 资产者、28% 农民、31%“无套裤汉”）、8.5% 贵族、6.5% 教士。有关数据至今无法说明其中无辜者的数字或比例。[①] 无辜的受害者远不止三五个、十个百个……即将身首异处的他们曾对爱神翘首期盼、望眼欲穿！在那情爱容易萌发却艰难持久的国度，孔多塞们的爱情显然引人注目。

我们看到，在绚丽的景色和真挚的爱情之外，还有更多的、更加辽阔的法兰西！有地理、经济、政治、文化、艺术、劳动、军事、外交的法兰西。有巴黎的法兰西与外省的法兰西！尤其特立独行的法兰西！

浪漫激情、迷人景象、生死情爱，这一切都显示出法兰西的巨大的活力。我们经常见到实实在在的异峰突起！那里，有许多人勇敢地对社会、对生活进行思考……那里，既有血与火的碰撞，也有思想奔放的展示。鲜血与烈火磨炼了法国人，帮助他们坚持民族的特性，并在世界上保持显著的地位。思考者们的智慧如同溪水，仓促汹涌地或巧妙曲折地独自奔流，汇集成一条令世人瞩目的大江，法兰西一直在独立地思索着、行动着……

世界上，不少异国人士钟爱法兰西，甚至眷恋着法兰西！如此做法具有充分的理由，这往往是由于法兰西的令世人赞叹的独特性。人们容易受到它的独特性的束缚，然而这亦有好或坏、恰当或过度、适时或违时。独立特征对于人们的束缚，导致过度陶醉、身心迷惑，距离迷信或许仅有一步之遥，而一旦跨过了这个红线，收脚回身退到冷静思索的境界，可能十分艰难！拿破仑曾经指出："从伟大到愚蠢，仅差一步。"[②] 人类的认识史，不断提供如此精神演化的例证。

早已有人批评法国人的性格。例如，马克思认为："在法国，人民中的每一个阶级都是政治的理想主义者。"17 世纪初，德 · 孔代（Condé）亲王表示："我怀疑自己是否能同德 · 吉斯公爵肝胆相照，因为我们都是法国人。今天我们信誓旦旦，明日我们就会矢口否认……天主造就了我们这种法国人，我们注定将永远疲于奔命。"乌托邦社会主义者傅立叶（Fourier）坦然

① 请参见拙著《法国政治制度史》，人民出版社 2015 年版，第 146 页。

② 转引自塔尔列的《拿破仑传》，商务印书馆 1976 年版，第 228 页。

承认："任何民族都不像法国人这样老是有始无终，工作才完成一半就改变计划……法国人总是心血来潮，不能坚持某一种意见。他从一个极端一下子跳到另一个极端，是使对立的东西混淆起来的中间人物。"现代史学家瑟尼奥博斯（Seignobos）如此描绘："法国人喜欢说话，并且口语很流利，能够深思熟虑。""他们更适宜于个人工作，而不宜于集体经营。"[①]

一句精辟的话语，可能使说话者载入史册，如果它代表了人心的渴求、群体的前途、社会的趋向，或者是这一切的反面，背道而驰，甚至乱杀无辜……无论正与反，也可能两者兼而有之，它们都应该包含明确的独立性。法兰西人的可贵品质在于：不愿意唯马首是瞻、鹦鹉学舌、人云亦云、随波逐流。他们作为一个群体，突出地表现了法兰西式的政治尖锐性！笔者在本书中关注的不是对于人物的全面评价以及他一生的思想演变，而着重介绍他们独特的言论和行为。无论如何，这些法国人发挥个性，单枪匹马或统领人群，瞄准对手，刺激着社会，造成各种后果。也许正是由于这些言行，他们成为已经消失的社会生活在其他方面的亮点。法兰西经历了它的若干胜利的高峰和失败的低谷，走到当代，还将走向未来……我们关注它，并非将要竹篮打水一场空。"武装起来，公民们！"（《马赛曲》）与"勇敢，勇敢，再勇敢！"（丹东）的豪言壮语，曾在日本帝国主义侵华、国难当头之时，给我们以鼓舞。

此外，乔布斯曾说："向那些疯狂、特立独行、想法与众不同的家伙们致敬。或许在一些人看来，他们是疯子，但却是我们眼中的天才。"此话有一定的道理。一种新的思考，通常背离社会的流行趋势，敢于冒天下之大不韪，思考者面临着人们的不理解，甚至社会的阻力，如强势拥有者的歧视、批判、迫害。但是，几经曲折，最后获胜的、占优势的总是新生的事物！

---

①《马克思恩格斯选集》，人民出版社 1972 年版，第 1 卷，第 3 页。卡尔莫纳：《黎世留》，商务印书馆 1996 年版，上册，第 284—285 页。瑟诺博斯：《法国史》，商务印书馆 1964 年版，第 339—340 页。

从总体观察，人们具有与挥洒着自己的个性，于是汇集、融合成了整个法兰西的一种独特性。关于它的独特性的形成，至今仍是学术研究的难题，有待国际学术界的继续探讨。或许，风物各异的大自然、独立耕耘的农业、寻求个性的文化、反复折腾的国难……铸造了这样的特性。德国史学家兰克（Ranke）曾经指出："法国的特点，是在各个世纪中不断地冲破合法的圈子。"① 面对法兰西的错综复杂，笔者设想：如果由人物开始考察，集中关注他们的独立思想与行动，尤其他们关怀社会的思考、共赴国难的言行、对于社会弊病的批判、关于法兰西未来的畅想……如此探索也许将使我们能够穿过那浪漫无边与激情澎湃的雾霭，撇开感人的常态，找到一种比较新颖的实在的感觉。无疑，这不应写成一篇篇学术论文，而是通过人物与其言论的某些勾勒，指出他们的独到之处，仅此而已。笔者在写作中，已经感到实现这个愿望之不易。既然如此，应该学习法兰西文明的精神，勇敢地秉笔直书。这些就是笔者奉献此书的想法，如果能够容许这样的设想，敬请读者与专家诸君，浏览这一册或许正握在你手中的小书。不当之处，诚恳地请求指正，笔者唯有深深的谢意！同时，衷心感谢出版社的有关人士！

独立思考的法兰西，爱你真不容易！

请听高卢雄鸡的独自啼唱！

① 转引自古奇《十九世纪历史学与历史学家》，商务印书馆 1989 年版，第 199 页。

## 作者说明

本书的译文，凡与我国传统译法不同者，皆由笔者按法语准确译出，并且皆曾请教法国教授审查确认。

Chapter 01 |

# “武装起来，公民们！”

## ——勇敢地宣示独立

# 01

**秃头查理（Charles le Chauve，823—877）**
**斯特拉斯堡的庄严宣誓**

**“为了信仰基督教民众的安全，也为我们两人的安全。”**

## 法兰西发出独特的声音

何时法兰西发出独特的声音？谁是法兰西最早的代表者？

法国史学界通常认为“无法说出法兰西诞生的日期……只能在法兰克高卢至法兰西王国的长期进化过程中，指出若干路标，《凡尔登条约》为其中之一”[①]。尽管如此，我们仍然试图探讨法兰西共同的特征的产生，她于何时独立，何时发出自己独特的声音。脑海中不仅涌现 843 年查理大帝的遗产——帝国的瓜分，也应充分肯定 842 年斯特拉斯堡宣誓。可以认为：842 年的斯特拉斯堡的宣誓是“法兰西”最早独自发出的声音，843 年的《凡尔登条约》实际等同于法兰西的出生证明。

法兰西国家诞生之前，那里曾经出现威武雄壮的场面——查理曼及其不可一世的帝国。卡罗林王朝始于矮子丕平（Pépin le Bref）。768—800 年的国王是查理一世（Charles Ⅰ，742—814），他于 800—814 年为皇帝，又称查理曼（Charlemagne），此时君权统治达到高峰。查理曼曾设想建立一个信

① Jean Carpentier et François Lebrun，*Histoire de France*. Paris—1987. p.109.

仰基督教的“人民的帝国”，亚琛[①]应成为西方世界永久的“脊柱”。当时帝国的疆域和朝贡地区：东至多瑙河与德拉瓦河相汇处，东南至意大利南部与科西嘉岛，西南越过比利牛斯山到达埃布罗河，西至大西洋，北方超出易北河口到达基尔港一带。按照今日的政治版图，它至少包括法国的大部分地区，荷兰、比利时、卢森堡三国，瑞士、德意志的部分地区，巴尔干的一部分。如此疆域虽不及395年罗马帝国分裂时的西罗马帝国，但在欧洲大陆上确实巨大无比。查理曼帝国在莱茵河以东、多瑙河以北超过了西罗马帝国的范围，但是它不曾拥有不列塔尼、意大利南部、西班牙的大部分、英格兰以及北非沿岸等地。

随着时间的推移，帝国变成盛名之下其实难副的政治机体，前期的若干共同性逐渐消失，而各地区各民族的异性日益增长。814年1月28日，查理曼去世，[②]他的儿子虔诚者路易继位（Louis le Pieux，814—840年在位）。当时实际上天下将乱，一旦败落将出现不可收拾的惨境。那时是否会有人预见危险将至？查理曼晚年的某个夏日，在海边时，诺曼海盗来袭。当他们见到他时，便匆忙逃走。查理曼却流下泪水，并对随从们说：“我为何伤心落泪？我不怕这些海盗来伤害我。但是，我深为伤感！我活着时他们竟敢来犯！我预见将来他们会以怎样的祸害去压倒我的后继者及其人民，因此我十分悲伤！”[③]可惜，查理曼曾预见外敌的凶狠，却未感知内乱的危险。

“世界大事的历史简直就是各国罪行的历史。世俗者和教士们的野心使得没有一个世纪不充满着可怕的罪行。查理曼刚进入坟墓，他的家族与整个帝国便陷入了一场内战之中。”[④]从历史的角度考察，可见如下缘由。查理曼帝国的各地区发展很不平衡，缺少共同的、牢固的经济基础，文化、语言、

① Aachen，德语，查理曼帝国的首都为亚琛，法英两国人称它为Aix-la-Chapelle，意大利人称作Aguisgranum。

② 据2014年2月的报道，曾在亚琛大教堂发现一具遗骨，经26年的研究，科学家们宣布这“极可能是查理大帝的遗骨”。

③ 基佐，同前引书，第2卷，第205—206页。

④ 伏尔泰：《风俗论》，商务印书馆1995年版，上册，第372页。

习俗也未必真正融合。德意志等地区的自由农民因为不断战争而破产。中央集权的机制未能完全发挥效力，庞大的帝国无法如同一部协调良好的战车那样稳步前进，相反它的不同部件时常发出摩擦的声音。帝国的形成主要是查理曼率军征伐的结果，军队在场与调走之后各地的状况明显不同，若干地区的异性大于帝国范围内的共性，地方权贵不时蠢蠢欲动。皇室成员甚至起来反叛或进行内战。

虔诚者路易虽然和他的父亲一样身材高大，但是他为人谦和，缺少胆识，处事优柔寡断。“路易皇帝意志薄弱，民众感觉到他无力继承查理曼以便护卫其先人的事业，人们讽刺他为‘宽厚者’。从他当政开始，他的父亲所建造的非常成功的国家机器便陷入混乱，发生了反叛、阴谋，出现了派别。主教们也在其中浑水摸鱼。皇帝的威严不再受到尊重。”[①] 此人相当迷信，817年某日，他与随从们经过皇宫与大教堂相连的走廊时，木结构的走廊突然垮塌，使他受伤。他大感震惊想入非非，估计自己即将命丧黄泉。分崩离析的国家、治理无方的机制、掌权乏力的君主，这一切使帝国面临分裂。

查理曼之孙洛泰尔（Lothaire）将父亲虔诚者路易废黜，并且将他软禁约一年，又逼迫他当众表示忏悔。继母所生的小弟弟秃头查理被囚于阿尔登的一个修道院。继母即虔诚者路易的第二任妻子茹蒂特（Judith）遭到监禁与剃光头发，并被关入伦巴第的监狱。一国之君竟然受到如此奇耻大辱，国力与国威的状况不言自明。

## 斯特拉斯堡的誓言

虔诚者路易的儿子们彼此争斗，他们是洛泰尔、丕平（838年去世）、日耳曼人路易和秃头查理。839年5月30日，秃头查理和洛泰尔曾有瓜分

① Jacques Bainville，*Histoire de France.* Paris—1924. pp.372–378. 伏尔泰，同前引书，上册，第372—378页。

帝国的计划。840 年 6 月 20 日，虔诚者路易去世，长子洛泰尔继承帝位，兄弟阋墙的局面迅速恶化。

841 年爆发军事冲突。6 月 25 日，秃头查理与日耳曼人路易组成联军，在丰特内（Fontenet，又称 Fontanet，今法国 Yonne 省的 Fontnoy）合力击败洛泰尔所部军队。后来，有学者估计死者达 10 万人。①

842 年 2 月 14 日，秃头查理和日耳曼人路易率领联军在斯特拉斯堡举行宣誓仪式。那时兄弟两人心情相同，却用两种语言表达出来。年长的日耳曼人路易向弟弟的军队用“罗曼语”宣读誓言：“由于热爱天主，为了信仰基督教民众的安全与我们的共同的安全，从今日起，只要天主使我知晓并且给我以力量，我将在各方面帮助我的弟弟查理，如同人们应该帮助兄弟那样，按照公正的原则，也如同他对待我那样。我永远不会与洛泰尔缔结任何协议，不会由于我的意愿的这种协商，损害我的弟弟查理。”

秃头查理（843—877 在位）用“条顿语”（最初的德语）向日耳曼人路易的部队宣誓，他的誓词与上述誓词基本相同：“由于热爱天主，为了信仰基督教民众的安全与我们两人的安全，从今日起，今后只要天主使我知晓和给我以力量，我将帮助我的这个兄长，如同人们应该帮助自己的兄弟那样，按照公正的原则，也如同他对待我那样。我不会与洛泰尔达成任何协议，不会由于我的意愿的这种协议，损害我的兄长。”②

这就是已经载入史册的“斯特拉斯堡誓言”。它往往被 843 年《凡尔登条约》的影子所笼罩，甚至被教材与辞书忽视。其实兄弟两人用对方的语言宣读的斯特拉斯堡誓言，比《凡尔登条约》领先一步，它如同报春的燕子，率先宣告了法兰西的独立特性。正如法国若干学者所说：这是“保存下来的我国语言的最早的文献”。“这是第一次用罗曼语撰写的外交文件。”罗曼语

---

① 关于战争日期，说法不同。笔者在第戎大学执教时，曾多次到该地区。按 843 年《凡尔登条约》，当地属于秃头查理。还可参考伏尔泰同前引书，上册，第 379—380 页。

② Carpentier et Lebrun... Op. cit., pp.106–107. 另见 Nithard, Histoire des fils de Louis le Pieux. Paris—1964。

源于拉丁语，与文学的拉丁语颇不相同的民众的拉丁语演变成中世纪的罗曼语，发展为现代的法语。①

无疑，还有与上述誓词相类似用罗曼语写成的文献。例如著名的《罗兰之歌》，它描写778年查理一世和西班牙的萨拉赞人的战争。② 但是，《罗兰之歌》创作于11世纪末至12世纪初，比《斯特拉斯堡誓言》迟了数百年。因此，在至今所发现的文献中，斯特拉斯堡誓言的重要意义不可置疑。

## 《凡尔登条约》的签订

斯特拉斯堡宣誓之后，秃头查理和日耳曼人路易及其军队夺取了亚琛。"这不仅是一场国内战争，这是民族之间的战争。"他们迫使洛泰尔进行谈判，于843年8月签订《凡尔登条约》。必须指出，如果没有斯特拉斯堡的宣誓，没有那个结盟，恐怕不会有《凡尔登条约》的签订。《凡尔登条约》是"一种不可理解的瓜分。路易拥有德意志。洛泰尔保留长长的一条土地，即北海直至意大利，其西边以罗纳河为界。秃头查理获得高卢的其余部分"。"凡尔登的瓜分建立一个西法兰西亚（Francie occidendale）即将来的法兰西王国，一个东法兰西亚——将来的德国，两者中间……一个洛林。"③ 从此它们分道扬镳，并且不时互相争斗。

斯特拉斯堡誓言表明，秃头查理和日耳曼路易兄弟两人公然拒绝长兄的统辖，反对洛泰尔皇帝的权威，抵制现存的帝国的体制，强调各自不同的利益和独立性，彼此亲密合作与共同捍卫这个联盟，保证不损害结盟的另一方的权益。誓言的政治性质明白无误！与此同时誓言也宣布了法兰西的文化的独有的特色。结盟者各自获得了大致相同的一种语言区，秃头查理的为罗曼

① 所谓罗曼语，可视同最初的法语，只是以罗马为名。"法语仅有拉丁的语汇，即民众的拉丁语。法语的发音、语言的形态、分析的章句法和它的简短与清晰的不同。"

② Sarrasins 指阿拉伯人，或西班牙等地的穆斯林。

③ Bainville, Op. cit. p.39. Carpentier et Lebrun, Op. cit. p.106. Carpentier et Lebrun, *Histoire de l'Europe.* Paris—1990. p.129.

语语言区，而日耳曼人路易的为条顿语地区，如此做法大体上可视作后来的法语和德语的文化分界。

843 年《凡尔登条约》所规定的洛泰尔所获的中间的狭长地区（其中包括亚琛与罗马），并无显著的共同特征，无论经济、文化、语言等皆是如此。855 年洛泰尔死后，他的三个儿子便瓜分了这一块中间地区……

凡尔登城的历史也颇具代表性。843 年瓜分后，它归属洛泰尔。879 年，它归属了德意志。1552 年，法兰西夺得凡尔登。1648 年，它终于纳入法国的版图。

842 年 2 月，在那莱茵左岸的斯特拉斯堡，两支军队、两位领导者、两个亲兄弟，用罗曼语和条顿语，宣告了法兰西与德意志的出生，实际也宣告了新欧洲的出现。如果从考古发掘的角度往前追溯，千年万年甚至数十万年，在法兰西这一块六边形的土地上，已有人类生存的痕迹。例如公元前约 15000 年，多尔多尼的拉斯科（Lascaux）的洞穴画。又如公元前约 3000 年，布列塔尼的卡纳克（Carnac）的巨石……但是，从政治、文化、语言的角度，作为一个国家的法兰西，难于将洞穴内的壁画或平原上的巨石视同独特的象征，这两种实物不只是法兰西一个国家所拥有。与此同时，斯特拉斯堡的庄严誓言却独特地具有代表性，实际上它使人类知晓法兰西的开端！

848 年秃头查理（二世）于奥尔良城加冕为西法兰西亚之王！他确认与表明了“法兰西的统一性”。这是一种民族的思想。尽管卡洛琳帝国的皇帝依然存在了若干时日，法兰西的后人们努力继承与延续着这一种民族思想。[①]

一千余年过去了，结束了多少朝代，消失了多少生命！但是 842 年宣誓的声音穿透着难于数计的遗忘，传响至今，还将继续响在法兰西、在我们的地球上！

---

① 877 年，秃头查理死于阿尔卑斯山中，884 年安葬于圣德尼王家墓地。2004 年 6 月，笔者曾到该处参观。

# 02

**卢热—德—利尔（Rouget de Lisle，1760—1836）**
**一时激情，创作了传世战歌**

## “武装起来，公民们！建立你们的战斗营！”

### 上尉军官“自由颂歌”

他是一位军人，他的稍长的姓氏鲜为人知，但是他创作的战歌至今还在激励着法兰西，传送到许多国家，尤其那些需要增强斗志的地域。他是《马赛曲》的作者。

他的全名为克洛德—约瑟夫·卢热—德—利尔，出生于法国东部尤拉省的首府隆—勒—索尼耶。父亲为“王家律师”，在大法官裁判所与初级法院任职。母亲未见记载。家庭生活有保障，其父母共育孩子 8 人，他是长子。初时他在当地学校学习，自幼向往军事，16 岁来到巴黎，进入军校，准备成为一名合格的军人。经过 6 年的学习，1782 年被任命为少尉，并进入工程学校继续提高。1784 年，任职于王家工兵团。1789 年 9 月晋升中尉，显然经历了大革命，1791 年 4 月升上尉，5 月派驻法国东北的重镇斯特拉斯堡。

卢热—德—利尔满怀热情投身军界，同时对于诗歌音乐也颇感兴趣。他之所以跻身法国历史名人辞典，贡献不在于参加炮火连天的战斗，而是创作了慷慨激昂的军歌。他既写歌词，也能谱曲，具有音乐才能，这些是后来创作《马赛曲》的技术方面的准备。

1791 年 9 月 25 日，在斯特拉斯堡城的“战斗广场”响起了一首“自由颂歌”（Hymne à la Liberté），引起人们的注意。该颂歌的词由卢热—德—利尔撰写，曲作者是普勒叶尔。

当时正值法国大革命不断深入，国内与国外矛盾逐渐激化的时期。1791年6月，路易十六及王室曾企图逃亡国外，但是以失败告终。此事促使欧洲封建君主们警惕起来，兔死狐悲，物伤其类，他们担心法国革命所掀起的欧洲革新浪潮将波及自己统治的国家与权位，因此决心携手对抗新生的法兰西。8月27日，奥地利大公利奥波尔德和普鲁士王国弗里德里希—威廉二世共同发表《皮尔尼茨宣言》，表明欧洲君主们有着共同的利益，将一致采取措施支援法国国王。他们“决定迅速行动，以便达到一起提出的目的”[①]。1792年2月7日，奥普两国签订同盟条约，矛头针对法国革命。

## “前进，祖国的儿女们！”

4月20日，法兰西王国向“匈牙利与波西米亚国王”宣布战争。当时此两地属于奥地利大公，后者又是德意志帝国的皇帝。实际上法国仅对奥地利宣战，而防止与整个德意志帝国为敌。由于法国准备不足，路易十六利用君主立宪的体制从中阻挠，法军将帅无能与初战失利，巴黎因而陷入困境。卢热—德—利尔作为职业军人，对于欧洲的干涉忧心忡忡。此种爱国心志为他谱写《马赛曲》（*Marseillaise*）做好了思想准备。

那时，卢热—德—利尔收到克莱芒将军的一封信，邀请他参加斯特拉斯堡市长在一广场举行的晚会，并应为此献上诗一首。上司命令，只得服从，他赶紧写了一首诗，自我表白：我的格言是思想开放，直言直语，遵照自己的意愿行事，对好人以诚相待，对恶人坚持斗争。“为了祖国，不惜献出我的生命……”事与愿违，人们不欣赏这一首律己甚严的小诗，他们期待一首鼓舞士气的战歌，于是恳求他另写一首。

① Albert Soboul, *Dictionnaire historique de la Révolution française*. Paris— 1989. p.844.

4月25—26日夜，他自己写词与谱曲，创作出“献给吕克内尔元帅[①]的军歌”又称“莱茵军战歌”。次日晨，他在市长家中用钢琴自弹自唱：“前进，祖国的儿女们！……”在场听众约10人，大家听了激动兴奋，个别人甚至哭泣！卢热—德—利尔表示感谢后，悄然离去，不曾意识到一首名曲由此产生。

29日，市长在“战斗广场”举办演奏会。国民卫队的乐队演奏了这一首军歌，赢得全场的掌声，从此人们将它传播至各地，它到处受到赞赏。6月22日，一支由516人组成的“联盟者”[②]队伍从马赛出发前往巴黎。欢送会上，人们唱起了这首军歌，以求鼓舞士气。此后马赛“联盟者”北上，步行27天，一路高唱此歌，7月30日进入巴黎。铿锵有力雄壮昂扬的乐句与节奏给众人以信心，于是人们称它为《马赛曲》。[③]它的副歌尤其使人情绪激奋，请听：“武装起来，公民们！建立你们的战斗营！前进，前进，让敌人污秽的鲜血，灌满我们的田野！……”

音乐是有力量的，它表现一定的社会心态，促使人们欢乐与悲伤、消沉与振奋。《马赛曲》是一首战歌。拿破仑一世坦然承认“《马赛曲》如同法兰西共和国的一位将军，她创造了不可思议的奇迹”。1975年7月14日，国民公会决定：《马赛曲》为法兰西共和国国歌。然而，从第一帝国起，官方禁唱《马赛曲》，直至1879年，才重新准许演唱。1887年，她成为国歌。近现代随着法兰西文化的传播，在地球的许多地方，人们唱起了《马赛曲》，有时可见人们手持AK47步枪并高唱《马赛曲》……因为她既反映了一定的社会状况和人们的切身愿望，又能鼓动人心坚持斗争。

《马赛曲》十分幸运，到处流传得到意外的肯定。但她的作者在后来的生活中却挫折不断，黯然离世。卢热—德—利尔曾是旧制度下的军官，他赞成革命，但是政见温和、处事稳重。尽管如此，在当时外敌相逼的局势下，

---

① Luckner（1722—1794.1.4）为法国的北方军司令，被怀疑背叛，后遭逮捕与处死。

② Fédérés，又译作结盟者、志愿兵。

③ Michel Vovelle, *La chute de la monarchie*. Paris—1972. p.259.

他的爱国热情突然爆发，匆匆握笔谱写了一首战歌。这是法兰西文化中，激情超常迸发的一个引人注目的例子。

## 停职退伍、出征、讴歌复辟

后来，歌曲作者的言行判若云泥，超度发挥的革命热情未曾延续。1792年8月10日巴黎起义，结束了君主立宪的政治，但是他拒绝宣誓服从国民公会的决议，遭到停职，后来曾经复职。他于1793年8月退伍，1794年热月政变之前两度入狱。获得自由后，他又参加了贵族的反革命活动。1975年3月，他恢复上尉职务，随奥什（Hoche）将军出征，在基贝隆为革命战斗负伤。同年10月5日，曾在波拿巴将军麾下保卫国民公会，镇压王党暴动。他于1796年辞职，之后一度从事外交活动。1799年11月9—10日（雾月18—19日）政变后，他反对波拿巴的集中权力。1814年，他为复辟的路易十八写了《宪章之歌》。他欢迎俄国沙皇到达巴黎，撰写歌颂沙皇的小诗一首："愿你成为世纪英雄，书写一页值得骄傲的历史！愿你为了西方世界，惩治那十恶不赦的压迫者！愿你去教导感到欣慰的法国，对胜利要懂得珍惜！愿你使我们的百合花盛开，将王位归还波旁家族。"[①] 高官家庭出身、旧时王家军官，比较被动地接受了大革命，缺乏关于社会革新的成熟的政治见解，造成了卢热—德—利尔的变易表现。从《马赛曲》至《宪章之歌》，就他本人而言为自然之举。多面性是复杂性的另一种名称，尤其在那社会急剧变化的年代。

此外，他曾创作音乐与文学作品，如《复仇之歌》（歌剧）、《无套裤汉发现的修道士式的专制主义》等。

温和的正规军人写出了激昂的革命歌曲！一朝激情澎湃，四海传遍强音！"武装起来。公民们！"成为能够代表法兰西政治文化、军事文化的佳

① 特罗亚：《亚历山大》，世界知识出版社1984年版，第210页。

作。她曾令欧洲的君王以及贵族们胆战心惊！从世界的角度考量，作为一种力量的音乐歌曲，恐怕只有波蒂叶和德盖特尔创作的《国际歌》能与《马赛曲》比肩媲美。[1]

卢热—德—利尔创作马赛曲时，既非出自他人的指点，也不是按照上司的命令，他自己独立地写词、作曲与演奏，表达了当时法国人的心声。在将军、市长等人面前，他是多么卓尔不群！

---

①《国际歌》：起来，饥寒交迫的奴隶！起来，全世界受苦的人……团结起来到明天，英特耐雄纳尔一定实现！1959年6月，法国共产党举行十五次代表大会。闭幕时，代表们起立，高唱《国际歌》与《马赛曲》。（见该大会文件集，世界知识出版社1959年版，第124页。）

# 03

**缪塞（Musset，1810—1857）**
**希望以“金羽之笔”撩开人们的心扉**

## “我的玻璃杯不大，但是我用我的杯子畅饮。”

### 声誉有时超过雨果的诗人

有时声誉超过雨果，曾经和乔治·桑苦苦相恋，敢于对她的名著随意斧正……谁具备如此卓然佳绩、灼热激情与真实才华？唯有一人——阿尔弗雷德·德·缪塞，法兰西的诗人。[①]

近百年前，勃兰兑斯在他的《法国的浪漫派》一书中，如此评价缪塞：“他写出的诗，获得了世界知名的声誉。”近代，法国作家们的肯定：泰纳专门撰文赞扬缪塞，包括他在诗里表现的目空一切和冷酷无情，指出：“至少，此人从来不曾说谎！”肯定人的品质比赞美他的诗歌更有意义。当时，《两世界评论》的编辑比罗茨曾介绍缪塞与乔治·桑相识，希望他们互相通信，他表示：“我将得到多么美妙的手稿！”圣勃甫认为，缪塞“他的心流着血，他的心是灼热的与厌恶的”。在德国，歌德读了缪塞的《反复无常的人》后，对朋友惊叹：“这部作品多么真实啊！除了自然没有什么奇妙的，除了自然没有什么伟大的，除了自然没有什么美丽的。”由于深刻的了解，乔治·桑

---

① 关于缪塞眼睛的颜色，说法不一，或蓝或黑。见勃兰兑斯：《法国的浪漫派》，第135页，莫鲁阿：《一个女人的追求》，第55页等。

的意见更值得注意。她承认，自己写作的成就仿佛多少应该归功于曾经长期与她朝夕相处共同生活的缪塞。

此外关于缪塞的评价，还必须补充或许可以载入法国“王家历史”的情节。在宫廷舞会等场合，缪塞皆能见到法国国王路易—菲利普。法王每次皆对他说：“我很高兴见到你！”其实法王一直将他当作自己的远房亲戚，该人也姓缪塞，法王眼里的缪塞不是一位诗人，而是王室某处森林的保管员。如此竟然延续了十一年，诗人对此心知肚明：国王并不了解真实的缪塞，以及他所创作的诗文。

## “拍拍你的心房吧……”

孤寂的心灵与独自的挣扎，如此基本上可以概括这位仅仅活了 47 年的诗人的一生。中学毕业后他曾与医学和法律结缘；20 年代末，完全转入文学。他以一连串的谴责、嘲弄、批判，甚至咒骂为自己开路，进入文学范围。他毫无顾忌，单身闯荡，笔随心动，挥洒自如，才思敏捷，直爽地吐露自己的心语。他曾表示：“拍拍你的心房吧，天才就在那里。”[①] 是否天才可当别论，至少缪塞明确拒绝违心地写作。他不曾将诗句当成黏土，捏成一个饭碗，去向法兰西的七月王朝或第二帝国乞求生活。对于国王的错认误判，他心中平静，处之泰然。就是在如此释然心境中，他创作了一篇又一篇的诗歌。正是由于“天才”与大胆的批评，他曾将两个邻国置于受辱的地位，将西班牙和意大利人分别定性为：情欲放纵，待人残暴；生活轻狂，心态专断。至少在有关诗作中对于比利牛斯半岛与亚平宁半岛上曾经的辉煌，举世公认的文化创造，缪塞不肯奉若神明。1829 年，他用如此具有特色的处女作《西班牙和意大利的故事》(1830) 敲开了法兰西文学庄园的大门。此事应该记起，但不必夸大，这是一个年仅 19 岁的大男孩的试笔创作，他

① 陈振尧：《法国文学史》，外语教学与研究出版社 1997 年版，第 270 页。

有他的写作权利。况且，法国人受到邻国人的口诛笔伐可谓不计其数，不足为怪。

缪塞不曾考虑法国文坛上的主义或流派，丝毫未沾商贾之社会俗气，全然不顾政治权势与学位头衔。不论好与坏、对与错，他一直在潜心从事创作。那时古典主义文艺已在衰落，缪塞谴责它的故步自封。浪漫主义文化正在盛行，而它的超度激情受到了批评。人道主义虽好，但是谁能兑现这一份人类的天真？他多少已经接触社会生活，自然地选择了悲剧性的题材。从《罗拉》（*Rolla*）一诗中，读者可以看到心地善良的女孩未能以真诚之爱去阻止失足青年的自杀。作者描写社会的无奈，并对于七月王朝治理之下的法国社会进行批判。这位诗人充满活力，不肯随波逐流，不愿与人为伍。当时，雨果等一群人都在讴歌不久前赢得独立的希腊。[①] 缪塞与众不同，“他更深刻地关注土耳其政府”，即希腊的对立面。1829 年土耳其承认希腊独立。雨果时常强调“不应犯错误”，而缪塞能够“坦然承认自己的弱点与错误”。

## 情场失落与创作高潮

1833 年 6 月，缪塞和乔治 · 桑的爱情“悲喜剧”“演出”了三个年头，他的生活与情感发生了变化。他们实实在在地相爱，曾经同乘首尾翘起的贡多拉[②] 陶醉于威尼斯的蓝天碧海之间，爱恋与文学交融，两人情意绵绵……缪塞与她平等相处，他修改《安迪安娜》的前几页书稿，不经意地删去了多余的数十个词语。乔治 · 桑对此表示异议。写作之道，各有巧妙不同。后来，她移情别恋。1834 年 4 月，他只有悻悻地抑郁地离去，从威尼斯回到法国。两人的往来书信流传至今，阅读时仍然可见感人的词句和深挚的情缘。在没有乔治 · 桑之后的二十余年里，缪塞重新陷身寻欢作乐，情场失

① 1821 年，希腊宣布独立。

② gondola，威尼斯独有的首尾翘起的游览船。

意，以与贝尔乔若索王妃的亲近和分手而结束。缪塞如同乔治·桑，竭尽全力追寻自己心目中的家，却都以无家可归而曲终人散。从认识乔治·桑时的激情迸发和文思交流到离索与伤痛，以及乔治·桑的积极影响，使缪塞成熟起来，他不曾一败如水。从此，难以见到他的高傲、厌世、冷漠、做作与虚浮。他变得有激情、智慧，是一个对于社会进步怀着热心肠的男子汉。他颂扬女性的纯洁、坚强、坦率、宽容与忠贞。19 世纪 30 年代至 40 年代，是他的创作高潮。他创造了一批传世之作，如《罗拉》(1833)、《玛丽亚娜的任性》(1833)、《方塔齐奥》(1833)、《勿以爱情为戏》(1834)、《罗伦扎丘》(1834)、《一个世纪儿的忏悔》(1836)、《四夜组诗》(1835—1837)、《任性》(1847)……

不论如何转变，缪塞都在坚持自己独立性，这不是与生俱来的浪荡公子的性格，它是由家庭、职业、生活、爱恋与折磨等因素铸造而成，实为罕见的年轻诗人的个性。

他出身贵族家庭。大革命期间，取消了等级，旧贵族落难。第一帝国制造了新的贵族。复辟时期若干旧贵族回国，但是难以重振昔日威风。与此同时，还应看到他们作为贵族，继续存留着某些社会特色，如自视甚高、卓尔不群、特意保持独立的姿态……这种风格，延至二百余年后的今天，在法国人当中仍旧隐约可见，正是这种家庭出身培育了缪塞。此外，他是巴黎著名的亨利四世中学的高才生，毕业时成绩优秀，17 岁便开始参与浪漫派的文化活动。他以闲暇的心态介入文学，以求自娱自乐，对于法国政治界的搏杀、文坛的冲突感到厌烦，不愿介入。如此经历也有助于他独立创作精神的增加。《威尼斯之夜》剧本问世遭遇了出乎意料的失败，使他承受了难以承担的压力。1832 年在军事部当官的父亲去世。1847 年，他任职图书馆管理员，此时他的困难境遇才得以改善。未曾料到的失恋、恣意的放纵和无节制的生活，使他的身体每况愈下……这一切塑造了一个复杂而多面的诗人，他甚至滥用麻醉品，自寻慰藉，可是又在不断地工作，写出令人惊叹的作品！

## 争取新闻自由，保卫莱茵河

缪塞未能完全离开社会，他或多或少地介入了政治变化。或许身不由己，但这是事实。他曾写下关于伏尔泰的文字："一个生气勃勃的人……他读了你的书，但是一无所获。既无安慰，也不见希望的光辉。"在他的眼里，拿破仑是欧洲的屠夫。他曾是君主立宪制的坚决支持者。他第一次参加宫廷舞会与路易·菲利普见面时，曾向法王深鞠一躬。但是，他对这个君主评价不高，也曾抨击七月王朝。他与王子奥尔良公爵是同学，却拒绝利用关系攀爬政治阶梯。1835 年 9 月，议会通过三项法律，其中一条专门涉及新闻自由，它规定凡攻击国王与政府的言论，应为危害国家安全罪。法律严禁共和主义宣传，凡自称共和主义者的言论也被视同非法。缪塞借助剧作《罗伦扎丘》中人物的话语，表示对上述新闻法律的反对，显露出拥护共和制度的愿望。

1815 年后，法兰西在国际上处于弱势，由社会上的头面人物，至民间的芸芸众生，常有共同的感叹，人们都希望维护国家的统一、不可分割与主权。那时，再次出现关于莱茵河的议论。1840 年，德意志诗人尼·贝克尔在《莱茵河之歌》中对法国人宣称："你们不应占有自由德国的莱茵河。"缪塞予以答复："我们占有了你们德国的莱茵河。"此种看法在法国普遍存在，缪塞针锋相对地握笔应战。

尽管言辞尖锐情绪激昂，毕竟岁月不饶人，光阴催人老，40 岁的缪塞显得已经"老了"。他的身体、精力与智力都在明显减弱衰退。如同一棵年轻的橡树，在 19 世纪 30 年代浪漫主义大风雨中，过度地摇动，尽了兴趣却消耗了力气。暮年时，诗人已经停笔。缪塞辞别人世后，埋葬在巴黎拉舍兹神甫公墓，墓上安置一胸像，墓碑刻着他著作的名称，旁边有一棵柳树相伴。至今，在圣克卢等地区还保存着纪念诗人缪塞活动的遗迹。

## “手中举着一盏明灯”

缪塞去世已经超过一个半世纪，但是从他的笔端流淌出来的诗歌与戏剧，在图书馆与私人书房内依然可以寻得。人们阅读法文及译成各种文字的他的诗句，但是更为重要的在于领略字里行间倾诉的衷情，感知作者单枪匹马闯荡文坛的心灵。其实，他的若干诗句可以做简单扼要的表白：

他拒绝“将自己的心当作被锁住的一只狗，并且折磨它，直至眼里涌出泪水”！

他感到“没有什么比巨痛更使人高尚……最绝望的歌才是最优美的歌”。

艺术家应该“登上舞台，手中举着一盏明灯，用他的金羽之笔撩开人的心扉”。

诗人一语道破：“我的玻璃杯不大，但是我用我的杯子畅饮！”[①]

缪塞早已饮尽了人生之酒，但是时至今日，后人还在他诗与戏的“杯子”里，“品尝”那美妙诗句中所隐匿的独特“酒味”。

对于法兰西诗人、文人，不必为他们煞费苦心地去评判谁是第一，谁是第二、第三……缪塞根本瞧不起某个殿堂，以及一个由别人安排的次序与座位。缪塞寻求的是精神上的山栖谷饮的隐居生活。“那里将忘记痛苦，宁静属于我们。”人们仿佛看到：缪塞琢磨着诗句与韵律，正从某个殿堂门前悠然地、潇洒地走过，前往他自己创造的精神乐园，或许他在思考：凡夫俗子们正在用庸俗而无法可医治的心态，衡量他人的超群脱俗。缪塞与乔治·桑之间心意相通。她曾经对他说：“世人无法理解，这样更好，我们自己相爱，并且不将他们放在眼里。”[②] 或许缪塞在心里说道：“让他们随心所欲各取所需吧！”

---

① Robert—2, *Dictionnaire.* Paris—1995. p.195.

② Sand et Musset, *Lettres d' amour.* Paris—1985. p.48.

# 04

**韦尔纳（Verne，1828—1905）**
**幻想中内含珍贵预见的“驮重牲畜”**

## “若无百万家产与政治特权，根本无法闯入法兰西科学院的大门。”

### 文人面对艰难抉择

法国已经出版的文史书刊，各有千秋，它们好像质地不同、大小不一的镜子，反映出历史上的人物、事件、社会生活。这是由于它们各自的特色，带着一定的政治倾向、时代烙印、编写者的尺度。与此同时，如果将它们联想在一起便可以视为一面巨大的屏幕，上面能够见到的人与事，不会超出编撰者自身的范围，他们护卫着自己的利益。实际上，社会生活不论过去或现在，都十分复杂。如果在法国仅仅注意有关人和事是否纳入某些文史书刊或者当选为某某院成员，或者受封为某种勋位……这恰恰是中了计，即被约束在编写人员与其控制者所规定的范围内探讨法兰西的文明。无疑，编写者有他们自己的写作权利，但是读者也有自己的眼睛，应该看到，法国近代不少文化人士曾遭受不公平的对待。

就此而言，许多文史书刊不如辞书，例如对韦尔纳辞书中可以找到关于某人的条目，而若干文学史书则对其只字不提。这种不公平，具有一定程度的普遍性。19 世纪 30 年代，雨果雄心勃勃，顺着社会潮流一直在争取入选“法兰西科学院”[①]。他努力文学创作，多次争取当选，但总是名落孙山。他终于有所体会：“我原来以为必须经过‘艺术桥’才能进入法兰西科学院。我想错了，如此看来，只需走过‘新桥’便可入内。”[②] 塞纳河流经巴黎市区的地段，有许多桥梁，其中如“艺术桥”“新桥”等。“新桥”乃是江湖杂耍之地。后来领悟了的雨果遍访各位院士，争取同情与选票，于 1841 年选入该院。雨果的上述经历说明这是一个几经折腾终于加入的典型。

法国近代除去顺利加入或艰难当选之外，另有对此置之不理的类型，即根本看穿了这些名利场中的把戏。第二帝国期间，曾数次举办“官方沙龙”绘画展览，它拒绝接受一批“不合时宜的”佳作，库尔贝的作品遭到了否定，于是他自己搞“异端画展”，表明独自的文化艺术创作、绘画艺术探索中的别出心裁，也展现了社会的创造力，甚至因此名垂青史。[③] 文化艺术创作是作者的事业，是他的情感和天职。成绩如何，社会自有公论，历史将有评定。法国的这个院、那种所到处存在，它们或公或私地拥有某些权势，实际难于主持公道，多为进行利益的分配，通常近水楼台先得月，对此人们心知肚明。

与雨果和库尔贝全然不同的是作家韦尔纳（另译凡尔纳）。他对于塞纳河畔的争名夺利，采取了孤行己见的态度，或许他宁愿幻想伴随河水顺流而去，进入大西洋，独自在海底按照心中的构思去建造举世无双的世界。让我们回顾韦尔纳的经历，介绍他丰硕的创作，欣赏他对于名缰利锁的超然态度。

① 法兰西科学院（Académie Française），académie 一词可中译为：学园、学院、学会、协会、科学院，不能等同于中文的“科学院”。

② 参见莫洛阿：《雨果传》，湖南人民出版社 1983 年版，第 316 页。法兰西学院位于塞纳河左岸。如从右岸前往，过艺术桥直接到达，新桥是艺术桥东边的第一座桥。

③ 请参见拙著《法兰西文化的魅力》，上海社会科学出版社 2005 年版，第 170 页。

## 少年“私奔”：科幻小说诞生

韦尔纳的生活轨迹比较简单，他有意识地将它维持在相当普通的水平。他活了77岁，文学创作54年，撰写了80部小说（共104卷）以及若干戏剧……他在其文学的“自留地”里不是凭空臆造，随性落笔，而是主动学习文化技术，了解域外文明的特色，然后深入思考，着意标新立异、适当假设和机灵预见，从而生产了令人惊叹的精神食粮。韦尔纳自幼心怀探寻的热情，青年时努力求知与实践，具有看破红尘的宽阔胸襟。

他出身外省公证人的传统家庭，幼年读书时对功课兴趣不大，不受书本的约束，但是成绩颇佳，尤其在地理和历史方面知识丰富。他出生于南特，海边的童年，远方的召唤，使他羡慕水手的浪漫生活，开始萌生一些超越凡俗的想法。11岁时他的激情变成了大胆的“私奔”，竟然悄悄地混上了一艘前往印度的帆船。随后他被父亲乘火轮船追回，并且关了禁闭。虽然关住了人身，却锁不住少年的纵情遐想。

1846年，韦尔纳中学毕业。1847年他开始学习法律，同年11月抵达巴黎。1849年，他在巴黎通过毕业论文答辩。在此期间，他对戏剧，尤其对文学创作入迷，并结识若干作家。他拥护共和民主，甚至受到乌托邦社会主义思想的影响，例如圣西门和卡贝的思想。他拒绝返回南特工作，而在巴黎依靠当职员谋生，如公证人事务所的文书、剧院的秘书等。当时，他所编写的戏作未获显著成绩，体验了戏剧“制造业”的艰辛。

1851年，他发表《乘坐气球旅行》等两篇故事。这是他小说创作的起步，此后其主要注意力不再集中于戏剧。他的比较平稳的私生活，十分有利于小说创作。1857年，他结婚成家，不久依靠父亲与岳父的帮助，以股东身份进入巴黎交易所，然而商务往来甚少，收入有限。1866年他迁到索姆河口居住，曾乘坐自己的小船巡游于塞纳河与英吉利海峡，体验海上生活，沉醉于水天之间。1867年，他曾去美国旅行。1870年战争期间，他应征为海岸警卫。1872 年，他与家人迁回亚眠。此时写作收入颇丰，他于 1885 年购买一所豪宅，在家中举办大型化装舞会，后由于过度消费而出售了自己的高级游船。离开巴黎，迁徙外省，目的在于安静的写作环境。他计划撰写“科幻小说”，“将昨日的浪漫主义、今天的现实主义与将来的象征”结合在一起。[①]

1862 年 12 月 24 日，他的《气球上的五星期》出版，这是法国科幻小说诞生的标志，它在文学与科技之间建立了直接联系。19 世纪 60 年代至 80 年代韦尔纳的小说创作处于高峰状态。著名作品如:《从地球到月亮》（1863）、《地心游记》（1864）、《格朗特船长的儿女》（1867）、《海底两万里》（1870）、《一座漂浮的城市》（1871 年）、《八十天环游地球》（1873）、《神秘岛》（1875）、《漂浮岛》（1895）等。

## 两万余张卡片 五万多法郎稿费

随着年龄的增长，韦尔纳向往海洋、潜航大洋深处、进入地球内部的设想与描绘的能力也在加强，并且日益科学化。他将自己头脑中的幻想转化为书中具体的出神入化的情景，使读者亲临其境，入海上天钻地，夜半梦里惊魂或欣喜陶然。韦尔纳为法兰西文明增添了崭新的鲜艳夺目的色彩。当时与后来，也有某些作家从事此类写作，但与韦尔纳相比，皆属望尘莫及。

韦尔纳在科幻文学创作上达到炉火纯青的高度，并非偶然。他有个人激情，奋力学习，始终坚持辛勤劳动。每日早上 5 时起床，随即投入工作，数十年如一日，自觉自愿。他亲手在图书馆摘录卡片多达 2 万余张。他将社交上的一般应酬视作畏途，每当妻子在客厅招待众多宾客时，他稍加应酬后便匆匆地溜回书房，伏案写作。

与朋友的交往使韦尔纳获得了知识、信息与支持。他是大仲马家中的常

① АНСССР, *История французской литературы*, Москва—1959. cit. p.256.

客，曾观看仲马关于《三个火枪手》戏剧的演出。他自己于1850年编写的喜剧《折断的麦秆》，由于大仲马的推荐，曾在一家剧院上演。

雅克·阿拉戈是一位探险家，他曾撰写《环球旅行》一书，韦尔纳与他相识。阿拉戈家里，探险家与远洋船长们常来常往，介绍他们惊奇的经历与体会，韦尔纳从中了解异域文化，扩大了视野，受益匪浅。

出版商埃策尔的支持十分重要，他使韦尔纳成为特约撰稿人，双方签订二十年的合同：作者每年交稿两部小说，出版商保证予以出版。他在合同之外的著作，报酬更加丰厚，如1877年《伟大的旅行家与伟大的旅行史》出版，稿费为55000法郎，韦尔纳用这一笔钱买了一艘高级游船。

漫画家纳达尔与韦尔纳相识，他曾制造与试飞一种自动适应风向的航空帆船……实际上在为韦尔纳的《气球上的五星期》的类似情节作宣传，增加了作者的知名度。韦尔纳的文学创作需要他人的支持，朋友们的种种赞赏与鼓励，给他以力量，他的劳动得到了社会的广泛承认。

## 拒绝参加"荒唐的合唱"

法国作家在取得一定成绩后，通常面临可否成为某某学院、学会、协会成员的问题。对此，许多人趋之若鹜。韦尔纳与此相反，他冷眼相看，冷漠对待，他是自己的主人，而不是某某机构的"仆人"。他明白自己的小说不同于当时法国社会上颇为流行的言情作品，他坚定不渝地、不顾一切地闯出一条新路。他拒绝受宠于人、听命于人的生活方式，只愿尽情发挥自己的生命活力，从事浪漫、惊险、幻想的文学创作。

1851年，他的故事《墨西哥海军的首批军舰》与《乘气球旅行》先后在一家杂志上发表。次年，他又发表了中篇《马丁·帕兹》。这些著述受到了好评，他的父亲十分高兴，鼓励儿子去申请文学院的奖金。父亲的建议遭到儿子的婉拒。他说出了理由："如果希望获得此种奖金，就必须像参加法兰西科学院的荒唐合唱那样，施展诡计。""与其施展诡计，不如做些更有益的事情。”后者指他终日醉心的文学创作。1869 年，韦尔纳以他的多产引人入胜的著述，已经在社会上颇有声誉。此时，埃策尔建议韦尔纳申请为法兰西科学院成员，小仲马等著名作家也多次表示愿意帮忙促成此事。深知法国文坛弊端的韦尔纳，不肯参与闹剧的演出。他说：“没有百万家产与政治权势，无法闯入它的大门！”一针见血，戳穿了有关机构所谓学术权威的面具。韦尔纳心中向往：“我仅希望离群索居于外省，过安宁的日子，以便完成我作为小说家的任务，假如这个任务有其尽头！”[①]

韦尔纳迁出首都，定居外省，离开那个政治角斗中心与追逐权势的场所。他的心灵显然高于名利至上的同行。韦尔纳的清高不无依据，我们看到法兰西文明的一种现象：某些文化人士有着高等级别的头衔，其著作过度装帧，但是盛名之下其实难副，他们能够拿出几册货真价实的传世佳作？这些属于社会戏剧的某一类场景，过去、现在、将来都是一种遭到韦尔纳们拒绝参与的社会政治表演。

韦尔纳不曾脱离政治。1848 年，他赞成民主共和；后来，他反对帝制，不理解巴黎公社，肯定第三共和国。数十年内，他不曾卷入法国的政治浪潮，只是在著作中表示自己的政治态度，如《桑托尔》（*Mathias Sandorf*, 1885）支持匈牙利人反对奥地利的统治。他曾经幻想：“应该在某个新的土地上，使我们的穷人摆脱贫困和饥饿。”他一生仅有的政治活动出现于垂暮之年：参加亚眠市议会选举活动——监督投票，以及担任该市文学家协会主席之职。1892 年，他接受了荣誉勋章。此事不必申请，韦尔纳为何不曾拒绝，笔者未能见到可靠的史料。韦尔纳是一位有特别贡献的作家。他说“我用新的即我自己的方式写小说”。他在他精心构思的著作中，例如描写美国南北战争、反对奴隶制的《神秘岛》（*L' Isle mysterieuse*），表达若干后来证明是可以实现的科学预见，如潜水艇、电视、水下呼吸器、太空旅行。学习法律出身，以写小说为业，借助幻想闯到了自然科学的前沿，至此无须书写

① 刘扳盛：《法国文学名家》，黑龙江人民出版社 1984 年版，第 207 页。

任何褒扬之词，科学发展已经为他做了无可辩驳的肯定。

韦尔纳坦然地将自己比作“苦役犯”“驮重牲畜”，无疑他背负的是文学创作的激情、思想、使命。晚年他因侄儿持枪走火而足部残疾，行动不便，但是仍然笔耕不辍。仙逝之后，在他的抽屉里还发现七部手稿。

韦尔纳不曾参加“荒唐的合唱”，他的确为人类做了“有益的事情”。他一生不愿随波逐流！那些大力强调文学的规矩、准绳、派别、资格与名位的有关法国文学史的著述中，都找不到他的身影，这恰恰证明了他那些瑰意琦行的科幻小说中所展现的“特异功能”。

韦尔纳，意味着平凡的生活，特殊的贡献。梅里美在《高龙巴》中写道：科西嘉岛上，在森林中，最重要的是一颗勇敢的心和一支百发百中的枪。我们可以将此句改写为：在法兰西的小说创作中，最重要的是一颗独立的心和一支能够鬼斧神工地抒写幻想的笔！

# 05

**戴高乐（Charles de Gaulle，1890—1970）**
**军事水平与身体高度近似的人**

## “坦克集群，拂晓拔营，傍晚已飞奔至200公里以外。”

### “一切皆属于中等，仅身材除外。”

1940年5月12日，德国的坦克群潮水般地涌入法兰西。6月14日，德军占领巴黎。此时人们自然地想起了戴高乐。

戴高乐是一位世界知名的人物，他的数种“高超”之处的确与众不同。他身材奇，绰号“两米”，第一次世界大战时从战俘营出逃五次，皆因身材太高而被发现，又提出了崭新的军事思想……

戴高乐以自己的军事思想向法兰西社会与权势发起了挑战！随后战败的结局证明：当时的社会主流犯了不可饶恕的错误。戴高乐是法兰西之子，他为了这个身披蓝白红色彩衣裳的母亲，昂起头颅挺起胸独自抗争。他提出的军事思想，至今仍是法兰西文明中一件值得深思的要事。1871年，法国战败。1918年，法兰西成了战胜国。从刺刀克敌到火力致胜，这是法国军事思想的进步。但是，历史的经验早已告诉人们：失败是成功之母，成功也可以是失败之母！

20世纪前期戴高乐走上历史舞台，他所面对的是法国的传统、主流、社会上的强势力量。各种语言文字的戴高乐传记很容易找到，此处主要涉及相关的内容。戴高乐作为军人，经历了升迁的岁月与阶梯：

1909 年，考入圣西尔军事学校，随即在步兵第 33 团当兵锻炼一年。

1912 年，军校毕业，获评语“一切皆属于中等，仅身材除外”。前往第 33 团服役，少尉。

1913 年，中尉。

1915 年，上尉。

1916 年凡尔登战役中重伤昏迷后被俘，关入战俘营。1918 年战争结束后返回法国。1924 年，军事学院毕业。

1927 年，少校，相距十二年才提升一级。

1932 年，中校。1937 年升上校。

1940 年 5 月升准将，指挥一个师的部队。

同年 6 月 5 日夜，任雷诺内阁国防部的副部长。

## 要求“建立职业军队”，“永别了，戴高乐！”

戴高乐的有关军事思想经历了多年的探索思考。1916 年，他参加了凡尔登战役，被俘后，曾五次越狱，皆因个子太高而被识破。他在战俘营中借助德文报刊，关注坦克出现对战争的意义。1920—1921 年，他在对波兰军人讲演时，强调坦克、步兵、空军协同作战的必要性。戴高乐曾为法国派往波兰的军事代表团成员，指挥一营步兵与俄军作战并且获胜，被授予波兰少校军衔。1924 年军事学院毕业时，他表示反对消极防守，指出坦克群的价值。1925 年，《法兰西军事评论》发表他的论文《我国战争原则的方向》，他明确反对“静止防御”。

1933 年，《政治与议会评论》刊登他的文章《建立职业军队》，该文说明坦克强大的效能。1934 年，他的专著《建立职业军队》（*Vers l' armée de métier*）出版。戴高乐指出法国东北边境的特点：“在这些平坦的原野上，既无墙垣也无沟壑可以凭借抵抗，没有制高点，也不见与前线并行的河流。”“明天，完全在履带上驱动的职业军队将滚滚而来。”“突然出现一群坦克，它在履带上行驶，装备了机枪与火炮。它们冲在第一线，爬过陡坡与沟渠，压垮一切堑壕与带刺的铁丝网。”“一支大部队（坦克集群）拂晓拔营，傍晚已飞奔至 200 公里以外。”“这个可怕的火力、撞击、快速与伪装的机械体系，必须拥有 10 万人才能真正运转。”[①] 1939 年戴高乐向法国总参谋部提出有关书面建议。1940 年 1 月，戴高乐撰写一份备忘录《机械化部队的产生》，作为《建立职业军队》的补充，该稿复印后分赠给约 80 名政治人物。戴高乐的这一系列言论和行动，对于法兰西国家的存亡具有十分重要的意义，对于国际军事思想的发展有着巨大的价值。

从 1924 年起，阻力陆续出现，有时达到严重的地步。1924 年军事学院毕业时，主考官迪菲厄和院长穆瓦朗两人合伙，故意将戴高乐的总评分压低至“中等”。[②]

1936 年，军事部长莫兰将军从晋升上校的名单中将戴高乐删除。他召见戴高乐，对他说：“永别了，戴高乐！有我在的地方，那里便没有你的位置。”另外他对其他部下说：“我将把戴高乐打发到科西嘉去！”[③] 1940 年 6 月初，贝当元帅曾尝试阻止戴高乐出任雷诺政府的国防部副部长。军校毕业和晋升军职时遭到压制之外，戴高乐还遇到总参谋长、贝当总理、最高统帅部、总参谋部、军事部长以及坦克部队等领导人的多种阻力。早在 1930 年，总参谋长德布内将军主张只需固守法国东北边境的防线，便可保证欧洲的和平。国家的防卫原则与作战方式及手段，皆未见更新的必要。

贝当于 1934—1939 年任军事部长，1940 年 5 月 20 日任雷诺政府的副总理。他一直坚守火力制胜的信条，认为德国坦克一旦入侵，将被法军歼灭。1938 年，《两个世界的评论》发表贝当的文章，他宣称马其诺防线固若金汤，不必因德国坦克而发愁，它不可能速战速决。那时，贝当批评的矛头指向戴高乐。

① Charles de Gaulle, *Vers l'armée de métier*. Paris—1971, pp.14, 89, 103, 134.

② Musée de l' Ordre de la Libération . *Cinquantenaire de l' Ordre de la Libération*. Paris—1990. p.17.

③ 戴高乐：《战争回忆录》，世界知识出版社 1959 年版，第 23—24 页。

最高统帅部对于戴高乐坦克集群战的建议予以否定，宣称法国生产的坦克数量充足，已在军队中分别部署，并能满足战争所需，同时边疆上的永久防线使人满怀信心。人们将防线固守和火力死拼加以神化。

1936 年秋天，当时颇有影响的魏刚将军（1930—1935 年为参谋长）在《两个世界的评论》刊物上发表专文，推崇原有的法军战略战术，谴责“职业军队”和坦克战争。他认为建立“职业军队”必将导致法国军队分裂为二。他自问自答：“两支军队？无论如何也不能接受。”

1939 年，法军总参谋部收到戴高乐上校的书面“建议”后，由于守旧思想、过度推崇火力制胜，迷信曾经的凡尔登战役而拒绝坦克群体作战的新主张。

军事部长莫兰将军在国民会议讲台上宣称：“为了筑造一条巩固的防线，我们已经费心尽力，难道我们将发疯、走出这个防线，去进行某种冒险？”1939 年总参谋长加姆兰将军认为戴高乐言行怪异，指出“我不相信戴高乐上校的理论，它既不明智也不现实。无疑需要坦克，但是认为坦克能够突破敌方的部署，这是不严肃的”[①]。参谋部成员普遍赞成加姆兰的意见。

1939 年 7 月，魏刚安抚大家：“我们有一支机械化、摩托化和骑兵的预备队。一旦发生战争，我们将平安无事，仅需到他处寻找一个战场。”[②]1940 年 5 月 20 日，如此思想状况的魏刚出任法军总司令。

步兵与坦克部队的领导人也对戴高乐的建议持反对态度。1939 年，步兵与坦克部队总监迪菲厄将军对戴高乐的建议书批示如下：“应该否定这些结论。”1940 年的坦克部队总监凯勒尔比较灵活，他曾设想德国坦克的大迂回运动。他仍然认为一旦德军“突破或绕过这一道坚固的马其诺防线，看来他们仍然将无法像在波兰那样顺利地进行坦克战。因此显而易见，在未来的战争中，坦克的作用仍将局限于掩护步兵去逐渐接近目标”[③]。吉罗将军曾说：

① Tournoux, *Pétain et de Gaulle*. Paris—1964. p.185.

② Genet, *Le monde contemporain*. Paris—1992. p.186.

③ Tournoux, Op. cit.. p.185. 克洛泽：《戴高乐传》，商务印书馆 1978 年版，第 103—105 页。

“亲爱的戴高乐，只要我还活着，你别想在我的防区实践你的理论。”陆军部另有军官表示：“你用纸上的坦克把我们搞得乱七八糟了。”上述介绍表明，巨大的阻力来自掌握实权的军方。

## “德国人能够攻克马其诺防线吗？”

掌握军事大权的高官们显然受到保守思想的束缚，自愿地成了过去的军事荣誉的俘虏。与此同时，政治领导人的态度也大致相同，他们的出发点在于自身的权势和党派的利益。就战争理论而言，他们实际上是些门外汉。

勒布伦于1932年和1939年两度当选共和国总统。此人注重礼仪，温和地表示拒绝戴高乐的主张：“我了解您的思想，但是敌人如果希望如您所说的那样使用坦克，看来为时已晚了。”他的根据仅仅在于法国已生产够的坦克另加巩固的防线。

前总理勃鲁姆面对记者询问如此反问：“你认为德国人将向西进攻吗？”《人民报》发表他的文章，其内容否定“职业军队”。[①] 这一位主张社会改革的社会主义议员专长文学与戏剧写作，他完全不了解凡是堡垒与防线皆有可能攻破，从正面或左右侧，从地下爆破，从空中摧毁，或者绕到它的后方……前总理与国防部长达拉第领导构筑新的防线，他的信条为“防御战略百战不殆”。

国民议会内议论纷纷，善于发挥激情的议员们死守自己心中的“马其诺防线”。右翼议员支持军界的主流见解，又夸大地指出职业军队可能变成“共产主义的温床”。左翼议员坦率地宣称，职业军队定将成为反动派搞政变的工具。这些右或左的议员，将国家的危亡和民族的安全抛诸脑后，派别权益驱使他们投身口水混战，这一切皆和戴高乐提倡的新的军事思想背道而驰。

军界与政界普遍沉醉于第一次世界大战所获得的胜利。就军事思想而言，戴高乐孤军奋战，种种打击从四面八方涌来。但更大的受害者是法兰

① 克洛泽，同上书第103，83页。戴高乐，同前引书第32，57页。

西。法兰西军事与政治的掌权者们不了解军事真理的限度、战争理论的相对性、有效作用的时间性。过去的先进可以变成今天的落后，昔日的有效可以变成现在的危害。不同的社会发展水平、不同的具体情况可以产生不同的事物、理论。我们既不能武断地认为技术越先进越好，也不能天真地停留在弓箭刺刀的状态，关键在于何种条件下，使用何种技术，如何能够克敌制胜！

此外，坚持地面上的马其诺防线与思想中的“马其诺防线”，皆属于静止的、非机动的、死守的心态。数千年的战争历史表明，防线首先是等待敌人来攻的防卫之线，可从地面与空中加以摧毁或绕过避开，防守者为何不去集中兵力主动出击，如以数千辆坦克蜂拥而去直捣敌巢？十数年间，戴高乐不是简单地受到个别人的谴责，而是面对学校、军队、政府、议会以及社会舆论的多方面的打击。那是多种保守的社会势力的群体性质的危害国家的行为。当时法国的最高统帅部、总参谋部与军事部等背离了法兰西文明中思想活跃与独立思考的传统，过度地强调陈旧的见解，自我满足。他们拒绝学习与了解新的军事技术与信息，无力认识自己的落后与敌人的进步，只是身居要津，敌视革新，摧残歧异，愚鲁地发号施令，将坚持己见等同于维护权力和利益。敏锐思索与灵活应对的文明特征，变成了顽梗不化与守株待兔，导致祸国殃民。对于后来法国的溃败，最高统帅部、总参谋部以及军事部“应负重大的责任”。

## 坦克集群战——世界军事新潮流

由于提出先进的军事理论，戴高乐陷入了命运的旋涡，有关法国历史给人以启发。近现代法兰西社会几经磨难，但从总体看来还是向前发展了。我们承认法兰西文明的成绩时，很容易忽略一点：这个社会也有明显的缺陷，如贬责、压制新生事物。

当人们考察自然界、人类社会与人们自身时，面前呈现出错综复杂的画图，新与旧的交替，后浪推前浪，始终存在。军事思想也是如此，“四时无常位，日有短长，月有死生”，“兵无常势，水无常形；能因敌变化而取胜者，谓之神”。

新的军事思想内含先进，代表进步，但它初时往往处于弱势，挑战强势时必须不断克服障碍才能成长和立足于社会。

应该看到，一种重要的军事思想在欧洲、世界通常能够逐渐成为一个思想潮流，关于坦克战就是如此。

戴高乐登高一呼的价值在于他单枪匹马否定权威与主流的定式，也在于他提出的新的军事思想是当时世界军事新潮的一个组成部分。在法兰西，他代表了欧洲新的军事趋向。有关这个新的军事趋向还应该铭记的人物，如英国的富勒、利德尔—哈特，奥地利的艾曼斯见格，德国的古德里安，法国的艾蒂安纳（Estienne，1860—1930）以及杜芒克（Doumenc，生卒年不详）等人。艾蒂安纳（于 1922）与杜芒克（于 1928）两位将军仅限于具体地主张建立坦克师。1940 年 4 月雷诺（Reynaud，1878—1966）曾向国民议会提出组建一支机动的地面装甲军队。在六边形的国土上，高举坦克集群战争旗帜者，就是夏尔·戴高乐。

戴高乐的独领风骚后来还有新创：1940 年 6 月 18 日首先发出抵抗德军入侵的号召，1958 年建立第五共和国，1964 年 1 月 27 日正式承认中华人民共和国。就国家发展与国际局势而言，他善于审时度势，勇于弃旧图新，敢于超越强势潮流，以个人的努力带动社会发展，加强社会生活（包括军事）往前延伸的驱动性，体现了社会的巨大动力。这些既是故人戴高乐依然活在今人心中的内涵，也是后人向先辈学习的要旨。在军事思想的“战场上”，贝当与莫兰等人以权势的“火力”压制了戴高乐的“坦克军队”。但是，德意志坦克集群以钢铁洪流的突击，证明戴高乐追求的是当时一种新水平的军事真理。他是法兰西独立性正确发挥的典型。

历史无情，也有情！个人的选择不无关系！

Chapter 02 |

# “如果我有一把剑！”

## ——争取排除障碍

# 06

## 菲利普二世（Philippe II，1165—1223）
## 冲破“封建势力”的重重樊篱

## “法国国王绝对不承认更高的俗权。”

### “我将变得强大有力……”

法兰西的一些国王比较平庸，通常在王朝世系表上才能找到，他们仅仅偶尔在教材中出现。不能说这一类君主都完全碌碌无为，但是可以指出，他们的共同点在于政绩有限。正是由于这些国王们的存在，才能烘托出独立思考与执政的少数君主，例如菲利普二世·奥古斯特、圣路易、“美男子”菲利普四世、路易十四、拿破仑一世等。过去，人们注重近代尤其现当代的历史，菲利普二世未获足够的重视，实际上此人的独特之处值得回顾。他的重要特征在于深信必须由自己统治法兰西王国，为此应该拥有最高的权力，不必去服从其他更为高贵的主人。这正是当时逐步成长的法兰西王国甚为珍贵的精神。

一国之君能否发挥一定的积极作用，既取决于社会条件，也离不开个人的因素。他们以个人的努力和国家机器的驾驭去消除内外的阻力，维持当时水准的社会秩序，保护一定水平的社会发展，促进例如王权的加强、国家的统一、民族的独立……

菲利普二世呈现于历史探索者的面前的，可以说是一种颇具特色的形象。他的治国思想在于集中权力，加强王权与组织国家。[①] 菲利普二世于1180年继承父亲路易七世的王位。当时，王权的状况无法令人感到乐观。987年，于格·卡佩（Hugues Capet）掌权后，“法兰西人的国王”统治期间，王权长期处于“无所作为与无声无息的状态”。人们重视封建主的权力，并将国王的权力与封建主的权力等量齐观。菲利普二世深深感到改变如此状况的紧迫性。他努力控制大贵族，对抗教皇，打击英国，拒绝对任何人宣誓效忠，促进社会与经济的发展……

控制大贵族成为首要的任务。那时，法兰西是君主、伯爵、城堡领主与教会的权力的聚合体。即位初时，菲利普二世的国王领地的面积相当有限，他承受着来自大封建领主们的压力。后者实际上不断向王权挑战。那时，菲利普二世无力抗击大领主们的进攻，他表示“不管他们现在干什么，他们如此强大，我必须忍受他们的暴行与罪恶。但是如果上帝愿意，他们将变得荏弱，而我将变得强大有力，那时将轮到我来对他们进行报复”。

后来，菲利普采取了一系列措施，变被动忍受为主动出击，克服大领主们的压力。他与大城市结盟，彼此互相配合，从不同角度反对大领主们保持特权与扩大权力的企图。各大城市以组织武装力量、向国库捐款、主动使用国王的货币等行动支持君主的政策。

同时，菲利普二世设立“行政管理区”（bailliage），派“巴宜”（bailli，法语发音为baji，另译邑督、邑吏）驻守，他们代表国王对地方上的封建领主进行监督，又在行政、司法、税收方面加强控制。由于上述措施，王权变得强大，而领主们的权力受到限制和削弱。王权凌驾于封建领主们之上，成为一种特别的权力。

---

① 810年，查理曼帝国的一个法规如此规定：“每位首领必须约束其属民，使他们更自愿地听从皇帝的命令与训示。”

## 对抗罗马教皇，维护世俗王权

对抗教皇，这是不可避免的一场较量。

12—13 世纪，法兰西与欧洲待人接物的社会标准通常规定严格。一个人，他是否信仰天主？信仰天主者，他是否服从教皇？在社会生活中、政治领域内，必须态度明确。有时，高耸的教堂与远扬的钟声仿佛左右着人们的喜怒哀乐……

12 世纪初，法兰西大地上流传着一种迷信习俗：使用教会的驱鬼符、咒文、万灵符等去对付自然灾害。例如，拉昂城的主教竟然专门颁布一纸“咒文”，宣称它将赶走田野里的毛毛虫与蚱蜢。该主教命令农村居民将上述咒文埋在自己的田地的四个角，承诺它将驱逐上述害虫。该咒文作用如何？未见记载，但是可想而知。生活在如此社会发展水平的菲利普二世，他信仰天主教，也曾努力维护基督教会的威望。1190 年 7 月 4 日，他与英王理查一世在法国现今约纳省的维兹莱（Vézelay）相会，随后开始第二次十字军东征。后来，由于法英关系破裂，法王于 1191 年 12 月决定返回法国。

另一方面，菲利普二世面对着难题：王权受到教皇权力的打击。从某种意义上看，由于当时人们深度的信仰，这显然是一种沉重的打击。当时宗教信仰与宗教思想在人们的心灵上，在国家的治理中，具有不可否认的影响。菲利普二世必须认真考虑对于教廷的政策。

1180 年 4 月，菲利普二世娶伊莎贝尔为妻，她于 1189 年去世。1193 年 8 月 14 日，他娶了第二个妻子——丹麦国王克努特六世的妹妹英格堡，并在亚眠举行婚礼。但是次日，他举止异常，“面色发青，身体发抖”，声称年仅 18 岁的美丽的妻子在新婚之夜对他“施行了妖术”。要求立即离婚，另外也借口她和前妻有近亲关系。法国的高级教士会议宣布取消这一次婚姻，英格堡不懂法语，她知道有关决定后高喊：“法国人坏！罗马！罗马！”即要求向教皇上诉。1196 年他娶第三位妻子阿涅斯，两人感情甚佳。此时，丹麦宫廷将英格堡受屈之事告到罗马，请求处理。教皇凯莱斯丁三世对菲利普处以惩罚，但后者不予理睬，并表示“我宁愿失去一半领土，也不肯与阿涅斯分离”。1200 年 1 月，教皇英诺森三世宣布禁止与英格堡离婚。菲利普二世很长时间不肯服从，他被教皇停止在自己领土内的宗教活动，1202 年他只得送走阿涅斯。重新认可英格堡，但是让她住在修道院，并对其保持监控，迟至 1213 年她才获得王后的特权，她于 1237 或 1238 年去世。毫无疑问，就此事而言菲利普二世做了让步，但是他今后不会对教皇忍气吞声唯命是从。

菲利普二世力求将世俗权力与宗教权力分离，他独自处理王国之内的政务，曾抵抗教皇以及国内的一批教士的干预。为此，他借助若干大领主的支持。当法王与教皇发生争论时，勃艮底的厄德等 12 位大领主表示支持法王。有文献记载：“我，勃艮底的厄德，通知将收到此信的各位，我已劝告法国人著名的国王，我的君主菲利普，不要由于教皇老爷或任何枢机主教的暴力或惩罚而去与英国国王媾和或休战……我将尽我的全部力量援助他，而且我绝不与教皇老爷讲和，除非上述主君国王陛下出面调停。立此存证。”这些大领主赞同国王抵抗教皇，信函中的称谓也可说明问题，法王已是“我的君主”“主君国王陛下”……

1209 年的冲突具有典型意义。菲利普二世根据他赐予封地的面积大小而向封臣们征集不同数目的兵员。奥尔良主教与奥塞尔主教表示拒绝时，法王下令扣押他们的领地。当时，教皇英诺森三世发出了禁令，但是法王终于迫使这两位主教履行他们不可摆脱的封建义务。由此可见，君王的统治权力对于教会的控制权力占据了上风。英诺森三世于 1198—1216 年任教皇，使教皇的神权达到高峰，但是他对于菲利普二世的抗命行为无计可施。

## 打击英国：布汶战役的胜利

当时，法英之间矛盾重重，联姻关系、领土归属、王位继承等争端交织在一起。这些复杂的纠纷往往难于得到清晰的了解，此处尝试做一些简要的说明。

1137年，法王路易七世与阿基坦女公爵阿勒奥诺尔结婚，她所拥有的阿基坦公爵领地与法国王室领地合并。阿基坦包括普瓦图、利穆赞、佩利戈尔、凯尔西、圣通日、吉耶纳[1]、加斯科纳与奥维尼等地方。1152年，路易七世和阿勒奥诺尔因无男嗣而离婚，同年这位女公爵带着阿基坦领地改嫁英国王子亨利，即后来的亨利二世。丧失大片曾经获得的土地后，法国国王们希望重夺甚至扩大所统治的地域。

英王亨利一世于1135年死后无子，发生了近20年的内战。1154—1189年，外孙亨利二世为英王。亨利二世因父亲是安茹伯爵若弗卢瓦（他喜爱在帽子上插上金雀花），而继承了安茹、曼恩、图兰与布列塔尼。亨利二世于1150年成为诺曼底公爵。[2]1151年，他继承父亲安茹公爵的爵位与领地。1152年，亨利娶阿勒奥诺尔而成为阿基坦公爵。1154年，亨利二世登上英国王位时，他在法兰西拥有的领地面积明显超过法国国王所拥有的土地。法国的国王领地当时主要是以巴黎和奥尔良为轴线的地区。

法英两国因为相关土地展开了长久的争夺。1194年，英王理查一世对法国开战。菲利普二世应战，失利后经教皇调解而休战。1200年，菲利普二世迫使英王约翰承认自己为法国的封臣。1202年，菲利普二世的一名封臣控告约翰拐走他的未婚妻，法王命令约翰以封臣身份前来宗主法庭受审。约翰抗拒法王命令，法王宣布剥夺约翰在法兰西的全部封地。1202年后，菲利普二世陆续夺得诺曼底、安茹、图兰、曼恩、普瓦图（部分）等地域。于是，法英双方面临决战。1214年7月23日，法国军队在布汶与敌军大战，法王菲利普二世曾被敌人打落马下，几乎被虏。但是，法军终于打败英军以及德皇与弗兰德尔伯爵的联军。同年9月18日，签订《西侬条约》。

---

① 13世纪后，法国人说“吉耶纳”时，指英国在法的所有领土，包括加斯科尼。

② 1066年年底，诺曼底公爵威廉征服英格兰后，成为两地的统治者。

布汶之役的胜利与法国的城市民兵的积极作用密不可分。为了鼓舞士气，传说菲利普二世曾对他们做如下动员："我拥有王冠，然而我和你们一样是个男人。""你们皆应成为国王，现在你们实际上就是国王。因为如果没有你们，我便无法统治。"布汶之战胜利后，全国兴高采烈，当时的文献记载：民众快乐地鼓掌喝彩，到处在跳舞，教士们唱着柔和的圣歌，教堂里传出悦耳的乐声，教堂内外有着庄严的装饰，城市里披挂着帷幔，到处是鲜花、绿草与青翠的树枝。身份不同的居民，不分男女老少，从各处赶来观看如此盛大的胜利庆贺。巴黎的居民，尤其大批学生、修道士与若干民众走在国王的前面，唱着赞歌与感恩歌曲，显露出心中的欢乐。人们夜以继日地玩乐，在无数火炬中，欢庆甚至延续了 7 个晚上。

布汶战役的巨大胜利，使法王的领土扩大了 3 倍，菲利普二世被誉为奥古斯特（意为尊严的、令人生畏的）。

## "拒绝向任何人宣誓效忠"

宣誓效忠，在封建社会是常见的现象。如何认识自己的权力，向来是法国君主必须解决的问题。菲利普二世自己拥有国王领地，同时他也接受别人封赐的若干土地。法兰西的君主与各地领主、君主与教会、各领主之间、领主与教会的关系相当复杂，而此类宗主与封臣的关系、支配与从属的关系相互"侵袭"、交错的存在，展示出当时的封建权力的拥有与实际土地的归属这两者广泛铰接、混淆的特征。

这种特征在敦克尔克一带的弗兰德尔伯爵领地比较明显。1185 年，它的伯爵菲利普（1168—1191）"将亚眠城及乡村如同封地给予法王菲利普"，法王菲利普二世成为菲利普伯爵的封臣。按照那时的习惯，法王应该对弗兰德尔伯爵行效忠礼，但是他坚决予以拒绝。为此，法王菲利普二世发布一项敕令："弗兰德尔的伯爵菲利普已将亚眠的城市和乡村交付给朕。朕已经清楚地验证了亚眠教会对朕的忠诚与尽心……这个教会已宽厚地同意朕保持它的封地，并且无须因此而向它行效忠礼。”“为此，考虑到上述教会的忠诚，朕免去它招待朕以及朕的官员的一切义务。”[①] 菲利普二世既是法兰西国王也是一位伯爵的封臣，但是他实际上仅仅承认自己为一国之主，否认对于其他人的从属关系，同时他还使用权力免去亚眠地方的义务。

正如马克·布洛克（Marc Bloch，另译布洛赫）所指出：“如同用旧了的纸币，各种词汇在不断使用过程中会失去明晰的轮廓。”关于“封建的”“封建主义”“封建政府”“封建体制”等的恰如其分的解释，至今存在争论。[②] 在议论菲利普二世时，涉及 11—13 世纪的法国社会状况，“封建权力”实际上指的是“封君封臣的制度”、封君封臣的关系。当时，在法兰西的土地上，既有大诸侯，也有小诸侯，甚至仅拥有几个村庄的小领主，他们瓜分着统治权。封臣必须对封君行臣服礼，缔结从属关系。封臣对封君承担义务：“效忠”，如不许危害封君；“帮助”，如服军役、提供货币与物质；“劝告”，如在封君召开的会上发表意见甚至批评等。封君对封臣的义务为：“保护”，如保护封臣的荣誉、生命与财产；“维持”，如提供封地或衣食等，他有权将封地归公或加以没收。“附庸关系实际上在绝大多数情况下变为世袭。”封君与封臣的关系有时互相“渗透”，即双方互为对方的封君或封臣。[③] 当时，凡是“无领主之人”难以在社会上获得他人的信任。

法王菲利普二世所面对的就是如此复杂的社会条件，“封建权力”如同绳索一样束缚着这位国王。他扩展王权的行为具有决定性的意义。他将王权和封建权力分离，在他的统治下“王权是一个特殊的权力”。菲利普二世的王权得以凌驾于封建领主之上。同时，他又使王权超越了封建宗主与封臣的关系。这既是政治、经济关系的超越，也是思想的超越。君主俯视着封建体制，置封建领主制于不顾，挣脱了封建性质的纽带。王权应该成为唯一的、

① 基佐，同前引书，第 271 页。该书根据英文本译成中文。

② 马克·布洛赫：《封建社会》，商务印书馆 2004 年版，第 27—30 页。

③ 马克垚主编：《世界历史·中古部分》，北京大学出版社 1989 年版，第 91—92 页。马克·布洛赫，同前引书，第 249—253 页。

普遍的权力，它应该将全国的权力集中起来，以自己作为唯一的封建宗主的地位，他联合了大城市，又将大领主们笼络在自己周围，以便使法兰西走向统一。同时，他的王权不断争取从教会的权力下解脱出来，这位法王一直坚持自己安排世俗事务。与他的先人相比较，他使王权强大起来，使王国获得发展。

由于自己权力与力量的增加，菲利普二世有能力改变卡佩王朝的习惯，他自己还活着时不曾为儿子加冕。从这位法王开始，不再使用“法国人的国王”这一旧称号，而开始称为“法国的国王”。[①]1203年，他发表了重要言论，宣布：“法国国王绝对不承认更高的俗权。”[②]

## “向往改善社会状况”

史学家基佐直率地指出：“菲利普·奥古斯特是卡佩王朝中第一个（做了如下事情的）国王，他使法兰西王族具有一种性质，即聪明而积极地向往改善社会状况与促使国家文明进步的诚意。这种性质在很长的一个时期里是它的力量与得人心的构成因素。”“我们的全部历史证明：这一件事在路易十四治下得到它的最后与最光辉的发展。此事可以追溯到菲利普·奥古斯特。在他以前，王权既不够强大，也不够明智地发挥此种有利于国家的文明的作用。他给予了它这个方针，并使它能循着这个方针向前进展。”[③]

巴黎的建设较为突出。当时，巴黎人口十余万，但还不是首都，而是菲利普二世的主要驻地。这位法王扩展与加高了巴黎的城墙。为了防止异味，他下令将巴黎的街道皆铺以坚硬的石块，在巴黎建造了医院、引水渠、国家档案馆、中心菜市场等。1204年，建造了卢浮堡垒［fortresse，也可译作要

① “法兰克人的国王”（Roi des Francs），“法国人的国王”（Roi des Français），“法国的国王”（Roi de France）。

② *Les grandes dates de l' histoire de France*., Paris—1988, p.3.

③ 基佐，同前引书，第272—273页。卡佩王朝的第一位国王为Hugues Capet，他于987—996年在位。

塞，直至查理五世（1364—1380 年在位）时才改为常住的住所，后来称卢浮宫]；外省修建了沙特尔大教堂等哥特式大型教堂；巴黎西北的鲁昂至南方的马赛之间的公路陆续开通。法国成了从北方的弗兰德尔至南方的意大利交通和贸易的枢纽。就全国而言，商人与市民获得若干权益，例如建造了商场……

王权曾经进行关于组织社会、建设国家的具体活动。改善社会状况与发展国家文明应是君王们的重任，菲利普二世在此方面发挥了倡导作用。这是法国王权的引人注目的“新性质”，这一种“性质”有利于王权的力量和影响的增强。社会状况的改善与一个王朝统治的成败存亡息息相关。

菲利普二世于 1223 年 7 月 14 日去世，他的遗体安葬在圣德尼的王家墓地，权杖和王冠置于旁边。他的若干行之有效的政策至今不曾被人们遗忘。遗体、王冠与权杖成了菲利普冲破“封建权力”樊篱、保证法兰西独立王权的纪念物。这一位法国君主经邦纬国的事业，未曾付诸流水！

# 07

**弗朗索瓦一世（François I，1494—1547）**
**西班牙古堡里的特殊囚徒**

## “使用武力强迫签订的条约……自然完全无效！”

### 布伦教务协定，“此乃朕之美意”

弗朗索瓦一世属于瓦卢阿—奥尔良（Valois-Orléans）家族，王位继承与君王权力将面临的困境等待着这个婴儿的成长。弗朗索瓦于1515年继承伯父路易十二世的法国王位，称弗朗索瓦一世。法兰西社会，后来的崇拜者将他比喻为“雄鹰”，对他的治国活动大加颂扬，而对于他所经历的艰难通常隐忍不言。其实，如此看待历史人物多属一厢情愿。弗朗索瓦一世宦海浮沉，经历了虎落平阳，也曾经历东山再起。

弗朗索瓦一世在位期间，王权得到良好的运用，他首先针对高等法院，其次矛头指向罗马教皇。那时，巴黎高等法院政治作用甚大，它在司法权方面多次向王权挑战。它使用“登记权”，以不符合法律与国家利益为理由，拒绝登记国王的法令或特许证书等文件。此时，国王需要亲临高等法院，迫使它进行登记。1527年，弗朗索瓦一世亲自到巴黎高等法院施加压力，警告它不得对抗王权，必须承认国王的权威。这位君主在其诏书的末端，经常加上一句“此乃朕之美意”。诏书的这种格式，后来一直沿用至19世纪初波旁王朝复辟时期。

弗朗索瓦一世为了维护王权，敢于和教皇正面较量，并利用自己在意大利的影响，促使教皇妥协。1516 年 12 月 12 日，教皇利奥十世与弗朗索瓦一世签订“布伦教务协定”（Concordat de Boulogne）。从此，“法国国王拥有任命本国的主教与修道院院长等高级教职的权力，教皇承诺按教会的规定对他们授予圣职，高卢教派教会的财产归法国国王掌握与支配。该协定生效直至大革命”[①]。此外，16 世纪 30 年代，由于异端者反对天主教会的暴力行为，更是出于维护王权的利益，弗朗索瓦一世对新教徒采取镇压政策。

在对外交往顺利的同时，弗朗索瓦一世着力于组织国家机器与军事力量。他按照自己的意愿，使用御前会议、顾问、秘书以及其他官吏。他制定证书时，公布诏书之前，会召开御前会议或咨询顾问，目的在于听取意见，而后能够自下决心，授权秘书们拟定文件。法国的国家机构在当时的社会条件下，已经相当庞大，官吏多达一万两千人左右。若干欧洲国家效仿法国这一模式，组织国家机构。

13 世纪中期，路易九世曾要求臣民努力学习法语。1539 年 8 月 10 日，弗朗索瓦一世公布《维莱—科特雷敕令》，规定：改组司法，必须“使用母语法语，而不是其他语言”，限制教会的司法权限。从此，法语成全国统一的正式语言，人们日益减少使用拉丁语。弗朗索瓦一世采取措施，减少各地区之间的关卡，从而有利于国内的经济交流。同时，他促进了度量衡的统一。为增加收入，他征收临时税，甚至设立专门机构出售政府官职。

军事、军队是这位法王所关心的重大事情。他建立了一批步兵团，即最早的职业军队，并将他们派驻边境，专门守卫边防。为了更好地组织与控制军队，他派出一批特派员，他们在军队里或军区内贯彻君主的旨意。对于背叛王权与法兰西权益的军人，实行严厉惩处。1523 年，陆军统帅波旁公爵查理三世投靠德意志帝国，并为后者领军攻打罗马而战死。他的采邑和财产遭到没收，法王因此消除了一个重大威胁。

弗朗索瓦一世于 1515 年 8 月率领法军翻越阿尔卑斯山，9 月，法军在

---

① Françoise Hildesheimer, *Du Siècle d' or au Grand Siècle*. Paris—2000. pp.97–98.

马里尼亚诺获胜，占领米兰公爵领地。后来，法军连续获取帕尔马与皮阿琴察。但是，暂时的胜利无法保证长久的管控。

## 德法矛盾引发多次战争

1519 年，西班牙国王查理一世（哈布斯堡家族）当选为“德意志神圣罗马帝国”皇帝，称查理五世（1519—1556 年在位）。[①]1520 年，他在亚琛加冕，那时选帝侯们对他说明：“记住，给你这个宝座，既不是因为你生而有权，也并非根据继承，而是出自德国王公与选帝侯们的意愿。”虽然如此，他成了一个范围巨大的帝国的首脑。于是，法国面临着哈布斯堡家族统治地域的夹攻，它的东方基本上与神圣罗马帝国交界，南方与他们统治的西班牙相邻。不久，查理五世便对布尔戈尼提出了要求。作为法国国王，弗朗索瓦一世不可能无动于衷，为了摆脱困境，他和查理五世进行了四次战争：1521—1525 年，1527—1529 年，1536—1538 年，1542—1544 年。第一次战争便造成严重后果。

当时，西班牙的卡斯蒂利亚发生城市“公社”起义，人们反对大贵族，要求查理不去德意志居住。西班牙官员治理西班牙，每三年召开一次国会。与此同时，德意志也在动荡不安。1517 年 10 月 31 日，马丁·路德将他的论文贴到维藤堡教堂大门口的学术布告栏上，他发出公开辩论的号召。这是《九十五条论纲》，为德意志宗教改革的开始。他另外表示：“如果因为我所说的道理……而称我为异端分子，我将完全不在乎人们的咆哮。”卫道士们抨击他为“散布波西米亚人的毒素”，应该处以火刑，他们的目的在于“维持教皇的权力至上”。1520 年，教皇利奥十世宣布路德为“异端”，路德则当众焚毁教皇的敕令。简言之，查理五世即位之始便遇上了西班牙的政治困

① 另有个别著作如布赖斯的《神圣罗马帝国》（第 316 页），认为他在波洛尼亚加冕。关于此人何时退位，说法不一。

难与德意志的宗教挑战。

弗朗索瓦一世认为良机已至，决定乘机打击查理五世。1521年，法军开始战争，但是在拉比科卡等地惨败。次年，查理五世夺占米兰公爵的领地。1524年夏天，弗朗索瓦一世的法军在伦巴第采取不合理的作战方案：先夺米兰南方帕维亚，后挥师北上攻打米兰。1525年2月24日，法王及其部下遭到了围攻，他们拼死抵抗，部分法军溃逃。弗朗索瓦一世的脸、手、腿皆负伤，战马已经累倒，他手持利剑步行战斗，当他独自一人时，敌军中有人认出他为法国国王，将他“护送”至上级军官处。那里，那不勒斯总督拉诺瓦的查理先对他深鞠一躬，而后解除他的武装。弗朗索瓦一世成为查理五世的俘虏。

## 意大利森林中的囚禁

意大利皮阿罗察东北的皮齐哲托纳森林是弗朗索瓦一世的囚禁处。当时，查理五世还在西班牙的马德里。落难的法国国王身手矫健，为人多情，他的鼻子又大又长，被称作“大鼻子国王”。他鲁莽易冲动，对于囚禁并不气馁，获得敌方同意后便发出三封信函。

他致函查理五世：“一个法兰西国王，已经成（您的）臣虏，特请皇帝陛下开恩准许臣归国。”“陛下将臣留在此地，臣仅为一个无用之囚徒。如果允许臣继续为法兰西国王，臣定将率领法兰西永远做陛下忠实的奴仆。究竟如何，恳请陛下定夺。”[①] 弗朗索瓦一世以囚徒的现状，臣属的身份、低下的姿态、谦卑的口气，向查理五世乞求宽大、释放回国……他负伤被俘、寄人篱下，被迫寻求出路。

弗朗索瓦一世出征时，曾安排他的母亲路易丝王太后摄政。现在，她收

① 请参见杜兰：《世界文明史》，东方出版社1999年版，第6卷，第693页。该书有关部分文字比较生动，但包括若干不确之处，如关于Louis de Savoie和Charles Ⅲ de Bourbon的年龄等。

到了儿子的来信:“母后，当你收到此信时，你明白应该如何对待儿子所受的苦难。现在，儿所停留于世界上的仅存荣誉和生命，此外已一无所有”，请母后保持“明智”，“儿子深信不疑天主的仁慈，他绝对不会将我抛弃。”[①] 第三封信寄给他的姐姐玛格丽特，内容与致母亲的书信无重大区别。

囚徒君王的呼吁获得亲人们的回应，他的姐姐迅速回信。“我们的君王:昨日收到你的来函，尤其知道了你身体健康。我们感到十分欣慰。你的健康乃是我们生存的意义之所在。”“现在，除去衷心赞美天主之外，我们仅仅希望不断听到你的好消息。”“天主以我们三人为一体，这个三位一体绝不容许分开。”“请容许，随信送来我们对你的爱。我们是你的妈妈与姐姐，同时也是你的忠实的仆人。”信的末尾由“露易丝与玛格丽特”两人署名。[②] 查理五世生于 1500 年，比弗朗索瓦一世年轻 6 岁。他虽然年龄不大，办事却比较沉稳，不曾立即带着感情给弗朗索瓦一世写回信，而是向法王提出了释放的条件：法国必须将布尔戈尼割让给查理五世，允许普罗旺斯、多菲涅“独立”，将诺曼底、安茹、加斯科尼、圭亚那归还英国，放弃对弗兰德尔、阿尔图瓦与意大利的要求，承诺与查理五世结盟，共同抵御土耳其等。

查理五世将上述要求分别送给弗朗索瓦一世和他的母亲路易丝。这位摄政王太后的回答十分坚决，她完全拒绝有关要求，表示将战斗到底。随后，她鼓励土耳其人往西进攻，以牵制查理五世。为了相同的目的，她争取到了和英国的结盟。

## 西班牙古堡内的囚徒

此时，弗朗索瓦一世被转移到西班牙，囚禁于马德里的一座古堡内，在那里受到一定程度的虐待，如囚室狭小，有时两个星期不准放风，较迟才允

---

① 杜兰，同上书，第 69 页。

② 杜兰，同上书，第 692—693 页。

许他的姐姐前来探望。

1526 年 1 月 14 日，弗朗索瓦一世被迫签订《马德里条约》。条约内容包括上述各项要求，另加数项：弗朗索瓦一世以两个最大的儿子为人质，他将“归还陆军统帅波旁公爵的财产”，答应和查理五世的妹妹埃丽奥诺拉结婚。[①] 法国国王接受了丧权辱国与约束自己的条约！那时，弗朗索瓦一世还主动向敌方赌咒：如不诚实履行这一条约，天主将使他重陷西班牙的牢房。实际上，条约和承诺仅为政治与外交行为，如同河流表面的浮游物，它们的下方另有深层次的水流。弗朗索瓦一世私下表示：“宁肯死去，也不能签署此项条约。”其实早在《马德里条约》之前，法国国王已经采取重要措施。1525 年，他专门撰写一份诏书，并交随从侍卫妥为保管。该诏书宣布：“凡是我所签订的条约、协约……如果违背我的荣誉和法国的利益，皆完全无效。”1526 年年初，派代表去协商《马德里条约》时，弗朗索瓦一世对代表宣读了上述诏书，同时口头声明：《马德里条约》“因武力强迫与终身监禁的威胁而签订，因此其中的一切内容自然完全无效”。[②]

1526 年 3 月 17 日，弗朗索瓦一世渡过西法两国交界处的比达索阿河，返回法国。他跃马飞奔而去，情不自禁地高呼：“我又是国王了！”这位法国国王一度马放南山刀枪入库，不久他和查理五世的关系将揭开新的一页，它的上面似乎可见几个大字：复仇雪耻！

## 《康布雷和约》与《克雷皮条约》

《马德里条约》公之于众后，欧洲社会普遍不满。许多国家与城市的君主或掌权者不愿见到法国的过度削弱和查理五世权力的无限扩张，他们联合起来进行抵抗。1526 年 5 月 22 日，法兰西、教皇（克莱芒七世）、威尼斯、

① Hildesheimer, Op. cit.. p.20.

② Bainville, Op. cit. pp.143–144.

米兰、热那亚、佛罗伦萨等联合组成“科尼亚克联盟”（Ligue de Cognac），反对查理五世。[①] 查理五世获悉后勃然大怒，骂弗朗索瓦一世是囚徒、违约者，并会见法国使节，宣布要与弗朗索瓦一世决斗。法国国王专派使臣回答说：“决斗就决斗！”后来，由于法国贵族们的反对，决斗延期实为不斗。1527 年 12 月，巴黎高等法院宣布废除《马德里条约》。1529 年 8 月，订立《康布雷合约》：查理五世放弃布尔戈尼，弗朗索瓦一世放弃意大利、弗兰德尔和阿尔图阿，法国向查理支付 200 万金埃居，两个人质孩子返回法国。[②]16 世纪 30 年代至 40 年代还有两次战争，双方几经攻守，反复杀戮，终于停止干戈，订立《克雷皮条约》，彼此关系大致回到了最初的出发点。法兰西不再谋求意大利，但是保住了布尔戈尼。[③]

1547 年，弗朗索瓦一世辞世。那时，他的老对手查理五世晚景艰难。1552 年，路德派反叛诸侯们联合起来进攻南德意志，查理五世闻风而逃，匆忙离开蒂罗尔的因斯布鲁克，经过积雪的布雷内尔山口，远遁到加林西亚的幽静山谷里。当时，一位叛军诸侯喜出望外地表示：“我没有这样大的鸟笼子来养这样一只鸟。”1558 年，查理五世死于西班牙。

弗朗索瓦一世留下可以肯定的业绩，也忍受了古堡久禁的凄怆。他不是唯一遭到敌人囚禁的法国国王。[④] 他宣布已签订的条约无效，为的是国家与王室的利益！

① Cognac 在今法国西南 Charente 省，Angoulême 的西边。

② Cambrai 在今法国 Nord 省。

③ 在今法国 Aisne 省。

④ 例如 1356 年，法王让二世曾为英国的俘虏。1360 年，他由于缴纳赎金而回国。不久，作为人质的儿子逃脱，他因而自愿返回英国接受囚禁，1364 年死于英国。

# 08

## 路易十三（Louis XIII，1601—1643）
## “血腥泥潭”中竭力挣扎的君王

# “如果我有一把剑，一定将他戳个窟窿！”

## “血腥泥潭”中清除恶臣

马克思曾指出：“蒙古奴役的‘血腥泥潭’……形成了莫斯科公国的摇篮。”[①] 某种程度上，可以将这些话用来描绘路易十三的统治。当时，法兰西不曾处于奴役和屠杀之中，然而“血腥泥潭”如同路易十三统治的“摇篮”。这位法国君王在位时由于内乱、外患、阴谋、惩处，主动与被动地流淌了许多鲜血，他从困境中挣扎着实行统治。与他的儿子路易十四相比较，路易十三可能显得软弱。还需考虑后者的首相黎世留是一个强人，他的声望不利于对其君主的评价。但是，路易十三毕竟有着独立的性格与突出的政策，仍然不可忽视他的存在。他和母亲、妻子、弟弟及近臣们发生了争斗，甚至战争，他最终以胜者的姿态排除干扰治理国家。

1610 年 5 月 14 日，父亲亨利四世被杀身亡，路易十三幼年即位，母后玛丽 · 德 · 美迪西斯（Médicis，另译美第奇）摄政。按照常理，母子两人应该齐心协力共渡艰难，治理好国家。但是，在试金石——权力和利益面前，王太后未能经受住考验。母子冲突的前期，优势属于王太后，年轻的君主被

① 马克思：《十八世纪外交史内幕》，人民出版社 1979 年版，第 67 页。

迫认识到事态的严峻，必须奋起反抗。路易十三依靠黎世留等大臣的辅佐，逐渐摆脱劣势，争取到了主动。

王太后玛丽·德·美迪西斯摄政及其延续，长达七年（1610—1617），1614年，路易十三成年，王太后已不再是监护人，改称“总摄政官”、御前会议的首脑。她名谓“辅政”，实际权力有所增加，三级会议对此予以默认。王太后掌权之初，重用孔西尼（Concini）夫妻，孔西尼之妻乃是王太后身边的侍从。1610年9月，孔西尼成为国王的首席侍从，他用太后的赏银购买了这个官职。1613年，孔西尼成为法国元帅。1616年，他将自己的侯爵领地提升为公爵领地。

随着权力的恶性膨胀，孔西尼的胡作非为迅速增加。他在巴黎的新桥和各交通要冲，设立了50个绞刑架，目的在于以恐怖手段去严格控制百姓。同时，他对幼主态度傲慢，见到路易十三时竟然拒绝脱帽，违反宫廷礼仪，并且监视君主的活动。他曾公开放话：当他愿意时，他将鞭笞国王或将君主“禁锢”于卢浮宫里。

孔西尼的无法无天引起了路易十三以及亲王们的反抗。由于太后掌权，路易十三无法独自主持国家事务，但是他不肯服输。早在1616年，他组织了一个小型的御前会议，它的成员为吕伊内等人。这些人策划了杀死孔西尼的秘密活动，国王的旨意：“格杀勿论。”1617年4月，孔西尼在宫门口被枪杀。路易十三听见了枪声，他手握短枪又提着利剑，等待好消息。卫队长跑来报告：“陛下，大功告成！”国王激动地多次表示：“谢谢！多谢诸位！现在，朕是一国之主了！”[①] 次日，愤怒的人群将孔西尼的尸体从一所教堂的墓穴中挖出，倒吊在新桥上再次执行死刑。人们对孔西尼“割鼻断耳……摘除阳具，将五脏六腑丢在水中”。他们拖着残缺不全的尸体，穿过街巷，到达巴斯底广场以及其他广场，在圣日耳曼的孔西尼府第门口与在新桥上两次焚烧，最后将他扔进了塞纳河。1617年7月，孔西尼的妻子也判处死刑。他

① Françoise Hildesheimer，*Richelieu.* Paris—2004. pp.55, 64, 77.

们夫妇的财产相当于法国年度预算的 3/4，予以全部没收。

王太后遭到了四天软禁，后被送到布鲁阿“颐养天年”。路易十三向她致欢送词：“从此，朕将自掌朝政，朕决心不让他人在国内发号施令。今后，朕乃一国之主。”“别了，母后……朕将是您的孝子。”王太后无可奈何地顺从了国王的安排。当她得知孔西尼被杀的消息时，认识到摄政已经结束，她不无遗憾地表示：“我摄政七年，今后我只能到天堂去等待一顶王冠了！”[①] 王太后的政治野心未曾泯灭，母子的政治仇恨远远地超越了两人之间的亲情。

## 王太后与国王的母子战争

王太后玛丽·德·美迪西斯为一方，国王为另一方，发生了两次“战争”。

1619 年 2—4 月，第一次“母子之战”。1619 年 2 月 22 日，王太后逃离布鲁阿。凌晨，她先靠绳索自己往下滑了一段，后被人用毛毯包着滑到地面，她手里紧紧抱着首饰匣。她逃到昂古莱姆，汇集了 6000 名步兵和骑兵，开始叛乱。根据路易十三的命令，马延公爵领兵进攻，并且获胜。王太后一方处于危急之中，当时在太后身边效力的黎世留从中调解，4 月，双方签订《昂古莱姆条约》。后来母子会晤，公开和解。

1620 年 7—8 月，第二次“母子之战”。夏天，王太后的势力有所增强，她在某些大贵族的支持下，控制了法国的大部分地区，黎世留为她制订作战计划，但是叛军因争权而内斗。国王这一方不曾示弱，他所率的军队攻克卢瓦尔河南岸的朋德塞。8 月初，双方签订《昂热条约》，它的主要内容是维持现状，并一致同意将黎世留提升为枢机主教。王太后与国王再次会面与和解，第二次母子之战结束。

母与子争夺国家统治大权的过程中，局势变为对于太后甚为不利。1631

---

① Ibid, pp.87−88. 卡尔莫纳：《黎世留传》，商务印书馆 1999 年版，第 340、334 页。

年2月，王太后被软禁于康边城堡，7月她逃至西属尼德兰避难。她的支持者如沃蒂叶等被关于巴斯底狱，而勒斯特朗日子爵等遭到处决。1638—1641年，王太后在英国居住，1642年死于德国。

路易十三对于母后的态度一清二楚：“为国效忠，高于对母亲尽孝！”“我希望给我母亲以荣誉，尊敬她，但是我更想协助与保护枢机主教去反对一切。”[①] 枢机主教为黎世留，此时他已成为路易十三的首相。保护枢机主教，实际上就是以国家、王朝和君主的利益为重。

## 王后的移情别恋与里通外国

欧洲历史中，王族联姻可以有利于王朝的统治，也可以使后者遭受意想不到的损害。路易十三是法国王族与西班牙王族联姻的受害者。

1615年，路易十三和西班牙国王菲利普三世之女安娜举行婚礼。[②] 这是延续了多年的“颇为不幸的婚姻”。王后过度关照西班牙，生性高傲，生硬对待丈夫。1619年，路易十三曾尝试搞好与安娜的关系，他命令妻子代管卢瓦尔河以北地区的朝政。1622年，因驱逐王后一侍从问题，夫妻之间发生口角，关系迅速恶化。

1625年5—6月，英国王位继承人即后来的查理一世与法国公主昂丽叶特联姻。白金汉公爵奉命来巴黎迎接公主去英国。法国王后安娜与白金汉公爵迅速产生感情纠葛，单独相处时发生肢体接触。孔蒂公主证明“仅仅是从脚到腰部为止未受玷污”。腰部以上呢？次日，白金汉公爵制造借口，在安娜卧室里下跪与流着泪向法国王后求爱……白金汉公爵在英国早已是“腐化堕落之徒，声名狼藉”。[③] 安娜的行为受到路易十三和王太后的谴责。

---

① ChristianBouyer, *Gaston d' Orléans*. Paris—1999. p.69. 卡尔莫纳，同前引书，第579页。

② 西班牙国王菲利普（Phillippe）三世出自奥地利的哈布斯堡（Habsbourg）家族。他的长子为菲利普四世。

③ Hildesheimer, *Richelieu*, p.131, 160. Bouyer. Op. cit. pp.38–39.

1624—1626年，安娜卷入沙莱（Chalais）伯爵、奥尔纳诺元帅、加斯东御弟等人的“沙莱阴谋”，其目的在于促使路易十三早死，他们计划，路易十三去世后安娜便改嫁加斯东，反对加斯东另娶他女，以及杀死黎世留。1626年5月，奥尔纳诺被捕，8月沙莱伯爵遭到处决。安娜的亲信舍弗勒兹公爵夫人遭到流放。安娜得知后，疯狂咒骂夫君——国王，并表示，宁愿永远绝后也不让舍弗勒兹夫人离去。9月，路易十三主持御前会议，王后接受审讯。“受到了训斥”的安娜公开保证永不改嫁加斯东御弟，路易十三立即下令销毁了与她有关的文件。王后信誓旦旦，却是口是心非。1630年9月，当夫君在里昂罹患重疾之际，她私下向加斯东表示，一旦路易十三死亡，她将立即成为他的妻子。

数年后，矛盾有了新的表现。此时，1618年开始的“三十年战争”正在进行。1635年，法国向西班牙宣战，至1637年，法国得失参半。在此期间，安娜与她的兄长西班牙国王菲利普四世秘密通信，图谋逼迫法国与哈布斯堡家族谈判，使西班牙获利并削弱法国。黎世留手下的暗探发现上述秘密活动，获取了安娜致西班牙驻布鲁塞尔大使等人的若干信函。1637年8月，黎世留讯问安娜王后时，她几经推脱后承认有关事实。路易十三不肯声张，他与王后签订文书：她表示忏悔，他予以原谅，事态暂时平息。

1641—1642年，王后又出现新的情况。散克—马尔斯、布涌公爵、加斯东、德·图等人私下与西班牙缔结如此和约：一旦路易十三去世后，即由安娜摄政，并处死黎世留。安娜对此内容立即表示同意。但是阴谋败露，王后向黎世留交出他们与西班牙密约的副本。1642年9月，散克—马尔斯和德·图被处死。王后安娜遭到国王的冷落。路易十三读懂了这本难念的“经”。他于1643年5月14日辞世，临终前，安娜派代表探视，转达不嫁加斯东的决心。随后，她自己前来表白：“请勿相信自己卷入了奥尔纳诺事件”，她也从未涉及御弟结婚之事。此时，路易十三尚未糊涂，如此表示：

"在朕目前的状况下，朕应该原谅她，但朕不相信她如今所说为实话。"[1]

## 御弟与大贵族的反叛

御弟与大贵族的反叛也是那时的重要事件。1638 年，未来的路易十四出生。按照当时宫廷习俗，"王后分娩时，加斯东在场，这是他的责任。"这位御弟向兄王祝贺，隐藏了心中复杂的情感。此前，从 1610—1638 年，法国王位的继承人为加斯东，他大胆追求最高权力，甚至敢于造反或逃离祖国。他的言行有恃无恐，因为王兄不会置他于死地。[2] 权力和私利驱使着御弟反复挑战。那是一个王子造反不与庶民同罪同罚的时代和国度。

大约从 1624 年起，加斯东参与反对王太后和路易十三的阴谋活动。阴谋涉及促使路易十三早死、加斯东尽早继承王位、寡妇安娜将改嫁加斯东、杀害黎世留首相等。但是，加斯东犹豫不决，参与程度时深时浅。由于他的御弟身份，路易十三让他于 1626 年 5 月进入御前会议。在此前后，阴谋纷纷遭到惩处。加斯东的亲信和总管奥尔纳诺元帅被捕，旺多姆兄弟与沙勒都入狱。1629 年夏，加斯东第一次出逃到了洛林，原因在于王太后干涉加斯东的恋爱，他的爱人某公主一度遭到逮捕和囚禁。加斯东受到兄长的谴责，后于 1630 年 2 月返回法国。[3]

1631 年，王太后与国王之间的冲突达到一个高潮。2 月，王太后被国王的军队围困于康边城堡。3 月，加斯东第二次出逃，先到洛林，后去西属尼德兰。5 月，他发表宣言，反对黎世留任首相。7 月，王太后逃出康边到达西属尼德兰。1632 年 6 月，加斯东率领一支近万人组成的法国—西班牙军队进入法国，9 月被王军打败。1634 年，加斯东与路易十三和解。

1642 年，散克—马尔斯和德·图等被处以极刑。加斯东参加了此次阴

① Bouyer, ibid. p.42.

② Ibid. pp.143，148–149. 关于加斯东的生平，请见此书。

③ 洛林（Lorraine）为公爵领地，当时尚未纳入法国版图，后于 1766 年并入法国。

谋，但是被迫愤怒地谴责散克—马尔斯等同谋，竭力保护自己。12 月，加斯东被撤销对奥维尼地区的管理权等权力。[1]

对于其他王亲国戚的反抗与背叛，路易十三采取了相当强硬的态度。1615 年，孔代亲王的一名侍从将孔代反叛的言行向王太后报告，亲王将该人赶出王府，但是路易十三任命此人为禁卫军队军官。孔代向王太后辩解此事时态度傲慢，在场的路易十三甚为不满，几乎发生冲突。孔代摔门离去时，人们听到了十三岁半的国王高声喊道："唉，母后，您不该阻止我说话。如果我有一把剑，一定将他戳个窟窿！"后来孔代改变态度，路易十三对他说："堂兄，今后你必须好自为之！"[2]

决斗是欧洲社会的一种恶习。1627 年，发生波伏龙侯爵与蒙莫朗西—布特维尔伯爵等人的决斗。在黎世留的支持下，路易十三坚决禁止决斗，将这两人判处死刑，若干贵夫人跪在国王脚下为他们求情，路易十三回答："对于他们的死，我也受到感动，但是我的良心阻止我原谅他们。"[3] 1632 年，蒙莫朗西公爵在朗格多克支持加斯东"反对黎世留的暴政"，并且逮捕国王与首相派来的人员。蒙莫朗西公爵和加斯东率兵攻打国王的军队，蒙莫朗西公爵被俘，判处死刑与没收财产。10 月行刑之日，有侍从跪求国王赦免这位公爵。路易十三回答："不，绝不赦免，非要他的命不可！"

从加斯东至上述一批大贵族显然错误判断了路易十三的性格、能力以及可能采取的果断措施。王权的胜利，就是这些亲王国戚权贵的失败。这是贵族等级的内讧，也显示出路易十三治国的强硬。

路易十三和母亲摄政王太后、妻子王后、亲弟弟以及亲友大贵族的斗争，充分表现出他的坚定意志。政治权益超越了王室血统与家族亲情。为了王朝的利益、本人的王位与权势，他采取了严厉的措施，仅仅对加斯东有些例外。战胜弟弟十分不易，加斯东当时曾被誉作"统治帝国的第二个太

---

① Bouyer, Op. cit.. pp.189—190.

② 卡尔莫纳，同前引书，第 232—233 页。

③ Hildesheimerr, *Richelieu*. p.178.

阳”[1]。另外应该说明，这里不是书写路易十三的全部统治史，其实还有两场大斗争曾给他们以考验，这就是镇压新教徒们在南部制造的“国中之国”与三十年欧洲大战。

应该看到，路易十三颇为不易地走完了40余年的人生。采取强硬政策时，他的意志发挥了显著作用，同时克服身体不佳包括病危等的困难。对于各种对手，路易十三都用那柄锋利的政治之剑“戳了窟窿”。他长久地陷入“血腥的泥潭”，但是他一直在血泊中站立着，护卫了自己继承而来的王权!

1640年，将来的路易十四两岁时，路易十三曾指出“太子非常讨厌朕，只要朕经过窗前庭院，太子便杀猪般地狂叫。只要有人说出朕的名字，太子便脸色赤红”，“太子远远地看到朕时，便愤怒地喊叫”。[2]

---

① Bouyer. Op. cit. p.293.

② Hildesheimer, Op. cit.. p.448. 卡尔莫纳，同前引书，第767页。

# 09

**埃贝尔（Hébert，1757—1794）**
**“无套裤汉的浮夸应声虫”**

## “已经到了必须砍杀活人的时候！”

### “情感冒险”与生活困顿

法国近代历史的特征之一在于极端思想的活跃。相对而言，右派的极端思想处于弱势，其中维护封建主义的右翼极端思想，在18世纪末和19世纪初受到了致命的冲击，它们和封建制度的一切，逐渐退下政治舞台。维护资本主义的右翼极端思想，不时有所表现。与此同时，左翼极端思想放肆地活动于法兰西，尤其在那革命、起义、议会争斗的紧要关头，它们积极进行活动，明显触及社会的重大问题。无疑，最为甚者，出现在大革命时期，埃贝尔就是其中的一位。

雅克·埃贝尔（Jacques Hébert）的要害在于对人类社会的发展缺乏科学的认识，只是对于封建专制及其统治下的社会压迫、对于大革命开始以来所产生的若干社会困难，做出直接的反应，多属简单的条件反射，并且带着罕见的情绪。他不曾真正了解当时法国社会处于什么进化程度，在那时的具体条件下能够达到何种水平。埃贝尔的政治思想已经趋于情感化、情绪化，他不曾明白战略与策略的辩证关系、社会矛盾的性质、政治阵营内部不同意见的自然存在等，只是实用地应对。他认定凡是与己不同者就是敌人，就应立即予以消灭，这样才能赢得胜利。埃贝尔断头之时，已经37岁，但是始终好像维持着刚刚投身政治时的思考状况！他有自己的超级目标，但是这个目标能否实现，又如何达到这个目标？显然，他对此无能为力。让我们粗线条地回顾他的平生，从而有利于比较清楚地了解他的言行。

埃贝尔的父亲在阿朗松颇有名气，经营金银器生意，担任当地商业法庭的庭长，他于埃贝尔 9 岁时去世。小埃贝尔的教父是国王的顾问，包税局的书记官。父亲死后，全家人陷入困境，母亲哺养着五个孩子，雅克从小心灵烙上了无法磨灭的痕迹。

年幼时，埃贝尔已显示出懒惰、调皮，但头脑灵活，想象丰富，生活方式奇特。他在阿朗松上中学，后来由于“情感方面的冒险”，遭到追究——“拘提”（la prise de corps）。他逃离家乡，从 1780 年起，在巴黎居住，艰难地维持生活，当仆人，与工人和作家等社会各阶层人士广泛接触。1786—1788 年，他在剧院当小职员。大革命爆发时，他表现如何？学界说法含糊，未见可靠记载，无论正反面，32 岁的埃贝尔皆无突出的表现。他迟缓地介入政治，不能将他说成革命之前已是反封建的斗士，同时存在一种说法：“他曾有‘温和的君主主义情感’。”革命之时，他由于家庭状况、个人出身、谋职艰难、生活拮据等，心中抑郁不平，然而对于社会大变革缺乏认识，只能以个人的爱憎去简单衡量眼前的事物。

## 《杜申老爹报》：“头颅落入框里”

1790 年，埃贝尔出现于政治角斗场，发表了《魔幻之灯》等 3 篇檄文。9 月，他出版《杜申老爹报》（*Père Duchesne*）。1791 年，该报开始抨击路易十六，3 月，他加入科德利叶俱乐部。他撰写文章大力宣传与呼吁劳动权、生存权、人民主权，给读者留下熟悉社会问题并且观点非常激进的印象。1792 年 6 月，他当选为科德利叶俱乐部的主席，但不是它的真正领导人。

8 月 10 日后，他成为“巴黎公社”（市府）的代表。同年，他和一位女子雅克丽娜结婚。1792 年到 1793 年之际，他是“无套裤汉的浮夸应声虫”。[①]《杜申老爹报》有利于埃贝尔的影响不断增加。

1792 年 8 月，他被任命为巴黎公社的副检察长之一。1793 年 1 月，他加入雅各宾俱乐部。此时，他发挥着较大的政治宣传作用，当时陆军部将《杜申老爹报》免费发给各军事单位。他主要参加巴黎一些区的“监督委员会”的多种事务。1793 年 5 月中，山岳派和巴黎公社加强了反对吉伦特派的活动，其实力在于依靠国民卫队。市长帕什带头向国民公会控告布瓦叶—丰弗雷德等 22 名议名为叛逆，要求开除他们，甚至有人主张杀死他们，但是帕什反对。5 月 18 日，国民公会成立“12 人委员会”，目的在于追究巴黎公社已有的阴谋。委员会随即发现一个新阴谋即将于 22 日开始暴动。“12 人委员会”成员全属吉伦特派，上述 22 人也为该派人士。显然。巴黎公社的矛头指向掌握政府权力的吉伦特派。[②]“12 人委员会”促使国民公会通过法令，加强对于国民卫队的控制与增加议会的守卫力量。如此紧急关头，埃贝尔在《杜申老爹报》发表专门文章，控告“国务活动家们”曾组织对于小商贩的抢劫，以便破坏秩序与污蔑巴黎民众。“吉伦特派以及卡贝（国王）等的同党们策划了种种阴谋……妄图狙杀英勇的山岳派与巴黎公社……以期消灭自由并重建王权。”[③]5 月 24 日，“12 人委员会”下令逮捕埃贝尔等阴谋分子。事后，巴黎公社与若干区、雅各宾俱乐部等表示反对，平原派附和山岳派。27 日，国民公会决定：取消“12 人委员会”，埃贝尔被释放。28 日，国民公会又恢复该委员会。31 日，巴黎暴动开始，6 月 2 日吉伦特派垮台。

1973 年夏天，埃贝尔的影响达到高峰，同时科德利叶俱乐部已有巨大影响。埃贝尔被如此声势冲昏了头脑，渴望担任内政部长。他的政治企图引起山岳派掌权者的警惕，从此矛盾激化。

10 月，巴黎省查封《杜申老爹报》。1794 年 3 月 14 日，埃贝尔及其同

---

① Soboul, *Dictionnaire historique de la Révolution française*. Paris— 1989. p.537.

② 1792.3.13—6.13 和 1792.8.10—1793.6.2，内阁的主力是吉伦特派。

③ 米涅:《法国革命史》，商务印书馆 1981 年版，第 238 页。

伴们被捕，罪名为“企图动摇共和政府的体制”与“外国的代理人”。[1]24日，埃贝尔表现懦弱，无奈与呜咽，他的“头颅落入了筐里”。一同上断头台的还有莫莫罗、隆桑、克洛茨等。这些人受刑时，“观众很多，人们对这些失败者颇示凌辱”。4月13日，他的妻子也被处死。

## “见鬼！商人根本无祖国！”

如果与其他大多数活动家相比，埃贝尔对于大革命的认识为时甚迟，但是他反对封建专制。1791年，按照当时实行的宪法，路易十六还是“法兰西王国全部行政权力的最高首脑”。埃贝尔用自己的文章直接攻击国王。1793年10月15日审判王后时，他出庭证明她的罪行，随后法庭将她判处死刑。

埃贝尔水平有限，基本上缺少对于社会的宽阔视野，不能做总体的思考，而主要关心商业，诸如粮食这一类具体难题。1793年9月初，他公开宣称：“祖国？见鬼！商人根本无祖国！”“他们要推翻共和国。”[2]1794年2月，他写道：“既不能宽容最大的批发商，也不能宽容卖胡萝卜的小商人。”“能看见那些出售物品的人已经联合起来，反对所有购买者。我发现，小商店与大商店同样坏。”为何如此？“人肉的吞食者将他们的奴仆与商店的小伙计们武装起来，反对无套裤汉。”这些都是囤积居奇者们所制造的！埃贝尔批评外省的状况时指出：“法官喜欢金钱与美女。”“革命改变了许多事情，但人还是人。不幸，法官们仅仅是人。”如何走出此种困境？唯一办法就是用断头机！“我们已经到了必须砍杀活人的时候！”“对于失败的派别，不再有宽恕。”他在《杜申老爹报》上发表文章，经常骂骂咧咧，“见鬼”“该死”

---

① 埃贝尔派内有部分外国亡命者，如Cloots，他们思想通常超激进。该派为山岳派里的一个“支派”。

② 索布尔：《法国大革命》，中国社会科学出版社1989年版，第139页。Mathiez, *La Révolution française*. *La Terreur*. Paris—1978. p.304.

以及淫秽词句不难读到。埃贝尔在“玩弄十分普遍的表述，即如同在集市上炫耀的流氓式的与放纵的习俗”。当时，救国委员会与治安委员会认为这是“一个卑鄙下流的派别，使人腐化，制造混乱，从而帮助外敌”[①]。埃贝尔知道反对封建专制，却全然不明白这是一场资本主义性质的社会大变革。

埃贝尔反对各种派别与人士。他抨击罗伯斯比尔，称之为“新的催眠派”[②]。他谴责实行恐怖的阿玛尔，批评对恐怖不满的卡尔诺。他自鸣得意地独步政坛，实际形单影只地在散发着极左的威胁的言辞。

1794 年 3 月 2—4 日，科德利叶俱乐部开会，隆桑指出应该发动起义，卡里耶说：“暴动，一次神圣的暴动。”埃贝尔意见相同：“是的，必须暴动！”埃贝尔及其同伙们打算进攻救国委员会，焚烧两委员会，攻打监狱，夺取军械库。杀死贵族，而后选举帕什为“大审判官”或独裁者。由此人主持镇压工作，并将金钱分发给民众。他们已开始秘密召集“革命军”（用来对付国内政敌）前来巴黎……“科德利叶集团”在“不停地号召起义”。[③]

## 恐怖宣传与惩罚意志

埃贝尔鼓吹对住宅进行搜查，该派主张实行极端恐怖。索布尔教授指出：“埃贝尔整个（1793 年）秋天都在搞恐怖主义宣传，有力地激发了无套裤汉的惩罚意志。”[④] 极左的言行使得埃贝尔对于当时恐怖政治的泛滥、杀害无辜，有着不可推卸的责任。同时，还应看到，极端言行也殃及自身，他和他的妻子先后被杀害了。

---

① 米涅，同前引书，第 218 页。Hébert; *Le Père Duchesne*. Paris—1969. cit. pp.1, 19–20, 23, 47. T.2. pp.3–4. Vovelle，Op. cit. p.221. Bouloiseau，*La République jacobine*. Paris—1972. pp.90–91.

② 其实，罗伯斯比尔曾说：“难道自己没有权利……而让个人的自由做出牺牲吗？”“没有中间道路，法国必须完全自由……为如此美好的事业而采取任何手段都是正当的。”他恰恰是恐怖政治的主持者，他曾说埃贝尔等为极端革命派。

③ Mathiez. Op. cit.. pp.307–309. 另有说法：他们仅想搞一次示威。Bouloiseau, Op. cit.. p.130.

④ 索布尔，同前引书，第 266 页。

埃贝尔对于宗教事务坚持己见，认为一切宗教都是反对革命的。他竭力促进“非基督教化”。当时，巴黎圣母院被改称作“理性庙”，埃贝尔宣布崇拜理性。

埃贝尔至少有两个问题：鼓吹与推行极端的恐怖政治；制造阴谋企图打倒国民公会及两个委员会，夺取政权。此人可以作为一种类型，表现出政治人物的诡谲性。他抓住某些实实在在的社会问题，同情民众的合理要求，煽动他们的不满情绪，利用偏爱极端的社会潮流。他肆无忌惮地发挥政治影响，以求达到为自己获取权力的目的。法国近代，此类人物不止他一个。通常，他们以个人的有意识行为，去利用群体的无意识行为。

埃贝尔被捕后，于 3 月 22 日从狱中致函革命法庭的公诉人富基耶—坦维尔，其中写道：“自己的行为无任何可疑之处。”关于他借《杜申老爹报》腐蚀公众舆论问题，他说，“民众团体与议员们都颂扬该报干得不错”，“我不应因自己经受的迫害而感到突然。真正的爱国者的命运就是如此”。他“充分相信法庭，等待它的决定……”[①] 埃贝尔对于自己的极端激进的言行至死未有认真反思，而是自视一贯正确，并且宣称到处获得佳评。须知，在他受到断头处理之时，可能已有四个月后的热月政变思想的萌生，这也体现了人们对于埃贝尔的极端主义、恐怖专制的一种广泛的反抗。

据说，热月政变时，胜利者们处死罗伯斯比尔后在他的坟头上写下了如此文字：“过路的人们，不论你是何人，不必为我的命运悲伤。如果我还活着，你就应该死亡！”无疑，这些评语给予埃贝尔较为合适，实际上他仅仅知晓“顺我者昌，逆我者亡”，独断专行。埃贝尔突出地发挥了法兰西独立性的负面作用。

---

① Archives de France, *La Révolution française à travers les archives*. Paris—1988. p.211.

# Chapter 03 |

# “耕耘与放牧是真正的财富之源！”

## ——良策治理国家

# 10

**路易九世（Louis IX Saint，1214—1270）**
**亲自听申诉，实行“无罪推定”**

## “国王的权力来自天主与他本人，而非来自其他任何人。”

### “被自己的道义所束缚”的君主

法兰西的大地上存在着传说：路易九世（1226 年为国王，又称圣路易），具有用手触摸为人治病的魔力，他多次坐在王家花园里倾听民众的告状，他生活清苦节约……

他的廷臣们赞美他“有一张天使般的面庞”，“人间的王中之王”，“太阳王”。1297 年，教皇封他为“圣徒”。他曾显现“圣迹”数十次，治愈臣民中的病痛，如手上的溃疡、耳根肿块等。近代的文人通常对路易九世予以肯定。伏尔泰指出，“世上没有比他更完备的人了”。基佐认为“圣路易被自己在道义上的严正性所束缚”。当代，佩里将他视作“法国君主中最得人民爱戴的一位”。勒高夫专门研究路易九世，称他为“最优秀的法国国王”与“贫民的朋友”，也指责他“维护极不平等的等级制度”。

路易九世是法国第一个制造金币“埃居”（écu）的国王。1266 年的金币正面为百合花与文字“天主圣授法国国王路易”，反面文字为“基督得胜，基督治理，基督统治”。这反映了路易九世朝代的一种政治色彩。

路易九世为人处世与执政颇具特点。他一些独特的言行，如亲自听取臣民申诉、实行无罪推定、生活朴素、乐于施舍、禁止贵族内讧、禁止官吏送礼与偏袒、笃信天主与限制教皇权力，显得与其他的法国君主很不一样。

## 橡树下听取臣民的申诉

亲自听取臣民的申述在路易九世的言行中显得格外突出。当时虽然社会不平等，但产生冤屈时，当事人可以申诉。路易九世在位期间，上诉的案件日益增加。他经常来到巴黎郊外万森树林中的一棵大橡树下，席地而坐，听取申诉，并且针对问题及时下令处理。根据文献记载，他常对有关大臣说："将此事为我好好处置。"王家花园里，他坐在地毯上，让申诉者围着他坐下，如同在万森树林中那样处理案件。国王直接干预案件的处理，表明他的司法权力明显高于封建领主的地方司法权或私人司法权。

那时，法兰西分为国王领地与领主领地，即王权辖区与领主辖区。路易九世在国王的领地内，取消了决斗裁判，同时规定，那里"不能就审判不公而起诉领主"，因为这是"背叛罪"，既背叛领主，也背叛国王。不服从判决者可以"向国王法庭提起诉讼"，但不能够以"裁决不公"为理由，而应以有关"裁决造成了损害"为理由。最后，还可以"向国王本人呈送陈情书或恳请书"。对于男爵领主法庭的不公判决，也不能进行决斗，而可以向国王法庭或上级领主法庭提起"裁决不公之诉"。"无论是在领主法庭上可以提起裁决不公之诉，还是在国王领地的法庭上不可提起裁决不公之诉，依据法规，当事人都可以向上级法庭提起诉讼，而不必冒决斗的危险。"[①] 实际上不服从判决，皆可向上申诉，甚至可以在国王面前鸣冤，可以控告裁决的不公，并且避免了决斗。孟德斯鸠评价这是"革命性的变革"。

后来，曾出现与路易九世相似的例子。布尔戈尼公爵大胆者查理（Charles le Téméraire，1467—1477 年为公爵）"总是每周两到三次面对听众，

① 孟德斯鸠:《论法的精神》，商务印书馆 2009 年版，下册，第 587、585—586 页。

表情威严，这时人们可以提出上诉。他在家族中所有贵族到场时做出判决”。他坐在覆盖了金色布料的高背椅上，“贵族们厌烦不已，但无计可施”①。

## 派稽查员巡查地方

为了掌握外地的民情，路易九世派出一批稽查员巡视地方，通常他们由多明我会修士与方济各会修士担任。若干例子说明稽查员的工作，例如阿勒斯城里城堡主蒂叶里借用居民富戈尔的骡子，它因长途跋涉而累死，它的主人却未获得赔偿。另一例，国王在波卡尔的一个代表乌达尔—德—维利叶企图逼迫一位寡妇改嫁，而遭到她拒绝后，又对她勒索钱财。这两个肇事者都受到了恰当的处理。

路易九世执政确有特色，“在法国行政管理史上，至今还是唯一的一次”，“善良的百姓（能够）对王室官员提出指控”。②

稽查员们着重收集民众对于敲诈勒索的申诉，而后以国王的名义偿还给受害者。有关放贷者或其继承人获得救赎的基本条件，就是偿还所获，并表示悔过。稽查员代表君主，体现了国王对于封建主们的权力。

## 实行“无罪推定”

罪行的认定是一种关键事务，那时法国社会常见将犯罪嫌疑人等同于罪犯的现象，因而“无罪推定”十分必要。路易九世统治期间，实行“无罪推定”。他受到罗马法的影响，决定实行一条基本的司法原则：“凡未经证明有罪者，凡未经审批者，他们的权利不得受到剥夺。”任何人未经审讯，不得受到罚款的处分。任何犯罪嫌疑人，在判刑前应被推定为无罪。当时，受到

---

① 赫伊津哈：《中世纪的衰落》，中国美术学院出版社 1997 年版，第 33 页。

② Pernoud, *Saint Louis et le Siècle des cathedrales*.Denoël— 1989. p.40.

指控但是未曾逃走或藏匿者、未曾审讯和判刑者，便应该以无罪对待。“尤其是那些被怀疑为信奉异端的人，必须确定为异端分子后才能予以处理。”[①]有关法律的界限规定明确。

无罪推定为“大赦令”的部分内容。“大赦令”是路易九世于 1254 年 7—12 月发布的命令、指令与文书的汇编，称作《国王的第一赦令》《法兰西自由宪章》《总则》《圣路易规章》或《国王的规章》。

法兰西社会总是存在着矛盾。既有自发的犯罪者，也有王国政策引出的“不轨行为”。既有他人诬告的“罪行”，也有官吏误判的“触犯法律”……官吏们可以先定罪后审判，也可以刑讯逼供屈打成招……路易九世主张无罪推定是正确的、必要的，他的宽大胸怀起了一定的作用，同时也表现出他对于社会裂痕的认识，从而主张缓和矛盾与化解冲突。

## 官员“应宣誓不送礼与受礼”

那时，官吏送礼与收礼，以及审判时的偏袒并非罕见。路易九世既要求自己不恋奢华，也努力防止国家机器出现弊端。1254 年和 1256 年，两项关于改进内部管理的法令颇为重要。“国王强迫他的宫廷总管大臣、大法官、地方行政长官、官吏、子爵、市长、护林官、警官与其他官员，不论上下级，都应宣誓不赠送、不接受任何礼物。”“审判时不偏袒任何人。”法令宣布：“朕要求（有关官吏）必须在整个宫廷里，在全体教士与世俗人员面前宣誓。这样由于在我们面前宣誓，他们便可能不敢犯下发假誓罪，不仅因为害怕天主与朕，而且也害怕人们耻笑。”当时，禁止了赌博、妓院、亵渎神明的言行，整顿了对于酒店与一切下层民众聚集地方的治安管理工作。禁止王国的一切高级官员、大法官、宫廷总管或其他人购买不动产，禁止其女儿出嫁时设法让她们获得封地。反对滥用职权，如未经国王允许出售官爵、过

① 勒高夫，同前引书。第 225、227 页。

度罚款、拦截粮食的自由运输等。法令规定“官员离职后，在他们供职的地方，他们或其代表必须留驻四十天”，以便在新任官员面前“回答任何一个对他们有怨言的人所提出的问题”。① 路易九世所采用的社会控制技术，对于往后的法国官场颇具影响，这也是法国历史的经验。

## 禁止贵族的内讧

路易九世即位之前，法国贵族以内斗内耗为荣，权势利益的驱使与声誉心态的束缚经常导致血腥的互相杀害。1245 年、1257 年、1260 年，陆续颁布了关于“秘密战争”又被称作“国王四十日”的法令，禁止通过“秘密战争”与决斗而解决争端。“朕在我们的整个领地内禁止一切秘密战争。任何提出要求与答复要求的权利，任何至今有效的解决争端的和平方式，朕照旧实行，但是朕禁止战争。朕吩咐用目击者的证明来代替它们。”② 在王室领地之外，规定“国王的四十日”：在此期限内，受到挑战的封建主有权向国王申诉，以求获得君主的裁决。1258 年 1 月的谕令曾经过御前会议的讨论审议，它宣布：国王严禁在王国境内进行战争、纵火与毁犁，违者将受到惩处。路易九世训示儿子：“尽你们一切可能，不让战争与争斗发生在你的土地上，或你的下属之间，应设法将它们压下去。”③ 禁止纵火与毁犁，显然与农业、经济发展密切相关。

路易九世坚定地宣布：“决斗并非公正之途”，应该否定决斗等所谓“天主的判决”（bataille judiciaire）。④ 这一类措施有助于消除封建纷争，实现“国王的和平”，加强国王对于大小封建领主的控制，明显地有利于国内秩序的安定与王权的巩固。

---

① 基佐，同前引书，第 296、219 页。

② 基佐，同前引书，第 292—294、285、287 页。

③ 勒高夫，同前引书，第 266、666 页。

④ 此处 bataille judiciaire 作中世纪的“裁判决斗”解释，即“考验”（preuve）的一种方式。

## “仁慈可以为君主带来好处”

为了国王的威望、王权的强化，也是出自宗教信念，路易九世主张朴素与清苦的生活。“他养成了星期五不进食、星期三不吃肉和肥腻食品的习惯，全年如此，没有例外。”后因身体孱弱，才放弃这个习惯。此外，每当耶稣受难日与万圣节等节日，他仅仅吃面包与喝水。他喝葡萄酒时习惯于大量掺水。人们说“路易九世不好女色，憎恶卖淫”，关于他少有逸闻流传。

当时的传记与各种文件，较多记载路易九世乐于施舍。王宫的大院内，他向等待在那里的穷人们大量散发钱币。一位教会人士劝告说，他“刚才干了坏事”。他回答：“他们为我打击敌人，维护王国的和平。应该付给他们的钱，我尚未全部付清呢。”后来，他就施舍之事嘱咐儿子：分发布施时，“我觉得最好交给那些不领任何教会薪俸的人……他们会把你的馈赠使用得更好”。这位国王曾主动为穷人与教士洗脚，向医院的病人捐赠床铺等用品，给麻风病人喂食，为盲人修建收容院……孟德斯鸠对此评论：“仁慈可以为君主带来许多好处，他们能够从中获得巨大的爱戴和荣耀，因而对于君主来说如有机会展示仁慈，永远是一件幸事。”[①]

## 依靠“优良城市”推广法语

随着经济的繁荣，商业与城市不断发展。此前菲利普二世时期，城市已经实行自主管理。1214 年的布汶战役中，城市的战斗部队为法国的胜利发挥了重要作用。路易九世统治期间，由于城市的自发和王室的促进，出现了“重要城市组成的一种客观存在的实体——优良城市”网。城市出钱出力，帮助国王对付贵族与外敌，致力于经济的进步。路易九世与它们，是一国之

---

① 同上书，第 101 页。

君对所属之下城市的关系，不是封建领主、宗主对下属封臣的关系，这位法国国王与城市的合作是法国君主与城市结盟的决定性的阶段。

由于与“优良城市”网的和谐关系，路易九世告诫儿子：“务必将王国的优良城市与市镇维持在你的先祖在世时的自由状态中。如果需要更改些什么，那就更改，就纠正。好好爱护它们，有了这些大城市的实力与财富，你的臣民与外邦人，特别是那些贵族，就会有所顾忌，不敢对你轻举妄动。”[①]在上述考虑中，王权的稳定、国内的安宁占据首要位置。

为了在国内更好地交流，路易九世要求臣民努力使用法语。路易九世的父辈们办事时使用拉丁语，他自己是第一个讲法语的国王。在他的统治期间，法国政府机构开始使用法语书写文件。他即位后的前期，官员们用拉丁文书写文件，例如1247年派往各地的稽查员们的报告、民众致国王的陈情书等。他在位末年，陈情书全部用法语书写。路易九世留给子女的《训示》也用法文写成。从1270年起，王后不再用拉丁文写信，而改用法文。此外，路易九世曾下令，让圣德尼的修道士们参照拉丁文的编年史，用法文编写一部法国国王列传，此书于1274年完成。法兰西王国逐渐成为法兰西人使用法语的国家。那时，国际上仍然惯用拉丁文。1679年法荷两国结束战争，缔结《奈梅根条约》（*Nimègue, Nijmegen*），这是外交史上第一次用法语取代拉丁语的国际条约。

## 笃信天主与限制教皇的权力

信仰天主不等于对教皇的权力绝对服从。路易九世深深地信仰天主教，承认身为国王就是受了天主的托付而治理法兰西。他穿着“苦衣”（粗布衬衣），每天晚上祷告时皆下跪五十次，主动地使自己难受……为了在巴黎修建方济各会与多明我会的修道院，为了发放布施，他曾支付大量的费用。若

① 勒高夫，同前引书，第229、230页。

干近臣与亲信对他加以劝阻，而他大声回答："闭嘴，朕所有的一切都是天主给予的。朕的开销十分合理，不可能将钱花得更合理了。""朕觉得，为这些优秀的修道士花钱实在太值了。他们从世界各地来到这几所巴黎的修道院里研究教义，结业之后返回世界各地，为了热爱上帝与拯救民众而传播教义。"

过度的信仰导致了严酷惩治亵渎神明者的行为。1259 年，路易九世在致稽查员的信函中指出必须宽容。虽然如此，过于残酷的处置依旧发生，尤其在 1260 年之前。例如，巴黎一市民"放肆咒骂上帝"，路易九世下令逮捕此人，并且用烧红的铁块烙他的嘴唇与鼻子。另一个城市里，一位匠人曾对天主与圣母说出污言秽语。法王下令将此人剥掉外衣，只穿短裤和衬衣，吊在一个梯子上，脖子上挂满猪下水……

1254 年，路易九世从"圣地"归来后，曾经大力惩处"语言罪"。1269 年发布一项敕令，规定对于亵渎神明者，将处以罚款、捆绑在耻辱柱上示众或鞭打。法院的某个公众接待日，一位妇女萨雷特站在王宫的台阶上诅咒国王："真倒霉，让你当上了国王！没有将你赶出王国去，真是奇怪了！"路易九世当场禁止卫士们对她殴打并将她撵走，他又下令赠给该妇女若干钱币。骂国王可以原谅，而骂神明则将受到严惩。

路易九世曾经训示儿子，对于教会人士"你应该尊重他们，保护他们"。与此同时，虔诚的信仰，未能促使路易九世对教皇俯首称臣。他告诉儿子对于教会不可有求必应，不得容许神职人员侵权。每当国王权力、国家利益受到挑战时，他从不屈服，甚至以粗暴的态度进行反抗，不怕教会的禁令和绝罚威胁。约在 1243 年，德帝弗里德里希派兵攻击教皇英诺森四世，后者致函路易九世请求提供庇护所。路易彬彬有礼地回复：他征求了贵族们的意见，大家都建议国王不应接待教皇来法国避难。教皇只得逃到里昂。当时该城市"理论上属于神圣罗马帝国……实际上几乎是独立的"。1246 年的事例可为典型。那时，教廷与德意志帝国正处于矛盾之中，路易九世在克吕尼会晤教皇英诺森四世，目的是劝他与弗里德里希二世和解，以便组织新的十字军东征。教皇傲慢地表示拒绝，当时“法兰西国王老爷在盛怒之下拂袖而去……他十分恼怒”①。路易九世曾公布一项著名法令——《国事诏书》，他表示坚决支持王国政府和法国天主教会对教皇保持独立与维护自身特权。正如史学家班维尔所说：“虔诚与圣洁使路易九世在与教皇的交往中，变得比其他人更加独立，因为在信念方面他是无懈可击的。”②

## 对英国让出部分土地

那时，英国是法国的头号敌国。由于往昔王族联姻等，英国国王亨利二世拥有诺曼底、安茹、曼恩与图兰等地域，这些地方的幅员超过了法国国王本人的领地，如此状况成为妨碍法国统一的最大威胁。1204—1205年，法国菲利普二世曾将上述地方归入国王的领地。1214年，英王亨利三世发动战争，企图夺回失地，但在布汶之役大败。1243年双方停战。1258年5月签订巴黎和约，次年批准该约。英王永远放弃诺曼底、安茹、图兰、曼恩与普瓦图，仅保留他在阿让奈与凯尔希的权力。波尔多、巴荣纳与加斯科尼重归法国。英王承认以法国国王的封臣的身份拥有相关土地，成为法国贵族。1259年12月4日，在王宫花园里，当着许多神职人员、贵族与百姓的面，英王亨利三世单膝跪地，将双手放在法王路易九世的手中，向法王宣誓效忠。

由于财力充实的各城市的支持，路易九世以胜利者的姿态，在签约时主动地向英王做出让步。他答应提供款项，以便英王供养其五百名骑士，为期两年。允许英王从阿让奈获得若干收入。路易九世“放弃了利穆赞、佩里戈尔、凯尔西、阿热诺尔和位于夏朗德与阿基坦之间的圣东日的那部分”。交

① 弗里德里希二世曾被处以绝罚，因他袭击了出席会议的教会代表的船队（其中有两名主教与近百名市级教士），而后包围罗马。参见布赖斯《神圣罗马帝国》（第182页）等著作。

② Bainville, Op. cit.. p.70.

换条件就是上述所讲英王承认自己为法王的封臣。[①]

如此处理遭到强烈的反对。御前会议的成员们反对让步："您的祖先借助征战得到了那些土地。现在，您要把其中的大部分还给英国国王。我们对您的这一意愿深表叹息。"路易九世率直回答："诸位大人，我将这些土地给他……是为了增进我的孩子们与他的孩子们之间的情谊，因为他们都是堂表兄弟。况且我也觉得，我给他这些土地很值得，他以前不是我的人，他得了朕的土地之后，就变成了朕的封臣。"[②]

路易九世此举效果如何？至少他的让步造成了负面影响，损伤了他作为国王的威信。"对此和约，佩里戈尔人与他们的邻居们都很愤慨，以至于他们后来再也不喜欢这位国王了。为了这个原因，直至今天（14 世纪末至 15 世纪初），在佩里戈尔、凯尔西和其他边境地区，虽然圣路易已由教会宣告为圣徒，他们都不将他看作一个圣徒，也不参加他的节庆，拒绝像法国其他地方所做的那样。"[③]

## 对抗德国皇帝

路易九世的岳父是普罗旺斯伯爵，而后者为德国皇帝的封臣。在位初时，路易九世对于"德意志民族的神圣罗马帝国"采取友好合作政策，但是拒绝德帝干涉法国内部的事务，力求摆脱德帝国霸权的影响。这位法王严正声明："国王的权力来自天主与他本人，而非来自其他任何人。"[④] 他曾允许法国骑士在伦巴第为德国皇帝的军队作战，但是后来发生了令法国人难于接受的事件。

教皇格里高利九世（1227 年—1241 年 8 月在位）下令召开一次"主

① 基佐，同前引书，第 278 页。勒高夫，同前引书第 259 页。米盖尔：《法国史》，中国社会科学出版社 2010 年版，第 67 页。

② 基佐，同前引书，第 278 页，勒高夫，同前引书，第 260—261 页。

③ 基佐，同前引书，第 279 页。

④ 勒高夫，同前引书，第 72 页。

教会议”（concile，一译“公会议”），有关高级神职人员应前往罗马参加。1241年5月3日，一支效忠于德帝的船队在海上攻击了乘载上述高级神职人员的船队，这些人成了俘虏，其中包括法国的奥希大主教等大主教、主教以及修道院院长。鉴于法德之间的友好关系，路易九世立即派遣使臣前往交涉，希望德方放回被俘人员。德帝弗里德里希二世竟然回复：“如果凯撒将前来捣乱的人扣留不放，陛下不应为此而感到惊奇。”随后，德帝又扣留了法国第二次派来的使节。

路易九世感到十分突然，怒气冲天。他立即致函弗里德里希二世：我国历来“尊重神圣罗马帝国的崇高地位”，“然而您似乎破坏了友谊、和平与和谐的关系”，“鉴于他们的确未做任何损害您的事情，敬请陛下释放他们，还他们以自由。请考虑并请公正地权衡我的意见，请不再单凭一己之意愿，强行扣押我国教士，因为法兰西王国尚未孱弱到任由您摆布的程度”。[①] 此信传达着一种强烈的抗争气息与决心，德帝虽然不情愿，只得释放那些法国的神职人员。路易九世不畏强邻，维护了法国的基本权益。

## 不是“一头戴着王冠的驴”

凡是访问过沙特尔圣母大教堂的人，都会注意到那高耸的窗户上的五彩玻璃。[②] 关于路易九世的各种颂扬，好像那些缤纷的色彩，而这位君主实际如同玻璃。他的治国政绩与逸闻都是围绕国王的权力而展开。只有透过他的神明化的“色彩”，便能见到一位君主在发号施令调兵遣将治理国家。英国人约翰·德·索尔兹伯里曾任沙特尔的主教，他早于1159年撰写《论政治家》一书，指出“一位无知的君王，不过是一头戴着王冠的驴”。

路易九世不是一头戴王冠的毛驴，他是一位有知识、有能力的国王。他

① 勒高夫，同上书，第151、164—165页。

② 该教堂于13世纪初基本建成，高130米。有关建造曾获路易九世的母亲布朗什（摄政）的资助。

常喝掺水的葡萄酒、爱吃白斑狗鱼。他是后人能够找到其言论的第一位法国国王，他“对知识分子不无戒心”[1]，他珍惜自己的生命……他是一位有血有肉的凡人。

① 勒高夫，同前引书，第711页。我国元朝（1271—1368）比路易九世统治稍迟。元时，轻视读书人，将他们列为第九等：官、吏、僧、道、医、工、匠、娼、儒、丐。请见尚钺著《中国古代史》，高等教育出版社1991年版，下册，第251页。

# 11

**菲利普四世（Philippe Ⅳ，1268—1314）**
**主动禁止奢侈挥霍的君王**

## “公爵、伯爵、男爵……每年仅可置办四套衣服。”

### 盖棺后难于定论的国王

“美男子”菲利普四世（1285—1314年在位），曾并入加斯科尼等地、反抗罗马教廷，取缔圣殿骑士团，召开三级会议……一言以蔽之，他使法国的王权得到进一步的加强。这些事实为菲利普四世主要的治国政绩，他在法国君主们的鉴定表中赢得了一定的地位。但是，也有史学家谴责:“他本性的恶劣与专横也许比其他一切原因更加蛮横地迫使王权趋向专制政权。”他“只寻求满足自己的欲望与变化不定的想法……在他的整个统治时期中，我们没有遇到任何一般地涉及其臣民的利益的思想。这是一个只忠于自己的自私的专制君主，他只为他个人而执政”。①

须知，菲利普四世属于那类盖棺难于定论的人物。政绩颇佳的“美男子”与“专制君主”并不矛盾，让我们考察他的国务活动，如否定教权至上、召开三级会议、独自制定法律、取缔圣殿骑士团、力求合并领土……

① 基佐:《法国文明史》，商务印书馆1997年版，第303—304页。

## 否认教权至上

当时在欧洲，教皇宣称拥有至高无上的权力，罗马是“世界的首都”。欧洲信仰基督教的君主们通常对教皇俯首帖耳、唯命是从，或稍有抵制便遭到严厉惩罚，教皇的旨意任何人不得违反。但是，法兰西等少数国家的君主，不顾一切地奋起反抗教皇至上的权威和积极维护国家主权。就此而言，菲利普四世是敢于采取激烈行动的一位，他与教皇之间确有重要的理由展开斗争。

为了扩大领土，军事冲突不可避免，而战争需要大量的财力物力。因此，通常的赋税收入无法满足如此需求。1292 年，菲利普四世决定征收新税——“献纳金”（subside，即补助金）。1296 年，他向“教士的收入征收十分之一税”（décime）。罗马教皇卜尼法斯八世（1294—1303 年在位）深信罗马的伟大使命，坚守教权至上，声明世俗君主无权对教士征税，担心由于此税的征收，教会尤其罗马教廷将减少收入。他准备将菲利普四世开除教籍。此时法王下令禁止金钱出口，借以减少教廷的收入。1297 年教皇被迫承认法王有权向本国神职人员征税。1301 年，法国国王下令逮捕帕米叶尔主教塞瑟，原因在于他私通敌对的英国。法王与教皇的冲突进一步加剧。卜尼法斯八世命令释放帕米叶尔主教。教皇是意大利人，对法兰西持不友好的态度，他表示“宁愿做一只狗，也不肯做法国人”。但是法国的主教们纷纷宣布支持菲利普四世。

1301 年 12 月 5 日，教皇发表诏书，宣布教廷对于世俗君主的至高无上的权力。[①]1302 年他再次颁布诏书，重申教皇的最高权力，其中包括审判国王。“教会之内有两把利剑……一把为宗教的，一把为世俗的。”第一把具有最高权力。“前者由教士使用。后者由君主与将领使用，但是必须根据教士

① 教皇诏书（bulla）的级别比通谕（encyclicae）高。通谕习惯上以其开头的文字为专名。

的意图与获得教士的许可。因此，一把剑应居于另一把剑之下，世俗的权力应服从宗教的权力。”“一切人必须服从教皇，才能获得拯救。”[①]

教皇盛势凌人的态度激怒了菲利普四世，1303 年 9 月 7 日，一批武装人员奉法王命令袭击教皇在阿纳尼（罗马东南不远的小城）的住处，将他拘捕。他遭到侮辱，获释后于 10 月去世。继任教皇为本尼狄克十一世，此人于 1304 年 7 月去世，另选教皇克莱芒五世。克莱芒五世（Clement Ⅴ，1305—1314）教皇是法国人，他宣布撤销谴责菲利浦四世的数种诏书。1309 年，他将教廷由罗马迁到阿维尼翁城，从此至 1378 年教廷受到法国的控制。当时，阿维尼翁属于教皇国，后并入法国国王领地。

在上述涉及俗权与教权的事态中，法国国王和教皇的较量以前者的胜利而结束。法王以及法兰西国家的威信得到了提高，教权至上的原则遭到否定。后人有一句形容路易十四的话，在此也可适用：法国国王“完全不承认地球上有最高的权威”。

## 召开全国性的三级会议

史学领域，有一个问题始终存在并且容易引起争论，就是首创权，谁与何时最初办理某一件要事。关于三级会议的召开，便属于此类。班维尔（Bainville）有一段较好的说明：菲利普四世“为了更好地显示他的背后有法兰西的支持，这位国王召集了三级会议（Etats Généraux）。当代，人们断言，1302 年的三级会议为一种发明，它是公众自由的起源与开端。实际上历来存在着大会（assemblées）。我们看到，其中的一次大会，选举了雨格·卡贝（987—996 年为王）。城市里的自由民、手艺者们习惯于关心和商议经济事务，尤其货币问题。1302 年三级会议的召开不曾使他们吃惊，对于他们而言，这不构成为一个事件，因为第三等级（Tiers Etat）代表的选举

① Decaux et Castelot, *Dictionnaire de l' histoire de France*. Paris—1981. p.7.

影响甚小，如同一种自然而普通的事情，因为三月召集，四月才在巴黎圣母院汇集起来。贵族、自由民，甚至教士，大家都肯定菲利普——美男子对于教皇的反抗”[①]。

如果实事求是地考察，便能看到1302年3月23日至4月10日的三级会议的特点。菲利普四世召开这个会议的目的是争取广泛支持，向教士们收税，抵御教皇的攻击。当代学者卡邦蒂叶等的看法值得关注：法国国王寻求舆论的支持，“1302年，在巴黎第一次召开了大贵族、教士与自由民的大会（grande assemblée），这是三级会议的起源”[②]。与会的三个等级：教士、贵族、非贵族也非教士即第三等级。三级会议表示赞同国王的征税决定。同时，法国的主教们公开维护法国教会（高卢教会）的独立性，愿意尊重国王而不过分服从教皇。

菲利普四世借助舆论，依靠广泛的臣民的群体力量，有效地抗击了唯我独尊的教皇。但是对于当时的三级会议的作用，不应过高估计。它的召开具有意义，如支持王权对抗教权，同时它不可能控制国王，王权未曾受到它的限制。

## 取缔圣殿骑士团

关于圣殿骑士团引发的冲突，是俗权与教权、国王与教皇冲突的另一种表现。“圣殿骑士团”（Templiers）又称基督贫穷骑士团，另译神庙骑士团、圣堂武士团。它于1119年成立，为天主教的一种军事修会，总部设在耶路撒冷。耶路撒冷国王将犹太教圣殿范围内的一个院落划给了他们，该组织的目的在于保护欧洲朝圣者。发起人仅为十个法国破落骑士。他们遵守本笃会的规则，身穿白衣并佩戴红色十字。1128年，该组织获得教皇的批准。13

① Bainville . Op. cit. pp.77−78.

② Carpentier. *Histoire de la France*. Op. cit. p.136.

世纪，耶路撒冷被穆斯林统治后，该团撤回欧洲。他们在“东方”掠夺了许多财富，获得帝王显贵的捐赠，又因教皇给予的特权而致富（如走私），并受委托保管若干封建主的贵重财物。他们拥有不少地产、城堡和银行，在西班牙、法国与英国颇具实力。“这是国中之国，也具有国际性质。它亲近教皇卜尼法斯八世，威胁着法兰西王国的统一。”①

菲利普四世当时由于战争对圣殿骑士团欠下一大笔债务，他为了摆脱负担而采取强硬政策。1290—1310年，法王对圣殿骑士团实行打击。1290年的一项法令取消圣殿骑士团骑士不穿制服时佩戴勋章的特权，1295年的法令取消他们对于王室金库的保管权。1307年10月3日，法国的圣殿骑士团大约两千人全部遭到逮捕，并被没收财产。圣殿骑士们受到谴责，说他们迷恋巫术与魔鬼，不仅是异端，而且生活淫荡，他们被送交“异端裁判所”审判。1308年5月，在都尔召开三级会议，讨论“圣殿骑士团事件”，结果坚持镇压政策。1310年，经酷刑审判后54名圣殿骑士团骑士遭到火刑处决。1312年，教皇克莱芒五世下令取缔圣殿骑士团，有关财富大部分归“医院骑士团”（hospitaliers）。②1314年，圣殿骑士团的首领莫莱（Jacques de Molay）等37人被烧死。

圣殿骑士团的问题解决了，法国王权是受益者。近700年后关于该骑士团事件的新书《对于圣殿骑士团的审讯》出现于欧洲。此书为教廷根据“梵蒂冈秘密档案馆”的史料编成，在于证明圣殿骑士团“不是异端”。书中包括教皇克莱芒五世宣布撤销圣殿骑士团异端罪名的“希农羊皮卷”。该书皮面装帧，限量发行799册，每本售价5900欧元。就历史文献而言，秘密档案馆馆长塞尔焦·帕加诺坦然承认，该书“没有新内容”，但是具有“艺术价值”。实际上，此书出版的实际意图在于为圣殿骑士团及其骑士们昭雪。历史巨人的裁定应该高于当时法庭的判决！

---

① Bainville，Op. cit.，p.80.

② 天主教的另一个军事修会，由“本笃会”（Benedictiner Order）建于耶路撒冷，旨在救治朝圣的伤病人员。它曾获教皇的批准。

## 君主独自制定法律

独自制定法律？国王能够如此治国吗？

法国王权的加强大约始于12世纪初，即“胖子”路易六世（1108—1137年在位）时期，他用武力平毁蒙勒里城堡（tour Montlhéry）可为一个标志。该城堡主曾经阻遏国王的通行（巴黎—奥尔良之间），妨碍王权的管辖。路易六世企图使王权成为“到处有权、到处能实施”的普遍的权力。12—13世纪，王权继续加强。国王们的个人性格与自由意志有力地影响着事态的进程，尤其是王权的命运。的确，正如基佐指出，“美男子菲利普的性格与那时王权的新面貌很有关系”[①]。他的雄心勃勃的特点，在立法方面充分表现出来。

根据有关法令汇编，菲利普四世时期的法令的数量与先前的国王们相比增加了许多。他的354项法令当中，大部分由他自己发出，事前未曾与大贵族们商议。他摆脱了封建贵族习惯的处理事务机制的约束，独自掌握立法权，至多曾与亲近的顾问们商议。同时，凡是涉及战争与和平、对外关系的法令，他常与大贵族等人商讨。354项法令主要涉及国家政治、政府管理、禁止秘密战争与决斗、铸币、自由贸易、巴黎高等法院的组织、地方特权、封地、庄园田产、渔猎、盐矿、普通民事、私人利益等。另有法律规定官吏失职时可由上级对他起诉，大法官不得干涉教士的本职活动，犯下重罪的神职人员不论教士法庭是否赦免皆应判罪，意大利商人可获优惠，宗教人员如不通知世俗法官便不准拘禁犹太人……

当时，王权干预着纷繁的事务，它的作用日益扩大和重要。不论菲利普四世主观上是否“为个人而执政”，他的法令、政策实际涉及国家大事直至民众私事。反而言之，即使这位君主使用权力实现自己的愿望，也不能视作

① 基佐，同前引书，第244页。

仅仅对他个人有利，毕竟他是一国之主，他的权力的效力和影响所及为他所统治的地域。

1311年，他发布公告，规定下述两种职业者的区分：外科医生，应穿长大褂，应有中等会考的证书或许可证；理发师，除理发业务外，还可出售油膏和草药汤剂、放血、敷贴伤痛膏药、整治驼背。此前，这两种行当不时相混，容易产生不良后果。

诸如上述的种种法令与公告，规范当时的社会生活，体现了王权的威力，展示出菲利普四世对于法兰西国家独具匠心的治理。

## 严厉禁止奢侈浪费

菲利普四世严厉禁止奢侈浪费的政策通常遭到忽略，实际上这正是菲利普四世的独特政绩。他所要求的官场政治纪律与风格，将使路易十四、拿破仑一世和三世等的法国宫廷因为豪华挥霍贪图享受而黯然失色。

请注意菲利普四世1294年的一项法令！

“公爵、伯爵、男爵，每年的土地收入达到6000里弗尔或以上者，一年仅可做四套衣服，其夫人也相同。”

“骑士或准男爵，每年的土地收入达到3000里弗尔或以上者，一年仅可以做三套衣服，其中一套供夏季穿。”

“任何高级教士或贵族，不论地位显赫，所穿衣服的价格，每套不得超过杜尔城铸造的巴黎钱币25个苏。”①

“任何男女自由民，皆不准穿灰色皮袍或貂皮长袍。凡现在已拥有者，从下一个复活节起一年之内应当停止穿用。他们不得佩戴任何金首饰与宝石，也不许使用金银头带。”

① 1里弗尔（livre）大约相当于1法郎，1法郎等于5个苏，1苏等于20生丁。上述引文中“准男爵”为中译文。未见法语原版。

“任何妇女自由民皆不准拥有四轮畜力车。”

“儿童一年仅准许有一套衣服。”

“任何人的正餐不准超过两菜一肉汤，晚餐为一菜加一甜食。凡斋戒日，可有一碟鲱鱼加汤和两碟另外的菜，或三菜一汤。每碟菜里只可有一块肉。”[①]

“公爵、伯爵、男爵、高级神职人员，凡违反这些法令者，每次将被罚以 100 个杜尔铸造的里弗尔。同时他们还应使其全体臣属者遵守有关规定……揭发者可获三分之一的罚款。”[②]

上述法令的目的在于严格禁止奢侈浪费。虽然这些法令的实行情况未见详细记载，但是它们的矛头指向明白无误。菲利普四世奉行如此政策不无依据，它们与当时的社会状况密切相连。

13 世纪中后期，法兰西社会状况良好。1214 年的布汶战役中，法国取得了胜利，此后未曾卷入重大对外战争。法军在库特雷的挫折，发生于后来的 1302 年夏季。同时，就经济状况而言，法国正值财富积累时期，无须战争费用的支付、市场的增加、新港口的开辟、农业生产因市场而发展、荒地的开垦……达到了“过快的富裕”的水平。“过快的增长”导致若干问题的陆续出现：人口过度增加，尤其城市人口，货币枯竭，物价上涨。[③] 当时全国约 1500 万人，巴黎人口 10 万。与此同时，特权者与富人迷恋享受、官吏挥霍无度……总之，社会矛盾逐步激化。菲利普四世死后一年即 1315 年，法国便发生经济危机，饥荒与瘟疫也随之而来。危机因素的积累始于这位国王的去世之前。

此种富足与挥霍并存、社会动荡不安的局面，迫使菲利普四世认真考虑与坚决采取严厉政策，以求控制特权者与富人，巩固已经面临危险的王权。社会感觉从乐观到忧虑的转化，引起了这位法王的良性反应，或者说这是王

① 关于基督教的斋戒日，请见任继愈主编《宗教辞典》。

② 参见基佐，同前引书，第 308—309 页。

③ 参见米盖尔，同前引书，第 69 页。

权自救的一种反应。

## 国王是“自己王国的皇帝”

菲利浦四世可以和路易九世相比较。路易九世洁身自好，严格要求甚至苛求自己，他的约束着眼于个人，并企望以自己的榜样去感化众人。菲利普四世的目光则对准整个国家，他约束的着眼点为特权者与富人，因为他们是激化社会矛盾、引发社会冲突的责任人。他不是寄希望于温和的感化，而是颁布强硬的禁令，凡违反者将受到惩罚。他渴望社会机制能够有利于王权加强、国家富足、民众接受统治。米凯尔认为他“设想创建一个按平等制度治理的国家”。可能吗？设想与现实往往相距万里之遥，公爵、伯爵与穷人、农奴之间能够平等吗？[①] 法国国王护卫着一个王权发挥有效作用、天下太平、易于治理的国家。

归根结底，菲利普四世的若干言论可以比较充分地反映他心中的乌托邦。他反对教皇仲裁法英矛盾时表示“王国的政府属于他，并且仅仅属于他”。他拒绝承认“更高的权力”，反对封建制度（封主与封臣），而国家应该强大与独立，权力不可能转让。他明白无误地宣布：法国国王是“自己的王国的皇帝”[②]。

菲利普四世身材较高、风度甚佳，被誉为“美男子”，但是他不好色，赶走了宫廷中所有不被需要的女性。他的严厉禁止奢侈浪费的法令给史学研究者们留下深刻的印象。在他以前极少见到法兰西国王公布此类法令。[③] 这些法令足以说明：当时王权的渗透作用已经颇为突出，范围也相当广泛。

“美男子”国王希望在危险面前来一个漂亮的转身，使自己与国家比较

① 同上书，第 70 页。至 16 世纪，绝大多数农奴获得解放。

② 此前，路易九世曾有若干廉政措施，如禁止送礼、偏袒，如查处官员的贪赃枉法、逛妓院、赌博、淫乱、酗酒等。勒高夫：《圣路易》，第 17、219、431 页。

③ Decaux et Castelot，Op. cit. p.781. Carpentier... Op. cit. p.135.

轻松地继续前行。我们不曾见到菲利普四世吐露心迹的记载，但是独自下令限制身边的重臣、约束追随王权的特权者与富裕者，显然并非偶有感动、心血来潮的平庸之举。1314 年，这一位法国君主在森林中打猎时突发重病，随后永别了他的廷臣及民众。但是，曾经的严禁奢侈浪费的“独唱之声”，仿佛还在法兰西历史的殿堂内外绕梁遏云，经久不散！

# 12

**亨利四世（Henri Ⅳ，1553—1610）**
**惊世骇俗，笃信天主的法兰西国王**

## “为了巴黎，很值得去做一次弥撒！”

## 2008年才找到他的头骨

1610年5月14日，法国王室的厄运又一次降临！[①] 亨利四世仅在数名大臣的陪同下离开卢浮宫，去看望卧病在床的重臣絮利。亨利四世的车骑队伍走到弗罗内利街，遇上了交通堵塞。[②] 此时拉瓦雅克飞步上前将尖刀猛刺亨利四世胸部，刀尖直透背后，法王被刺死。[③] 凶手遭到处决，但是幕后指使者至今仍有待查明。那时在欧洲，利刃夺命并非罕见，但此次毕竟令法兰西失去一位君主，而他曾使这个长期苦斗的国家重新振兴。亨利四世死后，9岁儿子即位称路易十三，王后玛丽·德·美迪西斯（Marie de Médicis）[④] 摄政，人们怀疑她参与了杀夫。

亨利四世埋葬于圣德尼大教堂的王家墓地，但是未能入土为安。1793年“大恐怖”日子里，该墓地遭到破坏，他的颅骨消失得无影无踪。215年

① 1589年亨利三世死于刺杀。请见本书后文的介绍。

② 弗罗内利街（Rue Ferronnerie）位于蓬皮杜中心西南近处。笔者曾在该中心东侧居住，散步时多次经过该街。它较为短小，但是令人回忆起亨利四世。

③ 凶手拉瓦雅克（Ravaillac）遭到了四马分尸的处决。此人认为他是在完成宗教性质的使命，他临刑前曾说：“他们欺骗了我，民众对于此举并不支持。”

④ Médicis 按法文辞书与习惯，s 应发音。

后即 2008 年，法国一位收藏家发现了他的颅骨。现在，已无法找到他的未被污染的 DNA 样本，只得使用法医鉴定技术，依靠颅骨上的头发、胡须、右耳等生物体信息与嘴唇左侧的疤痕等，确定此为亨利四世的颅骨。据报道，法国官方准备为之举行安葬礼。[①]

关于亨利四世有许多评论。史学家蒂耶里指出："他的崇高的德行与极端的软弱互相混合，使他成为国王中唯一的君主。""他充满着对民众的同情与家族的自豪。"德戈（当代史学专家）和卡斯特洛（记者）称赞亨利四世："王权从来不曾如此靠近国民。"[②] 德国史学家兰克撰写《法国史》，该书对法国"不十分友好"，但是他"不责备亨利四世的背叛"。兰克笔下的亨利四世"是一位军人。除了使他成名的那些大战役以外，他曾亲身参加 200 次战斗"。当他得胜时，有人劝他下令复仇，他拒绝了这个建议。[③]

## "三个亨利之战"

各种教科书主要说明对于亨利四世的总体评价，而我们仅仅探讨他的一个特点：亨利四世的心目中，国家的权力利益和个人继承王位高于一切，为此他自愿做出不同凡响的牺牲，甚至最终由新教改为天主教信仰。1562—1598 年，法国发生"宗教战争"。此次战争延续了 36 年，实际上决定着法兰西国家的宗教统一与政治统一。这个宗教战争包括八次内战，其中第三次内战期间发生"圣巴泰勒米节"之夜的屠杀，第八次称"三个亨利之战"——争夺法国王位的继承权。

"三个亨利之战"（1585—1598）的主角：一是法国国王亨利三世；二是波旁家族的亨利；三是洛林的亨利即吉兹公爵。前两者皆为路易九世的后代，第三人的祖父在法国拥有采邑，曾在法国受封为公爵。1588 年，亨利

① 1594 年 12 月 27 日亨利四世遇刺，嘴唇受到损伤，被打碎一颗牙齿。

② Decaux et Castelot, Op. cit. p.487.

③ 汤普森：《历史著作史》，商务印书馆 1996 年版，第 3 册，第 252 页。

三世派人杀死吉兹公爵亨利。1589 年，法王亨利三世被杀。实际上，只剩下了一个波旁家族的亨利，即将来的亨利四世。[①] 亨利三世生前已决定与宣布波旁家族的亨利为法国王位的继承人，他临终前曾使大领主们发誓承认此人为王，即亨利四世。

## 少年时丧父，青年时失母

波旁家族的亨利：一个新教徒、南方“叛军”的首领、小小的纳瓦尔的国王，几经艰难演变成为主要信仰天主教的法兰西大国的君主。此种政治腾跃和宗教信仰与王权关系的骤变紧密地互相结合。必须了解法国当时宗教的情况，才能充分认识亨利四世为何多次出人意料地做出改宗的决定。

曾有传说：法国总共建造了 170 万个教堂的钟楼。此种说法可能夸张，但是就笔者在法国长期居住与工作所见，可以说“一个村庄有一个教堂”。

根据史料，1600 年之际，法国共约 9.4 万名传教士、8 万名修女、7 万名教士或修道士。另有耶稣会士 2500 人。如果将上述人数相加，则共为 24.65 万人，约占当时法国总人口 1850 万（包括洛林与萨瓦）的 1.3%。17 世纪初，巴黎人口近 40 万人。另说，法兰西全国三分之一以上的财产属于天主教教会所有。同时，新教教徒人数甚众，约 100 万人，分为 27.4 万个家庭。贵族中五分之二人信奉新教。对于全国，新教徒也占有一定的分量。1559 年，法国新教会成立于圣日耳曼。在此种大环境下，出现了亨利（四世）。

亨利的父亲为波旁公爵，于 1562 年战死。母亲是纳瓦尔女王，死于 1572 年，亨利成为纳瓦尔国王。不久，他与法王查理九世的妹妹玛格丽特·德·瓦卢瓦结婚。[②]

1572 年 8 月 24 日圣巴泰勒米节清晨三时，太后卡特琳娜·德·美迪西

① 宗教战争结束的标志为 1598 年的“南特敕令”，规定天主教为国教，但是允许信仰新教的自由。

② 她又称“Margot”王后，与 Marguerite de Navare 同名，不同姓。

斯和国王查理九世决定杀害新教徒，此举获得国王顾问会议中的天主教徒们的赞同。查理九世表示：“必须杀死法国所有的新教徒！”吉兹公爵率领巴黎的天主教徒搜索与杀害新教徒。首都残杀新教徒1000余人，其中包括海军司令科利尼。巴黎与外省，共屠杀新教徒与无辜者约3万人。[①]被害者当中还有拉罗什福科等大贵族，他娶一新教徒为妻，曾支持亨利活动。[②]亨利被迫屈服，他和玛格丽特暂住卢浮宫中。

1587年，由于“慕男狂”（nymphomanie），长久的行为不检点，玛格丽特被哥哥法王查理九世与丈夫亨利软禁在玉松城堡。1599年，双方婚姻关系取消。1600年亨利四世娶玛丽·德·美迪西斯（1573—1642）为王后。在此时期，宗教信仰问题使得亨利继承王位更加艰难。

## 宗教信仰的可变性

天主教徒与新教徒之争是法国全国性质的宗教、政治之争，也是国家统一的大事。中世纪，宗教信仰有时甚至重于生命和爱情。若干“异端分子”毫不畏惧地在火焰中赴死，一些天主教徒满腔怒火地屠杀新教徒同胞。[③]然而，宗教信仰的可变性是亨利的特色，这个可变性曾经数次出现。

亨利四世自幼随母亲信仰新教。1562年，9岁的亨利应召进入查理九世的王宫，每日学习法国宫廷礼节。此时，他在周围人员的影响下，愉快地接受了天主教的种种教规。后来由于父亲战死，母子返回故乡贝阿恩。这里人们笃信新教，亨利也随之信奉新教。两年后，亨利跻身新教徒的战斗行列，参与军事活动。

1572年，亨利的宗教信仰面临着重大考验。“8月18日，玛格丽

① 关于被害人数至今存在争论。但无疑是对新教徒的大屠杀，包括受害母亲身体内的胎儿。

② de La Ro. La Rochefoucauld，*Mémoires*，Paris—1993，pp.315-316.

③ 请参见杨真：《基督教史纲》，生活·读书·新知三联书店1979年版，第236—237页。

特·德·瓦卢瓦与亨利·德·纳瓦尔的婚姻认可了和平。”[①] 这是信仰天主教的女性嫁给了信仰新教的男子。但是，24 日清晨便是“圣巴泰勒米节”的屠杀。在那恣意狂杀新教徒的时候，亨利正在网球场打球，法王查理九世紧急召见，让他立即选择“弥撒或者死亡”。亨利声明愿意归顺天主教，从而免除了一死。其实，亨利思想开阔，他认识到必须蓄芳待来年，此后他作为天主教徒在巴黎生活数年。1575 年，他趁打猎之机私自快马加鞭逃回南方故乡，又转而信奉新教，并统领新教徒为主的军队和天主教徒作战，两派的斗争断断续续地进行着。

1584年，亨利·德·波旁（Henri de Bourbon）成为王位继承人。1585年，教皇希克斯特五世宣布：对这位亨利实行“绝罚”，并取消他的法国王位继承权。教皇宣称“纳瓦尔是一个异端分子，圣座对他实行绝罚”。信仰的分歧造成了宗教的和政治的后果，国内的斗争演变为国际性质的冲突。

## “尝试一次危险的跳跃！”

天主教徒们的杀戮与教皇的迫害皆未能阻挡这位亨利的脚步。1587 年，他率军队在库特拉（Coutras）打败天主教徒的军队。1598 年 8 月 2 日亨利三世遇刺身亡后，亨利·德·波旁成为法国新国王，即亨利四世。8 月 4 日，他在圣克卢发表声明，将竭力保证天主教在法国的地位，自愿学习这一种信仰。[②] 他于次年 3 月在伊夫里打败一支敌对的天主教军队时，头盔上插着一根白色羽毛作为标志，冲入敌阵，右臂因用力过度而肿痛，手中的利剑改变了形状。但是军事胜利还难于保证完全获得王位，巴黎仍在抵抗。亨利四世先后于 1589 年、1590 年、1592 年围攻巴黎，天主教徒们拒绝新王入城。1593 年 7 月 25 日，亨利四世在圣德尼修道院忏悔和做弥撒，发誓弃绝新

---

① Hildesheimer, *Du Siècle d' or au Grand Siècle*. Paris—2000，p.46.

② 威尼斯是承认亨利四世的第一个天主教国家。

教："在无比强大的天主面前，我起誓，无论活着或死去皆信奉天主教，不惜流血与牺牲，保护与捍卫它，反对一切（敌人），同时放弃一切相反的异端。"[1] 教皇格列哥里十四世重申对亨利四世实行的绝罚。虽然已是国王，他不可能按照习俗去兰斯加冕，因为那里仍由"天主教同盟"控制。1590 年，亨利四世的军队围攻巴黎一个月，城中缺粮产生饥饿，他命令部下准许运粮入城。如此措施引起了良好的反响，许多贵族投奔新的国王，巴黎人的态度也开始改变，有关反对的力量逐渐失势，人们广泛地盼望着和平。[2] 1594 年 2 月 27 日，亨利在沙特尔加冕。3 月 22 日，亨利四世和平地进入巴黎，沿途受到热烈欢迎。他来到巴黎圣母院，随即宣布大赦。外省各地陆续表示支持新的君主，9 月，教皇克莱芒八世宣布：赦免对于国王亨利四世的绝罚。

如此多次改变宗教信仰，法兰西罕见，恐怕世界上也属少见！两句话可以概括亨利四世的心态。在去圣德尼修道院做弥撒之前，他曾致函一情妇："我即将尝试一次危险的跳跃！"他又说："为了巴黎，很值得去做一次弥撒！"[3] 学术界有人指出，这一句话不一定直接出自亨利四世之口。然而，这基本上是他的心意的表达，至少他发誓弃绝新教确为不可否认的事实，他的决策当时使人震惊。

## 宗教信仰的共性 寻求和平的愿望

那时在法国，天主教徒将新教徒称作"雨格诺"（huguenot，另译胡格诺）。法国的新教徒较多受加尔文宗的影响，后者为 16 世纪宗教改革时脱离天主教而产生的新教教派，它脱离出来，却保留着内在的共性与联系。法国的天主教徒或新教徒皆信仰天主（上帝）。虽然借助于中介（教士、教会）

---

① Decaux et Castelot，Op. cit.. p.486.

② 由巴黎每一个区选举一人组成，掌握着首都的权力。该委员会实际近 50 人。

③ Decaux et Castelot, Op. cit.. p.486. Щеголев, *ОчеркиисторииЗападнойЕвропы*. Лениндрад—1938. стр.205. Miquel, Op. cit. p.176. 学术界有不同意见，如卡尔莫纳在《黎世留》（中译本第 25—26 页）中认为亨利四世从未说过这一句话，但是"结果一样"。

或者个人直接与天主“相通”，双方皆在渴求与天主（上帝）相通。虽然教会组织全球统一于罗马或者是松散组织、地区与国家的组织，双方皆需要某种程度的组织。虽然教会制度统一或者多样化，双方皆有一定的机制在发挥作用……既然存在着这些无法否认又重要的共性，便有可能发生交流与转变。天主教与新教之间分歧严重和差异明显，对此应考虑一个因素：长久的争论和冲突以及相互丑化往往使矛盾加深、分歧扩大，此外，传教者之间的仇恨或许也起了推波助澜的作用。如要克服心中的障碍，只有像亨利四世这样胆识过人，超越一般认识水平者才能看清事物的内涵，敢于采取行动。实际上，上述共性为新教与天主教相互改宗的基础，亨利四世心中正是此种共性发挥着作用。促使改信天主教的重要原因也在于法国广大民众的压力和愿望。由于宗教争纷而进行太过长久的战争与屠杀，使得多年来不断加剧的政治与社会危机达到了高峰，那时民不聊生，渴求安全成为社会的要求。亨利四世认识并重视此种愿望。若干权贵不容许或反对亨利四世改信天主教，并称此为背叛行为。亨利四世坦然回答：“我希望将和平带给我的臣民，也让我的灵魂得到休息。”

法兰西是一个较大的国家，它的王权的威力引人注目。对于地处西南比利牛斯山边的纳瓦尔小国君主而言，法国的王位具有难以形容的吸引力，何况亨利四世的祖地在法国中部地区——波旁涅，而他本人由于家族血缘的关系，的确具备了继承王位的资格。他是一个经法王亨利三世钦定的合法继承人，仅因新教信仰陷入困境，只要他肯在宗教派别方面适时做出调整，便能绝处逢生，可见问鼎之心本属自然。

还应考虑法国天主教会拥有财产的实情。如果获得那些大量的财物，江山便有了一定的经济保证。当时即使在天主教内部，主教们接受任命时，也着意选择那些比较富裕的地区。宗教战争期间，双方皆有人唱着宗教信仰的高调。宗教信仰确为一个重要内容，但是还应看到，战争主要为争夺政治权力和物质利益的工具。王太后卡特琳娜·美迪西斯的一段话可供参考：双方均“以宗教为外衣……然而在他们的心目中，并无宗教的存在”。

此外，亨利四世在改变宗教信仰方面已经反复实践，他积累了经验教训，因此最终改信天主教并无难于克服的障碍，反而符合自己主观愿望。他的基本的宗教信仰应是“坚定不移，不违背良心地”信仰天主（上帝）。亨利四世的军队中也有不少天主教徒，亨利四世始终不曾脱离基督教。王位比宗教派别重要，国家又比王位更重要。深刻的含义在于“为了巴黎”！

洛皮塔尔曾任查理九世的首相，他于1560年年底召开会议，向大家提出问题：谁能说明什么是异端，什么是真理？“你说你的宗教比我的好，我说我的比你的好，那么是否我采纳你的意见将会比你采纳我的意见更为合理呢？让我们停止这些罪恶的煽动性的党派称呼——雨格诺派、路德派、天主教派！让我们改称基督徒！”[1] 那时与后来漫长的岁月里，有多少人接受了这个坦诚的劝告？

## “每逢星期日，让每户农民的锅里都有一只鸡！”

亨利四世获得了巴黎，成为法兰西真正的国王，他在絮利等大臣的帮助下，努力治理国家。他曾许诺：“每逢星期日，让每户农民的锅里都有一只鸡。”[2] 后来事实表明，他改善了法国的状况，农民的处境也有所提高，但是在若干地区仍旧问题严重。一些地方的体制“使农民处于贫困，他们拒绝什一税、否定领主的权力”。“佩里戈尔、凯尔西和朗格多克的乡下佬组成武装队伍，占领耕地，攻打显贵人士。”“在此类斗争中，宗教的界限让位给共同利益的情感：和平、在田野里的劳动、减轻负担。”[3] 共同利益产生共同的情感，众望所归有着无穷的力量！

亨利四世是法兰西的君主，他代表着贵族与教士们掌握着国家大权！

---

① 请参见拙著《法国政治思想史》，人民出版社2010年版，第393—446页。

② Bainville，Op. cit. p.191.Щеголев, там же. cit. p.207.

③ Duby et Wallon，*Histoire de la France rurale*. Paris—1975.t.2. p.341.

# 13

**絮利（Sully，1560—1641）**
**以农业为本的财政总监察官**

**“耕耘与放牧是法兰西的一对乳房，**
**她的真正财富之源。”**

## 多次负伤的男爵

在农业文明的社会里，以发展农业为首要目的，无疑是正确的。16 世纪末至 17 世纪初，法国的一位国务活动家絮利可以成为上述题目的探讨对象。

法国国王亨利四世的重臣絮利的生命轨迹包括了参加战斗，多次负伤，死里逃生；更引人注目的是任职财政总监察官等职务，精心治理法兰西国家。

絮利原称马克西米利安 · 德 · 贝蒂纳（Maximillien de Béthune），后来封为罗斯尼男爵、絮利公爵（duc de Sully）。他属于贝蒂纳家族的小支系，家产有限。他信仰加尔文教，曾在巴黎求学。“圣巴泰勒米之夜”（1572 年 8 月 23—24 日夜）宗教大冲突，巴黎屠杀新教徒，使絮利陷入险境。他机灵地身穿学生装，手持祈祷书，逃到一位友人处，躲藏了三日。随后他一直追随比他年长 17 岁的亨利 · 德 · 纳瓦尔，从此两人交往数十年。

1576 年，絮利随新教军队在荷兰作战，表现出勇敢的斗志与坚定的品质，曾数次负伤。他被任命为亨利的侍从，经常为此人出谋划策。

1584 年，他娶安娜为妻，为了改善家庭的经济状况，一度从事军马生意。当雨格诺军队攻克城市时，他曾参加抢劫。从军作战是他的本行，1587年，他回到军中，在围攻巴黎等地时多次受伤。1589年亨利·德·纳瓦尔成为法国国王，号称亨利四世，波旁王朝开始。1594年，亨利四世进入首都巴黎。他不喜欢排场，不拘礼节，有时身不由己地遵守宫中陈年旧规。一年元旦，絮利等进宫，去国王卧室拜年。头发灰白的亨利听见他们的到来便在幔帐里向他们祝贺新年。他易怒，而絮利自由思考坦率进言，君主两人常常争论，双方甚至感到不愉快。敢于面折廷争，这是絮利独立人品的表现。1592年，妻死，他再婚。絮利对国王的宗教政策不满，认为君主过分照顾天主教派，如准许耶稣会修士回国等，便一度回到罗斯尼。他与法王就宗教信仰问题发生的分歧无法克服，他坚持新教信仰，甚至劝说已改信天主教的法王再改回新教的信仰，但是法王予以拒绝。絮利颇受自己宗教信念的约束，亨利主要考虑法兰西与王室的利益。实际上，君臣两人矛盾是次要的，絮利未曾失去宠爱，不久回到国王身边，并且获得重任。

## 财政总监察官

1596年，絮利进入财政会议。1598年，他出任财政总监察官。在此过程中，絮利掌握着国家的财政大权，成为法国乃至欧洲的著名财政重臣。此人相当认真，每日清晨4时起床，随即投入工作。絮利面临国家财政危机，采取了一系列有力的措施，废除若干旧规，取消或降低一批税收，从而改革财政，以求达到偿还债务与增长收入的目的，恢复法国的经济力量。

絮利废除了入港、过桥、通行等关卡税，取消贵族对于捐税的豁免权，禁止挪用公款，宣布全国免交1597年献金的余额，以便民众能够上交1598年的献金。① 此种机动灵活的政策，产生了良好的效果，降低了军役税。②

① 献金，subsides，由国王在赋税之外征收。

② 根据Lexis等辞书，此处taille应译作“军役税”或“户头税”，因为只对庶民按户征收，免去军役的税。与此同时，另有按人头征收的“人头税”（capitation）。

该税的交税者为庶民（roturiers）即非贵族，资产者与贫民（plébéins），当时法国居民绝大多数生活在农村，他们是缴纳赋税的主要力量，教士与贵族原来已免交此税。

增加了盐税、葡萄酒税、票据税等间接税，开设了“官职税”（paulette），因此得以增加一种新的财源。[①] 它规定司法与财政官员每年交一次此税（买价的 1/60），便可由后人继承相关的官职。该税的总额由国王规定。长远来看，从 16 世纪起，法国的“社会等级”（échelle sociale），完全形成，职业、地位难变。买卖官职的产生有利于中产阶级的提高，并滋生对于官职的偏爱，从而也孕育着社会弊端。

严厉监督税务官员，重新组建国家财政机制，提高了办事效力，或多或少限制了若干非法行为。现行税制严加管理，又以很低的利息偿还国家债务。絮利在国王的支持下，实行重商主义政策，使出口大于进口，保证黄金白银不能流出国外，即为法国储存了财富。

当时，修筑道路、疏通河流、开凿运河，如沟通卢瓦尔河与塞纳河的运河等，显著地改善了国内的交通状况。在“大路政官”（grand voyer）监督下，法国主要道路两旁栽种了榆树，民间称这些树为“絮利”。[②] 交通的改善对于农业的发展、城乡的交流、农村文明水平的提高皆颇为有利。他大力促进玉米、甜菜的种植，引进桑树以利于生丝及丝织品的生产。

1601 年，法国第一次出现了关于国家收支的准确估算。从 1607 年起，国家的财政达到平衡。1601 年至 1610 年，偿还了亨利四世所欠的 2 亿 7800 万里弗尔债务。亨利四世在位末年，国家储备为 3000 万里弗尔。“农民的贫困有所减弱。”亨利四世曾经夸口说：“让每户农民的锅里都有一只鸡。”如此诺言不曾实现，但是以农业为主的经济得到了恢复甚至发展，“法兰西又成了经济强国”。无疑，不能简单地归功于絮利一个人，王室顾问拉菲玛

---

① 经高等法院一秘书查理·波莱特（Charles Paulette）的鼓动，亨利四世在絮利的支持下颁布此法令。

② 法国有一谚语：在榆树下等我吧！（Attendez-moi sous l’orme !），表示永远等不到。

（Laffemas）等人也起了作用，广大的农村城镇劳动者的汗水灌溉着法兰西的田畴。

## 农业——法兰西的“乳房”

絮利未能大胆地预见一个全新的世界，无疑独立思考不等于绝对正确，它可以引出目光短浅甚至完全错误。絮利不重视工业与殖民扩张，自以为有所依据，他担心前者导致奢侈，后者距离过于遥远。虽然如此，他却很重视农业的发展，指出“耕耘与放牧是法兰西的一对乳房”，这是“她的真正的财富之源与秘鲁的宝藏”。① 民以食为天，忽视农业将民生凋敝，社会动乱，王室江山难保。絮利当时重视农牧业，无懈可击，他清醒地抓住了法国经济发展的主要领域，及时地认清了当时社会进步的主要矛盾。此种认识，至今仍具有价值。

随着法国经济的好转，絮利的官职与势力也在增加。他又任“堡垒修造总监”，王后的“武装侍从”（gens d' armes）的“大队长”（capitaine-lieutenan）、巴斯底总管以及外省若干郡的总督。1606年，他的地位达到高峰，在王室会议中权势最大，受封为絮利公爵（duc et pair de Suly）。

1610 年 5 月絮利生病，亨利四世在看望他的途中遇刺身亡。亨利之子路易十三即位。当时絮利曾说:“国王的时代已经过去，亲王与大人物们的时代已经来临。”絮利判断错误，至少此后出现了路易十三。那时新王年幼，母亲玛丽 · 德 · 美迪西斯摄政，絮利进入摄政会议。他与王后等人不和，于 1611 年辞去上述职务，保留了其他头衔，来到自己购买的絮利—絮—卢瓦尔城堡，然而他的政治影响还在。1612 年之际，年轻的黎世留正在努力广泛交往与建立各种关系。他致函絮利，表示敬意:“如果我能够为您服

① Bainville, Op. cit., p.191. “秘鲁的宝藏”指 16 世纪欧洲人在那里“发现”的黄金与白银……Labourage et pâturage sont les deux mamelles de la France，ses frais mines et trésors du Pérou.

务……我将证明我对您的热爱……我乞求您给我以关照。”[①] 令人遗憾，我们不知道絮利如何回答这位年轻的从政者。幸好，十余年后絮利的一段话可以作为对于这位仰慕者的肯定。

虽然离开了宫廷，絮利不曾脱离政治。路易十三即位时年仅 9 岁，随后这位逐渐成长的新王与太后矛盾严重。17 世纪二三十年代法国处于内外交困之中，人们对路易十三及其重臣黎世留颇多议论。面对飞短流长的社会氛围，絮利表示意见：“这两位有才智的人……正在共谋建立一种美好的、温暖的和平与王国的安宁，并使之永久存在。”[②] 显然，这是以波旁王朝老臣的资格，进行观察之后的企望。

## 评论者们笔下的絮利

絮利生活在自己的城堡里，撰写回忆录《伟大亨利国家的贤人与王国经济回忆录》（Amsterdam—1725. Paris—1821）。絮利的治国工作受到许多关注。德国史学家兰克不像齐贝尔或特勒奇克那样“进行诽谤”，而在多卷的《法国史》（1853）中细致地论述絮利的经济改革。[③] 关于絮利财政工作的某些争论在国际学术界未曾导致火热的舌战，却存在着关于絮利与工业的关系等问题的探讨。坊间书刊或说他“忽视工业的发展”，或说“十分重视工业生产，这样可在国内生产奢侈品不必向国外购买，从而防止黄金白银的外流”。

对于絮利的《回忆录》国际史学界有不同意见，有人说它“毫无价值”，应当“抛弃”。此外，关于亨利四世的性格以及他和絮利的关系也是说法相

① 此人后来为路易十三的首相。Hildesheimer，*Richelieu*. Op. cit. p.47.

② Sully，*Mémoires des sages et royales oeconomies de Estat de Henry le Grand*. Paris—1821，t.9. 原无页码，转引自 Hildesheimer，*Richelieu*. pp.235，556.

③ 兰克在意大利研究法英两国的历史。这是一种典型的欧洲性质的学术活动。国际学术界对于兰克的学术研究，存在着多种看法。

反，如法王“内心深处忧郁”，“脾气非常温和”，或“容易发怒”。① 显然，絮利的工业政策或法王亨利四世的性格，都有待于进一步查询。历史本身是有限度的，人们不能离开社会的基本状况随意去改变。后人对于历史的了解也有限度，社会条件、文献资料的开放、研究者能否查询以及个人的积极性和外语水平等因素，都能发挥作用。②

絮利死在外省（Villebon），上流社会的天主教徒或新教信仰者皆漠然地接受了这个信息，广大民众的态度也相同。或许就如埃尔朗热在其《克勒孟梭传》中所写:“法国历史上有一条奇怪的规律……那是个不舒适的顶峰。”登上者如絮利、黎世留、马扎然、柯尔贝等，“这些人使民族的面貌焕然一新，却始终为公众所仇恨”③。但是近400年的时光过去了，许多法文的辞书还在记载着絮利的名言:“耕耘与放牧是法兰西的一对乳房！”如果没有农牧业提供的“乳汁”，如同婴儿的法兰西将无法生存。这是他对于经济政策的高度概括，独特的生动与形象的比喻远远地胜过官员们对于农业的指示命令，区别于哲学家们关于农业的深奥难懂的术语。絮利有力地说明了当时社会发展水平上，农业对于法兰西民众生活、文化创造的绝对的重要性。絮利为17世纪的绿色的农业文明绘制了逼真的形象图景！

---

① Decaux et Castelot，Op. cit. p.971. Miquel，Op. cit.. p.181.

② 请参见拙文《历史与距离的探讨》，载《四川师范大学学报》(2013年5月)、《新华文摘》(2013.NO.20)和《高校文科学术文摘》(2013.NO.5)。

③ 埃尔朗热:《克勒孟梭传》，商务印书馆1990年版，第143页。

# 14

**黎世留（Richelieu，1585—1642）**
**“那个时代最严肃的人”**

**“或扼杀决斗，或扼杀陛下的敕令，这是问题的关键。”**

## 从“最伟大”到“恶魔”

黎世留享有广泛的名声，同时是一个比较难于了解和给予评价的人物。例如，人们至今还在探讨黎世留出生于何处的问题。近年巴黎出版的巨著《黎世留》（约600页），认为他于“1585年9月9日9时34分，出生在巴黎布鲁瓦街（rue du Bouloi）的卢丝宾馆”[①]。国际史学中已有多部黎世留的传记，但实际全面介绍当时法国历史者不在少数，而对于黎世留的个人特点着墨不够。关于此人的评价，可分为三类。

颂扬。圣西门公爵认为黎世留是“数百年来最伟大的人物”。孟德斯鸠说他“完成了惊天动地的伟业，永垂青史”。拉科代尔指出他“拯救了风雨飘摇中的天主教”，“为缔造和平做准备，后来才有现代的欧洲”。[②]

贬损。莫尔格将他视同“魔鬼”。大仲马挥笔将他写成“危险分子”。雨果的眼里，他是“手上沾着鲜血，衣袍色泽猩红的人”。巴伊认为“黎世

① Hildesheimer，*Richelieu*. Paris—2004. p.15。这是该书作者经过长期研究得出的结论。

② 有关褒贬的评价（下同）请见Hildesheimer，Ibid. p.519，卡尔莫纳，同前引书，第810，812，808页。此处圣西门公爵名路易（1675—1755）。另有乌托邦社会主义者为亨利·圣西门伯爵（1760—1825），他们属于同宗。

留掌权是右翼独裁”。

比较冷静。史学家米什勒称黎世留为“那个时代最严肃的人”。史学家蒂耶里指出，当时“凡能改善社会生活之举，皆由他实行……他思想开放，实无出其右者”。伊尔德什美尔的著作也属于此类。

除去众说纷纭的评价外，若干法国人还对黎世留采取了“革命行动”。1789 年的大革命中，人们曾将他的遗骸从墓地中挖出。1968 年，巴黎学生掀起“五月风暴”，有人公开诅咒黎世留。

17 世纪的诗人斯卡隆曾以黎世留的口吻给予此人如此评判：“我是神灵或是魔鬼，任君评判。”关于历史人物的不同看法，学术探讨各抒己见乃是自然的现象，随着社会大环境的变化，社会难题或群体困境的严重，人们经常借助重新审视历史人物，来表示自己的情感，从而出现数百年来对于黎世留、拿破仑甚至戴高乐等的不断褒贬。伊尔德什美尔指出：“由于胜利者的安排，历史成为美丽的，并且令人满意。黎世留是人们侵犯历史的一个典型例子。”[①] 我们这些探索者需要关注如此纷繁的现象，了解有关评语内藏着的群体利益和政治含义。

## 吕松主教与枢机主教

阿尔芒 · 德 · 普勒西，后受封为黎世留公爵（Armand du Plessis，duc de Richelieu）。从小贵族、普通主教，至枢机主教、公爵、大臣，至首相，他经历了不平坦的人生。[②] 黎世留的父亲为亨利三世的宫廷大法官。亨利四世时，他陪伴在君王的左右。母亲非名门出身，这个贵族家庭少有财产，负债累累。1579 年 12 岁的阿尔芒结束了在纳瓦尔中学的学习。他希望成为军人，因而受封为希伊乌侯爵（希伊乌是他们家的地产）。

---

① Hildesheimer，Op. cit. p.519.

② 黎世留，另译黎塞留、利熙琉等。

由于亨利三世的赏赐，吕松（Luçon）主教区此前已成为黎世留家族的财产。长兄在亨利四世的宫廷中任职，次兄阿尔方斯拒绝接任吕松主教，后成为修士。黎世留家庭面临失去吕松主教区以及若干收入的危险。最小的阿尔芒因此改而从事宗教活动。

1606年12月，法王亨利四世恩准阿尔芒为吕松主教，并派人向教皇说情。1607年1月，阿尔芒到达罗马。根据教会的规定，主教获职时应年满22岁。他见到了教皇，保罗五世问他到达规定年龄与否，他回答："是"，而后请求教皇宽恕，承认未到规定年龄。教皇曾对别人说"这个年轻人将是一个大骗子"。后来，他"得到年龄的宽免，制造一份假的洗礼证明，使他年长2岁"。4月17日，黎世留由一位枢机主教授任为吕松主教。[①] 1602年他实际执行主教的权力。黎世留经过弄虚作假，取得了吕松主教职位。他返回巴黎后，继续在索尔邦学习神学课程。同年10月，举行答辩，他获得博士称号。

1622年9月，黎世留被教皇格雷戈里十五世任命为枢机主教。教皇致函黎世留指出："罗马教会企望并且要求你完成重大使命。"此时，黎世留已38岁。12月22日，法王在里昂为黎世留戴上枢机主教的冠冕。宗教领域的阶梯已经上升至顶端，如此身份的提升为黎世留从事政治活动提供了良好的条件。1623年5月，他主动放弃吕松主教区。此时，他的收入有了保证，如年金5000里弗尔和国王在他受封为枢机主教后所赠予的10000里弗尔。[②]

## 侯爵、公爵与大臣、首相

黎世留出自外省，后住巴黎，竭力跻身于政治舞台。1631年，路易十三将属于普勒西家族的黎世留领地，册立为"公爵领地"并"具有世卿爵

① Hildesheir，Op. cit. pp.35，529.

② Ibid. p.109.

位”。黎世留升为公爵。

黎世留的政治生涯比较复杂，因为面临法国宫廷内斗内耗的困局，他必须小心翼翼地为自己打通一条仕途。

1614 年三级会议召开，黎世留当选教士等级的代表。他发表如下言论：凡信仰与教会之事，应“由神职人员决定”。“三级会议的权威仅次于国王的权威”，因为它是“国王陛下的代表”。1615 年 11 月初，他担任西班牙国王菲利普三世之女安娜的“指导神甫”，月底她嫁给路易十三，成为法国王后。1616 年 11 月，黎世留出任国务秘书，主管军事。1617 年 5 月 19 日，他成为内阁首相与掌玺大臣，此时法国政局是在王太后玛丽 · 德 · 美迪西斯的控制之下。1619 年他任王太后的总管。随着王太后逐渐失势，黎世留转而支持国王。1624 年，路易十三命令黎世留进入自己控制的御前会议，但是仅有权“发表自己的意见”，称“咨询大臣”（ministre consultant）。8 月 13 日，路易十三宣布拉 · 维厄维尔（La Vieuville）首相去职，由黎世留担任内阁首相，此后他掌握国家大权直至因病去世。从 1630 年 1 月 18 日起，他的正式头衔为“国家的第一和首要大臣”①。路易十三对他有所保留，但从总体上看，他长久地支持黎世留以首相资格治理国家。路易十三所珍重的不是对于黎世留的情感，而是国家的、他自己的利益。

## “反对黎世留暴政”的种种阴谋

黎世留掌握大权，但是他和支持他的君主被迫面对若干势力的挑战，他逐渐地消除了各种危险。

1624—1626 年，出现“沙勒阴谋”，参加者如舍弗勒兹公爵夫人、安娜王后、奥尔纳诺之帅、沙勒（Chalais）伯爵等人。他们企图：拒绝王太后与路易十三两人为王弟加斯东安排的婚姻，路易十三死后将由加斯东继承王

① Ibid. pp.116-117，121.

位，王后安娜应该改嫁给加斯东，加速体弱多病的路易十三的死亡甚至弑君，以路易十三不育为理由逼迫他退位，杀死黎世留……当时王位继承人加斯东左右摇摆，犹豫不定，多次改变态度。

黎世留洞悉这个阴谋，他得到路易十三的同意后，采取措施打击敌人。1625 年 5 月，奥尔纳诺元帅被捕，后死于狱中。沙勒伯爵关于杀死黎世留的企图遭到加斯东的揭发，他于 8 月被处决，舍弗勒兹公爵夫人被流放。王后安娜积极参与了阴谋活动，路易十三主持御前会议审讯王后，她“受到了训斥”。

1630 年，产生“马里亚克阴谋”，王太后以及掌玺大臣马里亚克（Marillac）反对黎世留，马里亚克谋求首相位置。路易十三表示原则：“为国效忠高于为母尽孝。”马里亚克被免职，从 1630 年 11 月起受到严格的看管，次年 2 月去世。

“软禁王太后”。路易十三和王太后，母子之间为争权而相斗多年，王太后等人也反对黎世留掌权。1631 年 2 月 23 日，路易十三派王家卫队将王太后软禁于她所在的康边城。她的支持者之一巴索皮叶尔元帅与沃蒂叶（王太后的医生）被囚禁于巴斯底狱，后来勒斯特朗日子爵等三人被处决。1631 年 7 月，王太后逃出康边，去西班牙所属的荷兰避难。

1632 年夏初，“蒙莫朗西造反”。加斯东起来造反，力图“反对黎世留的暴政”。蒙莫朗西（Montmorency）公爵在朗格多克热烈欢迎加斯东的到达，同时逮捕了国王的特派员与黎世留首相的信使，这些举动获得当地三级会议的支持，出现了一个行省的叛乱。国王的军队打败近万人的叛军。后来，蒙莫朗西判处死刑与没收财产。

1636 年发生“散克—马尔斯阴谋”。散克—马尔斯（Cinq-Mars）侯爵为“国王警卫连的长官”（另说冠带总管）。[1] 1639 年，他开始反对黎世留，尽管后者是推荐他担任此要职的恩人。此人受到宠爱，1639 年升“大总

---

① Ibid. p.421.

管”。但是他年轻气盛，经常与路易十三争执、吵架，甚至顶撞与嘲弄国王。1642 年 2 月，散克—马尔斯公然向路易十三要求“派人杀掉黎世留”，法王不表赞同。路易十三权衡利弊，于 9 月处死了散克—马尔斯与德·图（de Thou），散克—马尔斯的城堡以及森林皆遭平毁。

至此，敌人多已消灭，受到路易十三支持的黎世留虽然仍旧掌握大权，但是也临近人生的终点。黎世留能够占据上风，主要由于路易十三需要他治理国家。他不仅意志坚强，有能力解决面临的难题，还拥有广泛的严密的情报网络，并能及时做出判断。黎世留一贯奉行的原则：“如果攻击污蔑，则严加惩办”，即予以严肃的处理。这个“最严肃的人”在路易十三的同意下，不断采取“最严肃的”措施。

## 用贵族的鲜血浇灌百合花

另有一事充分展现黎世留的“严肃”，这就是禁止决斗。决斗由来已久。古代，日耳曼部落用此方法解决争端。中世纪，决斗在西欧已经司空见惯。扔手套是挑战，拾起手套如同应战，人们相信“上帝的裁决”，正义一方能够获胜。教士、女性、病人与 20 岁以下 60 岁以上的男人可以请求免除决斗。法国，人们“为荣誉”而决斗。决斗双方的证人，按习俗也应交手。1566 年，查理九世曾下令禁止决斗，违者处以死刑。亨利四世时，1602 年 4 月的布卢瓦敕令禁止决斗，1609 年又有敕令禁止决斗。路易十三与黎世留治理下决斗从未停止，这是一种很坏的社会风气，贵族们内耗的恶习。国家也因此蒙受损失。1615 年三级会议召开时，吕松主教黎世留代表教士等级介绍陈情书。2 月 23 日，他在演说时呼吁：必须取缔决斗。这些只是一种意愿的表达，多次禁止决斗的敕令都成了一纸空文。

1627 年 5 月 12 日，在巴黎的“王家广场”（今 place des Vosges）发生了决斗：蒙莫朗西—布特维尔（Montmorency-Bouteville）伯爵与伯夫龙（Beuvron）侯爵对决。同时双方所请的四位助手们也彼此决斗，结果杀死两人。路易十三下令将蒙莫朗西—布特维尔伯爵与德沙佩尔关入巴斯底狱。“随后，由高等法院审判。近臣们求情，贵族们都为他们求情，皆无法减弱国王的坚定决心。”路易十三说明：“我希望，也必须保持我的权威。”此前，黎世留曾提醒：“或扼杀决斗，或扼杀陛下的敕令，这是问题的关键。”[①] 两名犯人在巴黎的沙滩广场（place de Grève）被处死。

上述关于决斗的话语，表明面对当时的社会潮流，黎世留心怀独特的判断力，果敢地决策，打击社会陋习。蒙莫朗西—布特维尔伯爵被称作决斗“专家”，他曾决斗 21 次，即 21 次违反官方禁令，此前他都逃亡国外，那时路易十三准许他回国，但是不得进入巴黎。这一次，他既破坏了决斗的禁令，也违反了不许进入首都的命令。实际上，他代表许多热衷于决斗的贵族，向首相的权威，也即向君主的权威挑战。如果不“扼杀”决斗而“扼杀”君主的敕令，不仅使决斗恶习不断延伸，也令君王权威明显受损。

黎世留如此对国王表示：受刑者“妻子的眼泪使我深深感动，但是只有他们流血，才能制止您的贵族血流成河，因此我才有力量抵御自己，并且促使陛下为了国家之利益而下定处死他们的决心，以利社稷”。“政治生活中，不能依靠预先存在的意愿，而应依靠事物的必要性来决定行动。”[②] 这是他留给路易十三的《政治遗嘱》的部分内容，也是反映他的政治严肃性的一面镜子。黎世留以极少数贵族罪犯的鲜血，浇灌了代表全体贵族的波旁王朝白色的百合花。

## “不惜留下我的鲜血”

黎世留以强权治乱世，法兰西出现了一种“中央集权的与专制的权力”。与此同时，还可发现黎世留为了仕途攀登竭尽全力靠近强者，颂扬权势，表

---

① 卡尔莫纳，同前引书，商务印书馆 1996 年版，第 523 页。

② Cardinal de Richelieu，*Testament politique*. Paris—1947. p.330.

示效忠。他在布道时、会议上以及私人信函里，先后发表了如下言辞：“臣民理应顺从国王。”“我将竭尽绵薄，克尽不才。”（1606年的布道词）

“为了现时主宰一切的国王路易十三，吾等应终身效命。”“上帝将王后（指王太后，下同）作为本国摄政赐予我们。”“唯盼无比贤德之王后以其智慧善理万机……”（1610年的效忠信）

“（王太后）对国王无比慈爱，对他的社稷充满热忱，对于领导国家经验丰富。”（1615年，在三级会议上的讲话）

“臣不仅可为陛下所用，亦且可应陛下之需，盖陛下可从微臣胸内蕴藏中获得有益于社会之良策。”（1616年致王太后函）

“（对国王）陛下乃天主形象之最生动体现……为感激陛下，臣唯有全心全意、万分虔诚服从陛下之统辖……臣保证宁愿肝脑涂地……微臣之生命、人格拥有的一切均为陛下所赐。”（1622年，于获枢机主教职位后致国王的感谢信）

“这个枢机主教的职位使我永不忘记自己庄严的意愿，即为了报效您，而不惜流下我的鲜血。”（在枢机主教就职仪式上，他将枢机主教的方冠放在王太后的脚前，并发表如此言辞）①

黎世留历时数十年，走过了从政的艰难路程。王太后与国王等最高掌权者乐于听到这些顺耳的颂词，并且增添了对于黎世留的好感，有意无意给他以特殊的宠爱与巨大的权力。美丽的言词帮助他与王太后（摄政）和国王搞好关系，获得信任与恩宠，但是同时也暴露出他的世俗心态。他始终站在权力一边，确切地说，他只想并且竭力争取站在权力最大者的一边！作为政治产物的枢机主教头衔，帮助黎世留抒发出自己的政治情怀。

现实生活中，黎世留是一个多面体，如铁腕治国的首相、鹰钩大鼻与保留胡须的枢机主教、对于权势常表忠诚的公爵，还有身穿丑角衣服手摇响板手舞足蹈取悦于王后的大臣、抑郁的或病态的黎世留……其中，任何一种都

---

① Hildesheimer，Op. cit. pp.178，108–109.

是真实的一面。探索者的有效办法，就是完整地接受这些已经永远消逝了的现实！

## “我只有国家的敌人！”

黎世留一生多次处理险恶政治事件，经常面对有权有势的敌手，从而积累了丰富的政治经验与社会见识。他的若干言论值得在此引用：

“应该将民众与骡子相比，骡子习惯于负重，长久休息比工作更能够使它们变坏。但是这种工作应该适当，这些牲口的负重，必须按照它们的力量大小而变化。对于向民众征收赋税之外的献纳金（subsides）也应当如此。”①

“破坏容易，建设难。”

“对诤言以利于国王者，予以感谢；对一味拨弄是非之徒，无情惩处。”

“我的愤怒仅仅基于理性。”［他在《政治遗嘱》中 173 次使用了“理性”（raison）一词］

“少说话和约束本身的自由。”（他要求身边的人员）

“陛下很容易听取那些反对大臣们的话语，而我呢？我始终认为，陛下应该倾听人们想向您说的话。如果稍加批评，则给予奖赏；如果攻击污蔑，则严加惩办。”

“个人的损失与国家的拯救无法比拟”，因而“国家的利益”必须强调。

“我只有国家的敌人，从来没有其他仇敌。”②

1640 年之际，黎世留实握大权，有时态度傲慢，但是并不糊涂。某日夜晚，路易十三和他一同离开御书房。法王说：“有人称卿为真正的国王，

---

① 笔者在撰写拙著《法国政治思想史》时，不曾见到关于骡子的后半段文字，待该书再版时将加以补充。

② Hildesheimer.Ibid. pp.326，333，97，128，475. La Rochefoucauld，*Mémoires.* Paris—1993. p.35. 卡尔莫纳，同前引书，第 485，488 页。

那么就请卿先行一步吧！”黎世留反应机敏，随手拿起一个蜡烛台，走在前面，并说：“遵旨，陛下。臣先行一步，为陛下掌灯开路。”这就是一个实在的法国首相黎世留。位于安德尔—卢瓦尔省的黎世留小镇，至今依旧存在。笔者曾经数次访问这个地方，它的街道与房屋布局的规范化、严格化给人留下深刻印象：黎世留小镇如同黎世留首相为人的严谨与秩序井然。

1642 年 12 月 4 日，清晨，黎世留病危，仅有德 · 埃吉涌夫人（他的表妹）守在他身旁。中午，他表示“请记住，我爱你胜过任何人”。他让她辞别，不愿她见到自己的咽气。这位公爵夫人泪下如雨，被人们扶出室外。随后，黎世留告别人世。他与那个时期的一些首相不同，他为了治理混乱的法兰西，能够及时判断，勇于向君主慷慨陈词，甚至据理力争，犯颜直谏，如此敢说敢做者实属少见。如果不是这些长处，恐怕黎世留不可能在法兰西与欧洲甚至世界的史册中留下姓名。黎世留一生著述达数千页，他的《政治遗嘱》（*Testament Politique*）尤为重要。他表示：“如果我死后，在这些著作中出现的我的影子，它将有益于这个伟大国家的治理……我觉得十分荣幸！”[①]显然，他独特的影子还在法国的社会生活中时隐时现！

① Hildesheimer，Op. cit. p.471。

# 15

**罗丹（Rodin，1840—1917）**
**“科学与工业”毁坏了巴黎**

## “从巴黎传来的一切，都是贫瘠乏味！”

### “科学与工业撕碎了巴黎”

巴黎获得许多赞誉，如“举世公认”的“世界艺术之都”“世界花都”“浪漫之都”“巴黎就是法兰西”……巴黎成了美的象征，人们谈到美丽时，言必称巴黎。实际上，这是巴黎的幻象，对巴黎不了解时，容易产生如此梦幻。离开巴黎越远，这个幻梦的色彩越丰富，为时也更悠长。巴黎有其突出的优点、罕见的长处，然而上述美好的词语是过分的褒扬。很久以前对此已经出现不同的声音，大胆者敢于撩开巴黎的神秘面纱，揭露她的某些真实情景。

法国大革命时期，有人大胆地向首都巴黎挑战，指出“巴黎，这不是法兰西”，如果想了解法兰西，必须走出巴黎，这是对于巴黎过高赞颂的“悖逆”。

1791 年之际，法国分成 83 个省，巴黎为首都，它是当时革命斗争的中心，不可否认地发挥着显著作用。1792 年夏秋，巴黎的政治分量进一步突出。山岳派、罗伯斯比尔等政治领导人物的权力威信开始快速膨胀。9 月末，国民公会的成员们还可以自由地发言。正是在此时段，听到了颇为不同的声音。拉苏尔斯（Lasource）牧师表示：“我不愿意法兰西有这样一个受到阴谋家们控制的巴黎，如同罗马帝国有着罗马。巴黎，应该和其他各省相同，即缩小到八十三分之一。”[①] 那时，还有若干政界人士公开表达相似的意见。但是这些意见多集中于政治方面，巴黎作为美的象征的地位仿佛坚如磐石，不可撼动。

20 世纪初年，即大革命百余年之后，从法兰西的文艺园地里，勃发出对于巴黎的强劲的抨击。雕塑大师奥古斯特 · 罗丹（Auguste Rodin）冷静谴责首都的短处与坏影响：“从巴黎传来的一切，都是贫瘠与乏味！”[②] 对于那些轻易地接受流行词语的人们，这个指责可能完全出乎意料！罗丹这种挑战流俗的思想，贯穿于他唯一的文字著作《法国大教堂》（*Les cathedrales de France*，Paris—1914）。在那法兰西的上流社会，追逐时宠、讴歌“举世公认”，既轻松安全，也可为己谋取权益，甚至追随着“公认人物”招摇过市……但罗丹是这方面的叛逆，他勇敢地挥起雕刻利刃，划破了巴黎头上的光环！罗丹抨击巴黎的言论，如同他在书中描绘的“法兰西的云雀”，穿过工业文明所造成的浓雾，笔直地翀上云端，俯瞰那在巴黎生活的芸芸众生……

大约从 19 世纪前期起，揭示工业革命问题者陆续出现，其中若干人著书立说，罗丹却从文化艺术的角度关注同一问题。他指出：“科学与工业已经掏空了巴黎，撕碎了巴黎。让我们走得远些。外省还保留着审美的趣味、风格的避难所。”为了更好地理解柯罗等的风景画，对于画家曾经理解和热爱的景色，人们必须有自己的感受。“在看画之前，让我们先来谈谈风景吧！这样的景色，我们应到外省去寻找，而且与其在大城市，不如在小城市，尤其不要在巴黎。”从谈论柯罗等人的风景画作，转而广泛地议论法兰西的风景，比较大小城市与外省田野的景色，罗丹以艺术家激情中的无情，一语道破自从工业革命和城市化以来，法兰西文明所遭受的伤害。面对柯罗

---

① Mathiez，Op. cit.，*La Gironde et la Montagne*. Paris—1924，p.101.

② 罗丹：《法国大教堂》，上海人民美术出版社 1996 年版，第 354—355 页。

等画作中的美景，忍受着工业文明带来的损毁，罗丹奋起批判现代法兰西社会生活中的弊病。

## “你们将断送祖国的命运”

罗丹在他的言论中，多次指出工业革命以来的“城市痼疾”，即“修改大自然”或“背叛大自然”。“工厂的烟不能将天空染黑。但是，从近处看，这些工厂的呼气弥漫广宇。张开着密匝匝、沉甸甸的大幕，遮断视野，使我们的目光黯然神伤。”“火车，在铁轨上，急驶穿过这个爱恋的国度，人们看到这条蛇的黑色背脊正在穿游。它留下转瞬即逝的团团白雾——这是匆匆的时光的象征。”

外省小城布卢瓦，有着干净朴素的房屋、稍显神秘的百叶窗、美丽的桥梁……“朴素中的明净”。可惜“这一明净，在布卢瓦的城堡、教堂里，被我们的时代糟蹋了。哦！商人都进了圣殿！”“和谐丧失殆尽。新的彩色镶嵌玻璃窗与人们在教堂里唱的赞美诗的词句格格不入。从前，在那初始时，上述两者曾经关系密切。如今，每样东西的灵魂被漫画出卖了。”罗丹反对商人获得过度炫耀的社会地位，以及所造成的后果。

埃坦普市的数日逗留，给罗丹留下了复杂的印象。“我要在城市唯一的明珠面前欣喜若狂。”这里所指为11—12世纪建造的芙尔圣母教堂（Eglise Notre-Dame-du-Fort），它高达62米。另外还有圣吉尔教堂（Eglise Saint-Gilles）和圣马丁教堂（Eglise Saint-Martin）。但是“至于城市的其他地方，全被市政当局的粗野行为糟蹋了”。破坏教堂建筑如同“允许盲目的‘进步’通行无阻”，“破坏圣像者又回来了，还伙同着那些教门头目、建筑师、修复者、市镇议员……”[①] 凡是参与“野蛮行动者”，皆属于谴责的范围。

① 同上书，第258页。看来此处“破坏圣像者”是指8—9世纪的破坏圣像活动的参与者。“进步”应作城市现代化的理解。

1852—1870年第二帝国时期，法国完成工业革命，那时巴黎成为现代的大城市。19世纪后期，诸多小城市企图变成“大都市”。罗丹对此持否定态度。为什么？因为“大都市久已丧失了它古老的力量。那里，一切变化动荡，都只是为了追逐利益”。[①]

19世纪中后期，修复教堂问题得到社会关注，然而罗丹有着不同见解，芒特城的文艺复兴喷泉可以为例。它的破损得到了修复，但这是“市侩味的修复，什么也不是了，成了花园里用泥灰制作的仿石摆设。再也不见美妙的凹凸起伏，及其美妙的效果”。修复的“产品”有时“如同圣安区家具店里某种家具的仿制”。罗丹认为“修复教堂，这是褫夺它们的风格……教堂会像市政府大楼，如同一般的市政建筑。不论总体或细节，它们的一切形状都备受凌辱而痛不欲生”。“这是病态的法兰西、利欲熏心的法兰西、学派林立而只尚清谈的，并且再也不会工作的法兰西所造出来的恶果。”[②] 罗丹心中的愤怒，如同火山爆发般喷射出来！

出现如此严重的问题，并非由于极少数人的失误。罗丹想到的是时代、社会潮流、法国人，它们与他们应该承担的责任。“对于为本民族带来荣誉的美的宝藏，如今的法国人心怀敌意，他们不仅不保护这些宝藏，反而出于仇恨、无知、愚蠢，还在敲打它们、砸碎它们，或在修复的借口下糟蹋它们。”“我为我们的时代，感到极大的羞愧！未来，令我感到极大的恐怖！”[③] 激动与担忧的情绪过度增长，使罗丹产生了恐惧感。

当代的修复工作，使罗丹触目惊心，他批评：“除了用智力衰退，还能用什么其他原因来解释这些所谓的艺术家们……所造成的如此修复的状况呢？”罗丹未曾直接说明这一切是工业革命的副作用。他指出有关后人的文化艺术水平的问题。这些“艺术家”指建筑师、雕刻家、彩窗工人们，“他们的彩色镶嵌玻璃窗，仿佛一块漆布。没有深度的彩窗，仅仅如同一块壁

① 同上书，第263页。
② 同上书，第265—266页。
③ 同上书，第283页。

毯”。漆布和壁毯是民众家用的普通物件。罗丹大声疾呼：“我以咱们祖先的名誉，并且为了咱们后代的利益，恳求你们：别再敲碎，别再修复了！”教堂等石头建筑乃是数代艺术家，若干世纪的“爱与思想”的结晶、“真正的宝石”、“稀世的奇迹”，“这些石头意味着我们民族的整个灵魂”。“毁掉这些石头……你们也将断送祖国的命运。”“你们是新的野蛮人”，“所有这些修复，皆应受到谴责”。“如今横行于世的，仅为修复的疯狂。”“修复者们偷走了大教堂的不朽。”

欧洲历史上，文物曾经历多次劫难。古代如破坏圣像运动。近代如法国大革命中为了平等而拆毁教堂的钟楼，全国共约 2000 座教堂改作“共和主义之庙”或称“真理庙”和“理性庙”。[①] 真理与理性是宗教吗？它们需要自己的庙堂吗？后来，陆续进行了修复，即“将一切拼凑到一起的建筑革命”。“那些革命实际上破坏了一切。它们扼杀古迹，歪曲法国艺术的面貌，糟蹋它、消灭它。”“我们的世纪是那些造就了法兰西的美好时光的墓地”，这是“无政府状态”。“我们的时代，对于建筑法则不甚了了，认为灵机一动效果即现。这是害人的革命！”“经过了整整一个世纪的错乱与毁坏，才达到 20 世纪”，“我们开始醒悟，但是为时已晚了！”[②]

如果联想到大革命中布瓦西—当格拉斯等人的有关政见，可以更好地了解罗丹上述看法的重要价值。人们一旦激动起来，便急不可待地进行破坏。当时正确的建议遭到忽视，事后往往只见缓慢地反思与粗糙地修复，在欧罗巴的历史中，这不只是法兰西的难题。人们乐于享受荣誉，而认识错误历来并非易事，因为它需要冷静的反思与勇敢的智慧。法国的历史告诉我们，她认识自己的“社会性质的错误”，需要几十年、百余年，甚至更久！法兰西文明走过的道路充满着艰辛！为了真理，鲜血曾经不止一次染红塞纳河水！

---

① Mathiez.Op. cit. *la Terreur. Paris*—1978. pp.329，251–252.

② 罗丹，同前引书，第 3、365、370、358 页。

## “大教堂是国家的缩影”

为什么罗丹对于工业革命以来的有关变化及其恶果如此愤怒？进行如此严厉的谴责？因为种种革新、变化损害了他心里的宝藏，即损害了原有的美丽的教堂，而教堂的美丽又是融入了大自然，它们成为法兰西的缩影。他在《法国大教堂》一书中，讲述大教堂，也涉及一般的教堂。无疑对于大教堂，他一往情深，倾注着多少心血与思想！

根据罗丹的看法，“雕刻家，要石化、要塑造的始终是光与影”。艺术家能够“将灵魂注入石头”。无疑，大教堂与普通教堂属于此类的石头化，将灵魂注入了石头。“大教堂迫使人接受信仰、安全、和平的感觉。如何能够？通过和谐。”正是在光与影的对比中创造了和谐。因此，罗丹表示：“我赞美这些石头，它们是由处境卑贱但却聪明的工匠们精心制造的佳作。”①

在法兰西的土地上，“大教堂的协调和匀称，严格符合自然秩序，来自普通法制”，“法国的大教堂诞生于法国的自然”。罗丹解释教堂与自然的关系之后，进而说明大自然、教堂、人的关系。“自然，这就是天和地，这就是在天地之间操劳和思考的人，也是这些人在这块土地上建造的耸向这个天空的宏伟建筑”。具体的“这些”“这块”“这个”，衍化成为：“大教堂就是法兰西的胜利”，“大教堂是国家的缩影”。“我们整个法兰西都在我们的大教堂里。”罗丹看到了大教堂与主要信仰天主教的法兰西国家的密切关系。他忧心忡忡：“大教堂正在死去，这是国家在死去，它被自己的儿女拳打脚踢，凌辱糟蹋……人们用死的东西替换掉活的石头。”②

这是无法容忍的事态。在罗丹的谴责中，“糟蹋”一词曾多次出现。对

---

① 同上书，第193、367、191、200页。

② 同上书，第202、204、205、198、200页。

于法国人，大教堂作用显著。“大教堂屹然直立，是为了俯览围绕在它身边或者仿佛躲在它翅膀底下的城市，为了给远方迷路的朝圣者用作重新集合的地方，当作避难所，成为他们的灯塔。”大教堂，白昼举目可见，夜晚钟声可闻，仿佛人们生活的一种凭借。概而言之，“只要大教堂还在，国家就不会消失。它是我们的缪斯女神，是我们的母亲”。大教堂代表着法兰西，它与她同生死共存亡！人们热爱大教堂、大自然，也热爱法兰西。

将大自然的特色与社会时弊联系起来，罗丹的爱憎清晰可见。“雾霭使风景简化，使草地、树木的青枝绿叶晕化，生出大气磅礴的效果。大自然的这些浅浮雕，不会讨得那些迷恋金银珠宝的人的喜欢，只有富于才智、感觉敏锐、能领悟几何形体的人们喜欢它们。”“虚荣，是爱慕虚荣者灵魂贫瘠的供认罢了。”罗丹鄙视“迷恋金银珠宝”与“爱慕虚荣”。关于田野的文字，说明了罗丹的情感追求。请看他笔下的卢瓦尔河：“卢瓦尔河，我们法兰西的主动脉！光的河，生命甘美的河！”“啊！尤其是青春焕发的天空！它的晶莹，它的蔚蓝，还有那白色的居民——云——的悠然陶然！”垂柳和白杨，葱绿草地，“白杨犹如城堡”，十分协调。“大自然的一切景象都是美妙的。只要去爱，就能够洞察它们的奥秘。唯一的爱的思想，即热爱大自然，这是我生命的核心。”罗丹表白：“感觉到自己化入大自然的心态。”他获得了深刻的体会：“在田野里做一次小小的散步，就会遇到整个大自然，而没在草中的每一条小径，都是通向天堂的大路。”我们仿佛看到：罗丹漫步在绿草茵茵的小路上，路旁伴随着嫣红的春花，他的目光注视着天边的大教堂，心中思念着大自然……他陶醉于田野里的真实的法兰西！

罗丹热爱大自然，无疑有着充分的理由。工业革命以来，法兰西的景观有了正面与负面的改变。但是，罗丹似乎不愿记起：大自然形成于亿万年，原本没有各种教堂。教堂是人们在岁月中的创造，随后渐渐地为人们所接受与习惯，换言之成为城镇乡野景色的一部分。罗丹赞美的是教堂已经化入了自然风景的大自然，他所习惯的大自然。至于教堂建造如何，有何种社会作用（正面与负面），不见罗丹有所说明！

## “罗丹大教堂”“去寻找美吧！”

罗丹以艺术家的心灵感受着城市与乡野遗迹和修复、光亮与阴影、朴实与虚荣。他“不征服绝对”，而常常做出“逆向判断”。他从废墟中，修复处的后面，看到了通常人们不曾察觉的有价值的内涵。他认为“时光的流逝，不能从我们这里夺美，时光无比公正与明智”，“一旦美深入眼里，就将唤醒心中的爱”。即使遭到了破坏的旧址，也不可忽视。“到处都有残存的美……请研究这些精妙的残骸吧！如果想要理解它们，请在不同时间去看它们……它们的美，随着时间而变化，但是这些美万变不离其宗。黄昏向你展示的，正是清晨不让你看到的。”法兰西的风景不断地变化着，这是艺术创作“取之不尽用之不竭的源泉”。残存的美，不同时段的美，都是美，寻求者应有一个美的心境。外省的风景在向人们招手！大自然的美丽！

罗丹以他的雕塑作品和《法国大教堂》为法兰西文化、世界文明增添了爱和美。阅读此书有利于我们了解罗丹的雕塑佳作与柯罗等的画作。同时，《法国大教堂》不是一部艺术的《圣经》。罗丹倾心于大自然，思考相当冷静与单纯，而正是此种思路与状态带来了若干问题。有时，他的肯定或否定，容易超过应有的限度。例如，法兰西是“爱的国度”。难道没有恨吗？罗丹自己就有恨。又如他认为“不应该到博物馆里去寻求知识”。“学校里的研究是正面研究，也即错觉研究。”再如“现今的法国人”“出于仇恨”对教堂等文化遗迹“心怀敌意”。此外，罗丹批评艺术成就不在自己之下的安格尔（Ingres）：“纯粹的、准确的、安格尔式细线描绘的、不颤动不跳跃的素描，是一种不考虑面的素描。他软弱、生涩、可怜。”众所周知，爱与恨、粗与细、动与静、点与面、线与面，古典主义、浪漫主义、现实主义……法兰西的文人勇于争论、乐于争论，争论了很久，可能还将争论下去！须知，过度强调自己热爱的艺术、迷恋的学问、钟情的职业……可能诱发对于人类文明和大自然的无意识的一种阉割。如此行为于人于己皆有害而无益。

依笔者粗浅的感受，艺术为一种社会生活的存在方式和人类历史的表现方式。美始终有一个孪生姐妹，这就是丑！文化艺术历来也在描绘丑！探索者的欲望，恐怕不能局限于发现美。人类还应善于发现丑！丑，原本是人类文明的一种状况，人的品质的有害方向的暴露！它是我们司空见惯、不可摆脱的社会现象。企盼只需去发现美！此种说法出自诗情画意的浪漫情怀，也是酷爱艺术的自我沉醉。

罗丹不是“不成一技”的文人，他以雕塑佳作令世人惊叹，使人们牢牢地记住他的姓名，他将神思巧构化成璀璨的华章。《法国大教堂》给后人留下了罗丹独立观察与思考的轨迹：石头、教堂、由石头装点着的思想、破损遗迹中隐藏着的真美、有志者的使命在于寻找美，包括残存的美！书中文字行云流水，不时坦陈警世诤言。作者不做虚怀若谷的姿态，不盛气凌人，而是真心实意地吐露自己的心绪，说明艺术应该体现自然、雕刻建筑必须透出自然。

法兰西给人类奉献了一位有棱有角、锋芒毕露的罗丹！深刻思想与敏锐感觉的罗丹！当我们信步慢行去“勘察”法兰西时，恐怕绕不开罗丹这一座“大教堂”！法兰西培育、容纳了这个“罗丹大教堂”，多少人向他脱帽致敬！

《法国大教堂》如同罗丹的雕塑佳作是法兰西文化的一串珍珠，给人们以美的浸润！更重要的是，不应忘记罗丹的呼吁：大自然的美丽蕴藏着无穷的吸引力，激发思考与创作的能量。“去寻找美吧！”去发现美吧！这是罗丹对我们的企望。

Chapter 04 |

# “我就敢控告你！”
## ——抨击极端政治

# 16

**维尼奥（Vergniaud，1753—1793）**
**抵抗极端政策的“吉伦特派之鹰”**

## “巴黎仅为全国的一部分！”

### 沉冤数百年的吉伦特派

探讨维尼奥，可以窥视法国大革命的某些方面，感受首都巴黎与广阔外省至今仍然存在的关系问题，倾听外省的声音。她是法兰西合理合法的、自然的声音。

历史是严酷的，哪怕是经过波动与曲折，她能够说明人类走过的道路，曾经的社会生活的主要内容。我们由此出发，探索过去的人与事，估量先人对于社会进退的价值。从社会的基本矛盾出发，考察法国大革命的人与事，可以避免山岳派的缺陷之一“惩罚意志”。

多年来，“亲山岳派的历史编纂学”继承山岳派的政治传统，否定君主立宪派与吉伦特派。其实，马克思早已指出：米拉波先生是“革命的狮子”。[①] 君主立宪派在革命初期有它的贡献。吉伦特派的冤屈，近数十年来得到解脱。索布尔主编的《法国大革命历史词典》已做简要说明。

吉伦特派在议会中的著名演说家维尼奥值得关注。国民公会是该派的

① 《资本论》，人民出版社 1972 年版，第 1 卷，第 943 页。

最后一个阵地，维尼奥用他特别的方式进行斗争。曾经出版《维尼奥、让索内、加德文集》（*Vergniaud, Gensonné, Guadet, Oeuvres... recueil et annot par Vermorel*. Paris—1867.），由维莫雷尔所编辑。

维尼奥生于外省资产者之家，父亲经营军火生意，但于1770年破产。维尼奥曾在教派学校就读，但是他不愿借助在教会活动谋求发展，改在巴黎灵活择业。不久，他返回故乡利莫日。

1780年，他来到波尔多，决心学习法律当律师，以期获得社会承认。

1782年，维尼奥在波尔多登记做律师，又担任当地议会主席迪帕蒂的秘书。他的律师工作逐渐得到广泛承认，其目的不在于猎取财富，而仅以律师为业，保证生活来源。平时，他显得懒散与迟缓，但是常在深深地思索着某些社会问题……他和当地的远洋大商人迪科等建立联系，了解法国对外贸易等情况，以及这一类人的社会要求，或许由此处可以探寻他与数年后的吉伦特派的内在联系。

## 议会中的"吉伦特派之鹰"

1789年7月，巴黎爆发革命，迪科等人组建了一支"波尔多爱国军"，维尼奥任上尉，对革命寄予颇大的希望。1790年4月，波尔多出现雅各宾俱乐部。[①] 它的组织者是迪科与维尼奥。随后，维尼奥当选为吉伦特省政府成员。1791年之际，他照常从事律师职业，坚决反对封建领主制，承认君主立宪的政治优势，希望维持"社会秩序"，不接受农民攻打与焚毁城堡的暴力行为。

1791年，对于维尼奥有不可忽视的意义。他表示赞成"教士的公民组织法"（1790年7月公布）。路易十六及王室出逃失败（1791年6月）后，

① 巴黎的雅各宾俱乐部最强。当时，雅各宾俱乐部尚未有人分离出来并另建组织。1790年5月，西哀耶斯与米拉波等组织"1789年协会"，但仍为雅各宾俱乐部的成员。1791年7月，西哀耶斯与巴纳夫另建"斐扬俱乐部"，为首次分裂。

他改而拥护共和，成为共和主义者。1791 年 7 月，他认定国王有罪，必须加以审判，但应征求国民的意见。8 月 31 日，维尼奥入选全国的立法议会。他成为“立法议会内吉伦特议员的领头人之一，最引人注目的演说家之一”。10 月 9 日，他加入巴黎的雅各宾俱乐部。① 以吉伦特省议员为主，布里索、维尼奥等人经常在罗兰夫人或多旦夫人的沙龙中聚会（维尼奥住多旦夫人处），从而出现“吉伦特派”。10 月 31 日，维尼奥当选立法议会的副主席，后来任主席。在此时期，他反对那些拒绝宣誓的教士，尤其反对逃亡国外者。后者主要出自第三等级，也包括王室成员与若干贵族和教士。

1792 年，维尼奥沿着原定的政治道路前进。3 月初，他促使吉伦特派第一次组阁。4 月 20 日，他与布里索等一同努力，促使法国对外宣布战争。维尼奥“对于大革命拥有决定性的影响”，被称作“吉伦特派之鹰”。他的“政治雄辩甚为完善”，“在议会史中为一位十分伟大的演说家”。②6 月初，国王拒绝批准关于驱逐反抗派教士与召集国民卫队的法令。20 日，吉伦特派组织民众来到王宫，国王虽然被迫带上了红帽子，但仍拒绝批准，民众的和平压力未获成功。

## “国王伪装拥护宪法，是为了破坏宪法”

法国宣战后，初期战事失利，路易十六曾持态度消极，这些都引起了众人的不满。7 月 3 日，维尼奥在议会讲台上，揭露国王以及某些大臣的背叛行为：“在国王的授权下，自由遭到了攻击。”“法国的亲王们以国王的名义企图挑动欧洲所有的宫廷，起来反对（法兰西）国民。《皮尔尼茨声明》的发表、维也纳与柏林宫廷之间可怕的同盟的建立，都是为法国国王（受到损害的）尊严而报仇。”“为了保卫国王”，若干原贴身侍卫前去德国，站

---

① 一年后，即 1792 年 10 月 10 日，吉伦特派离开巴黎的雅各宾俱乐部，布里索等被除名，这是雅各宾俱乐部的第二次分裂。

② Soboul, *Dictionnaire*. Op. cit. p.1084.

到叛乱的旗下。为了救助国王，逃亡者们力求在奥军中服务，准备危害祖国。”他强调人们“以国王的名义，攻击自由”[1]。维尼奥维护1791年宪法，捍卫革命以来获得的自由，他对国王直接指责：“国王，你用宣誓来愚弄人民。你伪装喜爱法律，只是为了保存实力，用以对付法律。你伪装拥护宪法，只是为了避免宪法将你推下王位。你需要留在王座上，只是为了破坏宪法。”“你用肯定要打败仗的劣势兵力来对付外国军队，这是保护我们吗？”“宪法给你批准法律的权力，给你王室费用与许多特权，是为了让你利用宪法来破坏宪法与整个国家吗？不！不！法国人民待你很宽宏大量，然而未曾使你受到感动，唯有对专制主义的热爱能够使你动心。”“对于宪法，对于人民，你已是毫无用处，因为你已如此不正当地违反了宪法，如此不正当地背叛了人民。”民众的宽容未曾获得预期结果。

引文稍长，含义清楚。维尼奥以质问的语气，连珠炮般的追逼，揭露路易十六的罪行，谴责君主专制的动机以及行为，说明此人已“违反宪法”和“背叛人民”。维尼奥实际上提出了是否应按1791年宪法制裁国王的问题。同时，维尼奥的演说促进立法议会于7月11日发表公告：“大批军队正向我国的边界逼近，所有仇视自由的人都武装起来反对我们的宪法。公民们，祖国在危急中！”公告强调敌人反对1791年宪法，也即革命此时所达到的高度。22日，议会正式宣布“祖国在危急中！”巴黎市政府升起黑旗，召募志愿者入伍，抗击欧洲君主们的干涉。

## “巴黎仅为全国的一部分”

1792年8月4日，维尼奥担任立法议会主席。此前，孔多塞曾要求取消君主制与建立共和制。当日，佩蒂翁市长来到议会表示：巴黎各区民众请愿废除君主制。

---

① Mathiez, Op. cit. *La chute de la Royauté*. pp.209–210. 1792年2月7日，奥普签订同盟条约。

那时，废君主与立共和已成为法国社会的大趋势。10日，巴黎发生起义。路易十六以及王后等为“避乱”而逃入议会，维尼奥表示欢迎这位宪法所规定的国王。后来，他曾负责提出如下法令：（一）“临时停止行政权首脑的职务”，即暂时停止国王的权力；（二）“邀请法国人民建立一个国民公会”，即应召开国民公会，取代立法议会。米涅评说：此后，主要目的不在于争取自由，而是拯救国家，“革命的独裁与专权时期开始了”。一时之间，出现“民众群体性的力量放纵”[①]。维尼奥密切关注着“巴黎公社”的活动，然而仅与它保持“最低限度的协作”。他的政见对于吉伦特派的政治活动发挥“十分重要的影响”。

8月10日起义之际，维尼奥还有相当激烈的言行。他在立法议会的讲台上大声宣布：“巴黎仅为全国的一部分。”9月25日，拉苏斯牧师也曾说：“巴黎不过是全国八十三个省之一，只应享用八十三分之一的权力”，或“巴黎只能具有八十三分之一的影响”。[②] 维尼奥的上述言论如同炮火，指向某些人将首都巴黎视同代表一切、决定一切的心态。巴黎仅是法兰西的八十三分之一，这是在法国广泛流行的一种社会见识，它反映了外省许多居民的看法。1796年，巴贝夫被捕后审讯时，在法庭上曾说：“7月14日和8月10日……只有巴黎一城起义，巴黎不是全法国……况且巴黎人也不是毫无例外地全都参加起义。”

巴黎作为首都作用巨大，以至于有时不同程度忽视甚至损伤外省城乡利益，对此状况外省早已有所反应。维尼奥成为此种政治情绪的主要代表者。他们不是希望分裂法兰西，不曾追求联邦制，只是惧怕巴黎作用过大，首都无视外省的权益，他们担心巴黎的超激进派以及下层部分民众使用暴力等的过火行为。他们关于首都仅能享用八十三分之一的权力和影响的看法，显然缺乏足够的理性。无论如何，关于八十三分之一的言论在法兰西引起了震动。

---

① 米涅：《法国革命史》，商务印书馆1977年版，第149页。

② Madelin，*La Révolution*. Paris—1911. p.273.

## 国民公会的议员，力促宣布共和国

1792 年 9 月初，巴黎发生一系列屠杀事件。维尼奥于 2 日和 16 日发表“召唤参军！”等文章，不曾露骨地反对大屠杀，有时由于局势的恶化，他的思想也向左倾斜，接近丹东的立场。17 日，他才公开谴责月初的屠杀。

9 月 1 日，凡尔登被围的消息传到巴黎，形势紧急。2 日，维尼奥在立法议会发言：“应该为我们的敌人挖掘坟墓，否则他们的每一个步骤都在为我们准备坟墓。”[①] 国民公会于 9 月 21 日开幕，维尼奥在吉伦特省当选“人民代表”。从 1792 年 8 月 10 日至 11 月初，吉伦特派在立法议会与国民公会内占优势。此后至 1793 年春天，他们的地位仍然基本稳定，但是不能控制政府。该派的议员善于言辞，但不善于采取行动，更无如同山岳派利用俱乐部与民众那样的政治谋略与实践。

9 月 22 日，由于维尼奥与迪科、德木兰等人的大力促进，国民公会宣布法兰西为共和国。这是法国乃至欧洲近代史中的重要事件。维尼奥的人生哲学只做可能做到的事，他拥护共和，但是害怕群众力量，主张以法律制裁自发的暴力，要求从 83 个省调集武装力量并且独立地护卫国民公会。如此慎重处事使他既失去君主立宪派的支持，又无法赢得山岳派以及下层民众的赞许。维尼奥们企图防止共和国遭到山岳派的控制与过度左倾，拒绝将国民公会变成 17 世纪英国式的“残余议会”，（Assemblée “croupion”，直译为屁股议会）。他是讨厌与谴责“巴黎公社”的带头人之一。他公开与明确地反对山岳派专制，为此宣布脱离巴黎的雅各宾俱乐部。但是，对于维尼奥的坚定性不可绝对化。10 月 29 日，卢韦批驳罗伯斯比尔时，他不曾予以明确的帮助。他遵照自己的政见与策略，迎接议会生活中的各种

① АНСССР, *Французская Буржуазная Революция,* 1789—1794.Москва-Ленинград—1941.cit. p.225.

事态。根据事实，不能将他装扮成为和山岳派完全对立的吉伦特的英雄。吉伦特派与山岳派都是资产阶级的派别，尽管他们之间发生了殊死争斗。对于吉伦特派和山岳派皆应持冷静态度，中肯地批评其中一派，不能视作赞赏另一派。

## “怪诞的自由学说发展起来了！”

1792年年底到1793年年初，重大考验来临：审判国王。维尼奥过去曾经主张“诉诸人民”，现在做出了彻底的选择，他将投票赞成路易十六有罪、应判处死刑、不得缓刑。

1793年1月10日，维尼奥当选为国民公会的议长。1月15—18日，国民公会投票表决，赞成死刑与立即执行者为多数。19日，国民公会命令执行。21日，路易十六死于断头台。此后，法兰西的共和政治、国民公会的讲坛仍然处于不平静状态，新的搏杀正在来临。3月10日，反对吉伦特派的力量企图趁国民公会开会之机，杀害一批吉伦特派议员，但是因为准备不足而受挫。

11日，维尼奥在国民公会揭发策划此次阴谋的“暴动委员会”，并要求逮捕他们。“许多公民甚至分辨不清什么是捣乱的暴乱、什么是争取自由的伟大起义。人们甚至认为匪徒的挑衅是示威，抢劫是维护公共安全的措施。这种怪诞的自由学说已经发展起来，它说：你们自由了，但是你们必须和我们一样思考，否则我就让人民来惩罚你们！你们自由了，但是你们必须在我们崇拜的偶像面前低头，不然我们就让人民来惩罚你们！你们自由了，但是你们必须与我们共同迫害那些我们所害怕的诚实与博学的人，不然我们就让人民来惩罚你们！公民们，恐怕革命……最后将导致专制暴政，以及随之而来的种种灾难。”[1] 那时，维尼奥的警告未曾转变为国民公会的决议。后来，维尼奥批评“无政府状态”、反对马拉、反对成立山岳派主张的“特别刑事法庭”，但是他深知局势艰难，也赞成“救国委员会”的建立。

## 山岳派的进攻 吉伦特派的倾覆

4 月 3 日与 10 日，罗伯斯比尔向吉伦特派发起攻击，主张对他们“进行起诉”。10 日，维尼奥予以答复:（与山岳派相比）“我们是缓和派……自从君主制度废除以来，我听到许多人谈论革命。我曾暗自思量：可能的革命只有两种，一种为对于财产的革命或实行（均分的）土地法；另一种为将我们带回专制主义的革命。我下定决心，要打倒这两种革命……有人企图用恐怖来结束革命，我倒想用爱来结束革命……我们的适度与节制曾使共和国摆脱可怕的灾祸与内战。”[2] 他的回答表明了态度的真诚，但不能挽救吉伦特派的失势以及山岳派的继续“追杀”。在吉伦特派人士当中，维尼奥与其他人仍有某些差异。该派若干议员主张召开全国各地的“初级会议”，以便选举新的国民公会，进而消除山岳派对议会的控制。维尼奥对此不表支持，他主要的意图在于避免内战，他曾反对埃贝尔等人的过激宣传，要求由各省派遣国民卫队前来保护国民公会。

5 月 31 日，巴黎发生暴动，矛头指向吉伦特派，但是未有结果。

6 月 2 日，在起义武力的逼迫下，国民公会通过决议：逮捕 29 名吉伦特派议员，以及克拉维叶和勒布伦两位部长。议员们投票时，维尼奥不在场，事后他表示服从，并拒绝逃出巴黎，因而与让索内等人被囚禁。他声明：“逃走，这就是自己证明有罪。”10 月 30 日，他与战友们被判处死刑。他细

---

① 米涅，同前引书，第 184—185 页。维尼奥主要担心巴黎下层民众的自发行动。从反封建的角度，“人民”的概念应包括资产者、小资产者、城市下层民众、农村普通居民等。

② Soboul，*La Révolution française*. Op. cit. p.292.

心准备了一篇辩护词，但是未曾使用。31日，维尼奥和布里索、拉苏斯等21人死于断头台。[①] 山岳派专政的领导者们砍断了维尼奥们的头颅，却无形中赌上了自己的性命。

法国学界有人认为：维尼奥的政治目标是“社会的与知识的精英们具有个人的优点，应该依靠他们治理社会，既排除无套裤汉的平均主义的社会，也否定旧制度下的等级社会。”[②] 维尼奥心中的乌托邦先是君主立宪，后为共和制度，他是一个“弑君者”、激进的共和主义者，不是政治上的温和主义者。同时，他主张理性治国、保护所有权、反对自发的暴力、对抗“巴黎公社”以及首都各区的激奋民众、维护外省的地方权益、反对内战、对外维护国家主权与稳定。他提倡“适度与节制”，拒绝山岳派等派别那种高度的激进和超激进。他的头颅及其乌托邦留给了在场的目击者和其他法国同胞。半年多后，罗伯斯比尔等的头颅也落入了那个装人头的篮子里。这是法兰西文明中死亡梯队的悲惨遗产！

维尼奥关于巴黎仅是法兰西国家八十三分之一的言论，就外省各地的法国人而言，至今难说已经淡忘随风吹散。笔者在法国外省城乡居住、工作与交往中，经常听到“巴黎，这不是法兰西！”岁月无声无息地侵蚀着记忆，维尼奥的声名渐渐地消失于尘寰。他为之赴死的八十三分之八十二乃是真实的存在，它们将和巴黎一样延续于久远！

---

① 维尼奥葬在巴黎市区的路易十六小公园。

② Soboul, *Dictionnaire*. Op. cit. p.1085.

# 17

**梅尔西叶（Mercier，1740—1814）**
**议会讲坛上大胆警告掌权集团**

## “你们认为已经彻底获胜，因而自我沉醉！”

### 议员们大义凛然表示抗议

人们提出一个问题：假如你是国民公会的议员，对于这个大会的某项决议表示抗议，这是犯罪吗？1793 年 6 月 2 日，巴黎起义，吉伦特派垮台。国民公会决议将该派议员 29 人软禁于家中，这是众所周知的事实。国民公会在山岳派的控制下，通过了上述决议，但是它的 75 名“代表”（议员）分别公开地表示抗议。[①]1793 年 6 月 24 日国民公会通过新宪法，8 月它获得公民投票的批准。然而，10 月 10 日，国民公会宣布该宪法“暂不实行”。依照法国议会制的惯例，如制宪议会、立法议会，议员不可侵犯，他们履行职权时的言行，不应受到追究。[②] 同年 10 月 3 日，这 75 人被捕，但是未送交“革命法庭”，须知此时 1793 年宪法尚未“暂不实行”。热月政变后，1794 年 12 月 8 日，国民公会决议释放并召回这 75 名议员。这些在史书中反复出现的人士是属于何种政治倾向的议员？浏览有关中文或中译文书刊

---

① 关于表示抗议的议员人数，另有说法，如 76 或 78 人。1792 年 9 月 20 日，国民公会开始时，议员仅 749 人，后增至 903 人。

② 请参见拙著《法国政治制度史》，第 117 页。Présentation par Godechot, *Les Constitutions de la France depuis 1789*. Paris—1979. p.86.

时，很容易遇到一类说明，即仅说其人数，某些作者将他们简化为“吉伦特党的代表”、吉伦特的“同党”“右派议员”“一个反对党”等。显然，这些定语不准确。如果与山岳派相比，他们是主张对缓和的议员，但未曾组成为一个政党与事先预谋。这些抗议者只是各自反对镇压吉伦特派而已，其中萨拉丹（Saladin）倾向君主主义，多努（Daunou）与朗日内（Lanjuinais）等人接近吉伦特派。他们都了解，对抗山岳派的政见可能导致何种灾难。在此75名抗议议员当中，有一人值得特别提及——梅尔西叶。他拒绝仰人鼻息，竟然签名抗议对于吉伦特派的迫害，曾面对山岳派专政强大的权势，不肯依草附木也不怕引火烧身，敢于坦然地表达自己的政见。

梅尔西叶（Louis-Sebastien Mercier）在他49岁之际遇上了大革命的爆发。当时，他并非像圣茹斯特那样的热血青年，而已是一位有所成就的文学家。显然，他比较冷静地看待巴黎街头、议会厅内的政治戏剧的演出和人群激情的迸发。至今，法国还有人将法国大革命当成一种简单的文化产品加以推荐，唯有超激进与极左可爱，其余皆是反革命。对于梅尔西叶的探讨，可能帮助摆脱此种谋取利益加超度激情的思想模式的束缚，放眼观察法兰西及其大革命的全景。

## 从文学家到议会“代表”

梅尔西叶生于巴黎的一个擦亮刀剑工匠、小商人之家，手工业家庭的境况给他以影响，他一生从事“手工业”——写作。求学时，他深受启蒙思想的影响，后来甚至被贬称作“卑下的卢梭”（Rousseau du ruisseau）。1763年，他一度去波尔多城任中学教师。他在此时期开始文学创作，例如1766年的《文学人士之幸福》。他希望依靠文学界的力量，反对专制主义与建立共和制度。但是不可用我们当代的“共和”概念去等同那时一些法国人的想法。对于他们，共和国可以有一位君主。拿破仑一世曾是法兰西共和国的皇帝。1770年，梅尔西叶的著作《2440年，从未实现的梦想》（*L’An 2440, rêve s’ il n' en fut jamais*）问世，书中展示一种大胆的幻想：在那遥远的未来，将由一位“君主—哲学家”领导一次革命，巴黎将消除一切非正义和不平等，这个革命不具有暴力性质。然而，他预言将推毁巴斯底狱。无疑，这是一位文人天真的乌托邦，它反映与适合当时人们反对封建专制压迫的意愿，该书曾拥有众多读者。

1781—1788年，梅尔西叶撰写《巴黎的情景》（*Tableau de Paris*，共12卷）。书中记录风俗习惯，谴责奢华生活，要求社会平等，同时分析评论政治。该书遭到官方的禁止，作者成为启蒙运动末期的一位代表。他被迫逃亡日内瓦以及其他国度。在国外，他与布里索、米拉波等结识。1786年，他回到巴黎，出版《关于政府的明确的基本概念》（*Notions claires sur les gouvernements*）。这是他的政治宣言书，绝对主义与旧制度皆遭到否定，他积极地参与了孕育革命的舆论准备。

大革命爆发后，梅尔西叶主要从事文学工作，参加多份报纸的编辑。他随着社会大潮前进，加入了雅各宾俱乐部。1792年9月，梅尔西叶当选为国民公会的代表，但是他的政治活动有限，影响甚小，倾向于吉伦特派。1793年1月，国民公会议员们按人投票，决定国王路易十六的命运。梅尔西叶反对“诉诸人民”，拒绝立即死刑，赞成缓刑，即不同意处死，“我的如此行为是为了挽救最后一个国王不受酷刑而死。他死了，他的骨灰没有感觉，如果需要，我将以政治姿态在他的墓上跳舞”。他后来主张以处死国王之日（1月21日）作为“共和国的节日”。4月5日，马拉以雅各宾俱乐部主席的名义，发布通令：投票时赞成“诉诸人民”，即挽救国王，乃是叛国者的同谋，应撤销这些人的议员资格。13日，国民公会的大多数议员表决：控告马拉（后被革命法庭开释）。梅尔西叶曾经投票赞成控告马拉，并追究他的责任。梅尔西叶等议员维护的是议员投票的合法权利，是法兰西来之不易的议会制度。

## 反对君王、贵族与“民众的专制”

1793 年 5 月 31 日与 6 月 2 日，巴黎发生起义，山岳派夺取了政权，吉伦特派垮台。国民公会在山岳派以及“暴动委员会”的控制下通过决议，将 29 名吉伦特派议员软禁于家中。对于此种极端措施、革命阵营内斗的事态，许多人情绪激动，敢怒不敢言。国民公会内，先后 75 名议员大胆表示抗议上述决定。6 月 6 日，55 人在抗议书上签字。19 日，另有 20 人签字。在那专政权力如同泰山压顶的政治氛围下，梅尔西叶签字抗议对于一个革命派别、一批议会同事的镇压，这无疑是一种大无畏的举动。

6 月 18 日，国民公会讨论新宪法草案的若干条文内容。其中一条规定，当敌人占领法国领土时，拒绝与敌人达成任何妥协。该条文字背后，隐藏着继续维持国内紧张局势与高压控制的意图。梅尔西叶随即发言，认为有利的妥协是可能的。“你们认为已经彻底获胜，因而自我沉醉！难道，你们与胜利签订了合同？”梅尔西叶对山岳派及其专政持保留态度，一针见血地指出了这些人的弱点。当时，国民公会多数议员拒绝采纳梅尔西叶的意见，而通过了有关条文。尽管如此，这是梅尔西叶的即席质问与公开挑战。在 1793 年 6 月中旬，吉伦特派垮台后，此举对于议会体制的维护确有不可否认的价值。梅尔西叶一如既往地坚守自己的乌托邦：“我远离君王与贵族的专制，也远离民众的专制。”① 上层掌握权势者与下层民众皆不应拥有权力，应该由按理性办事的君主当政。他否定任何形式的专制，而推崇与赞美议会民主制。当时作为一个“代表”，经由选民投票选举产生。“代表”即议员，当议会（国民公会）讨论新的宪法草案时，根据自己已知的情况，发表意见，这是他的职责所在。如果他只会跟随大流、逢迎拍马，他便是背离选民的委托，自动地拒绝代表的职责，

① АНСССР, *Французская буржуазная революция*. Москва-Ленинград—1941. cit. p.439.

违反被代表者们的共同意愿。在正常的情况下，完成选民的委托并非难事，而在特殊的艰险的情况下，则需要决心与勇敢，甚至准备为广大选民的利益、为社会群体的理想、为共和制度与议会体制交出自己的生命。梅尔西叶不愧为一位国民公会的代表。他的意见颇为尖锐，但是不够深刻。大革命时，从未出现普通民众自发的专制政权。他们通常是在某种激进的或超激进的政治力量的鼓动、带领，甚至操控下，采取了种种非常的行动。

不久，抗议书的签名引来了打击迫害。10 月 3 日，75 名议员遭到逮捕，关入狱中。那时的当权者肯定了解他们并非隶属于一个政治派别，只是一时一事的偶然凑集，从而未让他们身受酷刑。他们未经法庭审讯，保住了性命，直至山岳派专政垮台。热月政变后，这些议员得到释放，立即返回国民公会，恢复了议员职权。无疑，此时的国民公会已不是山岳派操纵的国民公会。

热月政变后，梅尔西叶更少参与政治，他曾经入选五百人会议等，后来改在高等师范讲授历史课程。他拒绝支持雾月 18 日政变，并敌视拿破仑一世。

## 《巴黎的情景》生活的实证

梅尔西叶是一位辛勤的劳动者。大革命前他已撰写出、后于 1789 年出版的《巴黎的情景》。1799—1800 年，他撰写了《新的巴黎》(*Le nouveau Paris*)。1802 年，他的《法国史》(*Histoire de France*)出版。他以锋利的笔触“记录”大革命发生之际巴黎的情景。“在圣马赛郊区，整个家庭仅有一个房间……简陋的床铺，没有窗帘，餐具与夜里方便用的瓦罐摆放在一起……没有人穿皮鞋，楼梯上只传来木头鞋的响声。孩子们光溜溜地到处乱跑，并且随处躺下睡觉。此处居住的人与塞纳河边居住的漂亮打扮的巴黎人毫无共同之处。”又如：“新桥上，市民们与外国人挤来挤去人流如潮，为了寻得想见到的人，只需每天来这里散步。”[①]

关于这些年法国的情况，英国一位经济学家与农业家杨格有所记载。他于1787—1788年在法国旅行，见到了许多社会现象，城乡的贫困。杨格的文字，坊间书刊经常引用，与此同时梅尔西叶的记载罕见援引。其实，梅尔西叶出生在巴黎，活动主要在巴黎，他对于巴黎的了解超过外来客杨格，他的记载的可信程度无疑不亚于后者。史学探索乃是一种社会行为，就总体而言，社会活动容易顺水推舟随波逐流，只有进行宽阔的、切实的追寻，才能在流行的浪潮中、界限之外，更好地观察到法兰西文明内里所存在的遭到忽视的人与事。事实上，梅尔西叶的著述真是介绍法国历史的佳品。

很遗憾，许多较有分量的史学与文学史著述，不见提及梅尔西叶，对于此人的少许研究也限于涉及他在大革命前与热月政变后的文学创作，同时未曾讲到他在大革命时期的创作。实际上，正是在他文学的生涯中，敢于孤标独步，抗议对吉伦特派的迫害、指责山岳派沉于彻底的胜利。须知，他是在以弱敌强的处境下，顽强地发出抗争！

## “温和”指责所内含的危险

当时与事后，有人指责或评定梅尔西叶是一个“温和派”。如此说法不够公允，温和或激进的标准是什么？此种“温和”的指责实际以大革命时期山岳派中超激进的政治倾向作为判断的准绳，革命后200余年间又得到“亲山岳派史学”的“翻印”。从山岳派的立场来看，许多人是“温和派”。与此同时须知，从那些比山岳主要领导人更加激进的极左分子来看，这些山岳派领导人也是温和者。那时，社会上流行头戴红帽子，身上系蓝、白、红三色腰带……如此环境中指责他人“温和”或“宽容”是仅次于“反革

① там же.cit. pp.671，673..

命”“叛国”“外国间谍”的罪名，是相当危险的攻击。“温和”与断头台的距离并不遥远。指责他人温和或宽容，可能成为推送该人走向断头台的一种阴险手段。“亲山岳派史学”的若干研究者，或许只是用现代人的目光与当今法国政坛的倾向去看待大革命。菲斯特尔—德—库朗日早已告诫法兰西的文化人士：“我们要着重弄清楚，古代人的社会与现代人的社会的根本不同在什么地方。”“以现代人的眼光与事物来看待古人，误解他们就在所难免了。”[①] 上述引文中的 moderne，也可译作“近代”，作者使用此词的含义，是他当时的“现代”。法国的某些研史者对于法国社会的基本矛盾与基本任务关注不够，或者出于自己政治倾向所限定的政治需求，简单而顺利地全盘接受山岳派领导人的看法，并用于评判人与事。他们不曾经历警钟急鸣、敌人到处暗藏、“犯罪嫌疑人”举目可见、断头刀频频下落的年月，便难于体会“温和”这一政治头衔的不温和！

梅尔西叶是一位作家，虽然从政、列位于国民公会，但这位议员本色是文人。他本应坐在家里舞笔弄墨，在纸张上勾勒文化意境，却经过竞选当上议员，承担了严肃的政治责任，面对生死考验。他的生活经历普普通通，个人心态平平常常，却陷入唇枪舌剑的议会搏斗，侥幸地熬过了山岳派专政下的迫害与监禁，盼到了重获自由。

梅尔西叶的经历为后人揭开了大革命时期法国社会的另一面，非黑即白之外，还有其他颜色，以及每一种颜色中的不同层次，甚至颜色的相互混合。人们从事往昔社会的探讨时，往往在关注主要矛盾的同时，容易过度强调所研究的对象，而忽略或减低另一些人与事的价值。作为一种重要的与充满吸引力的社会现象，法兰西文化中的印象主义绘画值得注意与参考，他们以另一种目光、另一种角度，细心地剖析着自然景色。皮萨罗（Pissarro，又译皮沙罗）喜爱用绿色作画，名作如《夕阳下的苹果树与杨树》。他指出：“参观者的眼睛过于匆忙，仅见表面。”实际上，他在这一画作中，使用了近

① 请参见库朗日《古代城邦》，华东师范大学出版社 2006 年版，第 1 页。

20种的绿色……绘画如此，我们企图“绘制”历史的“画图”时，两者状况相同，应该去认识近20种的社会的“绿色”！或者不止20种！梅尔西叶就是一种独特的社会“绿色”！

# 18

## 卢韦—德—库弗雷（Louvet de Couvrai，1760—1797）
## 不怕断头的共和国议员

# “罗伯斯比尔，我就敢控告你！”

### 骑士一般的生活经历

对历史人物的评价，常常因时间、地点、利益、政治倾向人的群体心态的不同，而产生差异。法国大革命享有世界性的知名度，她的领导人当中罗伯斯比尔也为人们所知晓。此人在中国曾有很高的声誉。在他的祖国，颂扬或贬损他皆是平常现象，那里曾经有过抨击罗伯斯比尔的潮流。大革命之后200余年来，肯定此人的见解未能在法兰西成为一种广泛的学术思想倾向。1958年，法国国民议会曾通过决议，禁止举行纪念罗伯斯比尔诞生200周年的活动。

当我们将目光回顾1792—1794年的岁月，便可清楚看到：那时罗伯斯比尔的权势与威望正在不断增加，以至于他敢公开宣布：“谁不与我保持一致，他就是反对我。”[1] 更有甚者他竟然面对国民公会的议员们肆无忌惮地放言：“谁也不敢面对面地控告我！”幸好法兰西不缺少勇敢者，卢韦—德—库弗雷当即挺身而出，大胆应战，以一连串“我控告你”直指罗伯斯比尔，此举载入了法兰西共和主义的史册！卢韦—德—库弗雷（Louvet de

① Madelin, Op. cit. p.367.

Couvrai，有时简称 Louvet 或 de Couvrai）有着热诚的、机动灵活的人生经历。

让—巴蒂斯特 · 卢韦—德—库弗雷生于巴黎，父亲路易 · 卢韦是服饰商和纸商。他本人为了与兄长区别，在卢韦的姓的后面加上了家族所在地库弗雷的名称。父亲曾经希望他继承家业，但是他不肯从命，于 17 岁时去给一位矿物学家当秘书，后为一书商的办事员。当时，文学引起了他的巨大兴趣。从此，文学创作成为他的主要活动之一。

1787 年，他出版《佛布拉斯骑士的爱情》（*Les Amours du Chevalier Faublas*）。[1] 1791 年，他的《爱弥尔 · 德 · 瓦尔蒙或必需的离婚与本堂神甫塞万的爱情》（*Emilie de Varmont ou le Divorce nécessaire et les Amours du Curé Sévin*）问世。上述第一部小说描绘艳遇情爱，曾经轰动一时，也给他带来丰厚的收入。第二部作品，主要讲述教士们的婚姻。

他的私人生活充满浪漫色彩。大革命开始时，他居住在内木尔附近。那时，他已和一位珠宝商的妻子硕勒夫人相识，双方萌生恋情，他将她称作洛多伊斯卡（Lodoïska），即自己小说《佛布拉斯骑士的爱情》一书中的女主角的称呼。她从夫君家中逃出，到内木尔和卢韦一起生活。此次私奔成为引人注目的新闻。

## 罗兰夫人沙龙里的常客

大革命开始后，卢韦撰写《黑与白的大检阅》（*Grande rêvue noire et blanche*）等剧本，尽情嘲笑与丑化当时反对革命的亲王们的军队。1792 年春天，内政部长罗兰委任他编辑一份报纸《哨兵》（*Le Sentenelle*），该报的经费由官方提供。它于同年 5 月末出版，曾发表文章肯定 8 月 10 日起义与 9 月初的屠杀。卢韦的文学创作贯穿了不少政治气息，他的政治活动更为突

---

① Soboul, *Dictionnaire*, Op. cit. p.687.

出。卢韦在内木尔迎接大革命，他佩戴着蓝、白、红三色的标志，7 月末回到巴黎。10 月 5 日，巴黎数千民众进军“凡尔赛”，并且发生暴力事件，又将国王路易十六押解回首都。此事引起了一批主张君主立宪的议员的反对，制宪议会主席穆尼叶谴责 10 月初的流血冲突。[①] 卢韦公开批驳穆尼叶，从此成为一个颇有影响的雅各宾派人士。

1971 年 12 月 25 日，卢韦代表他所在的巴黎的隆巴德区向立法议会请愿，要求逮捕反对革命的亲王们以及其他流亡者，该请愿书随即被作为法令公布。此时，卢韦反对宫廷，贬责拉法叶特，主张对外战争，并且因此与罗伯斯比尔交恶，而与罗兰和布里索等吉伦特派关系密切。罗兰当时已为吉伦特派的著名人物，卢韦在罗兰夫人的沙龙里是一位常客，他对她心怀爱慕之意。

1792 年 9 月 20 日国民公会召开，次日它宣布废除君主制。卢韦已在卢瓦尔省当选为议员，他的政治生活开始新的一页，即走到了政治格斗场的前台，迟早将投入重大的冲突。

此时，正值罗伯斯比尔趋向最高权势的时候。史学家米涅指出：“在法国大革命中起了如此可怕作用的罗伯斯比尔，这时候开始成为头等重要人物。”“他有实行暴政的一些特性：才智固然不高，但也不同于一般；他有锲而不舍的精神，爱国主义的表现，不为利诱的良好声望；他持身严谨，不反对流血……有一个很大的狂热的派别的支持。”但是，“罗伯斯比尔还没有可怕到实行独裁的地步”。[②] 在制宪议会内以及对于立法议会而言，罗伯斯比尔不曾具有较大影响，布里索、佩蒂翁与丹东等威信都超过他。在 1792 年 9 月 21 日召开的国民公会内，他才扮演最强的角色（“把持国民公会”）。国

---

① 穆尼叶是第三等级选出的议员，曾在网球场大厅带头宣誓，决心制定宪法，反对君主专横，参加了 1791 年宪法的制定。他害怕民众运动的发展，主张仿照英国的政治模式，属于温和的“王政派”。1789 年 10 月 5—6 日事件后，他迅速退出政治舞台。1790 年 5 月，他迁居瑞士，为第三等级议员早期首领中流亡者之一。

② Mignet，*Histoire de la Révolution*. Paris—1930. pp.309，308. 米涅，同前引书，第 158，157 页。

民公会的许多议员倾向他，旁听席上许多人同意他的政见。同时，他得到山岳派的支持，这一“狂热派别”有着“狂热信仰”。马德兰曾称这些人为“极端的雅各宾主义者”“可怕的山岳”，他们希望“集体专政、消灭一切反对派”。1792 年春夏，雅各宾俱乐部已在罗伯斯比尔的“控制”之下。数年后，有人回忆：“那时，罗伯斯比尔已经当上了国王！”[①]

## “你的眼睛不停地转动……”

正是此种日益膨胀的权势引发了一些人的不满与抨击，其中包括坚决赞成共和制度的吉伦特派。在控告罗伯斯比尔之前，马拉遭到控告，因为他借助《人民之友报》主张“独裁统治”，要求“人头落地”。但是，“对于马拉的控告未有结果，他比罗伯斯比尔更惹人讨厌，却不像后者那样令人痛恨”。“引起更大不满的还是罗伯斯比尔，因为人们认为他更可怕。”[②] 于是，主要出自吉伦特派的数次抨击接踵而来。

初时，仅属通常的批评质问。1792 年春天，卢韦如此指出：罗伯斯比尔力求“将自己的名字写在报中发言者名单的最前面”。“1791 年 12 月至 1792 年 4 月，罗伯斯比尔在雅各宾俱乐部讲台上的发言（的次数）多得出奇”，显示出他很注意“控制雅各宾俱乐部”。“你天天都讲话，每天讲得比全体俱乐部成员加起来还多。”“罗伯斯比尔啊，当你的舌头休息时，你的身体忙碌起来，到处出席会议。”“你不是主席也不是秘书，你却坐在主席台上很显眼的地方。”“在那里，你的眼睛不停地转动，在整个大厅里扫来扫去……你观察男信徒，又用望远镜窥视女崇拜者……你让你的助手们在会场上到处传达命令……你无所顾忌地用手势向人们表示应该让谁发言……有时人们看见你在命令主席是否应该付诸表决。”这是一种“舆论专制主义”。

① Madelin, Op. cit. pp.265, 268. 瓦尔特：《罗伯斯比尔》，商务印书馆 1983 年版，第 341 页。
② 米涅，同前引书，第 159—161 页。

卢韦的此次发言比较温和，他与当时吉伦特派和山岳派的矛盾尚未充分尖锐化相适应。[1]

1792年9月26日，国民公会的会场上发生新的争斗。吉伦特派认为“当时巴黎正因派系纷争而陷于动乱”，“应对那些制造混乱、煽动暴乱的人给予法律制裁”，国民公会必须得到“由从83个省调来的一支独立的武装力量”的保护。山岳派立即反对，宣称“这是对巴黎的一种侮辱”。此时，奥塞兰发言，指责有人企图在巴黎建立一个主张独裁统治的政党，这是“极端的邪恶”，“应将此人赶出国民公会！”雷布基当即喊道：“对，对，这个会议中有一个希望独裁的政党，我指出该党的首领就是罗伯斯比尔！这就是我向你们揭发的人。”[2] 巴巴卢出面举例做证，支持雷布基的揭发。奥塞兰议员接近平原派，他发言时虽不曾点名，但大家皆明白所指为何人。这是吉伦特派之外的另一种政治力量的进攻。在1793年春天的斗争中，平原派拒绝跟随山岳派反对吉伦特派。他们真诚主张共和制。雷布基和巴巴卢两人皆属于吉伦特派。

## “我控告你！我控告你！”

10月29日，内政部长罗兰在国民公会做关于全国与巴黎局势的报告。“他谴责9月大屠杀、公社的夺权、混乱制造者们的阴谋。”他指责旧制度的拥护者、冒充人民之友的过激者与严重犯罪者，他们“心怀阴谋”，妄图“攀登高位，渴求人血、金钱与残忍！”他引用刑事法庭第二分庭副庭长罗克·马康迪叶的一封信为证据，该信指出：罗兰与最著名的吉伦特派人士们受到了威胁，他们的敌人主张“还会有一次新的流血，这些人仅仅希望听从

① 引文见瓦尔特，同前引书，第200页。勒费尔指出：“山岳派与吉伦特派的政见并不截然相反，只是代表了不同的倾向……由于互不相让，分歧越来越大。”索布尔认为：“大部分山岳派都与吉伦特派相同，出身于资产阶级。”“山岳派资产阶级往往是上层资产阶级。”它的“领导力量是罗伯斯比尔所代表的中等的雅各宾派的资产阶级”。

② 米涅，同前引书，第159页。

罗伯斯比尔的意见”[1]。罗兰的矛头也直指罗伯斯比尔。后来发生的事态完全证明了这个威胁的真实存在。

罗伯斯比尔怒火中烧，立即走上讲台宣布：“谁也不敢面对面地控告我！”

卢韦对罗伯斯比尔“怒目相视”，立即大声回答：“我就敢控告你！是的，我就敢控告你！”“罗伯斯比尔，我控告你，你长久地诬蔑最真诚的爱国者……这是发生在诬蔑即可成为确凿罪行之时。我控告你，你在不断地自我制造成为一座偶像。我控告你，你曾使用一切阴谋和恐惧去束缚巴黎省的选举人会议。最后，我控告你，你明显地追逐最高的权力……”[2]

卢韦指责罗伯斯比尔“对数百公民多次加以极为卑鄙的吹捧，先说他们是巴黎人民，后干脆称他们为人民，再后称他们为最高主权者。他喋喋不休地宣扬自己的功绩、优点与品德，而且在说明人民的力量、尊严与最高主权之后，总是宣称自己也是人民”。此外，卢韦还抨击巴黎公社内的某些山岳派：“一些披着绶带的巴黎市政官员主持了那些暴行。”“这些冒充人民之友的人，曾企图将9月初的罪恶（2—5日的屠杀）归罪于巴黎人民。”这是“对巴黎人民的最无耻的诬蔑。巴黎人民善于战斗，但不善于杀人！”[3]

卢韦的发言有着“尖刻、激烈毫不留情的与雄辩的”特色，他在掌声中走下讲台。罗伯斯比尔面色苍白，要求一个星期之后发言答复。11月5日，罗伯斯比尔做了回答，为一切控告辩解。“你们期待一场没有革命的革命吗？”“谁能在事后正确地说出人民起义的波涛应在哪一瞬间散碎成为浪花呢？”（指8月10日起义）他两次表示“我要说清楚”，他已“不再经常去公社委员会了”，“（9月初屠杀之事）我只是从公众传播的消息中知道”。“人们奔向监狱……这是一种人民运动。”卢韦的控告为“夸张的言辞”。“你们是要使共和国的摇篮枯朽吗？……你们是要向自由的敌人提供武器吗？”大多数议员不同意卢韦的控告，他们担心强硬手段将导致分裂。国民公会认

① 米涅，同上书，第161页。

② Mathiez, Op. cit. *La Gironde et la Montagne*. Paris—1924. p.119.

③ 米涅，同前引书，第162页。

为这是“个人争执”，宣布“辩论终结”。实际上，山岳派占了上风。

瓦尔特对于卢韦如此描写：“气色不佳、身材瘦小、秃头、眼睛近视、衣着随便……小说家。”然而，他的控告演说给人们留下了深刻的印象。他有着浅蓝色的眼睛，容易动感情。卢韦并不糊涂，明白利益攸关，29 日在国民公会发言后回到家中，立即向女友拉多伊斯卡坦诚相告：“应该准备逃亡或者上断头台。”[①] 当时，对于国民公会成员的政治压力已经相当严重，议员们如此，平民百姓所面对的社会压力无须更多的说明。请注意，这才仅仅是 1792 年 10 月！距离 1793 年 10 月实行“革命政府”体制尚有一年的时间！

## 幸运逃脱与重返政治舞台

1792 年秋天以后，卢韦陷入了困境，被迫自我保护生命。该年 12 月开始审判国王，他主张诉诸国民、国民通过宪法之后处以死刑、缓期执行。1793 年 1 月 21 日，路易十六被送上断头台。5 月 31 日和 6 月 2 日，巴黎发生起义，吉伦特派终于失败。6 月 2 日，卢韦从巴黎逃到冈城，去和吉伦特派人士汇合。卡尔瓦多斯省起义失败后，卢韦逃往布列塔尼，后又与加德一同逃到吉伦特。10 月 31 日，21 名吉伦特派领导人被处死。12 月 6 日，卢韦返回巴黎，与他的女友拉多伊斯卡重逢。不久，他逃到瑞士。1794 年 10 月即山岳派垮台后，他重回巴黎。

根据 1795 年 3 月 8 日的法令，召回 22 名吉伦特派议员，卢韦恢复了国民公会成员的资格。他重新展开政治活动，持温和共和主义观点，但是影响已经有限。当时，他在罗亚尔宫院当书商谋生。

1795 年 10 月他入选立法团（分成元老院和五百人院）的五百人院，仍坚持心中的理想，即民众和中产阶级联合的共和国。[②] 1795—1796 年，他出版罗

① 米涅，同前引书，第 161，163 页。

② 请参见拙著《法国政治制度史》，人民出版社 2005 年版，第 177 页。

兰夫人的《回忆录》(*Mémoires*)、《向公正的后代的申诉》(*Appel à l' imparcial postérité*)。

1797 年 5 月，卢韦生病。他被任命为驻巴勒莫的领事，但是未能赴任。他于 8 月 25 日去世，留下《回忆录》(*Mémoires de Louvet*, Paris—1889 et 1988)。

卢韦一生既从事文学创作，也投身政治斗争，皆有令人瞩目的表现。他经历了大革命的急风骤雨，却不曾失去心中的共和理想。他是吉伦特派中最坚决者之一，曾数次易地逃亡，有效地避开了恐怖的屠刀，保存着生命与活力，热月政变之后尚能应召重返国民公会……在特殊的、极端的、恐怖的条件下，为了正确的目标而机动灵活地离开、躲过残暴，这是无辜的受害者的合理行为，这也是一种被迫采纳的迂回策略。他的政治作用不及西哀耶斯，但是他经历的艰难远远地超过了西哀耶斯。活动家与老百姓，在他们数十年的生涯中，伴随着幸运与挫折。法兰西文明告诉我们，人生最可贵的经验之一往往不是来自胜利，而是失败后机动灵活地保存实力，以求东山再起。

无须争论，卢韦是大革命中的第二流人物。通常，此类人的作用不如那些最显著的领头人，但是历史的复杂性在于：第一流人物之外，还有二、三流活动家，还有浩浩荡荡的无名大众……同时，第二流人物在某些短暂的时空内，能够发挥出第一流的作用，如 1789 年 7 月 12 日在罗亚尔宫院演说的德木兰，又如 1792 年 10 月 29 日在国民公会中控告罗伯斯比尔的卢韦等人。

敢于控告冉冉上升的政治显要，勇于抗衡左右局势的政治潮流，展示出卢韦能够太岁头上动土的顽强精神。此人以独立思考与大胆行动跻身于法国大革命重要活动家的行列。后人不可能忽略卢韦—德—库弗雷和罗伯斯比尔的较量！实际上，这是杀头与否的生死决斗！

关于卢韦当场控告罗伯斯比尔的事实，法国不同色彩的史学家叙述相同，仅有详略的区别。[1] 此处还须指出一个相关的错误。苏联 1941 年莫斯科—列宁格勒出版的《1789—1794 年法国资产阶级革命》一书，由院士伏

① 除上述已引外，还有 Madelin, Op. cit. p.274—275.Bainville.Op. cit. pp.364-365.

尔金与塔尔列两人主编，苏联科学院出版，这是当时那个国家的政治与学术领域的重要代表作。该书大开本，共 850 页，既有优点也有缺点。其中涉及卢韦（Луве）的出现了硬伤。按照该书，有两个卢韦：一为“Луве Пьер-Флоран，吉伦特派”；另一人为“Луве де Куврэ”，也是吉伦特派。实际上，该书数处所说，皆为一个人，即卢韦—德—库弗雷（1760—1797）。此人的名字应为让—巴蒂斯特，而非皮叶尔—弗洛朗。[①] 就法国史学而言，事实清楚，不见争论。

① АНСССР, там же.cit. pp.842，624，283，284.

# 19

**丹东（Danton，1759—1794）**

**冷静地对抗潮流，真诚地呼吁宽容**

## “我请求珍惜人的鲜血！”

### 以宽容震撼法兰西

世界上，百姓生活中，政治与军事领域，人们常常脱口而出：“勇敢，勇敢，再勇敢！”用以鞭策自己或激励他人。丹东的实际知名度，远远高于罗伯斯比尔！丹东随着上述名言，“进入”了难以数计的国度！丹东关于勇敢的呼吁，已是突出的言论。后来，正当法国人打败了入侵之外敌、镇压了国内的敌人和“敌人”之际，丹东呼吁宽容新政，实际向山岳派专政的领导者们公开挑战！他的有关言论震撼了法兰西。

勇敢是丹东表达的不畏强敌的精神，宽容是另一种精神，是他冷静反思与清醒认识的结果。就此而言，丹东的灵敏思考的水平明显超过罗伯斯比尔等人。山岳派称他为“温和分子”，而他不是一个普通意义的“温和主义者”，他的激进为许多雅各宾派人士所不及，与此同时他有能力为国家面对现实，陡然回眸，寻找新路，以求摆脱困境。

### 斗牛、斗猪、逃学、天花、转学

丹东（Georges Jacques Danton）生于阿尔西镇。那里属于香槟地区，笔者曾数次访问，在这个小地方，一个顽皮的小男孩成长为历史的巨人。

丹东的祖父务农，父亲经过努力成为当地法院的检察官，母亲出自商人家庭。丹东3岁时，父亲病故，1770年母亲另嫁。根据当代的科学研究，童年的较大的精神刺激，如丧失亲人、受到虐待、缺乏母爱等不幸，能造成童年阴影，导致性格改变，对压力更敏感和恐惧，甚至导致精神病。家庭的突变、田野的生活环境，磨炼了幼小丹东的身心，若干“不端行为”证明他的勇敢倔强。

年方7岁的丹东，已在镇上为人所知晓。某日，在牧场上，他去吸吮母牛的奶汁。又用木棍挑斗公牛，公牛凶狠用牛角挑破了小淘气的嘴唇。该牛虽然被他赶走，流血、痛苦、伤疤却成了他永久的纪念！后来，他转向猪群，驱赶与鞭打它们。正当得意扬扬时，他被猪绊倒，并受到公猪的踩踏，但是猪们被迫退缩到一边。

8岁时，丹东上小学。必须端正坐姿耐心听讲安静阅读，这一切和斗牛斗猪的好汉不能相容。他曾私约几个小同学溜出校门，狂奔田野扑入奥布河中游泳……校规被忘在了九霄云外，老师的鞭子却从空中落下。皮肉之苦效果不错，丹东从此认真学习，成绩上升。

人生本来苦难颇多！传染病天花袭击了年仅12岁的丹东，他终于得到康复，却变成了麻脸，严重的个人灾难！然而，丹东努力学习，小学毕业成绩优秀，萌生了干一番事业的粗浅想法。

年少浪漫曲还有尾声。1772年，丹东奉神父叔叔之命，进入特卢瓦神学院学习。这时，他刚刚13岁，生活奔忙无人管束，仿佛一个新天地，但是教会学校有着严格的清规戒律，孤独与过分谨慎，又缺少假日，空闲时禁止上街游荡。两年后，他独自决定转入一所世俗中学学习，环境随之改善。他阅读启蒙思想家们的著作，学习拉丁语、英语和意大利语。

## “公民们，武装起来！”

1780 年，丹东来到巴黎，在一检察官办事处任办事员，开始接受更多的知识。1784 年，他在兰斯的法学院“短暂逗留”，并“轻易地获得律师文凭”。1788 年，他在巴黎开办一间律师事务所，由于能够主持公道，很快得到较好的声誉。1787 年，他娶一商人之女加布丽埃尔为妻。不久，他从别人手中买到“王家枢密院律师”头衔，每年收入颇丰，只需 3 年多便可抵消购买时的支出，从此家庭生活改善。[①] 他在巴黎定居，了解国家政局与社会危机，曾敏锐地估计：“冰山马上就要崩塌下来！”

1789 年 7 月 14 日，大革命爆发！丹东积极参加，他在公共场合号召：“公民们，武装起来！”他加入所在的哥德利叶区的国民卫队，任上尉。9 月，他当选为该区的区长，从此走上了政治搏杀的前台。

1790—1791 年之际，他拥有多重身份：塞纳省行政主管官员、“巴黎公社”（市府）总务委员会委员，也是哥德利叶俱乐部的创始人与领导人。在此时期，他坚决反对专制与特权，主张自由平等，也曾认为应该维护国王的尊严。1791 年 6 月 20 日，路易十六及王后等人外逃失败，丹东愤怒地改而主张暂停国王的权力。7 月 17 日，他参与战神广场上群众要求废黜君王、宣布共和的集会，在演讲中说：“君权与自由不能并存。”官方以武力镇压此次群众活动，丹东遭到通缉，他逃回家乡，后去英国避难为时月余。

政治迫害促使丹东的威信迅速增长，同年 10 月他入选立法议会。12 月，他当选巴黎市政府检察长，曾大声发誓：“自由万岁或者死亡！”1792 年 8 月 10 日巴黎起义后，丹东成为新政府的司法部长，掌握政府的实权，同僚多属吉伦特派。丹东保证：“谋求政治自由与人身自由，保护法律与社会安宁。”

---

① 大革命以前，官职可以买卖。1790 年 9 月，丹东自愿放弃该官方职务及其高额年俸。

## “勇敢，勇敢，再勇敢！”

1792年4月20日，法兰西王国对匈牙利与波希米亚国王宣战，实际上对奥地利大公国宣战。9月2日凡尔登失守，巴黎告急。立法议会内，许多议员束手无策。丹东以洪亮的声音，在议会讲台上宣布：“我们必须勇敢，勇敢，再勇敢……法兰西才能得救！”他的号召迅速获得广泛的支持。

9月21日，国民公会开幕，丹东是议员之一。他于27日辞去司法部长之职。国民公会于9月22日宣布法兰西为共和国，此后山岳派与吉伦特派之间的矛盾加剧时，丹东逐渐倾向山岳派。1793年1月14日，他投票赞成处死国王。3月10日，他在国民公会呼吁：“让我们实行恐怖吧，以便消除人民的恐怖。”① 议员们随即通过决议：建立“革命法庭”。4月6日，根据丹东的建议，国民公会建立“救国委员会”（旧译公安委员会），后者实际掌握国家大权，丹东在其中发挥领导作用。

丹东与罗伯斯比尔等共同策划，于同年5月31日和6月2日巴黎举行起义，打垮吉伦特派，建立了山岳派专政。国民公会辩论时，丹东号召议员们“竭力为祖国效劳”，矛头直指吉伦特派，企图促使他们“自动放弃职权”与维护议会权威，但是该建议未获通过。根据国民公会的决定，吉伦特派议员29人与2名部长遭到软禁。7月10日，救国委员会改组，丹东未曾入选。27日，罗伯斯比尔入选该委员会。落选与入选皆为政治较量的表现。从此，丹东离开政治领导岗位。1793年年底，法国边境已相当安全，基本上战胜外敌与镇压了内乱。此后，丹东与山岳派专政领导者们的分歧逐步加深，他反对过度恐怖，主张实行“宽容”政策。山岳派称他为“宽容派”，该派有着明显的政治影响。10月12日至11月20日，丹东告假还乡养病，这或许是主动的、暂时的政治隐居。

---

① 列万多夫斯基：《丹东传》，生活·读书·新知三联书店1987年版，第4页。

某日，一位邻居带来“好消息”，报纸报道10月31日处死了维尼奥与布里索等21名“叛乱分子”。丹东当即泪水盈眶，无语沉思，而后感慨万千地表示：“什么是叛乱分子？如果这样，我们也将成为叛乱分子，也将被送上断头台。”11月21日，他回到巴黎，重新活动于国民公会，法兰西正值恐怖政治之时。

## “唉，血流得太多了！”

1793年年末，法国内外局势大为好转。11月22日，在国民公会讲台上，丹东激动而严肃地大声呼吁：“我请求珍惜人的鲜血！”（Je demende qu’ on épargne le sang des hommes！）这些话语如同石破天惊般撞击着人们的心灵。他反对正在滥施的政治屠杀，要求释放无辜者，禁止株连亲友。换言之，不得违反新社会已有的法制，而去侵害无辜者。此时，已存在1793年宪法以及其他有关法律。[①]

12月1日，丹东另有建议：凡国民公会特派员在外省处理事务、处决人员时，应遵照现行法律办事，必须重事实与证据。他的目的在于限制派往外省的官员的横暴行为，他说“革命的措施必须根据成文的法律”，“议会特使只能发布符合革命法令的命令”。当时，国民公会拒绝了丹东的有关建议。会后，他与德木兰曾考虑建立“宽大委员会”去解救无辜者，甚至削减救国委员会的权限与恢复国民公会本身的权力。

1793年冬天，为了增加粮食，人们将巴黎的公园改作种植的场所，丹东曾幽默地说：“我们大家在搞反对鲤鱼的密谋，我们喜欢绵羊的统治。”[②]1793年年底至1794年春，丹东对政局的忧虑与对宽容的渴求日愈增加。某日黄昏，他与德木兰在塞纳河边散步，落日余晖染红了河水，如同人

---

① 1793年宪法于该年6月24日由国民公会通过，8月20日全国公民投票通过，但是10月10日国民公会决定并宣布“暂不实行”。

② Bouloiseau，Op. cit. p.115.

血淼淼流去。他感慨地指出:“唉，血流得太多了!”他建议德木兰加强关于宽容的宣传工作。[①]1794 年 3 月 19 日，丹东在国民公会发言，这是他死前的最后一次讲演：强烈要求停止派别争斗，停止滥施恐怖，但是未能获得多数议员的支持。

1794 年 3 月，丹东与罗伯斯比尔之间的矛盾激化，迅速走向决裂。3 月 30 日，在圣茹斯特的鼓动下，国民公会的两个委员会以多数决定逮捕丹东及其战友，国民公会对此表示同意。他们的罪名为“反对革命、卖国投敌”。显而易见，因政治同路而结交的情谊，完全被政治利益的冲突所取代。4 月 2 日，开始审讯丹东等人。由于害怕丹东拒绝认罪辩护词的影响，三天之内换了 13 位陪审员，这可能是法国审判史上的最高纪录！ 4 月 4 日，国民公会通过法令:“如犯人抗拒，法庭可以终止他的辩护”，即不经问明实情便可判决。[②]5 日，为了防止旁听民众的干预，竟然提前一个半小时开庭，匆忙宣布判处丹东与德木兰等 14 人死刑，立即予以执行。[③] 不少法国学者认为这是政治谋杀！山岳派专政的掌权者们破坏了自己领导下规定的革命法制，这是他们的政治自杀，他们选择了自己走向断头台的捷径（热月政变）。

罗伯斯比尔们将“请求宽容”视同对于山岳派专政的完全否定。丹东在劫难逃。他勇敢地迎接死亡，断头之前大声宣布:“罗伯斯比尔，我等着你!”要求对无辜者宽容竟成了死罪！ 6 月 10 日，国民公会通过“大恐怖法令”。从此至山岳派专政垮台，成批的人不分青红皂白地被送上断头台，巴黎每天处死近 50 人。

---

① Madelin.Op. cit. p.339.

② Archives de France，*La Révolution française à travers les archives*. Paris—1988. p.359.

③ 埋葬于今巴黎市区的“路易十六小公园”。那里还埋有近 3000 个大革命期间的受害者。丹东的第一位妻子于 1793 年病故。第二位妻子名路易丝，她拒绝去见罗伯斯比尔，以求挽救被捕丈夫的性命，后来另嫁他人。丹东留下了两个孩子。

## 丹东活在法国的学术争论中

盖棺不等于定论，丹东便是如此。马迪叶兹（又译马蒂厄）由于推崇罗伯斯比尔，而大力贬损丹东，加之以“保王主义者”和“贪污”等罪名。马迪叶兹视丹东为敌人，甚至不愿面对这位历史人物的雕像——巴黎街头的艺术品。

大革命时期，巴黎流行一首民谣，过分地称丹东是“唯一值得赞扬的英雄”。法国的一批公认的著名史学家给予丹东以正面评语：“革命的巨人”与“众望所归的领袖”（米涅）、“人民的化身”（米什莱）、“一位圣人”（奥拉尔）、“热情的爱国者”（勒费弗尔）、“出色的山岳派”与“伟大的革命家”（索布尔）。马克思认为丹东是“最伟大的革命策略家”，是一位“英雄”。列宁称丹东为“历史上最伟大的革命策略家”。他们强调策略，但这是“革命家”的策略。

关于丹东还有一种争论。马迪叶兹与勒费弗尔指责丹东犯下了贪污罪行。近现代法国史学研究已经弄清楚，丹东的财产来源不存在问题。早在1848年，历史学家韦尔奥梅根据丹东之子提供的文献，查明丹东的遗产皆有合法的证据。奥拉尔指出，就搜刮钱财而言，丹东“清白无辜”。

丹东在抗击外敌与应对内乱方面，是勇敢的政治家、新法制的维护者。他对抗官方过激政策主张宽容，不惜以自己的生命为代价呼吁保护无辜的受害者。他被捕后，在狱中如此感叹：“反正同样是死……革命时期无毒不丈夫，谁的心更狠，权力就归谁……一群野兽！他们将我拉上断头台时，也会高呼共和国万岁！”

## 宽容思想的连续性

丹东主张宽容，并非由于一时的冲动，或者只求解救受冤屈的昔日战友。史学界通常过多介绍此人性格的一个方面，即年少时容易冲动不肯屈服，成年后号召勇敢战斗。实际上，还须看到他在勇敢地面对强敌时，有能力寻求出路。这是个人品质在两个方面的表现。随着大革命的进行，局势日益恶化，丹东的确较多地展示了勇敢言行。还应看到他为人正派，学习法律出身，以律师为业，声名颇佳，又曾去英国考察，并了解该国议会政治所具有的灵活性。他不是简单地死打硬拼，而能够正视局势的危险、官方控制的严酷化、压迫的扩大化、社会激烈冲突的隐匿性及其爆发点的临近，清醒地得出结论，必须立即改弦易辙。

至少从 1790 年开始，可以观察到丹东政治思想复杂性的显露。当时，他担任巴黎市政府官员等职，又是哥德利叶俱乐部的领导人。作为公职人员，他有着守法的责任感；作为政治党派的领导者，他为了吸引民众和保证政治利益，唱着革命的高调，随波逐流地干革命。正是作为官员，他给人留下如此印象：强调法律、秩序、相对温和，主张革命派别之间的对话、妥协与合作。

1792 年 8 月起义后，以吉伦特派为主力的政府不仅接纳了丹东，而且让他作为政府的实际掌舵人。主要原因在于他坚持革命阵营内的和解与团结，如此人事安排也可安抚山岳派及其支持者。丹东认为，当时吉伦特派与山岳派的矛盾正在激化，双方皆应控制险情与力求缓和。当涉及他个人与某位吉伦特派人士的摩擦时，他冷静地放弃私人恩怨，表示应一起为共和制度而奋斗。后来事态发生变化，吉伦特派批评首都作用过大，即抨击山岳派在巴黎下层民众支持下过度激进。此时，丹东才在议会内外谴责吉伦特派，将后者的活动视作分裂国家的企图，从而和罗伯斯比尔以及山岳派一起打垮吉伦特派。无疑，他不曾设想杀害吉伦特派人士，他隐居家乡听到吉伦特派领导人遇难时，表现出的悲伤足以证明。吉伦特派的存在，制约着山岳派的过激趋势，这样可能维持一种相对的政治平衡。吉伦特派的失败，平衡消失，超激进的政治便泛滥开来。吉伦特派的垮台也是丹东及其他主张宽容者的巨大损失。山岳派从此无敌手！那时，丹东对此缺少认识，因为他正处于和山岳派合作的佳境之中。1973 年 7 月在与罗伯斯比尔辩论时，丹东曾称之为“暴君”。丹东的现实主义被罗伯斯比尔的超激进主义打败。

丹东与罗伯斯比尔们是否认识到了局势胜负演化的连带性？请看后续发生的事实：1793 年 10 月 31 日吉伦特派断头、1794 年 4 月 5 日丹东等丧命、7 月 28 日山岳派领导人们罹难。短暂时间充分呈现出血腥的连续性。只顾眼前的应对，欠缺长远的考虑，对于法国社会作为整体的存在与发展缺乏科学的认识。大革命提供了法兰西文化迷恋内斗惨痛教训的案例。

## 宽容政治的历史价值

丹东等被杀害，但是该派的政治力量未曾完全消失。策划与领导热月政变的人士中可以见到不少丹东派的成员。热月政变成功后，国民公会于 7 月 28 日处死了罗伯斯比尔等 22 人，他们在街头与刑场遭到民众的谴责。29 日，巴黎公社（市府）的 71 人上了断头台。此后不久，官方大力推行宽容政策，如召回 75 名“温和派”议员，他们曾经公开拒绝镇压吉伦特派。不久，召回了 22 名被放逐的吉伦特派议员。1795 年 8 月 1 日，国民公会废除 1794 年 6 月 10 日的“大恐怖法令”。随后，巴黎等地释放了数百名犯罪嫌疑人。日常生活变得地道的资产者化，人们的紧张心态迅速缓解，行为随意甚至放纵，服饰不再“无套裤汉”化而改趋奢华，沙龙里歌舞欢庆，“革命广场”改称“协和广场”……资本所有制的社会开始了正常的运转。

丹东不曾要求对一切皆宽容。他“请求”的是对无辜者的宽容。他追求的是当时水平的取代封建专制的新社会，以新法治国的政治制度。从某种角度来看，大声号召勇敢相对容易，不包含着杀身之祸，因为议会内不见降敌卖国势力。公开呼吁宽容充满危险，它与山岳派的主流政策针锋相对，当时势必引来生命的危险。丹东是一位超越原来自己主张的勇敢者。因此，可以指出要求宽容的历史价值，至少不低于号召勇敢！

恐怖与宽容，它们共有一个关键：认清当时社会生存的主要矛盾与社会发展的主要任务，便能够对无辜者宽容，这应是一种政治智慧。法国大革命并非神圣，并非每一个断头者都是罪有应得，先是罗伯斯比尔下令斩首的人，以后是罗伯斯比尔们自己。当时的人与后人都应该拥有批判的精神。

法国大革命期间，“恐怖实质上就是战争措施”。这是“为了保住政权……保证自己有行动自由”。同时，也“有可能把力量集中在决定性地点，集中在边境上”。“罗伯斯比尔获得了胜利，但是从那时起，对他来说，恐怖成了保护自己的一种手段，从而变成了一种荒谬的东西。”1794 年 6 月 26 日，弗勒吕斯（Flerus）胜利，法军占领了比利时。“因而恐怖就失去了立足之地。7 月 27 日，罗伯斯比尔垮台。”当时，过度的恐怖导致了适度的宽容的产生。在历史的限度内，法兰西文明展现了伸缩性。

雕刻的丹东先生站在巴黎市中心一个地铁站出口处，注视着匆匆走过的路人，他仿佛在问：人们是否已经拥有足够的宽容……

# 20

布瓦西—当格拉斯（Boissy d'Anglas，1756—1826）

"平原派"议员中的策略家

## "拒绝那引发灾难的火把，代之以教育的烛光！"

### "平原"之上的突出点

法国大革命的正反面代表人物是谁？通常人们提及丹东、罗伯斯比尔、马拉、路易十六，或山岳派、吉伦特派、君主派，仿佛这些人与派别便可充分说明那一场声势浩荡、斗争尖锐、作用巨大的社会运动。"平原派"及其人士很少受到关注，或者评价甚低。史学家米涅认为，在吉伦特与山岳之外，"另有一些代表则是没有一定主张，不属于任何派别，没有特别亲密的关系，这些人组成的派系被称作平原派或沼泽派。这一派对吉伦特派与山岳派之间的斗争是不偏不倚的，只要他们有可能充当温和派，就是说只要他们不必担心自己的安危，就站在最有理的一方"。平原派成了一些只顾自身存在的、简单的、水平低下的保命者。

事实上，平原派议员们未曾建立党派组织，没有内部纪律规章，也不定期开会讨论时政，他们虽然表现并不突出，却不是全体都没有主见。他们难说是一个固定的群体，而是一个松散的、有些变动的、不愿再死心塌地追随左或右的议员"凑合体"。他们当中的一些人，恰恰由于自己对政局有所清醒认识与谨慎估计，不肯随波逐流，而尽力坚守自己的"阵地"。他们的表现相对温和并留有余地，换言之，少见惊人的举动，因此甚少受到史学研究的重视。其实，不趋极端、不显尖锐，缺少通常概念的“突出”，这种存在的本身恰恰是应该引起关注的另类突出。布瓦西—当格拉斯等人的活动确实值得探讨，它们具有异常的特点。

布瓦西—当格拉斯（François Boissy d' Anglas）为普罗旺斯伯爵，出生于阿尔德什省信仰新教的家庭。他律师出身，革命前任巴黎高等法院的律师，那时他已经开始抨击绝对主义的政治状态，在社会上颇为知名。

他是三级会议的代表。在制宪议会里，他很少发表演说，多采取观望态度。他加入雅各宾俱乐部，拥护革命，反对保王派及其活动，谴责殖民统治，后来加入了斐扬俱乐部。1791—1792 年，立法议会期间，他在故乡阿尔德什省任总检察长。

1792 年 9 月，国民公会召开，他为代表之一，属平原派，随后成为该派的代表人物之一，实际上他的政见接近吉伦特派。1793 年 1 月，就路易十六的命运投票时，他赞成“诉诸人民”，监禁与实现和平后驱逐出国、缓刑。

布瓦西—当格拉斯的政治目标一清二楚。他同意维尼奥所说的“社会人（homme social）的平等仅为权利的平等，而不是财富的平等”。1795 年 6 月讨论共和三年宪法时，布瓦西—当格拉斯指出：“明智者所能要求的，仅是公民的平等权利。”“我们应该让最优秀的人来统治。”“一个由有财产者统治的国家，将处于社会秩序之中，而一个由无财产者统治的国家，将处于自然状态。”[①] 这里自然状态为野蛮之意。无疑，布瓦西—当格拉斯属于有产者群体，他的议会活动使他在平原派中凸显出来。

## “政治摆动的轴心”

1793 年春夏，山岳派与吉伦特派之间的矛盾迅速激化。布瓦西—当格

① 索布尔：《法国大革命史》，同前引书，第 361 页。Lefebvre, *La Révolution française.* Paris—1989.7éd. p.457.

拉斯不曾卷入这一场斗争。他有时表示支持罗伯斯比尔的宗教政策，但是通常少发言，多观察，等待局势的明朗化。就此而言，他与西哀耶斯颇有共同之处。1794 年 7 月热月政变，山岳派专政结束，布瓦西—当格拉斯及时展开积极活动。他被选入救国委员会，一度轮选为国民公会的主席。1795 年 3 月 11 日，他发表演说："立法者的工作应该是……制定明智的法律，防止财富的控制（社会）或防止对于贫困的卑视，禁止贫困去侵犯所有权。" 6 月 23 日，他向国民公会报告宪法草案时指出："必须保证富人的所有权。""绝对平等只是幻想。""国民公会应该勇敢地拒绝无限平等与绝对民主的幻想。" ①

同年 5 月 20 日，巴黎发生"牧月起义"，暴动者们冲入国民公会，将议员费罗（Féraud）误以为是弗雷隆（Fréron）而加以杀害。多数议员逃离，会议主席布瓦西—当格拉斯坚守岗位，并以国民公会的名义表示抗议。他声明自己与民众相同，缺少面包，家人也挨饿。当时，一位暴动者送他一块面包，称他"是一个正派的人"！

1797—1799 年，法国政局动荡不安，布瓦西—当格拉斯也经历了磨难。1797 年，他是"五百人院"的议员，被视作"国民公会中最平淡的议员"，"与克利希俱乐部的君主派有所往来"，因而被撤销议员资格，判处流放远洋。此时，他逃到英国，1799 年雾月政变后与多人一同获得大赦，从此他进入元老院，支持拿破仑·波拿巴当政，直至受封为帝国的伯爵。

那时，布瓦西—当格拉斯曾先后拥护拿破仑（包括"百日"期间）、路易十八（两次复辟）。从表面来看，他顺从了轮番上台的掌权者，政治态度的变化相当明显，甚至因此受到谴责。其实不然，如此摆动有着政治的轴心——一贯主张自由主义与比较温和的政治实践。不论依附共和、帝国、复辟，他皆心中有数，追寻着自己的理想。

① Lefebvre, *La France sous le Directoire*. Paris—1977. p.33.

## “保证老的人民的新生”

1795年6月23日，布瓦西—当格拉斯受国民公会委托，向大会做关于“共和三年宪法草案”的报告。他指出“考察我们的革命的广阔场地，见到那里已经出现许多废墟，好像到处给我们留下了时间的痕迹与破坏。这是一个光荣与悲痛的场地，那里大批受害者惊人地死亡，而自由却获得了引人注目的胜利。我们在六年之内如同经历了六个世纪，你们不要无视这个付出了如此重大代价的经验”。他明确反对法国返回到“原始的机制”“哥特人的一大堆非理性的机制”，公开批评对于《人与公民权利宣言》的崇拜：“你们想一想，如果将人类全部思想都紧密地收入《人与公民权利宣言》的35项条目之中，这不是在准备迅即的忘却吗？[①]

他表示：“我们负责组织的，不是一个新的人民……这是一个老的人民，应该保证它的新生。”国民公会的使命：它的“工作是为了千百年与为了全世界”。立法者们的任务在于“使一个伟大的人民得到新生”。法兰西也“是一个新的世界的创造者”，将来必须实现“世界的共和国”。法兰西是“世界上最好的民族”“最开明的人民”，巴黎在世界上拥有首屈一指的地位。[②]

关于断裂和继承的问题，布瓦西—当格拉斯如此解惑：“正在断气的专制主义，给新的法兰西留下了极好的、大量的遗产，如果将它放弃，则是一种耻辱。为了未来，为了全世界，法兰西为历史遗产建立巨大的收藏处，用于保存一切人类知识、一切精神才华的结晶、一切天才创造的作品。”[③]

布瓦西—当格拉斯还对文化遗产的所有权问题发表意见。“艺术、各种科学与理性的纪念物，它们是千百年岁月的赏赐，不是你们个人的遗产。你

---

① *L' Espace et le temps reconstruits. La Révolution française des mentalités et des cultures*. Ex-en-Provence—1990. pp.163–164，156.“你们”“我们”指议员们。下同。

② Ibid. pp.156，159，157，160.

③ Ibid. pp.162，159.

们只能为了保护它们，而对它们进行安置。”“各种科学和艺术的纪念物……应属于艺术家、有才能者、所有国家与全部岁月的有才干的人们。”[①] 这里，布瓦西—当格拉斯否认广大劳动者对于文化纪念物、遗产的所有权，维护包括他自己在内的有产者的权益。

他关于保护遗迹、积极继承的原则性的主张，值得肯定。他进而谈到了艺术和自由的关系。自由与文化“利害一致”，甚至是“同质共存”。“自由必须尊敬艺术，而艺术应使自由更加美丽。”[②] 他的矛头所指，为山岳派专政下的法兰西的现状。

## “反对破坏性的情感”

1793 年夏到 1794 年夏，法国的政治气氛日益严厉。1794 年 5 月，化学家拉瓦锡被处死于断头台时，杀手们竟然喊出了“共和国不需要学者！”这一句脱口而出的话语，反映了当时欧洲社会否定文化教育、排斥文化人士的潮流。并非仅仅法国如此。奥地利皇帝费迪南一世（1835—1848 年在位）公开宣称：“我们不需要学者，只需要善良的、忠心耿耿的公民。”俄国沙皇尼古拉一世（1825—1855 年在位）表示：“我无须博学之士，我只要忠臣。”直至 1953—1958 年，法国的普雅德（Pierre Poujade）还曾鼓吹，知识分子“仅为一台思考的机器、一个粗俗的鼓手”[③]。

布瓦西—当格拉斯目睹了社会上的残杀无辜、恣意破坏革命法制的行为所造成的巨大危害，认为事态可能导致返回野蛮与原始。“应该反对一种破坏性的情感。它还在我们当中搞阴谋，它也反对保存艺术及其杰作与规则。它企图阻止进步……它只想使法兰西重新陷入野蛮与无知的黑暗之中。”他

---

① Ibid. pp.157–158.

② Ibid. pp.159–160.

③ Sous la direction de Duclert et Prochason, *Dictionnaire critique de la République*. Paris—2002. p.42. René Rémond，*Pour une histoire politique.* Paris—1996. p.219.

认为，在“破坏”和“继续存在”之间，“不可能画上一条界线”。“对于错误岁月的回忆”，人们无法消除。处理关于继续保留或消失的问题，乃是“非凡的任务”。他通盘考虑，胸有成竹，“以尊敬的心情等待……时间安排一切”。只有“时间与子孙后代能够不冒危险地做出决定”。显然，他对当时的事态不抱较多希望。但是，目前也应努力。他号召议员们“你们应该拒绝向你们建议的将引起灾难的火把，而代之以教育的烛光！”[①] 这些话语具有不可争辩的代表性与先进性，它们使布瓦西—当格拉斯区别于当时许多派别与形形色色的政治角斗士。

布瓦西—当格拉斯在大革命期间发表了如下著述：

《关于自由、大革命、共和政府与法兰西政体的若干想法》（1792 年 6 月 5 日）

《关于艺术、鼓励它的必要性、保证其改善的机制与公共教育所必需的各种设施》（1794 年 2 月 13 日）

《公共教育委员会关于最后阶段教育的法令的草案和简短评论。致国民公会》（1794 年 4 月 17 日）

《关于共和三年宪法草案的说明》（1795 年 6 月 23 日）

上述著述皆以不足 200 页的小册子形式出版，其中两册出版发行于山岳派专政的时期。这些著作文字并不流畅，但是意思清楚，通常言之有理。

他的家庭状况、个人出身与职业、当时社会上过度倾向政治的局势及其所造成的严重后果、议员生涯中的细心观察、他本人一向否定绝对主义的心态，还有他及其所在阶层可能接受较多的文化教育……这一切促使他提出保护与发展文化教育的精辟意见。这在当时如同天籁之声，以很高的文明水平向法兰西的议员们提出了劝告！法兰西有幸，在那热火朝天甚至激情过度的法国政坛，这一位先静观而后采取行动的议员为法兰西文明添加了新的光彩。他是平原派当中一位有主见者。他不是响应某种号召而低头猛冲的角斗

① Duclert et Prochason, Ibid. pp.157，166，158.

士，也不是顺风随势的投机者。他以温和稳健的言行拥护共和制度，这是一位策略家，不顾强势与流行，坚持正确的主张，并在可能的时候，灵巧又安全地明确表达己见。

他不怀立即改变时代大潮的奢望，而是耐心地“等待时间安排一切”，即新的政治巨变。1795 年 5 月，巴黎因贫困和饥饿而暴动的民众称他为“正派的人”。

Chapter 05 |

# “先理解而后信仰！”
## ——宗教信仰的争论

# 21

## 阿贝拉尔（Abélard，1079—1142）
## 遭受阉割与绝罚的教士

## “先理解而后信仰！”

### 远方的思想家——阿贝拉尔教士

数年前，笔者在法国巴黎接舍兹公墓内，见到了阿贝拉尔墓，便立刻回想远在圣彼得堡大学学习时，从书中得知此人由于独立探索，而付出了惨重代价。法兰西社会的历史，有她残酷的一面，书刊上经常介绍“宗教战争”及其“圣巴泰勒米之夜”的屠杀，很少提及在这一场国内战争之前，有关宗教领域如何应对教会内部独立思考者的情况。阿贝拉尔为我们提供了一个鲜血淋淋与“斩尽杀绝”的实例。就时空而言，阿贝拉尔距离当今世界与位于东亚的中国十分遥远，我们了解与探索时，难于避免历史的距离。

历史，离开我们已经数十年、百年甚至千年，并且日愈远去，可能消失得踪影难觅……但这只是事情的一个场景，如果从另一个角度考察，还有宽阔的探索余地。法国的“政治的天主教主义”思想家迪潘卢（Dupanloup，1802—1878）对于罗马教皇的态度，国际史学界一向众人存疑。[①] 笔者在“梵蒂冈圣廷枢机会议档案馆”（Vaticano, Archivio della Sacra Congregazione），找到了迪潘卢的亲笔信（1869 年 7 月 10 日）。关于教皇

① 请参见拙著《法国政治思想史》，同前引书，第 504—505 页。

主张的“永无谬误”，他坦然承认“我对此十分感动”。“自愿跪在教皇的脚下，表示我的激动、感谢与仰慕之情。”“教皇如此坚定的智慧直指目标，他真的是非凡无比。”[①] 由于时间的差距，地理的远离和对于文献了解的欠缺，历史具有隐匿性。然而在法国历史中，有着一批无头公案，例如至今学术界仍无法说明“铁面人”究竟是谁……坊间书刊与普通视野之外确有不少真实的存在。如此说法不是牵强附会、故弄玄虚。

同时应该看到，在当代的条件下，在某种程度上能够克服距离，破译历史之谜，文献可能找到（如迪潘卢给教皇的致敬信），档案可能开放（如2005年法国共产党宣布开放其相当大部分的档案）。更因为普遍认识到，不同地域与时段的人类文明都是从低到高、经受波折而继续前进，这就是人类进步的共同点。从实质上看来，存在着内含的有机联系，人物、事件、思想遵循着若干基本的发展原则与演进途径。欧洲或亚洲思想家们，包括阿贝拉尔，都曾经付出辛劳，经历磨难，苦思冥想，企图以思想（学说），去“修理”现存的社会，幻想未来的新生活。世界的共同性，有助于我们克服距离，努力进行对于阿贝拉尔的探讨。

历史是什么？法国作家大仲马（Dumas，1802—1870）如此自问自答：“什么是历史？那仅仅是一颗让我悬挂我的小说的钉子。”其实，历史是已经逝去的社会生活，它包括经济、政治、文化、思想、军事与宗教等方面的内容。笔者尝试克服历史的距离，探索法国著名的思想家阿贝拉尔教士。他的社会生活有着深刻的含义，此人平生艰难，经历了阉割、焚书、绝罚、软禁。即使历史是悬挂小说的钉子，那么这颗钉子也是人们独立思考、挑战权威与探索未来的铁证。[②] 不幸的钉子，它沾上了阿贝拉尔的鲜血，承受了何等重负！

---

① Vaticano, *Archivio della Sacra Congregazione degli Affari ecclesiastici straordinari, Francia, 1860—1869*. pp.638–649.fasc.339.

② 在那严峻的岁月里，阿贝拉尔的学生，意大利人阿尔诺（Arnaud de Brescia，1090—1155）抨击教皇，反对教会拥有世俗权力。不久由教皇下令，此人被神圣罗马帝国官方捕获，后处以绞刑和焚尸，骨灰抛入流经罗马的第伯河中。第伯河，意大利文为 Tevere，发音近似“德维勒”。

## “先理解而后信仰”遭受阉割

阿贝拉尔（Pierre Abélard 或 Abailard），生于今日法国布列塔尼的南特城。[①] 他骑士出身，少小离家，曾就学于巴黎，是一个“游学的学生”。后来，他成为巴黎圣母院天主教学校的青年教师、教士，对辩证法较有研究。他自视英俊，“无须担忧他所钟爱的任何女性的拒绝”。研究者对于他评价不同，一般认为他的思想接近“唯名论”（nominalisme），但还不是“唯名主义者”。阿贝拉尔创立了“概念论”（conceptualisme）。唯名论强调“事物先于一般概念而存在”，“一般概念仅是名称”。一般的概念不能反映事物的特性与本质。词语是为了说明意义，它应以真实为基础，与事实相符。根据马克思在《圣神家族》中的意见：唯名论是中世纪唯物主义的最初表现。但是，它不了解概念是客观事物的反映。概念论与唯名论相同，否认一般概念的真实存在（即它不依赖于单个物体而存在），然而，它又与唯名论不同，认为一般概念存在于理智中。中世纪时，概念论是一个进步的经院哲学派别。

阿贝拉尔这位哲学家崇尚理性，认为理性对于信仰、对于教会的权威，具有优先的价值。他肯定理性，否定首先信仰，反对盲目崇拜，他大胆挑战教会的权威，认为“先知与使徒也可能是错的”。他崇尚古代的哲学，赞美世俗的知识，号召寻求真理。“怀疑将我们引向研究，研究使我们认识真理。”他强调应该“先理解而后信仰”，理性决定信仰。他与师祖圣·安瑟尔姆（Saint Anselme，1033—1109）相悖，后者主张“先信仰而后理解”“信仰寻求理智力”，让理性受信仰的制约。阿贝拉尔以哲学对抗神学，反对“原罪”，表示“不能设想，天主会因为一个人的父母犯罪而惩罚他”。阿

① 阿贝拉尔出生时，布列塔尼为凯尔特人与法兰克人共居的公爵领地。1488 年，布列塔尼的女继承人安娜嫁给法国国王查理八世，当地随之并入法国。1532 年，布列塔尼的高等法院批准此事，从此不再使用公爵的称谓。

贝拉尔“怀有摧毁偶像的强烈愿望。他公开承认自信心，他喜欢说‘自我意识’，这不是指‘过分优先考虑自己’，而是意味着‘对自我价值的认识’”。阿贝拉尔曾苛刻地评说老师安瑟尔姆：“他站在巨大声望的阴影里，像田野中间的一棵华丽的橡树。”“他的才华的火焰不是令四壁生辉，而是将屋子熏黑。”[①] 马克思指出：“辩证法不崇拜任何东西，按其本质来说，它是批判的、革命的。”[②] 显然，阿贝拉尔不赞成革命，但他对教会强求盲目迷信的权威进行了抨击，功不可没！同时，他也严重地激怒了教会权威的捍卫者们。这些人是教会权益的获益者。

生活与情感问题成了突破口。阿贝拉尔的人生经历颇多艰难，尤其爱情带来了不尽的折磨。他与学生哀洛依紫（Héloïse，1101—1164）相爱，随后两人逃到布列塔尼，秘密结合生育一子，但是因为当时众所周知的宗教思想、教会权威、行为规范，或许也可以说是政治思想的分歧，他们遭受连续的打击。1119 年，两人被迫分离，各自前往不同的修道院。哀洛依紫的监护人菲尔贝尔（Fulbert）教士泄露了他们的婚姻，并且秘密雇人将阿贝拉尔阉割。某日，若干打手“破门而入……切断了他身体上造孽的那些部分”。随后，他被迫进入圣德尼修道院。阿贝拉尔确实顽强，身体惨遭阉割，但是他的思想不怕阉割。哀洛依紫被迫寄身于阿尔让特依修道院，菲尔贝尔教士是她的亲舅舅，然而，宗教规章的威力，远远超过了亲属关系，这是那时法国社会的一个特点。后来，阿贝拉尔一直被软禁于克吕尼隐修院至死，而哀洛依紫告别人间比他晚了 22 年。他们留下了浸透炽热情感的两地书。按照教会规定，阿贝拉尔作为一个普通的下层教士，是可以结婚的。他担心的是不利于其讲师职位的保持。然而，盖棺未能定论，两人的遗骸曾经两度或分或合地埋葬。他们第三次才合葬于接舍兹神甫公墓西南角的第 7 区。这两位

---

① 《欧洲哲学史》，商务印书馆 1977 年版，第 185—186 页。勒戈夫：《中世纪的知识分子》，同前引书，第 32—33 页。阿贝拉尔的一位老师是 Anselme de Laon（1050—1117），后者曾师从 Saint Anselme（1033—1109）。

② 《马克思恩格斯选集》，人民出版社 1972 年版，第 2 卷，第 218 页。

感人至深的文化人士，为了思想与爱情生前死后皆受磨难，只有待到比较明智与宽容的后人们出现时，大革命之际两人终于合葬，然而他们早已无缘相依了。他们的遭遇成为法兰西文明中无法抹去的伤痕。阿贝拉尔由于他的激情与不幸而借助“钉子”钉在了法国历史的大墙上。

阿拉贝尔是一位经院哲学家，是西欧早期城市文化的杰出代表之一，他反映了城市渴求自由、摆脱天主教的俗权统治和宗教“权势”的普遍愿望。他挑战早期教士们的声望，怀疑《圣经》的权威性，主张应以理性来解释有关问题。他以自由思想著名，成了欧洲颇有影响的“自由的学者”，其重要著述如下:《是与否》(*Sic et Non*，1120 年此书秘密流传，一度失传，1836 年才重新发现)、《神学导论》(*Introductio ad Theologia*，约 1125 年)、《我的灾难史》(*Historia Calamitatum Mearun*，1133 年，记载他和哀洛依紫恋爱的悲剧与自己的毁灭，另附他俩之间的拉丁文信函)等。在当时的条件下，《是与否》一书具有进步意义。

阿拉贝尔未曾从政与担任官职，活动重点在于理论研究与非教会性质的教学工作。他主要从非官方的角度，针对教会拥有俗权的情况，细心观察、冷静思考与大胆地进行活动，对抗教会的“权威”。就行为而言，他所抗衡的是在西部欧洲的宗教界与世俗社会中居于统治地位的天主教会，其难度与危险显而易见。

阿贝拉尔对于世界、人类、宗教等的认识，总体而言取决于社会发展的实际水平、大时代，也即封建主义的基本社会特征。社会大环境孕育出他的言行，他十分关心社会状况、国计民生、世俗权力与教会、权势压迫……

这位哲学家遇到了一个社会大难题——天主教教会的权威及其对于法国人的思想心态的束缚。如此状况的由来，涉及了久远的历史。古代法兰西这个地域，大体上称作高卢。约公元前 600 年，凯尔特人从中欧来到这里。公元前 2 世纪末，罗马人入侵。公元前 52 年，凯撒率领罗马共和国军队在高卢终于获胜。公元前 51 年，罗马人攻克高卢的最后一个堡垒，即在凯尔西的乌克赛罗杜农(Uxellodunum en Quercy)。高卢改作罗马的一个行省。公元 4 世纪末，基督教成为罗马帝国的国教，无疑高卢包括在内。从公元 3 世纪起，日耳曼人不断渡过莱茵河，进入高卢，他们分别为西哥特人、勃艮第人、法兰克人……那时，法兰克人信仰多神教，他们在今日的法国北部以及比利时一带建立了“法兰克王国”，奠基者为克洛维斯（Clovis，481—511 年）。496 或 506 年（学术界至今难于确定）的圣诞节，克洛维斯率领 3000 名战士宣誓皈依基督教。① 此后，基督教在高卢得到君主们的支持。

843 年，查理曼的子孙们订立《凡尔登条约》，瓜分祖父的遗产——法兰克帝国，此约大体上导致法国、德国以及后来意大利的出现。西法兰克王国发展为法兰西，即法国。

1054 年，基督教东西方的教会发生分裂：东正教（君士坦丁堡），公教（罗马）。公教，拉丁文为 Catholicus，法文为 Catholicisme，在中国译称“天主教”。法国的多数居民信仰天主教。阿贝拉尔接受这些历史事实，尤其必须面对天主教教会的“权威”，此种权威日益加强，严重束缚甚至可能窒息社会思想，从而成为要害问题。

天主教教会宣布：神权高于一切，高于俗权、君主。教会对教徒、信仰者实行严厉的控制。它宣扬神学，强调“教会之外，别无拯救”（Hors de l’Eglise pas de Salut）。神学成为法国的一种统治思想，教会反对“异端”，天主教经典著述不容议论。教会拥有地产、收入。它提供经费，到处开办宗教性质的学校，宣扬宗教定义，控制教育，约束民众思想。世俗生活中，民众的生死婚嫁宗教化，医院内悬挂十字，军队中派驻修女，教士免除兵役……社会生活中的宗教，变成宗教控制下的社会。

阿贝拉尔看到了教会对百姓生活、社会心态的种种干涉侵犯，他独立思考、提倡理性、肯定世俗，主张怀疑，寻求真理。他直率地指出：“通向智慧的第一把钥匙是勤奋地不断怀疑……怀疑使我们探究，探究使我们认识真理。”他在《是与否》一书中，针对 157 个有争议的神学问题，指出相互对

① Bainville, Op. cit. p.21.

立的见解，主张用辩证法来解决。他抨击与否定教会的俗权，谴责教会对教育的控制。与此同时，他不反对天主教（基督教）作为一种宗教信仰。恩格斯指出：阿贝拉尔的“主要的东西——不是理论的本身，而是对教会的权威的抵抗”[①]。

那时，巴黎、莫兰、科尔贝依等地，出现了阿贝拉尔创办的非教会性质的学校。这些私人办的学校不接受教会提供的经费，教师的收入来自学生缴纳的学费。学校里开展自由讨论，有力地挑战官方教育即天主教教会控制的教育。在巴黎郊区、塞纳河右岸的圣热内维叶芙山丘上，阿贝拉尔进行露天教学，学生约3000人，其中包括至少12个国家的学生，但是此种活动不久遭到禁止。这是阿贝拉尔在教育方面与教会进行了有组织的对抗。

阿贝拉尔抨击“官方理论”，与神学家、哲学家尚博（Guillaume de Champeaux，1070—1121）公开争论，以城市的自由文化去冲击教会的神学文化。尚博为沙龙的主教，巴黎教会学校的领军人物，也是阿贝拉尔的老师。此人支持圣·安瑟尔姆的实在论（réalissme），即主张一般先于个别事物而存在，为独立于个别事物的客观“实在”（réalité）。天主创造了个别事物的原型——“实在”。尚博曾对阿贝拉尔进行批判。当时，欧洲天主教著名修士，贝尔纳·德·克勒沃（Bernard de Clairvaux，1091—1153）经常干预世俗社会的公共生活，并向罗马教皇提出建议……他坚决反对阿贝拉尔的理性主义（rationalisme）。

由于抵抗权威、揭竿而起造反，阿贝拉尔受到长久的打击迫害。他办的学校先后遭到禁止。1121年，法国天主教教会于苏瓦松召开被说成主教会议的宗教会议，通过一项决议谴责阿贝拉尔。教皇下令，焚毁他的著作《神学导论》，将他视同异端，终身将他囚禁于修道院。1140年，法国神学家与主教的会议在桑斯召开，由于贝尔纳·德·克勒沃的主张，会议决议谴责阿贝拉尔。教皇宣布对他实行绝罚。1141年，他被定罪。他仍然认为理性只

① 《马克思恩格斯论艺术》，人民文学出版社1963年版，第2卷，第96页。

会支持而不会削弱宗教信仰的权威。他表示："我将我的大厦建造于基督建立的宗教的同一基础上……我的信仰建立于牢不可破的基础之上。"后来，他一直被软禁于克吕尼隐修院，直至生命终结。

阿贝拉尔这位真诚的文化人士，个人肉体遭到阉割、宗教信仰遭到绝罚，但是他仍旧维护着自己的尊严与独立，追求着心中向往的自由。他身为天主教徒，面对教会拥有过度的权威，敢于不顾私利，不怕宗教领域的严厉而残酷的打击迫害，坚持谴责教会对于世俗权力的占有，抨击教会内部神学的权威。"先理解而后信仰！"集中地反映了他对神学及教会权威的抵抗，甚至挑战。这种反抗教会无限权威的言行，无疑有利于法国社会思想的解放与文化艺术的发展。

阿贝拉尔对于天主教教会权威的抵抗之后，此种对抗社会思潮不仅延续，而且后来引发出震撼人心的社会冲突与国内战争，如惩罚"异端"、宗教战争、启蒙运动、非基督教化，直至"国家与教会的分离"（1905）。从社会历史的大动脉角度来看，这些人物与事件存在共性，他们并非彼此孤立、毫无联系。

阿贝拉尔发挥了重要的社会作用，在他的时代，确实难能可贵。法国社会发展的规律，孕育了这位文化人士，他抓住了社会大难题，敢于挺身而出，不畏权势抨击主流，承受打击迫害，寻求解决良策，奋斗终身。阿贝拉尔的积极活动实际上并不孤立，而是法国历史、欧洲历史的一部分。1834年，米什勒对学生讲课时，形象地解释："历史……绝对如同两台令人喜欢的钟，一台约在800公里的远处指示已经几点了，另一台则在闹响。中世纪就是如此。阿贝拉尔的哲学在呼唤自由，与此同时皮卡尔底的公社在确定自由。"①

历史不是橡皮泥，可以随意使用，或任意揉捏。这些关于阿贝拉尔的

① 转引自 Lucien Febvre, *Combats pour l' histoire*. Paris—1953. p.25. 原文为"200 法国古里"，1 古里约合 4 公里。11 世纪前后，皮卡尔地区的圣康旦、博韦等地的市民陆续起来反对封建领主，宣布成立"公社"，获得自治。

事迹不是假象或者伪迹，而是我们后人，不论国别、地区、年龄、职业，必须承认与尊重的遗产。这是人类文明永不停息的薪火相传。岁月的积极的遗产，可能转变成今日的力量，促进关于明天的畅想！人们不曾忘记拉贝阿尔，法国诗人缪塞曾说人世间“传送着那些不朽情人的英名”，如哀洛依紫和阿贝拉尔。

# 22

**富尼叶（Fournier，？—1342）**
**比利牛斯山麓"异端裁判处"的"处长"**

## "有人证明此人的异端劣迹吗？"

### 比利牛斯山北坡的小村庄

在远离巴黎的地方，法兰西最南端的边陲——比利牛斯山山麓，约700年前发生的人与事，至今还"出现"于法国学术界，其中一个人物富尼叶得到较多的关注。这位"出身比较卑微"的山民，几经人生的"跳跃"之后，成为罗马教皇。他在蒙塔尤（Montaillou）等山村的活动，是他飞黄腾达的一块跳板。我们首先考察蒙塔尤的独特的风情，而后具体地了解富尼叶教士引发众怒的言行。

在接近比利牛斯山国界的地方，能够找到"富瓦（Foix）伯爵领地"的旧址。这是阿利叶日河的上游，该河与其他的河流汇合后称加罗纳河，流入大西洋。富瓦伯爵领地包括的主要城镇为：富瓦、帕米叶与塔拉斯孔—絮—阿利叶日等河。由此再往南，翻过山口便是西班牙。公元481年之际，后来的富瓦伯爵领地的山地曾为西哥特王国的东北部分。约公元1000年时，以富瓦为核心的地域归属于卡尔卡松伯爵。约1050年，此地升格为"富瓦伯爵领地"（comté de Foix）。13世纪前期，异端的阿尔比教派在那些山村较有影响。此处山高国王远，一方面法国王室威望的增加及其领地的扩展皆有一个过程，另一方面交通不便、交往困难与信息闭塞也妨碍当地与巴黎的迅速融合同化。

富瓦伯爵领地并非默默无闻，至少数位掌权者可以记取。如富瓦伯爵加斯东三世（1331—1391），他曾著《论狩猎》（*Traité de la chasse*）。同时，他对于比较开明的文化艺术采取了保护态度和措施。他的后人加斯东·德·富瓦，内穆尔公爵（1489—1512）为著名的军人。1512 年，法军在拉维纳打败“神圣同盟”的军队，后者由教皇国、威尼斯、阿拉贡、瑞士与英国军队组成。这位公爵战死于此役。法王亨利四世是最后一位富瓦伯爵，1607 年他将这一个领地并入法国国王的领地。在此之前，这一块山地曾是法国王室领地之外的、鞭长难及的法兰西土地。

蒙塔尤小村位于阿利叶日河右岸，近埃尔小河的源头，海拔 1900 公尺。那里，四周为森林农田与牧场，景色美丽，村边常见狼、熊与狐狸出没。一座城堡耸立于山丘的顶部，另有教堂与墓地，它们呈现出某种罗曼建筑的风格。这里地势甚高，气候寒冷，人们种植燕麦、小麦、萝卜与卷心菜，不可种植大麦。这里没有车，运输多由人背肩扛。不产葡萄和葡萄酒，也不信奉保护酒鬼的神灵。正常年份，蒙塔尤人可以维持温饱。村里不见磨坊，人们被迫到稍远的村镇磨面粉，部分村民家中自备烤炉。当时，全村约 200 人，分属于数十个家庭。

## 抓虱子、头顶水坛、去小酒店

富瓦伯爵拥有蒙塔尤的领主权，但是实力有限。他在当地派驻两名代表：军事方面的城堡主和法律方面的领地法官。城堡主负责掌握武装，主管城堡的地牢。领地法官负责罪犯与征税，监督佃农交纳年贡与领主税，他还有权逮捕异端分子。与此同时，存在“第二种权力”，即天主教教会的地方组织，下文将对此加以介绍。蒙塔尤山村的社会状况值得研究，法兰西王国当时普遍存在贵族与平民等级之间的矛盾，但是这里的情况有所区别。蒙塔尤地区，“这里以教会为一方，农民和贵族为另一方，这两者之间的激烈冲突是主要矛盾，农民与贵族联合起来反对教士。在比利牛斯山的这个小地方，不少贵族处境贫寒，并为此感到羞愧……富瓦伯爵领地上，没有钱的贵族威望也较低”[①]。那里，贵族和平民身上的虱子几乎同样多。贵族相当寒酸小气，而农民是有实力的牲畜饲养者，并且地位相对稳固。这个山区，几乎不存在家奴制。农民们一向反对超重的什一税。

当时，蒙塔尤村的部分居民家里不够宽阔，因而数人挤在一张床上睡觉。通常人们同饮一罐水，同用一个饭盆进食……也一同在身上抓虱子，普通百姓以粗布擦脸。村里的小酒店，男人为主要顾客，女人有时也来光顾。全村仅仅教士能够读书，公证人家中有些藏书。妇女积极参加家庭内外的劳动，例如为了取水，必须用土制坛子顶在头上运输，但是她们社会地位低下，不时遭到家人的打骂，被称作“老母猪”“母狗”！近代，人们十分专注地关心自己的私生活，女性的好奇心逐渐减退或得到一定程度的抑制。

14 世纪初，蒙塔尤山村的基本情况大致如此。富尼叶当时的活动舞台与控制对象就是处于这样的社会水平。这位教士在独特的山区，进行了独特的活动。关于上述记载，法国学术界的研究者们意见基本相同，没有原则性分歧。

## 割舌头、受火刑、逃入密林

如果与巴黎等平原相比，蒙塔尤村处于高山与森林之中，社会经济发展明显不足。正是由于这些原因，14 世纪前期，蒙塔尤村民们还在经历一场磨难——宗教信仰、异端问题造成的多年折腾。

这里，本堂神甫出身农民，教士不再独身，他与女性的亲密关系得到普遍的宽容。[②] 仅仅少数村民坚持天主教的信仰。13 世纪就全国而言，人口增

① 勒华拉杜里：《蒙塔尤》，商务印书馆 1997 年版，第 30 页。

② “根据教会法规，普通的下层教士可以娶妻。”参见勒高夫：《中世纪的知识分子》，第 35 页。

加，而信仰天主的热情却在减退，多数山民对于“异端”有着程度不同的接触与兴趣。由于异端分子们在此山区不断地积极活动，不少村民受到天主教会的控制甚至镇压。

按照天主教会的机制，蒙塔尤等山村归属于卡尔卡松的“异端裁判所”（另译宗教裁判所）管辖。该异端裁判所由多明我修会掌握，它有自己的眼线、半官方治安人员、保镖与雇佣兵。他们奉命到所属村庄传唤山民，甚至对这些人动用拳脚。他们在村里也安排了“自己的人”。1298—1300 年、1308—1309 年，卡尔卡松的异端裁判所两次发动攻势，企图清除异端传播者们在蒙塔尤等山村的影响。1308 年 8 月，根据卡尔卡松异端裁判所法官达布里命令，在蒙塔尤逮捕了全体男女居民，仅仅 12 岁以下者幸免。这一事件的主要原因，出自克莱格本堂神甫的告密。当时，村中确有异端者，此外家族之间的仇恨也起了若干作用。被捕者都关入蒙塔尤城堡，后来许多人获释。一名妇女芒加德·莫尔曾咒骂本堂神甫，因而被割了舌头。后来，异端分子皮叶尔·奥蒂被判处火刑。阿尔诺·福尔的住房遭到焚烧。另一些山民逃入山上密林。如此严厉的措施效果有限，树欲静而风不止，异端思想继续在蒙塔尤传播，只是人们更加小心谨慎而已。

卡尔卡松距蒙塔尤较远，不便直接管理。1295 年，教皇卜尼法斯八世下令建立帕米叶尔教区，以便加强当地反对异端的工作，但是初期收效不大。待到富尼叶出任帕米耶尔主教后，局面才改为有利于天主教会。

## “异端裁判处”与富尼叶过细的严厉镇压

帕米叶尔是当地天主教信仰的中心，它的势力渗透到许多山村。雅克·富尼叶主教在主持帕米叶教区的教务时，可谓“成绩显著”，成为当时罗马教廷镇压异端工作中的一个“亮点”。如果未曾在帕米叶尔任职，恐怕富尼叶甚至难于晋见教皇。

富尼叶出生于富瓦伯爵领地（今阿利叶日省）的萨维丹，该处往南数十公里便是帕米叶尔。此人生于何年，至今无人知晓。他出身下层，无法查清他的父亲是农民或手工业者。他的叔叔曾任某修道院院长。富尼叶在叔叔的影响下，成为西多会修士。[①] 他曾为巴黎大学的学生与博士。1311 年继承叔叔的位置，成为丰弗卢瓦德（今纳尔榜市西南）的修道院院长。在职期间，他努力求知，为人严谨，认真工作，赢得教会上峰的佳评。

1317 年，富尼叶晋升为帕米叶尔教区的主教，这是他在教会职务晋升之路的关键一步。他与富瓦伯爵、法国国王的官员们保持良好的关系，同时着重加强打击异端的工作。在他出任帕米叶尔主教之前，主要是卡尔卡松的异端裁判所在蒙塔尤等山村为所欲为。富尼叶主教强调"地方主教的权力"，并争取到卡尔卡松异端裁判所委派的代表波米叶修士的合作，从而能够大力开展反对异端的斗争。

1318年，富尼叶谋求单独行动，建立了自己的"异端裁判处"[②]。实际上避开了卡尔卡松异端裁判所的干扰。从 1318 至 1325 年，他控制的帕米叶尔异端裁判处的法庭，总共工作 370 天，进行了 578 次审讯，涉及 98 起诉讼案。该主教曾大量传唤与审讯山民。114 人受到追究，包括农民、工匠、小贩，以及个别贵族、教士和公证人，其中 48 人为女性。他们多是萨巴尔特也即富瓦南部的居民，包括蒙塔尤村民 25 人。工作量最大时为 1320 年（106 天），最小为 1325 年（22 天）。异端裁判处机构随富尼叶主教在各处巡视而改变，但是大多数时间在帕米叶尔开庭。

"异端裁判处"由富尼叶掌握，他拒绝哀求，不受贿赂，善于迅速判断谁为"异端分子"。他亲自出庭审问，注重细节，少用刑具拷打，但常常将囚犯监禁，戴上脚镣等。他详细查问受审者的私人生活，如男女私情以及同性恋。他不管民间的小巫术，如对于指甲屑和头发丝的迷信，而专门打击违

① 西多会（Ordre de Citeaux）为天主教隐修院修会之一。1098 年，由罗伯特（Robert de Molesme）创办于法国第戎（Dijon）以南的一村子，后影响逐渐扩大。它设立分院，1300 年分设的修道院达 694 个。它的成员应静心修行、祈祷、忏悔、生活清苦、服装统一。他们耕种田地，世俗信徒则前来相助。

② 富尼叶离开后，该"处"依然存在，但是其工作不断"软化"。

背天主教教义的异端。若干受到惩罚的山民被判处佩戴黄色十字标志。1324年，女佣人雷蒙德等便是这种受污辱者。

## “有人证明此人的异端劣迹吗？”

在那为时甚长与头绪纷繁的审讯中，富尼叶主教发挥着决定作用。他曾向一个告发者追问：“住在拉法热的富雷，是否有人证明他的女人的父亲（岳父）家有过异端劣迹？”另一次，一个比较富有的囚犯企图知道是谁将他告发的。富尼叶回答：“将告密者的名字告诉你？休想！”“有人证明此人的异端劣迹吗？”这是富尼叶主教用来对付异端的习惯用语。这位主教不断追问细节，反复施压。由富尼叶审问的人被迫迅速坦白认罪。“他能让雌羊羔生出小羊。”这些审讯留下了一部《帕米叶尔主教雅克·富尼叶异端裁判记录簿》，该记录用拉丁文书写，相当原始真实，收藏于梵蒂冈图书馆，后于 1965 年分 3 卷出版。

由于数年的镇压，富尼叶主教成了“名副其实的宗教裁判魔王”。当人们感到密探将要告发时，都吓得全身发抖甚至失声痛哭。山民们提及这位主教先生时“谈虎色变”。人们对他的反感，还由于他加重了农业的什一税，并对奶酪、萝卜等农产品开始征收什一税。羊羔也在纳税的范围之内。“约于 1300 年，阿利叶日的比利牛斯山区，纯洁派（另译清洁派）异端在萨巴尔特地区的蒙塔尤等小山村中还有一个分支。对于异端裁判，尤其帕米叶尔主教富尼叶、未来教皇伯努瓦十二世的异端裁判的系统行动，它未曾表示反抗。”[①] 为何未见强烈反抗？因为蒙塔尤等村的山民受到十分严厉与颇为具体的压制。但是与此同时，对于“异端”（其中包括难于定性者）的残酷镇压，引发了山民们的巨大不满。有人公开表示：“应该烧死的不是异教徒，而是富尼叶主教！”

---

① Duby et Wallon, Op. cit..t.2. p.166.

## 从主教至教皇的演化

山村居民们的愤怒，迫使教皇了解帕米叶尔主教在当地已成为众矢之的，遭到山民们的憎恶。同时，客观上也让罗马教廷见到了富尼叶主教的干练、忠心，从而为他带来了逐步升迁的机会。帕米叶尔主教升迁的阶梯，由当地山民们的痛苦构成，这些事态成了法国比利牛斯山区历史的一个污点。1326 年，教皇约翰十二世对富尼叶发来贺信，赞赏与祝贺这位主教的功绩。

1326 年，富尼叶调任米尔普瓦主教。米尔普瓦位于帕米叶尔以东数十公里处，在富瓦伯爵领地的东北部。实际上，这是一次荣升，因为米尔普瓦的堂区与信徒数目明显多于帕米叶尔教区。

1327 年，富尼叶升为枢机主教。他谦虚谨慎地为人处世，以求更大的升迁。

1334 年 12 月 20 日，富尼叶当选为阿维尼翁的教皇，称伯努瓦十二世（即本尼狄克十二世）。他是基督教关于人死灵魂尚存问题的专家。1336 年，他发布通谕，指出："义人死后，其灵魂立即可见天主。"后来，此说或为一种教义。1342 年 4 月 25 日，这位从富瓦伯爵领地走出来的教皇去世。

他作为帕米叶尔主教，具有侦探、警察与法官的机灵头脑，他通晓当地的方言与了解天主教的基本理论，这些都便于他的监视山区的工作。他对当地异端分子和接近或同情异端的山民，进行特别的压制和严酷的打击。他个人常说的典型言论，反映出他的独特性。帕米叶尔主教的独特"贡献"，应该纳入法兰历史的黑暗的篇章。他在细心审判、镇压异端、控制思想、强加信仰方面独特罕见，确令后人深入思考！

# 23

**狄德罗（Diderot，1713—1784）**
**主张无神论的哲学家**

## “如果你希望我相信上帝，你必须让我触摸到他！”

### 他的故乡时常刮着狂风

法兰西的文明、历史有着吸引力，在已经消失的相距十分遥远的岁月里，那里曾出现不少令后人震撼的人与事。法国之外的人们，往往出于对这个国家与民族的热情，容易夸大或贬低她的人与事。狄德罗可做应验。对于法国人而言，他只是一位著名的哲学家。在法国之外欧洲与亚洲的大片地域，人们曾尽力地强调他的无神论、唯物主义以及“伟大的战斗力”。他不是唯一的“高卢雄鸡”，但是他这一只“高卢雄鸡”曾经勇敢地对着上苍啼叫，向着当时法国社会上浓重的宗教雾霭发起挑战。

狄德罗的生平从陷入穷困至结交君主……既平常也丰富。这两者并不矛盾，有日常工作与特殊事件的事实证明。

1989 年 1 月，笔者与法国朋友从第戎去访问不远的朗格尔市。如同法国的许多小城市，它比较安静清洁，但这里是朗格尔高原，向来大风横刮，仿佛告诉人们：本地出了狄德罗，他在文化潮流中曾经如同狂风一般，撞击着人们的心灵。

狄德罗的父亲是一位当地较有名气的刀具制造师傅。从他给儿子的书信来看，他的文化程度不低。他有一句概括性的话值得在此援引：“我儿，我们俩都在这个世界上喧哗了一番，所不同的是你用你发出的声响使你自己不得安宁，而我用我的工具使别人不得安宁。”[①] 制造刀具锤锤打打，惊扰四邻，而狄德罗用语言文字表达激昂的思想，使主流社会坐立不安。

德尼 · 狄德罗（Denis Diderot）出生于朗格尔。父母将年幼的他送进耶稣会学校，计划培养他成为一位议事司铎，因该职务能保证拥有权势与财富。他在学校学习时成绩优秀，但是爱激动与好打斗。1726 年，他剃度入教，年纪轻轻，已经有人称他为“神甫狄德罗先生”。此时，他对天主教的教义深信不疑。1728 年，他去巴黎上学。1732 年，父亲发现儿子的思想已经显著地改变，即他已决心深入求知与扩大知识范围，努力学习科学、外语。一个非宗教色彩的狄德罗浮现了出来，他离校后在巴黎自己谋生。

## 普罗科普咖啡馆和《百科全书》

当时，狄德罗工作之余经常出入“普罗科普”（Le Procope）等咖啡馆，与各种文化人士相识交流。[②] 狄德罗身材高大，夸夸其谈，放荡不拘，引人注意。他先后曾有几个情妇，其中最亲近与为时最长的是索菲 · 沃朗。他回避与上流社会接触，主要在拉丁区活动。1742 年，狄德罗结识卢梭，彼时友谊延续多年。1743 年 2 月，他不顾父亲的反对，悄悄地与一缝纫女工安托瓦内特 · 尚皮翁结婚。随后，他努力从事翻译工作，如从英文翻译了三卷《希腊史》，以解决家庭开销之所需。由于相同的原因，1746—1749 年，他撰写一些作品，如《哲学思想》（*Pensês philosophiques*）、《怀疑论者的漫步》（*Le Promenade du sceptique*）、《泄密的首饰》（*Bijoux indiscres*）、《关于盲者的书信》（*Lettres sur les aveugles*），大胆的言论引起了官方的追究。但是，我们不应将狄德罗与官方完全对立，1767 年他一度任职出版物的检察官。

① 比利:《狄德罗传》，商务印书馆 1984 年版，第 5—6 页，第 94—96 页。

② 笔者在巴黎期间，多次光顾普罗科普咖啡馆，至今人们仍在指点，哪里曾坐过狄德罗、罗伯斯比尔……这是近代著名咖啡馆之一。

编辑《百科全书》是狄德罗一生中的大事。当出版商请他负责编辑时，他表示自信有能力做好此事。初时，不曾确定将出版多少卷册，双方仅议定，狄德罗每月可收入 100 里弗尔。1746 年 2 月，狄德罗收到第一个月的工资。由于司法大臣达让松伯爵（另说为警察总监）召见狄德罗，指定他为主编，表明给予支持。《百科全书》“几乎算是官方事业”，狄德罗辛勤工作，邀请有关学者撰稿。达朗贝的作用众所周知，此处不再赘言。1751 年 7 月 1 日，《百科全书》第一卷出版，其中 2 个条目《艺术》与《政治权威》出自狄德罗的笔端。他在《政治权威》内写道：“政权不是一种私人财产，而是一种公共财产……它根本上仅属于人民，完全为人民所有。”“君王属于国家，国家选择君王来统治……他向人民承担管理各项事务的义务。人民对他承担依法服从的义务。”[①] 当时，法国与欧洲还在盛行“家族前后继承”的政治更迭，狄德罗的如此言论隐匿着一种政治威胁。1752 年，《百科全书》第二卷出版。1753 年后，其他各卷陆续问世。1779 年，《百科全书》共 28 卷全部出版。[②] 在那漫长的出版过程中，狄德罗费尽心血，有时满怀愤怒。他克服种种压力，终于完成了任务。编辑与出版《百科全书》不仅是法国学术性质的重要活动，也是施惠于欧美乃至全世界的社会贡献。

## 面对俄国女皇谈笑风生

了解狄德罗的生平时，必须提及他与俄罗斯帝国宫廷的关系。自从接受编撰《百科全书》的任务后，狄德罗以出版商提供的经费购买了许多图书，共约 3000 册，主要是希腊文、拉丁文的古典作品，哲学、自然科学等方面的书籍。这位学者爱惜他所收藏的图书，包括荷马与柏拉图等人的著作。但是，生活的窘境，女儿的长大成人，以及为她的出嫁准备嫁妆，使他经受着

---

① Denis Diderot, *Autorité politique*, *Cittoyen*, *Homme*, *Société. Encyclopedia ou dictionnaire raisonné des sciences des arts et des métiers*.Stuttgart—1966.t.1. p.889.

② 1776—1780 年，又续出 7 卷，包括正文图片、索引等。总共 35 卷。

日益加重的压力。求告无门的狄德罗，忍痛割爱：卖书。1759 年，他在致友人的信函中首次说出卖书的想法。次年，他在给女友的信中表示："我有很多心愿……一是结束出售我的藏书的交易。"但是，与他交涉的出版商报价偏低，而书的主人希望获得 15000 里弗尔。[①]

此时，消息传到了圣彼得堡。叶卡捷琳娜二世下令购买狄德罗的藏书，并声明在她需要之前图书皆由狄德罗保管，外给予他以一笔年金。1765 年 4 月，狄德罗向有关大臣圣弗罗朗丹请求批准此事。[②] 该大臣启奏国王，路易十五于 5 月 1 日予以批准。此外，俄国女皇又赠给狄德罗的女儿以嫁妆，俄国政府对他预先支付了为期 50 年的维护与添加图书的费用。他原则上售出了图书与交出了自己的手稿，从此他摆脱了贫困。

1773 年 6 月，狄德罗应邀出发访问，10 月到达圣彼得堡。1774 年 3 月，他从俄国返回。在此期间，狄德罗与女皇会见约 60 次。他对女皇表示亲切，甚至抓住她的手或胳膊，说话时敲着桌子，如同在巴黎的普罗科普咖啡馆一般。与此同时，他对她讲真话，甚至展开争论与互相打断对方说话。他提出了 88 个问题，其中包括农奴制等。他建议改革制度，实行良好的君主专制，进行义务教育，反对学习"已死亡"的拉丁语。他建议俄国奉行亲法国政策，并与奥斯曼帝国讲和，又称她为"欧洲第一女皇"。狄德罗展露了法兰西文化的独立性，他认为面对的不是女皇，而只是讨论问题的另一方。实际上，女皇将他的言行归结为纸上谈兵，临别时送他一枚戒指作为纪念，它的宝石上刻着她的侧面像，并且曾经戴在她的手上。[③]

1775 年，狄德罗年过六十，已经手足沉重、思想迟钝，喜欢休息与安静，甚少参与社交活动。1778 年，他的牙齿全部松动，感到已是垂暮之年、忧郁消极。妻子一向勤俭持家，但是"脾气如同一位男爵"，现在她的性格

---

① 比利，同前引书。第 332—333 页。

② 圣弗罗朗丹（Saint-Florentin，1750—1777）是路易十五时期"密扎"（letterede cachet）的主要分配者。

③ 中译为特罗亚:《风流女皇》，世界知识出版社 1983 年版 . 第 234—236 页。原书名《伟大的卡特琳娜（叶卡捷琳娜）》（Henri Troyat，*Catherine la grande*）。

变得温和，两人可以坐在壁炉旁边促膝交谈。1784年7月31日，狄德罗去世。此前一日，他曾留下遗言："走向哲学的第一步，就是怀疑。"在数十年的创作生涯中，他如此坦然概括："我不做结论，只是提出问题。""我让我的心思随意漫游……如同年轻的浪子追求着……"

## 法兰西王国的文字狱

简单的生平介绍让我们看到一个思想活跃、勇于争论、坚持己见的学者。他一向以怀疑态度去追寻学术真理，不论俄国女皇或巴黎形形色色的文化人士，他皆以无所畏惧的态度，坦然对应。但是，18 世纪 40 年代，他迫于家庭生活等的压力撰写的一批文章，引来了麻烦。《关于盲者的书信》使他面临不幸，他被迫公开妥协而内心坚持原则，得以渡过难关。

《关于盲者的书信》写于 1749 年 6 月初，随后出版，未署作者与出版商的姓名。7 月 24 日，刑吏等人"以国王的名义"逮捕狄德罗，将他关入文森城堡的单人囚室，至 11 月 3 日由国王下令获释。36 岁的哲学家接受审问，他否认自己是《关于盲者的书信》一文的作者，表示不知谁是印刷者。他也否认是《哲学思想》和《怀疑论者的漫步》的作者。随后，有关书商招供了狄德罗是作者以及印刷厂主的姓氏。哲学家陷入困境，被迫书写供词与悔过书：巴黎市治安总监佩里叶"先生，我受的惩罚已至极限……我要顺应您的感应力量……今后如果未事先请求您的批准，我绝不写作……我如实招认。我承认《哲学思想》《泄密的首饰》《关于盲者的书信》均是我一时有失检点而暴露的思想狂妄……保证那是我最后的、绝无仅有的错误暴露。谨此交代，即希查照"。

狄德罗为何成了囚徒，身陷牢狱之灾，官方掌握了充足的根据——他的思想的暴露、咖啡馆里密探们的告密。的确，狄德罗有许多非难天主教、反对整个宗教信仰的论述。例如"我心里认为基督教的教义最荒唐，最残酷，最令人难于理解……最容易分化成各种教派、异端"。它最"迫害异端"，

“危害公共安全”，“对于王权也最为危险”……又如“你们（英国人）混淆神学与哲学，从而弄坏了一切，这是将谎言与真理相混，必须清除神学”[①]。此处“清除”，用了法语一词“sabrer”。该词也可译作：“刀斩”，它出自“sabre”，即马刀、军刀之义。他还曾表示：“我要宣布，我不相信圣父，不相信圣灵，也不相信圣族的其他任何人。”正如有人评价狄德罗：“他的精神、心灵与意识充满着激情。”

在狄德罗颇为不易的一生中，有一句话特别能够给人留下不可磨灭的印象。请阅读《关于盲者的书信》。狄德罗借文中一位英国盲人的口吻，对一位教长所描绘的上帝以及奇迹美景提出反问：“我已注定在黑暗中度过一生。”“如果你希望我相信上帝，你必须让我触摸到他。”这是一句扣人心弦的结语，它尖锐地刺激了当时普遍信仰基督教的欧洲的社会心态。狄德罗以这一名言使那些在咖啡馆内外与自己唇枪舌剑的人士感到芒刺在背！每当人们考察历史上法国人的思考能力时，不能不提到狄德罗。

① Benot, *Diderot, de l’athéisme à l’anticolonialisme*. Paris—1981. pp.63，92.

Chapter 06 |

# “女士之城将美丽绝伦……永远屹立于尘世中！”

——法兰西女性的风采

# 24

**皮桑夫人（Mme Pisan，1365—1430）**
**设想一个仅属于女性的乌托邦**

## “女士之城将美丽绝伦……永远屹立于尘世中！”

### “我独自坐在书房里……”

600 多年前，一位住在巴黎名为克里斯蒂娜的女性，写下了这些文字：“一天，我独自坐在书房里，四周摆满了书籍。如同往常那样，我专心地研究着文学。”她发现在已浏览的书中，不论哲学家、诗人、演说者，都一致谴责说：“女人容易犯种种罪行，她们所做的事情都充满罪恶。”天主创造女人时，产生的就是一个邪恶的生灵。”“我痛恨自己，也痛恨全体女性。”随后，克里斯蒂娜反问：“啊，天主，这怎么可能呢？”于是，“我羞愧地低下头，眼睛里噙满了泪水，深深地沉浸于痛苦的想法中。突然，我看见一道亮光落在大腿上……我仿佛从睡梦中惊醒……我看见三位头戴皇冠的女子站在面前”。她害怕幽灵的到来，立即在额前划了一个十字，祈求天主的保佑。[①]实际上，这是她陷入了幻觉之中。

这位孜孜不倦的读者皮桑女士向“女神们”提出若干问题：“尊敬的女神，一些作家证明，女人天生就很邪恶、贪婪，这是真的吗？”皮桑女士以三位女神的教育和开导，借助自己的语言，阐述关于女性的不同看法，用法

① 皮桑：《妇女城》，学林出版社 2003 年版，第 1—4 页。

语书写一本著作:《女士之城》(*La cité des dames*)[①]。此书约于 1407 年写成。但是不见出版年代。

克里斯蒂娜·德·皮桑(Christine de Pisan，英语书刊将她写为 Pizan)是一位法国诗人，出生于意大利美丽的水城威尼斯。父亲既有知识又思想开明，他曾在波洛尼亚一所大学任星象学教授，后为威尼托共和国的议员。法国国王查理五世(Charles le Sage，1354—1380 年在位)任命他为王家星象学顾问，年幼的克里斯蒂娜跟随母亲来到巴黎。1380 年，她 15 岁时，嫁给法国国王的“公证人与书记官”卡斯特尔(Estienne du Castel)，此人比她年长 10 岁。约十年后，她的父亲和夫君先后去世，但是幸福的家庭生活给她留下了美好的回忆。皮桑的文学创作活动主要在法王查理六世(查理五世之子，1380—1422 年在位)和查理七世(六世之子，1422—1461 年在位)统治时期。

皮桑大约活了 66 岁，一生写作，著述颇多，除《女士之城》外，还有《百首抒情诗》(*Cent Ballades*，1390)、《致爱神的书简》(*L' Epitre au dieu d' amour*，1399)、《玫瑰的故事》(*Le Dit dc la Rose*，1402)、《查理五世智者的事迹与美德》(*Le Livre des Faitz et Bonnes Moeurs du Sayge Roy Charles V*，1405)、《三种美德之书或女士城之珍宝》(*Le Livre des trois vertu ou Le Trésor de la Cité des Dames*)、《幻想》(*La Vision*，1405 年自传)、《政体论》(*Le Livre du Corps de Policie*，1407。译《治理机构》)、《论和平》(*Livre de la Paix*，1413)等。

## “断言女性皆好，这是在说谎”

中世纪，欧洲社会上对于女性存在许多贬损与歧视的旧思想、旧传统，

① 又称 *Le Livre de la Cité des Dames*，中译本为《妇女城》。依笔者之孔见，此处 dames 译作“女士”更好些。

甚至近代也还不同程度地延续着此种人类应该反省的缺失。[1]对于当时法国书刊上污辱女性的话语，皮桑做了认真的思考。她不曾由于情感的驱动立即以牙还牙，予以完全反驳。她在《女士之城》一书中明白无误地写道："如果断言全体女子都是好的，那么我分明是在说谎。有形形色色的女人。女子中有一些很不理性，但是这一部分人微不足道。"[2]皮桑语气冷静，言之有理。

皮桑不仅能够原则性地区分，还能列举出她心目中的"最邪恶的女人"。如布伦希尔德（Brunhilde，也即 Brunehaut，布伦内荷特），皮桑称她为"法兰西王后"，这是一种简单化，因为有关人与事都发生在 843 年之前的数百年的时空里。那时，奥斯特拉西的国王为西日贝尔一世（561—575 年在位），奥斯特拉西的地理范围包括今日概念中的下述地域：由西向东，从瓦兹河（Soissons 附近）经默兹河、莱茵河、马恩河，直至威悉河，也即现今法、比、德相交的大块地域。

西日贝尔一世的王后布伦希尔德（534—613）是西哥特王阿塔纳日尔德的女儿，于 566 年嫁给西日贝尔。她有文化也有毅力，但却冷酷残忍，曾与纽斯特利国王希尔佩里克一世（539—584 年在位）之妻弗雷德贡德互相争斗。575 年西日贝尔死后，他的儿子希尔德贝尔二世即位，由布伦希尔德王后摄政。在此期间，教皇格列高利（Grégoire，590—604 年在位）曾对她发出一封信函，要求她加强反对异教信仰活动的工作。"你应该约束你的臣民去服从教会的纪律，以便他们不再献身于（其他）偶像，不再崇拜树木，不再在大众中展示涂抹的动物头像（亵渎宗教）。我们得知，不少基督徒还在继续信仰魔鬼，这是令人讨厌之事。"[3]笔者未曾见到布伦希尔德的回复，但是至少说明她在推行基督教信仰方面已有欠缺。后来，若干王室近臣背叛布伦希尔德，她被弗雷德贡德之子克洛泰尔二世捕获，并被捆在一匹野马的

---

① 古日夫人的《妇女权利宣言》发表于 1791 年。（请参见拙文"法国《女性权利宣言》的重要历史价值"，载史学月刊，1993 年 No.4）沃斯通克拉夫特的《女权辩护》发表于 1792 年。

② 皮桑，同前引书，第 111 页。

③ Walter, *Histoire des paysans de France*. Paris—1963. p.31.

尾巴上，拖拉至死。

此外，按照皮桑的意见，“最邪恶的女人”还包括犹大王国（Juda）的女王阿塔丽（Athalie）与其母亲、耶路撒冷女王热兹贝尔（Jezbel），她们曾经迫害以色列人。

皮桑在指出“好女人”的同时，看到了现实生活中女性所经受的苦难。“请想一想所有死于饥饿和悲伤的女子，家里孩子很多，丈夫都在城内各个酒馆中放荡地痛饮狂欢，当他们回到家里后，仍要痛打这些可怜的妇女，而这就是她们的晚餐！”皮桑发问：“难道你从未见过一位鼻青脸肿、伤痕累累的女邻居吗？”数百年前，在欧洲城乡的日常生活中，这是一种常见现象。皮桑出生之前，法国社会已开始解除自身的束缚。1316年，路易十世宣布解放王室领地的农奴。1318年，菲利普五世邀请各大领主仿效王室，解放农奴。[①] 但是，女性的“解放”何时能够初见端倪？

## “女性是一种极高贵的生灵”

皮桑以她女性的心灵观察妇女的艰难处境。她曾有良好的夫妻生活，却能冷静地站在受害者一边伸张正义，从她的笔端流淌出许多关于女性的称赞言辞，而借助那三位女神的口吻，仅仅是作者采用委婉的表达方式。“女性是一种极高贵的生灵”，“一个人是高贵或卑贱，并不依据其性别，而是在于行为和品行是否完美”，“毫无疑问，女人同男人一样，都是天主的子民，是人类的一部分”。

历史上若干获得肯定评价的女性，受到皮桑的重视。她列举“伟大的女性统治者”如弗雷德贡德（Frédégonde，约545—549）。皮桑称她为“法兰西王后”，实际她是当时纽斯特利国王希尔佩里克一世的第一任妻子，她所生的孩子为后来继位的克洛泰尔二世。

---

① Gachon. *La vie rurale en France.* Paris—1976. p.66.

584年，希尔佩里克一世去世，皮桑如此描绘当时的弗雷德贡德。“虽然她很残忍，有违于女人自然的性情，然而丈夫死后，这位淑女以娴熟的技能统治着法兰西王国（实为Neustrie）。那时，这个王国陷入了极度的动荡和危险中，除了继位人年幼的克洛泰尔之外，希尔佩里克一世什么也不曾给她留下，贵族们对于如何治国意见甚为分歧，大规模的内战已经发生。”弗雷德贡德摄政召集贵族们开会，她手抱孩子发表演说：“贵族们，这是你们的新国王，请别忘记法国人贯有的忠诚，不要轻视这个孩子，因为在天主的帮助下，他将成长起来，当他成年后……他将辨别出谁是他的好朋友，并对他们论功受奖。至于我，我向你们保证，我将最慷慨地奖励那些行为出色而忠诚的人。”“为了战胜敌人，我将抛弃女性的一切恐惧，以一个男人的勇敢武装自己的心灵……我将怀抱儿子走在最前头，你们则紧跟在我的后面……”她勇敢地扶植儿子闯过了年幼继位的难关，成为国王。她获得大批贵族的支持，完成了摄政的使命。

第二个“伟大的”例子：“在圣路易（九世）的母亲、最贤明的王后布朗什（Blanche de Castille，1188—1252）身上也发生了类似的事情。她在每一件事情上表现出美德与高贵。”她辅佐幼稚的路易九世治理法兰西，儿子长大成人后，她继续协助治国，甚至“跟随儿子参加战斗”。皮桑在书中还列举了克各维斯（Clovis）妻子等若干贵族女性，作为肯定的典型。她以法兰西文明中的实例，具体地证明社会上广为流行着错误的说法：“女人皆是邪恶的心灵。”她显示出不随大流，独自思考与判断的能力。

## “你的城市将美丽绝伦”

区分女性的优劣，谴责坏女人与颂扬好女子，这仅是皮桑关于女性研究的初步工作。经过长期思考后，她为女性的未来设计一个新的蓝图。她假借“理性女神”之口，实际自言自语：“亲爱的女儿，由女人建造女士之城的特殊权利已经赐予你了。为了建造这一座城，你将从我们身上汲取清水。我们将带给你足够的建筑用的石头，它们比任何用水泥黏合的大理石更为坚固耐久。因此，你的城市将美丽绝伦，永远屹立于尘世中。”“我向你预言，我们帮助建造的这座城市……永远不会毁灭，也永远不会衰败，而将永远保持繁荣。”它“永远不会被占领，也不会被征服”。女士之城将美丽绝伦、永远繁荣，永久屹立，这是多么具有吸引力的构思!

建造的地点在何处？“女士之城将建立在一片平坦、肥沃的原野上。那里，果实累累，清水潺潺，物产丰饶。”那里“淑女们和所有勇敢的女子都能有一个避难所，并得到保护”。“将建造一座独特的大厦，它的城墙坚实，地基牢固。”这将是一个类似要塞的独立大厦，它只为女性提供住所。

女士之城一旦建成，这是“一个女性新王国的诞生”。请看皮桑关于这一座女士之城的描绘：“理性女神为女士之城开挖地基”。“女士之城的基石”：女性的勇敢、智慧、审慎……“女士之城的城墙和房屋”：女性的预言能力、女儿的孝顺。有资格迁入女士之城的“居民”：爱丈夫的妻子，使尘世获益的女子、贞洁的女子、正直坚实的女子、忠于爱情的女子、美丽的女子、慷慨的女子……根据皮桑的安排，“天国的王后与贞女”将居住于“女士之城的塔楼和顶层”，“王后将统治与治理这座城市”。同时还应看到，允许迁入女士之城的女性当中，包括“犹太人中的淑女”，以及“异教统淑女”。可见，皮桑着重于维护女性权利的思想包含着明显的宽容性，能够对不同的民族与宗教信仰一视同仁，在那些年代的法兰西与欧洲，这真是凤毛麟角的见解。大约一个半世纪之后，1572 年 8 月，法兰西将因宗教冲突发生“巴泰勒米节屠杀”！

皮桑在书中规定，男人不得进入女士之城。按照皮桑的挑选，有资格进入女士之城居住者，仅约 100 人。这个女性“新王国”里，“不需要维护财产”，“不需要怀孕或生育”……但是，她也发出号召：“尊敬的淑女们，愿你们陶冶于美德的修炼，摆脱罪恶，扩大我们这一座城市的面积，增加居民的人数……”皮桑企盼着女士之城的不断扩大，而它的前提为品行的提高。无疑，这是缺少男性的女性之城。

皮桑所设想的女士之城并非十全十美。她不曾认识法国封建社会的整个机制对于女性的束缚和压抑，而只见到女性遭受丈夫们的殴打……她指出了男子和女子都是天主的子民，也都是人类的组成部分，但是她还缺乏比较充实的争取男女平等的政治思想。她好比一只脚迈出了旧的巢舍，而另一只脚还留在巢内。她甚至告诫："已婚的淑女们，不要不屑于服从你们的丈夫，因为有时保持独立对一种生灵并不是最好的事情。""那些利用自己自由意志的人，将坠入罪恶的深渊。"皮桑未能找到既要维护女性权利，又要保持家庭和谐的良策。

## 《女士之城》为何留传至今？

皮桑的《女士之城》为何流传至今？当代，欧洲人、美洲人和亚洲人仍在阅读与评论她的著作，给它以肯定，这是它的历史价值所决定的。1365年皮桑出生时，查理五世刚刚即位，随后继位的法国国王为查理六世和查理七世。皮桑去世于1430年。这一历史时期，法兰西王室权威正在不断加强，国家领土的统一、政治分裂的克服、民族心态的聚合都在逐步进行，外国的干扰和侵犯也在逐渐消除。通常，这些大事广泛地吸引着人们的注意力，忧国忧民的社会人士普遍地关心民族的命运与国家的兴亡。在如此社会常态里，唯独皮桑女士以诗人的敏感和女性的细致，重视妇女问题。妇女是法国居民的一半，为她们寻求出路，无论如何应该大加赞扬！俄罗斯的彼得一世打开了通往欧洲之窗。考虑到法国历史已被"缩写"成简单的政治史、国家史、统治史时，阅读皮桑的《女士之城》便如同打开了一扇通往另一个法兰西之窗，帮助我们了解那个社会的、性别的法兰西！

法兰西的历史中，始终存在着一类畅想曲。它在不同时期，由不同人士谱写与歌唱。它包含着多种音色与内容，包含着关于暴力或协调、所有权的易手和公有等主张，但是它们都表示出对于当时社会的不满，都在追寻未来比较容易的甚少磨难的生活。皮桑的《女士之城》属于这一类的未来幸福畅想曲，她显得相当简单与粗糙，只是放开思想去飞翔，不见航线的方位、高度与速度等的精心设计。就 15 世纪初而论，皮桑的《女士之城》体现了畅想的大胆，她勇敢地勾勒出在一种小范围内的孤立的女性“解放”的幻景。

如果将皮桑的《女士之城》与约 400 年之后傅立叶的《四种运动和普遍命运的理论》（1808）等著述做一粗略的比较，便可感到皮桑女士思想的天真幼稚可爱。傅立叶对于他的乌托邦做了细心而周密的思索，认为现实社会离开人类未来命定的制度还很遥远。他主张“解放妇女”与“解放劳动者”，“建立和谐制度”，达到“普遍和谐”（harmonie universelle）。他的“和谐社会”的基本细胞为“法朗吉”（phalange），即一种生产消费联合社。他们的住所称法朗斯泰（phalanstère）。[①] 傅立叶曾经指出：“妇女解放的程度是衡量普遍解放的天然尺度。”

15 世纪初至 18 世纪初，时间大幅度地推移，社会获得了发展，虽然皮桑的乌托邦不如傅立叶的乌托邦那样精细，但是就针砭社会时弊、憧憬美好未来而言，他们给后人留下了勇于思考的遗产。皮桑未曾将女性“理想化”，未曾尝试制造一种“女性崇拜”，而是冷静地设想着未来。她不愿对命运表示哀婉的屈从，不愿以她动人的词语诱导凡人升入“天国”，走进那虚无缥缈。[②] 她仅仅渴求在大地沃野中筑造一个可以供女性居住的实在的城市。她心怀幻想，但不是凭空臆造！

---

① 《傅立叶选集》，同前引书。第 1 卷，第 151、184、185 页。

② Morali-Daninos，*Histoire des relations sexuelles*. Paris—1980. p.36.

# 25

**玛格丽特夫人（Mme Marguerite de Navarre，1492—1549）**
**天马行空的《七日谈》作者**

## “帝王是穷苦大众的公仆，穷人与天主是一家。”

### “法兰西的宝石”

通常人们听说或阅读意大利人薄伽丘的《十日谈》，但是不一定听说过《七日谈》，而后者确实有它的价值。《七日谈》的作者为法兰西的玛格丽特·德·纳瓦尔（Marguerite）。她是一位独具匠心的王后，撰写《七日谈》，矛头直指宫廷与教会中的丑恶现象，为法国历史塑造了一个走在时代前头的王族女性的形象。人们如果简单地知晓16世纪的法国社会，将会因为面对玛格丽特的特殊性而感到愕然。

法国历史研究中，经常见到简单化的现象，它的好处在于突出优点或劣迹，明确内涵引人注目，便于尽情讴歌或严厉抨击。但是简单化容易流于绝对化，一旦绝对化了，非此即彼、你死我活是唯一的结局。简单化的缺陷在于否认社会与事物的复杂性，不容许选择性的存在，因而很难去认知事物的转化与发展的运动。简单化容易演变为迷信。马克思和恩格斯早已指出：迷信是一种“癌症”，患者“变成幻想世界的俘虏，失去一切理智”。这是一种“愚不可及的自我欺骗”。

玛格丽特曾带来不小的影响，原因在于她拒绝简单化。她与法国国王及王公亲贵不同，敢于挥笔直接讽刺贵族与教士，不怕异端的罪名而护卫一批新教信仰者，独自走入街市和民众接触……这一切使她别具一格，在当时是一个“另类”。这位女性在某种意义上具有勇敢战斗与遵守诺言的骑士的品质。借助她的介绍，后人能够更好地认识当时法国社会的面貌。她的名字叫玛格丽特[①]，在那个遥远的时代，这一个词语为珍珠、宝石之意，让我们将玛格丽特比喻为“法兰西的宝石”。她以纳瓦尔王后闻名，但是她随父亲昂古莱姆伯爵的称号，又称玛格丽特·德·昂古莱姆。

## 母亲、女儿、弟弟“三位一体”

玛格丽特的父亲为查理·德·奥尔良·昂古莱姆伯爵，母亲为路易斯·德·萨瓦。法国国王弗朗索瓦一世是她的弟弟。她5岁时丧父，从此和母亲与弟弟三人相依为命，他们自称“我们的三位一体”。

她的私人生活经历了挫折。1509年，她17岁时嫁给查理·德·阿朗松公爵，婚后两人缺少感情。1524年，查理随军出征，但临阵逃脱返回法国，后于次年去世。

1525年2月，弗朗索瓦一世在帕维亚战败，被俘后囚禁于西班牙。他致函姐姐，表示“深信天主的仁慈，他绝不会将我抛弃”。玛格丽特迅速回信，指出“我们三位一体，不容分开”。她为他的健康而庆幸。“为了你，我要付出一切，即令粉身碎骨也绝不畏缩”。“一切艰难困苦，我都可以克服。”9月，她经查理五世批准长途跋涉来到马德里，去古堡探视病中的弟弟。她在那里逗留约一个月，不离不弃，姐弟情深，令人感动。她曾专程到托勒多请求查理五世宽大处理，但是遭到了拒绝。姐姐的关照给弟弟以温暖与鼓励，增强了他的斗志。当弗朗索瓦一世获释返回法国时，他和母亲与姐姐在巴约纳重逢。

---

① 玛格丽特：Marguerite，当代解释为雏菊类菊科植物。法国俚语还可解释为白头发、直升飞机等。

1527年，玛格丽特已35岁，嫁给年仅24岁的亨利·德·阿尔贝·纳瓦尔王。法王让纳瓦尔王以法国吉耶纳总督的名义，在西南部的涅拉克设立宫廷，有时在坡城（Pau）居住。他们生下一女，名叫让娜，即后来法王亨利四世的母亲。玛格丽特与生性风流的丈夫关系不佳，她经常独自留在涅拉克宫中度过，热情接待宾客，开展社会活动。①

玛格丽特在她的小小宫廷中款待各种自由思想的朋友，包括新教徒，如马罗、加尔文与拉伯雷等。其中一人如此形容："我们如同一群小鸡，她则像一只母鸡。遇到刮风下雨，她便张开双翅让我们到她的翅膀下面躲着。"她大力救助勒菲弗尔·德·埃塔普尔（Lefèvre d' Etaple）。这一位巴黎大学教授表示不是依靠行善，而是依靠信心，灵魂才能获救。他指出："世界上唯有主教们能够做出最可耻之事。他们带领人们酗酒、赌博、打猎、嫖妓。"1525年，索尔邦神学院将该教授认定为异端，并欲加之火刑。他逃出巴黎，后经玛格丽特的游说而获救，改奉法王之命管理布卢瓦的图书馆，并负责宫廷子弟的家教。

## 自称"贫苦民众的大管家"

纳瓦尔王后玛格丽特另有与众不同的特点。她平时关注自己与民众的交往，经常独自一人走到街上，不带护卫随从，与遇见的人随意交谈，了解当地情况。她有时直接访问民居，派医生给病人治病。她与丈夫在坡城居住，这里的城市建设超出一般水平，甚至建立了一批穷人学校。她自称为"穷苦民众的大管家"。她公然指责："王公贵族出门时，将百姓赶开最是不该。"她认为："帝王是穷苦大众的公仆……因为穷人和天主是一家。"她主动放下架子走到民间进行救济，表现出善良的愿望与心态，对此不能简单否定，如

① 1589年，纳瓦尔（Navarre）并入法国，它的国王们继续保留头衔，直至19世纪。涅拉克（Nérac）在今Lot-et-Garonne省，Pau在Pyrénées-Atlantiques省。

果将绝大多数宫中权臣或上层贵族与她相比，他们肯定都望尘莫及。少数法国国王曾经走到民间，他们活动的目的在于巩固政权，而玛格丽特主要出自善意，并无多大的政治企图。

## 《罪魂之镜》抵抗神学院

玛格丽特的相貌和弟弟颇为相似——一个又大又长的鼻子，但是她自幼关注自己的言行，成年之时已是气质出众，不少人为之倾倒。她爱好学习，善于作诗、吟诗、写文章和剧本，曾学习西班牙语、意大利语、拉丁语、希腊语与希伯来语。她不仅以纳瓦尔王后的身份接待甚至庇护形形色色的文化人士，自己也积极参与多种文化交流，是当时活跃于外省的宫廷文化圈子的主要活动家之一。由于物质上的款待、政治方面的保护、自身的文化素质和文化参与，以及她是法国国王的亲姐姐，她成为当时宫廷内外的一个特立独行、拥有明显社会影响的人物。她敢于也可能对抗某些权势，做出若干有利于文化革新与社会进步的事情。自身的素质、与法王的亲密关系、自有思想与宽阔心胸，这三者的结合构成他人所缺少的优势，使她在当时西部欧洲的社会文化界处于相当突出的地位。她虽然经历了两次不理想的婚姻，却不曾因此而失去活力。中年时期，她不断地撰写著述，展示那一类女性特有的风采。

这位玛格丽特先后创作一批作品:《罪魂之镜》(*Miroir de l' âme pécheresse*，1531)、《圣诞日》(*Nativité*，诗集，1532)。1546 年，她开始撰写《七日谈》(*Heptameron*)，该书未曾完稿，她死后于 1559 年出版。1547 年，出版《公主们的玛格丽特的玛格丽特们》(*Les Marguerites de la Marguerite des princesses*，抒情诗集)。1841—1842 年，她的书信陆续公布。她的优美诗篇“船”等汇编为诗集《最后的诗》出版。应该看到，她的信函中情感流溢，文学气息和思考的意境通常超过其他著作，在欧洲文坛获得佳评。依笔者之孔见，就此而言，她和数百年后的乔治·桑颇有相似之处。

她的思想比较开放。法国多数人信仰天主教，相信《圣经》，她却在《罪魂之镜》中坦然说明自己一度怀疑《圣经》和天主，同时谴责天主的冷酷。1533年，由于上述文字，她面临严峻考验。巴黎索尔邦神学院认为她的言论属于异端，并通知她去接受指控和自我辩说。一位教士竟然满腔愤怒地要求：应该将她塞进麻袋，投入塞纳河中淹死。对于因异端而面临火刑和处死的威胁，玛格丽特置之不理。此时，法国国王直接干预，他表示："任何人不得触动我的姐姐。""我敢保证，我的信仰就是她的信仰。"至此，迫害一方只得偃旗息鼓忍气吞声。事态的如此发展不足为奇，此前已有数位法王公然对抗教皇至高无上的权力。1516年，弗朗索瓦一世和教皇利奥十世的《布伦教务协定》明确规定了法王在法国的最高权力。在那中世纪的岁月里，教权派横行、乱加异端罪名、因宗教信仰问题将人处以火刑，能够像玛格丽特这样轻松脱身者，可谓寥若星辰，实属罕见。

神学院的如此迫害，实际上进一步刺激了这位开明的女性。后来她撰写《七日谈》，可以视作此种天马行空的人道主义对于攻击者的回应。

## 鞭挞人间丑事的《七日谈》

1546年，玛格丽特开始《七日谈》一书的写作。她试图模仿薄伽丘《十日谈》[①]，以灵活的文学形式，贬责人间情趣，鞭挞坏人丑事。其中注入了自己对于生活的理解与设想。那是一部未完的作品，后来出版时由出版者给予书名《七日谈》。

《七日谈》包括72个短篇和故事。让我们跟随作者之笔，去领略书中的意义。法国与纳瓦尔和西班牙交界的比利牛斯山，有一个供人修养的地方科特雷。秋天的某日，五男五女结束了在那里的居住，下山返回家园。但是，途中遇上大雨，山洪暴涨山路中断，归途受阻，他们只得暂且栖身于一个修

① 《十日谈》最早于1471年在威尼斯出版。

道院。为了等待重新修路架桥梁，他们每日在一起以讲故事消磨时间……

书中对于教士的抨击首先进入眼帘，此种类型的故事大约十个。例如，塞埃地方主教十分好色，存心勾引信徒中的有夫之妇，破坏信徒的婚姻。书中借各种人物之口，发出谴责的言辞，如“这些伪君子，有时白脸，有时黑脸，有时灰脸，有时花脸”，“这些神父一方面教我们守贞操，另一方面在对我们的太太打主意”，“他们说不要钱，但却要女人的大腿。那不是更危险吗”……

若干故事涉及世俗社会。例如，一位身份高贵的法国夫人力求以温顺与柔情的关怀，去改造放荡不羁的丈夫。又有一例：某意大利公爵为了阻止儿子与出身平庸的姑娘相结合，竟然设下圈套杀害这位姑娘。

显而易见，《七日谈》一书的故事在不同程度上具有针对性。如此考虑有所依据，这就是当时（约 1544—1548 年）的法兰西和纳瓦尔、宫廷、教会的现实生活，尤其它的消极的一面。玛格丽特尝试以温和、朴实、同情、公正与谨慎去对抗种种丑恶，给读者一些可以设想的希望。书中的不少人物有所依据，例如她自己、母亲、友人……《七日谈》向人们展示了 16 世纪上流社会、宫廷贵族中一位女性的善良心灵，书中贯穿着她对于世俗与宗教问题的揭露和谴责。就此而言，她不属当时社会的主流。这种主流包括宫廷内外的尽情享受、宗教与世俗人员的为非作歹、社会上的欺诈与暴力等。玛格丽特生活于宫廷的环境中，但是她的言行超群脱俗，这正是她的可贵之处，也是她能够在法国历史上不被遗忘的主要原因。

## “众人敬仰的文艺复兴之母”

当时，玛格丽特受到许多赞扬，而这些赞扬者都不是随风转舵的趋炎附势之徒。作家拉伯雷将他的《巨人传》的第三部奉献给她。哲学家亨利 · 贝尔在他的《历史批判辞典》中为她写诗，赞扬她。史学家米什勒虽然信仰新教，仍在他的《法国历史》中给她以肯定：“令人永远怀念的纳瓦尔王后，你以无比的慈善，庇护着苦难的子民。从监狱里逃出者，从刑场上逃脱者，都来投奔你。你保护他们，安抚他们，尊重他们。众人敬仰的文艺复兴之母，你的家是圣者的住所，你的心为自由的天堂。”①

玛格丽特所涉及的人与事以及活动和风格是当时社会生活，尤其是宫廷生活的一部分。无疑，并非每一个法国宫廷可以看到它自己的玛格丽特，而弗朗索瓦一世的宫廷确实如此。

当时，有一事件可以说明这位有权势的女士的弱点。作家德斯佩里叶曾做她的秘书，他于 1538 年以从拉丁文翻译文章为形式发表檄文，表达自由思想，既否定天主教也否定新教学说。该著作遭到禁止，出版者被关入监狱，玛格丽特迫于压力无法庇护，这位作者被迫自杀。纳瓦尔王后受到社会的限制和她自身的局限性同时表现出来，那时法兰西的社会生活就是如此复杂斑斓！后人无权也无法假设弗朗索瓦一世的整个宫廷弥漫着自由主义的气氛，有这一位玛格丽特已是它的殊荣！

① 转引自杜兰，同前引书，第 681 页。

# 26

**曼特侬夫人（Mme Maintenon，1635—1719）**
**路易十四未封王后的妻子**

## “我只能对他说真话，让他了解他经常受骗或听到坏主意。”

### “人是童年回忆的奴隶”

人们习惯地认为：宫廷、君主及其近臣们只顾骄奢淫逸、随心所欲、轻松度日。如此的宫廷的确不少，它们早已获得了骂名。但是，历史上也可见到另一种情况：某些统治者在尽情享受荣华富贵的同时，也在努力治国以求江山永固。路易十四曾对一位近臣指出：“如果您以为，当国王是非常容易和非常舒服的事，那您准是搞错了！”① 这位“太阳王”讲出了实情。他的第二任妻子曼特侬（Maintenon）夫人更是独具慧眼，她审时度势，辅佐夫君治理法兰西王国。她不落窠臼的身影，在史著中可以寻见一二。

人们常说：童年所经历的事情很容易忘记。其实并非如此，具体的细节不一定久久地保存于记忆，但是心灵的创伤悄悄地深藏心底，时隐时现地表明自己的存在。在那欢歌笑语的缝隙里，可以感受到徒然刺痛心坎的袭击，即使当上了皇帝，国王也难于避免。此种伤痛任何人任何方法皆无法消除。拿破仑三世说出了实情：童年的苦难将记住一辈子！“我们的情感，很大部分只是因传统而形成。人是童年回忆的奴隶，毫无疑问他的整个一生皆受到

① Bertrand, *Louis XⅣ*, Paris—1923. p.27.

年幼时的印象的束缚。”曼特侬夫人自从出生便与众不同，她有着不幸的童年和少年时光。

曼特侬夫人原来姓名为弗朗索瓦兹·多比涅（Françoise d' Aubigné）。她的祖父是普通贵族，曾伴随亨利四世左右。他也是诗人，又曾撰写《世界史》，但是该书经巴黎高等法院判决予以焚毁。1635 年 11 月 27 日，她出生于尼奥尔（Niort 在法国中西部，现属 Deux-Sèvres 省）的监狱中。[①] 那时，她的父亲与母亲因负债而入狱。弗朗索瓦兹来到人世间之后，经历了 20 余年的动荡生活。她 2 岁时，寄养在并不富裕、信仰新教的姑母（或姨母）维勒特夫人家中，他们住在谬雷村。这是遵循法国贵族的习俗，父母不教育自己的孩子，况且当时他们家穷，便将负担转移给姑母。出生后曾受天主教的洗礼，后来改受新教的影响。1644 年 9 岁时，她跟随父亲来到拉丁美洲的玛丽—加朗特岛，他在那里担任官职。1647 年 12 岁时，父亲去世，她返回法国，仍由维勒特夫人收养。她的表叔当时在尼奥尔为官，其妻子纳杨夫人是弗朗索瓦兹的教母也是另一姑母（或姨母），她虔诚地信仰天主教。1648 年，这位教母私下请求王太后安娜·德·奥地利批准，由 2 名宪兵将 13 岁的弗朗索瓦兹带离谬雷村，送到尼奥尔交给教母教育。随后，由教母将她送入当地的圣于尔絮勒修会的修道院接受天主教的教育。弗朗索瓦兹在拉丁美洲时曾经比较自由任性，此后经历出嫁、丧夫、服务于宫廷，她的“性格渐渐地变得柔和，较少倔强和容易接近”。后来，她回到教母家中。

1650 年冬天，教母带弗朗索瓦兹（15 岁）去巴黎，将她送入圣雅克街的于尔絮勒修道院，于是她回到了天主教的信仰……教母终于将她接回家中，她已经成熟了。1651 年，她的母亲去世。

---

① 为了方便，我们简称她为弗朗索瓦兹，她的远祖中有安的列斯群岛克列奥尔人的血统。伏尔泰的《路易十四时代》于 1751 年脱稿，该书关于曼特侬夫人的描写值得商榷。本文根据近年法国有关研究者的名著，简要介绍曼特侬夫人。

## 出嫁、丧夫、服务于宫廷

弗朗索瓦兹·多比涅在巴黎积极参加社交活动。她认识诗人斯卡隆，此人有残疾，病痛缠身，行动困难，但是俩人于 1652 年结婚，他已 42 岁，而弗朗索瓦兹仅 17 岁。此后，她随夫姓，为弗朗索瓦兹·斯卡隆（Françoise Scaron），也有了社交关系与经验，曾结识若干贵族各流。她的机智、谨慎、持重与美丽端庄给人留下了深刻的印象。不幸，1660 年斯卡隆病故，弗朗索瓦兹陷入孤独与贫困，处境相当艰难。她文化水平较高，并且文笔流畅，有时帮助他人写信，多少挣些收入。丈夫死后，她进入位于王家广场[①]的修道院。

1669 年，弗朗索瓦兹·斯卡隆的命运出现新的机遇。当时，路易十四正值壮年，他的王国在争夺西属尼德兰的战争中取得成绩。1668 年签订《西琛条约》后，在凡尔赛举行“王家大消遣活动”。三千多名贵宾应邀出席，夜间烟火腾空而起……一位意大利外交官如此记载：“从来未曾见过如此美丽的水与美丽的灯光，（法国）国王为此将花费 50 万里弗尔。”晚会上熙熙攘攘的宾客中包括斯卡隆夫人，这是她在重大社交活动中的亮相。1669 年，路易十四的情妇蒙特斯邦（Montespan）夫人聘请斯卡隆夫人担任自己孩子们的抚育员，为期 5 年。蒙特斯邦夫人与路易十四已有私生子 2 人，此后他们又生下 3 个孩子。“夫人不知道她自己已经引狼入室。”“她的错误在于不曾考虑到路易十四的激烈的气质……在她的眼里，弗朗索瓦兹只是一位友人。”[②] 既然是路易十四与蒙特斯夫人的孩子们的抚育员，弗朗索瓦兹自然而然地经常见到这位法国国王并彼此交谈。

1670 年，国王承认他的上述私生子为合法，斯卡隆夫人获准出入宫廷。

① place Royale，今孚日广场（place des Vosges）。

② Le Nabour，*La porteuse d' ombre. Madame de Maintenon*. Paris—1999. pp.117–118.

她成为王太子新的妃子的第二梳妆女官。

## 不曾封后的国王之妻

斯卡隆夫人的美丽与明智引起人们的注意和议论：她是国王的密友、与他人联络的中间人、帮助他撰写回忆录者……从 1673 年起，斯卡隆夫人和路易十四的交往增多，关系不断接近。1674 年，法王赠她金钱，她购买了曼特侬城堡以及所属土地（值 25 万里弗尔，另一说为 20 万）。同年 12 月 27 日，她受封为德·曼特侬夫人，此后称弗朗索瓦兹·德·曼特侬夫人。1675 年 2 月 6 日这位夫人写道："真的，国王任命我为德·曼特侬夫人，他赐给我这一块土地，我获得此名。与此相关，我对他怀着更多的好意。"[①] 1675 年，路易十四封曼特侬夫人为侯爵。1679 年，尼美格和约可为标志，路易十四的王国达到了"内政外交的高峰"。曼特侬夫人和路易十四的私人关系日趋亲密，坠入情网不想自拔……1679 年，她成为宫廷女官。约 1681 年，蒙特斯邦夫人失宠，曼特侬夫人的实际地位日显突出。

凡尔赛宫的建设早已开始，此时已基本结束。1682 年 5 月 6 日，路易十四的宫廷终于在此安置，曼特侬夫人也随宫廷前来此处。一年多后，新的机遇又来临。1683 年 7 月 30 日，王后玛丽—特雷兹·德·奥地利（Marie-Thérèse d' Autriche）病逝。此事对于国王并非重大打击，她死前曾经不无遗憾地表示："我成为王后之后，仅仅有过一天的幸福。"[②] 同年 10 月 9—10 日，路易十四和曼特侬夫人秘密结婚（关于他俩何时结婚说法不一，另如 1684 年 1 月或 1686 年 1 月等）。秘密婚礼于凡尔赛宫中的小教堂举行，主持者巴黎大主教阿尔莱·德·尚普瓦隆为他俩祝福。曼特侬夫人出身平常，仅为穷困的普通贵族，而非王族，按照法国传统她未曾受封为王后，她是"路易十四的

① Ibid. pp.122，134.

② Cortequise, *Madame Louis XIV Marie-Thérèse d' Autriche*. Paris—1992. p.156.

妻子，却不是法兰西的王后”[①]。此乃宫廷少见现象，但这是事实。法国宫廷怪事多多不足为奇，而曼特侬夫人的角色相当重要，应该记载！

## 路易十四不再有情妇

关于情妇们在路易十四宫廷中的政治作用问题，至今法国史学界还有人在探讨。但是，主流看法认为她们作用甚小，很难左右“太阳王”的政见与策略。曼特侬夫人与她们不同，虽然不能说她控制路易十四，却可以指出她对法王及其宫廷曾有一定的良好影响。

曼特侬夫人自出生至30余岁，经历了狱中受禁、生离死别，她远渡重洋、寄人篱下、改变信仰、早婚成家、夫君病逝、家境困顿……1647年父亲去世至1651年母亲去世这4年之间，我们不曾了解她的母亲有任何活动。不是母亲亲自抚养，而是由两位亲属代为教养，使得年仅16岁的女孩弗朗索瓦兹心灵上遭受了长久的重创！从古至今，谁不想有自己的家，与父母相聚在一个屋檐下？只有无人牵挂的人才能真正读懂另一个无人牵挂者的心愁！人类社会不平等的一些沟渠恐怕难于填平，至少不是所有的人心怀相同的意愿。历经苦难的曼特侬夫人了解社会底层的生活，习惯于深思、知趣，苦难的人生给她以心灵的收获：性格坚强，但是为人平和、静心思考、善于约束自己、秉直坦荡、以大局为重。她的为人的价值就在于此！这也是她在宫中能够存在与发挥作用的主要解释。

曼特侬的风格不同于流俗，她从不贪图财物，自愿当国王的“适意可爱的”妻子，她唯一公开的荣誉在于参加弥撒时“占用一个似乎专为国王与王后准备的小平台或金色斗室”[②]。她庄重朴素，少露笑容，注意宫廷礼节，自

① Le Nabour Op. cit. p.205. 此种婚姻称为 mariage morganatique，即一位君王和一位地位比较低下的女性结婚。请见 Lexis 和 Robert 辞典。如果译作“与平民女性结婚”则值得商榷。曼特侬夫人出身普通贵族（后封为侯爵），无疑她不属于平民。

② 伏尔泰:《路易十四时代》，同前引书。第389、392页。

己家中不允许赌博玩乐，而当时宫中已经杂乱无章、赌博成风。她的侄子与表兄弟不曾受到她的多少照顾，并且对她有所埋怨。

自从曼特侬夫人十分亲近路易十四之后，宫廷生活发生变化。此前，在蒙特斯邦夫人的操持下，连日歌舞欢庆无休止地挥霍纵欲，纸醉金迷。“蒙特斯邦夫人活泼，很机智。国王不容忍公共场合的嘲笑，私下并不在乎。”现在“宫廷远不如从前那样活跃，比过去严肃一些了”，每年不再举行联欢庆宴。曼特侬夫人有时难于忍受宫廷生活，她认为节日庆贺如同劳役，只见“人们赌博、跳舞、厌倦无聊、羡慕嫉妒与互相诽谤诋毁”。她说，“我在多得难以想象的财富中忧郁得要死，仅仅因为天主保佑，我才没有死去”。她指出:“折磨达官贵人的苦闷和整天伴随着他们的痛苦。”[①] 曼特侬夫人身在宫廷，心里不肯接受宫廷生活的若干习俗和常态。与此同时，路易十四从此不再追逐女性，他在与曼特侬夫人稳定的关系中找到了庇护。“他不再有情妇。”[②]

## “只能对他说真话！”

突出之点在于曼特侬夫人和路易十四的政治关系。由于她在宫中的实际地位，她无疑比较了解政局与国情，也有不少涉及政治的机会。此前，路易十四的情妇们很少干涉朝政。现在，曼特侬夫人表面上不直接过问国家政治，但是她实际发挥着不可忽视的作用。她不曾颐指气使、发号施令，相反理智、坦诚、平静地向路易十四讲出自己的见解，帮助他了解实情与决定适当的政策。她曾表示，“由于我的良心的感悟（责任），由于我对国王的情谊，我认识到，只能对他说真话。完全不迎合讨好，让他了解常常受人欺骗或听到坏主意”。“当他来找我寻求安慰时，我经常使他感到痛苦。”[③]

① Decaox et Castelot, *Dictionnaire*. Op. cit. p.66.

② Caroly, *Le corps du Roi-Solei*. Paris-1999. p.158. Bluche，*Louis XIV*. Paris—1896. pp.710，712.

③ Bluche, Ibid. p.714.

路易十四尊重曼特侬夫人比较深刻和诚实的特点，经常与她交谈，讨论国家大事。“在曼特侬侯爵夫人的住处，路易十四询问、交谈、争论或倾听着。”“1683 年以后，他们每日在一起久久地交谈，涉及各种问题：建筑（如大特丽阿侬宫）、戏剧、宗教……人事。她考虑好一种意见后，便告诉她尊贵的丈夫，有时她修正这种意见，经常保留着它，偶尔深藏于心中，甚至装作同意国王的意见。”① 通常她在倾听着，她是路易十四的诤友和不引人注意的、谦逊的顾问。

路易十四喜欢在她刺绣的房间里开会，这样能够随意征求她的意见。此种议论朝政的方式和地点足以说明曼特侬夫人在政治方面的重要性。苏尔什侯爵于 1686 年写道：“人们不再怀疑曼特侬夫人的作用，她相继地保护每一个大臣，促使他们关注自己的利益，她使他们权力平衡，以便有利于大臣之间的平等，而不容忍那种太突出于其他竞争者之上的人。”② 后来的事实表明，她对大臣也有严厉的一面，“大臣们避免让她讨厌自己”。她憎恨卢瓦，此人曾跪在国王脚下反对他和她结婚。另外，她曾支持科尔贝及其势力。

曼特侬对于宗教政策颇有影响。她主张对天主的纯洁的爱，而不必顶礼膜拜，表示：“如果天主保佑国王，20 年内不会出现任何雨格诺。”异端邪说“已经不时髦了”③。她促使路易十四“采取不妥协的宗教政策”。1685 年，颁布“枫丹白露敕令”，取消“南特敕令”。亨利四世的南特敕令公布于 1598 年，它宣布了信仰自由。丹枫白露敕令产生严重后果，雨格诺派的教堂遭到毁坏，教士被放逐，礼拜仪式被禁止。

1701 年后，曼特侬夫人对国王的影响有所增加，但是对此不应夸大。“难于确定曼特侬夫人的政治作用。围绕她的统治状况甚为神秘……她的政治影响明显地超越了过去的杜瓦利叶尔夫人和蒙特斯邦夫人（当她们处于得

---

① Bluche, Ibid. p.712.

② Bluche, Ibid. p.717.

③ Cornette, *Chronique du règne de Louis XIV*. Paris—1997. p.295.

宠之时）。”[①]

曼特侬夫人关怀着路易十四的身体状况。1684年的某日，她对下属说：“今天，国王在路上忍受了7小时乘车的旅途劳顿，我担心明日他的病痛又会出现。”[②] 她注视法国上流社会，指出“我观察人世间的一切丑恶，成千的人不曾深入研究社会，他们被它的光芒所迷惑。我观察各种激情，一方面是仇恨、背叛、卑鄙、过度的野心；另一方面是极端的嫉妒，人们心中怀着狂怒，仅在互相损害。最后，我观察千百次的恶劣行为，看到这一切经常为了琐碎小事而发生”[③]。曼特侬夫人的心态显然在这些人与事之上。

## “如同常春藤缠绕在橡树身上”

1709年2月，按照法兰西的常规应该冬去春来，但是这一年特别寒冷，到处冰冻。曼特侬在一封私人信函中表示自己的意见：“夫人，当天主给我们送来一个105或106年未曾见过的冬天时，您怎么能说天主不曾反对我们？是谁不留一个果实……谁使所有的树木结冰？”“我们看到穷人在饿死，无法救济他们，因为我们的土地不再出产（粮食）！”[④] 曼特侬夫人自己敢于面对实际，而后才可能向路易十四说出实情。

1715年9月1日，路易十四去世。他重病期间，曼特侬夫人与他终日相守，几乎寸步不离。8月26日，路易十四表示希望独自安静地死去，要求她离开并且不再回到他的床边。30日，她前往自己创办的圣西尔修道院，不曾返回。[⑤] 她的心灵经受了重创。9月30日，她表示：“外表上我不曾生病，

---

① Petifils, *Louis XIV*. Paris—1995. p.316.

② Le Nabour, Op. cit. p.211.

③ Ibid. pp.206–207.

④ Richardt, *Le Solei du Grand Siècle. Louis XIV et son règne*. Paris —2000. p.289.

⑤ 她于1686年创办该修道院，招收贫穷贵族女青年，内部分级别，蓝锦带者为一等，黄锦带者次之。

但是十分虚弱，以致我完全无法消磨时间。”① 第二次成为寡妇，所产生的打击远比第一次沉重！事前，她只向路易十四要了 8 万里弗尔的年金。

路易十四的确格外看重曼特侬夫人，不是由于她的美貌，在她之前的若干情妇论面貌不比曼特侬夫人差。她获得法国国王宠爱的主要原因，在于她的特性，她博览群书、知识渊博、理智冷静、直言忠告、不作威作福……这些恰恰是此前花枝招展、狂恋于欢乐的美女们所缺乏的品质。从另一方面考察，还应看到路易十四已不是血气方刚、见异思迁、追逐靓女的年华了。国王在宫廷的热闹中感到孤独，他迫切需要“庇护所”、知音与忠告，而这正是曼特侬夫人的魅力之所在。“他在与曼特侬夫人的谈话中找到了此前在情妇身边尝不到的甜蜜温柔。”她主动拒绝独断专行、不露圭角，这正是她不显特殊的独特表现。隐藏自己、循规蹈矩、理智劝告、无视寻欢作乐、忍受不曾封为王后的限制，使她能够独立于美女之群，在阿谀奉承、奴性弥漫的宫廷里独来独往。

曼特侬夫人于 1719 年死于圣西尔修道院，她留下了不少文字，她写的书信颇有阅读价值。1921 年，《曼特侬侯爵致多比涅与致于尔桑夫人的书信》（*Maintenon marquis de，Lettres à d’Aubigné et à Mme des Ursins*. Paris—1921.）问世。1998 年，出版《曼特侬夫人、凯吕夫人与当若夫人的私人通讯》（*Mme Maintenon，Mme de Caylus et Mme Dangeau. L’estime et la Tendresse. Correspondance intimes réunies*. Paris—1998.）。此书 478 页，内载她们之间的 370 封信函，许多内容值得一读。

作为一个历史人物，曼特侬夫人以不出头露面、不暴露独特性而活动于法国宫廷。这正是一种罕见的政治独立性的表现。法国学者们誉她为“影子携带者”（La porteur d’ombre），“她在影子里起着头等重要的作用”。曼特侬夫人，“她完全是一个奥秘。她的性格难以置信……她在凡尔赛的处境是

---

① *Mme de Maintenon，Mme de Caylus et Mme de Dangeau, L’Estime et la tendresse. Correspondances intimes...* Paris—1998. p.288.

唯一的……她一生没有个人事件。她如同常春藤缠绕在橡树的身上……她相当理智，比笃信宗教者更虔诚，比较真挚和出于本能，少转弯抹角，少自私自利、少野心……”[①] 这位夫人可以说是路易十四的“影子”、参谋、秘密结婚的妻子，无冕的王后、“秘密的王后”，尽管“路易十四在宫中未曾给她以特殊的地位和身份”[②]。她是凡尔赛宫中的女主人，曾经无数次地在镜廊里逗留，她的蓝色衣裙的窸窣声音当时轻快地在镜廊中回响，镜廊的大玻璃曾经反映她的影子。路易十四与她都消失了，法兰西王国也早已成为旧迹，或许 357 块玻璃的深处依然留存着曼特侬夫人的潜踪隐迹，或许未来的考古技术能够重现那时的场景，让我们寄希望于人类社会的进步。

---

① Nabour.Op. cit. 封面与封底。Bluche, *Louis XIV*. Paris—1986. pp.709—711.

② Bluche，Ibid, pp.716, 711.

# 27

## 古日夫人（Mme Gouge，1748—1793）
## 《女性与女公民权利宣言》的作者

## “女性有权利走上断头台，她们同样有权利登上讲台！”

### 法兰西女性的艰难历程

世界上，对于文化教育的受众广泛程度而言，1789 年的《人权宣言》无疑颇具知名度。它的全名应是《人与公民权利宣言》，译文省略了“公民”两字，难免遗憾。“公民权利”历来值得关注，这是推翻封建专制时代的头等大事之一。法国大革命时，另有《女性与女公民权利宣言》的发表，它通常处于人们的视线之外，而在 220 余年前的法兰西，曾经产生一定的影响，原因在于它大胆地公开宣布女性与女公民必须获得合法权利。

人们往往看见法兰西女性光鲜的一面，她们的风姿神采在文学艺术中到处流传。但是，她们经受了多少艰难，和男性一起走过历史，从古代来到现代，有多少人专门研究她们自身的抗争活动！法国的某些女性主义者往往过度强调女性的特殊。法国的妇女和男性相同，无法避免“旧制度”的压迫。日常生活中，妇女受到丈夫打骂的情况时常发生。1804 年公布的《民法典》第 213 条还规定“妻应顺从其夫”。直至根据 1944 年 4 月 21 日的法会，法国女性才获得选举权。[①] 而在此前，挪威与芬兰的女性于 1907 年就已得到

① 请参见拙著《法国政治制度史》，人民出版社 2015 年版，第 484—488 页。该法令由“法兰西全国解放委员会”主席戴高乐发布。1944 年 6 月 3 日，这个委员会改称“法兰西共和国临时政府”。

了选举权。1800年法国的一项法令禁止女性穿裤子，1892年和1909年稍有放宽（如骑马与骑自行车时除外），但是直至2013年1月31日才废除。然而法兰西的女性并非弱者！1789年7月14日，攻打巴斯底狱的人员包括妇女。牺牲者中也有女性。同年10月5日，巴黎民众进军凡尔赛，主要由巴黎中心菜市场内售货的妇女们发起。中世纪的让娜·达克，大革命中的罗兰夫人，19世纪中期的作家乔治·桑等更是不必重复介绍的人物。当我们深入了解法国历史时，还有一位女性人物凸显出来，她就是奥林普·德·古日夫人（Olympe de Gouges）。她参加了大革命，并且以一己之力为女性呼吁，为法兰西文明做出了贡献。

## 《女性公民权利宣言》

1789年8月26日，《人与公民权利宣言》通过。这是当时法国制宪议会公布的官方的正式文件，它随后成为1791年9月3日宪法的一部分，有着法律的效力。1791年9月，《女性公民权利宣言》发表，这仅是古日女士个人的文字宣告，不具备法律的性质，但此事在那时也是一种令人刮目相看之举。

古日夫人在宣言中说明："主权的本质在于国民，而国民就是男子与妇女的联合。""妇女是最美丽的性别，最能忍受物质痛苦的性别。""妇女的权利是自然的、不可剥夺的与神圣的。"她强调"妇女生而自由，并且与男子拥有平等的权利。社会差别仅能建筑在共同利益的基础上"。"一切政治结合体的目的，应该在于为保证妇女与男子的自然而不受时效约束的权利。"什么权利？自由、所有权、安全与反抗压迫。古日夫人说明，妇女应与男子平等。况且女性最美丽、最能吃苦耐劳，从而比男性拥有优势。她说出了女性的心声，却不曾挑动女性斗争男子，或妻子压倒丈夫，而是认识到尽管存在"社会差别"，他与她有着"共同利益的基础"。女性无权的主要责任在于法律、制度、国家，有关问题必须由政治制度加以解决。她的理性、理智占了上风，这与她既激进又不极端的政见有着密切的联系。

古日夫人承认“法律是公共意志的体现”。“法律对于众人，对于全体女公民和男公民一视同仁，他们在法律面前一律平等。”人们仅有能力、德行、才华之间的区别。古日不曾过度强调女性的特殊，而是坚持“妇女与男子皆必须服从法律”，“任何女性不得例外”，同罪同罚，直至判处死刑。[①] 女性应该依法拥有相同的所有权、纳税、担任公职、查账、劳务、言论、思想自由等权利和义务。古日女士的思想十分清楚，她所讲的服从法律和依法，无疑是指大革命开始后产生的法律，如宪法等。她用形象的语言如此表达：“女性有权利走上断头台，她们同样有权利登上讲台，只是她的行为不应扰乱法律所确认的公共秩序。”她发表了宣言，坚定地走上了社会讲台，不怕付出何种代价。寥寥数语通俗地解释了女性应享有的公民的平等权利。“思想与言论的自由交流是妇女的一种最为可贵的权利。”[②] 这一句，话中有话，在当时社会条件下特别重要，即妇女有权指认是谁使她怀孕，谁是她的孩子的父亲。在那拥有权势的男性能够轻易侵犯妇女的岁月里，有关男人难逃自己的责任。

## 男女结婚“契约书”

古日夫人不曾限于讲大道理与法学原则，她比皮桑女士思想开阔，不愿只保护女性，而是实事求是地着眼于家庭。她为了解决女性的生存难题，自己设想了一种可靠的办法，即结婚时订立“男女社会契约”（Contrat social de l' homme et de la femme）。她建议大家采用此“契约书”来安排私人生活，如果许多人以此为标准，则可能形成社会风气，由私人之事发展为社会生活的准则与习俗，进而改变社会的面貌。契约如下：

“我们自愿终身结合，互相爱慕。结合条件如下：我们同意合并自己的财产为双方所共有，但是我们保留将财产分配给孩子们的权利，并保留各人

① Ibid. p.210.

② Ibid. pp.210–212.

有所倾向的权利。互相承认我们的财富属于我们的孩子，不论他们是第几次婚姻所生。”“一旦分离时，我们同样承担分割我们财富的义务……”[①] 所有权得到重视，家庭的感情、健康、教育、就业等问题未见涉及。

实际上，古日夫人将“契约家庭”视作社会的一种基本因素。她主张女性和男子一样，作为公民，都应参加制定宪法的工作。她希望“行政权与立法权应该和睦相处”。古日夫人的宣言发表于 9 月，未标明日子。1791 年宪法于 9 月 3 日通过，后于 13 日生效。她既否定绝对权威，也反对形同虚设的权力机体。权力结构应该如同她设想的“家庭契约化”。她以女性宁静的心态勾勒出温馨的国家，安定的社会生活。妇女与男子的平等权利、和谐的家庭……这些思想的酝酿与发表，看来与她早年丧夫、单身艰难谋生、独具慧眼、见解高超密切相关。

## 走向断头台的人生之路

关于古日的生平，资料甚少，她出生于以屠宰为业的家庭，17 岁时与一个普通军官结婚，生育一子。次年丈夫去世，她被迫到巴黎独立谋生，从此改称德 · 古日。她与儿子的关系，未见更多记载。她无拘无束地生活，主要从事写作，如撰写剧本《黑奴》，其中谴责奴隶制。那时，她曾公开抗议对于妇女的歧视和压迫。

1788 年，古日夫人投身抨击“旧制度”、反对封建专制的政治斗争。1789 年，她以赞许的心情迎接了 7 月 14 日革命的爆发。同年 12 月，《黑奴》上演，博得好评，古日夫人为人们所知晓。古日的政治思想具有稳健的特点：1792 年 9 月她拥护共和制度的建立，1793 年 1 月她反对处死路易十六，她和吉伦特派的激进共和主义相通。她宣传自己的政见，发表檄文，说罗伯斯比尔是“两栖动物”，马拉是“人类的早产儿”……她拒绝接受山岳派的

① Ibid. pp.217–218.

超激进主张，逐渐与超激进势力结下了仇怨，却不曾设想灾祸即将降临。那时，许多法国人还很天真！既淡忘了“宗教战争”的残虐，也无法预料大革命的惨烈！

此外，在发表《女性与女公民权利宣言》的同时（1791 年 9 月），古日夫人公布自己的《致王后的信函》。她竟然宣布：“在此骚乱与动荡之际，我独自起来捍卫您。我无法相信（您这样）受过高尚教育的公主可能犯下卑鄙的罪恶。”“请支持（我建议的）美好的事业，保护这个不幸的性别。”如果这样，“您将迅速获得半个王国以及另一半人的三分之一的支持”。当时，给王后写公开信引起了议论，尽管 1791 年宪法规定路易十六“国王是王国全部行政权力的最高首脑”①。古日的如此举动与法国出现的政治新趋势互相矛盾，那时废除君主制（君主立宪）、建立共和制的社会要求正在开始增强。她在某种程度上还受着忠君思想的羁绊。

由于抨击山岳派，支持吉伦特派，反对处死国王，“勾结”与“投靠”王后，总之这一切带来了致命打击。1793年7月20日，古日被捕。10月31日，处死了 21 名吉伦特派领导人。11 月 3 日，古日夫人以“联邦派”之重罪，死于巴黎“革命广场”的断头刀下（8 日，处死罗兰夫人）。

古日夫人真心实意地启发女性：“妇女们醒来吧！理性的钟声已响遍全球！认识你们自己的权利吧！真理的光芒已驱散一切愚蠢和侵凌的乌云！”“啊，妇女们！何时你们才能不再盲目轻信？你们在革命中获得了什么好处？”② 妇女与女公民合法的平等权利何时能够依法实现？古日女士勇敢地登上了社会讲台，无辜地被押上了断头台！她为争取女性与女公民的合法平等权利，献出了生命！女性受到歧视时，法兰西文明难于充分发挥出她的魅力！

① Godechot...*Les Constitutions*, Op. cit. p.55.

② *Cahiers de doléances des femmes*. Paris—1981. pp.213—214.

# 28

**勒蒂齐娅·波拿巴夫人（Mme Letizia Bonaparte，1750—1836）**
**预见铜驼荆棘的母亲**

## “去吧，我的儿子！听从命运对你的召唤！”

### 巴黎不应忘记的一位女性

巴黎，作为法兰西文明的聚珍之地，她的优势显而易见，无须阅读多少旅游书刊，一旦亲历其境仅凭自己的观察，便可一目了然。其实，巴黎也有她的短处。法国人的口头语：你如果不是经常出现在巴黎的社交场合，那里人们便会将你遗忘。这是流动性很强、变化迅速的国际大都会的普遍现象。当然也有例外，笔者的几位巴黎老友——法国教授，数十载来见面不多，却至今保持当年的友谊，并在写作中给予一定的援助。

巴黎人容易忘却！但是，有一位老妇人不应被淡忘，那就是拿破仑一世的母亲。[①] 她的历史价值在于她身为第一帝国的“皇太后”，却拒绝沉沦于宫廷生活，坚定刚毅、头脑冷静。她身处极高地位，却深知白云苍狗，预见荆棘铜驼！

关于拿破仑家族的历史追溯，文化界存在若干攀龙附凤说法，例如他们的祖先是“铁面人”……但是至今未有公认的史论。比较普遍的意见，波拿

---

① 国际史学界与辞书有一种毛病，往往只介绍人物的父亲，而仅提及甚至完全忽略母亲。难道需要论证母亲对于子女的作用吗？我们每个人多有亲身感受。不少人因为母爱的缺失，虽已年长，一旦忆起妈妈仍将落泪。为什么我们不能写一册母亲大人的世界历史？！

巴家庭原在意大利的佛罗伦萨，于1529年迁居科西嘉岛。1768年，热那亚（商业国）将科西嘉岛卖给法国。

拿破仑的父亲是卡洛·波拿巴（Carlo Buonaparte，1746—1785），母亲是勒蒂齐娅（Letizia，1750—1836）。[①]1746年，他们结婚后生育两个孩子，但皆夭折，第三个为约瑟夫，拿破仑排行第四，于1769年8月15日生于阿雅克修。后来，又有九个子女降生。母亲受教育有限，但是她从自己的母亲那里接受了许多社会知识，深知应该以坚强意志对待生活中的困难。受教育的程度历来不能等同于文明的水平，拿破仑之母就是一个例子。1785年，当律师的丈夫去世，孤儿寡母，数次迁居，1793年全家移居马赛，1796年迁入巴黎。她教育拿破仑等子女，为人处世要善于判断和解决问题。

## 拒绝参加儿子的皇帝加冕典礼

拿破仑·波拿巴将军于1799年举行政变，夺取了大权。1804年5月18日，他成为"共和国的皇帝"。12月2日，法兰西共和国改称帝国，1805年，他的母亲勒蒂齐娅受封为"皇太后"，称"殿下"，地位仅次于拿破仑和约瑟芬。她住在圣多米尼克街的勃利恩内饭店（hôtel de Brienne），这里是她的"官邸"。勒蒂齐娅的言行相当谨慎，她对儿子的宫廷，主动与公开地保持着距离，很少参加各种欢庆宴会。

1804年12月2日，拿破仑与约瑟芬举行加冕典礼，引出了母亲勒蒂齐娅的惊人举动。著名画家大卫按照拿破仑的意愿绘制了一幅画《拿破仑为约瑟芬加冕》（又称《加冕》），其中母亲坐在左侧的高处，注视着儿子将皇后之冠举起，准备戴在妻子的头上。[②]这是一幅真正的高水平的宣传画。实际

① Carlo Buonaparte改为法国籍后，称Charles（"夏尔"或"查理"）Bonaparte。此外，在戴高乐的名字Charles译作"夏尔"之前，法国君主等的名字Charles，中文通译为"查理"。

② *Tudesq et Rudel, 1789—1814*. Paris—1960. pp.248, 258后彩色插图。与此相同的另一幅画，收藏在凡尔赛宫，其中拿破仑的一个妹妹穿着粉红颜色的衣裙。路易·大卫以此表示两幅画作的存在与区别。

上，勒蒂齐娅不曾出席此次加冕典礼。拿破仑对母亲十分敬爱，母子情深相互牵挂。母亲的缺席使拿破仑甚为伤心和遗憾，因而要求画家在画布上“创造”了这位不可缺少的人物。勒蒂齐娅拒绝邀请的原因，主要在于对宫廷、喜庆持平常心态，在于对遭到拿破仑排挤出帝制之外的儿子吕西安的同情，也在于不必担心儿子将对亲娘进行惩罚。母子之间不是没有矛盾，她因儿子贬低教皇庇护士而不满，但真正的亲情牢牢地维系着他们，后来拿破仑落难时足以证明。

## “但愿这一切能够长久！”

勒蒂齐娅具有冷静观察的能力，她的故乡科西嘉是一个政治、派别等激烈冲突的地方。她又非出身旧日宫廷，了解了世事无常，人生浮沉、权力得失。她看到波拿巴家庭成员在历史瞬间的飞黄腾达；约瑟夫——那不勒斯国王、西班牙国王，路易——荷兰国王（即后来的拿破仑三世之父），吕西安——五百人院主席、法案评审委员会成员，热罗姆——威斯特法利亚国王；女儿们中，埃丽莎为托斯坎纳女大公，波丽娜为瓜斯塔拉女公爵，卡罗林娜为那不勒斯王后（丈夫缪拉为国王）。勒蒂齐娅自己成了“皇太后”……此时，她已近老年，对于世态炎凉深有体会，她曾表示“但愿这一切能够长久”。这是她心中担忧的显露，也是她对于法兰西、欧洲政治事态常变的个人的判断。

当家庭与自己处于至高无上的地位时，能够如此思考实属罕见。法兰西社会历史中，身居高位者、夺得国家权力者往往生活在宫廷的羁绊里面，或身在宫廷之外而心态习惯于甚至迷恋于享受宫廷之权势与富裕。难得见到与众不同、独来独往的男女上层人士！他们能够预见将来的艰难危机，设想落马受苦之日吗？

史实表明，1807 年冬天至 1808 年春季，法国军队涌入西班牙，此次战争对拿破仑“触到了痛处”。从 1810 年起，第一帝国的处境逐渐变坏。这些事实印证着勒蒂齐娅个人判断的正确。1814 年，拿破仑人仰马翻，众将叛离，皇冠落地。1815 年滑铁卢战役，拿破仑彻底失败。帝国结束后，皇帝孤岛流放，家族四散，皇后另有新欢，太子受困于维也纳宫中……皇太后有着先识远量，估计到了儿子的掌权称帝犹如虎尾春冰，心中忧危，这是聪明的预见！

## 赶到海岛陪伴流放的儿子

厄尔巴小岛位于科西嘉和意大利之间，如今从皮翁比诺乘船过去约需 1 个小时。笔者于 1994 年 6 月末曾专程前往该岛考察，获得深刻印象。拿破仑原来住二层楼房，现已是“拿破仑纪念馆”，馆内与拿破仑像相对应地摆放着波林娜的雕像。据馆长意见，笔者是第一个访问该处的中国教授。他说有来访者签字簿为证。傍晚返回佛罗伦萨时，火车在利沃诺海岸边行进，一侧出现了明月，另一边夕阳正渐渐西垂，如此情景促使笔者继续思考勒蒂齐娅关于拿破仑帝国兴衰不落俗套的见解。该岛的确面积有限，较大的地方为港口：菲拉约港。

1814 年拿破仑从权势的顶峰跌落，于 4 月 6 日退位，5 月 3 日流放厄尔巴岛。虽然他保存着皇帝的头衔，却是一个受辱的君王。正当拿破仑穷途末路之际，有多少人对他表示支持？谁敢于专程前来岛上看望他？只有母亲勒蒂齐娅、妹妹波丽娜[①]、玛丽 · 瓦勒夫斯卡。1814 年 8 月 2 日，母亲不顾 64 岁的高龄到岛上，给了拿破仑以很大鼓舞。岛上的生活无疑不如巴黎，母子两人曾对管理他们的英国专员坎贝尔抱怨在岛上缺钱使用，坎贝尔承认财政困难。与此同时，拿破仑不停地思考与寻求解脱困境的良策，勒蒂齐娅以主

---

① 波丽娜（Pauline）于 1814 年 4 月 26 日在瓦尔省勒杜克附近的一个城堡等待拿破仑，经他同意后，妹妹陪同哥哥去厄尔巴岛。“百日”期间，她返回意大利半岛，但在维阿雷吉奥一度被奥地利人所俘。后来，她要求伴随兄长去圣海伦娜岛，但未获批准。拿破仑生病时，她曾请求将他迁居至气候较好的地方。

人的身份在岛上亲自烹调，款待玛丽·瓦勒夫斯卡。

1815年2月中旬，拿破仑得知法国人对于复辟王朝普遍不满，决定返回法国重振旗鼓。此时，他和母亲私下商量。他对妈妈表示："我不能在这个岛上死去，不能于安静之中结束自己的生涯，如此无法使人满意……军队在盼望着我。""我希望离开这里，再去尝试获取幸运。母亲，您的意见如何？"妈妈大受震动，沉默片刻后回答："你去吧，我的儿子，遵循着命运对你的召唤……你不能留在这里，我目睹这里的情况感到痛苦。我们希望……上帝将再一次保佑您。"① 她紧紧地拥抱着儿子，给他以母亲的温暖。她在跟随拿破仑的侍卫长马尔尚面前流下了眼泪，她深知儿子重返法国将面临何种危险。

1813年2月26日，菲拉约港，拿破仑率领千余名士兵准备登船。勒蒂齐娅大哭不已，与儿子告别，拿破仑等随即登上数艘船只，悄然地离开厄尔巴岛。他们于3月1日在法国的茹安港登陆，3月20日晚回到巴黎。路易十八狼狈逃走，拿破仑的"百日"政权开始。

"百日"期间，勒蒂齐娅从厄尔巴岛渡海，前往那不勒斯，随即又渡海返回科西嘉，而后来到巴黎。拿破仑曾说："从成功到失败，往往仅有一步之遥。"他第二次垮台、流放圣海伦娜岛后，勒蒂齐娅年岁已高，无法经受海上远航的颠簸，只有给儿子写信问候。拿破仑需要较长时间才能收到妈妈与兄妹的来信，他在给妈妈的回信中，坦言自己对于所受的待遇感到不满。他们互相通信必须小心谨慎，信函皆遭到英方官员的审查。拿破仑如同母亲、兄妹们那样，也患上了肝炎。

1815年，勒蒂齐娅去意大利的罗马居住，投靠费什主教，此人为她母亲再嫁后所生。1818年，勒蒂齐娅致函出席亚琛会议的欧洲大国君主们，请求减轻拿破仑的困难状况，实际要求将他释放，但是未见回复。儿女们陆

---

① Тарле, *Наполеон*.Москва—1957.cit. pp.385–386.Aabry, *La vie Privée de Napoléon*. Paris—1977. p.344.

续去世：埃丽莎（1820）、拿破仑（1821）、波丽娜（1825），作为母亲她深感悲伤，从此杜门谢客。此前，她去厄拿巴岛时，目光呆滞，现在她已双目失明。拿破仑死后，勒蒂齐娅曾给拿破仑的初恋情人德齐蕾·克拉里写信："我的儿子拿破仑已于5月5日在圣海伦娜岛逝世。""他在岛上写了自传，吕西安将他的自传读给我听，因为我的双目已失明。自传中曾说：'德齐蕾是拿破仑的第一个情人。'他始终未曾忘记你，德齐蕾。"签名为"Letizia Napoléon"。勒蒂齐娅征求她的意见，是否将此句删去？德齐蕾表示照样保留，并说"我想在拿破仑的墓前栽种一些花卉"[①]。

勒蒂齐娅是一位独具风格的女性。法国史学家科尚（Cochin）曾说："灵魂创造躯体。"[②] 勒蒂齐娅的思想指导了她的行动。当她年仅35岁时，丈夫去世，使她与子女们陷入困境。拿破仑与幼时的伙伴布里恩内自九岁起结交，后者曾任拿破仑的秘书，他见证了勒蒂齐娅是"一位美丽的女子"[③]。丧夫之后，她拒绝男人们的追求。勒蒂齐娅为人"无可指责"。她在宫廷活动中举止端庄仪态持重。无论在容华富贵中或落难流亡时，她的仪容始终如一。她不贪恋繁华享受，经常自愿独处于宫廷之外。她平时说话不多、性格安稳，与拿破仑的好动、寻求欢乐的心态不同。她一直努力过着普通的生活，主动避开最高层统治者的奢侈，死后至今史学界未见对她有所指责。

勒蒂齐娅是独立的！她丧夫后独自艰难地抚养子女长大成人，主动拒绝参加儿子的皇帝加冕典礼。她冷静地预见帝国的光环早晚将会消失，她不顾旅途劳顿决然前往厄尔巴岛探望受难的儿子，她支持儿子逃离海岛去再次决斗……她的一生充分地显露出科西嘉女性、法兰西女性的独立性！

她早年艰难度日，中年在高位处世不惊，暮年又是无尽的艰辛，如此度

---

① 德齐蕾当时16岁，双眼乌黑，头发棕色，为马赛富商之女，与拿破仑相识相爱于土伦战役（1793年12月）之后。拿破仑出征后，她迁居热那亚，彼此中断了联系。后来她嫁给瑞典国王，该王曾是拿破仑的部下、法国将军。

② Cochin，*La Révolution et la libre-pensée*. Copernic—1979. p.250.

③ 布里昂，同前引书，第559页。

过了实实在在独特的一生！路易九世的母亲曾辅佐年幼的国王治理国家，甚至和他一同参加征战。法兰西的土地上，有许多不怕穷苦生活的养儿育女的母亲，但是身为“皇太后”又有如此百姓心态与平常举止的女性，恐怕难于更多寻觅！巴黎，勒蒂齐娅这位已经消逝的优秀女性，你不应该忘记！

# 29

**瓦勒夫斯卡夫人（Mme Walewska，1786—1817）**
**先为波兰献身，后热恋法国皇帝**

## “等您复兴了波兰，我一定每日穿上玫瑰色的衣裳！”

### 拿破仑的合法婚姻

欧洲的帝王将相，除去若干特殊情况如夭折、身体缺陷之外，许多人曾有形形色色的情史，既有他们随意挑选，也有对方献身求荣。与法国君王们关系密切的异性，当获得恩宠时，为人处世也飞扬拔扈，一朝失宠便黯然失色，甚至有关辞书里也不见她们的姓名。有多少人真正爱过当时的君主！仅仅极少数留下一些痕迹。

这里，着墨于拿破仑和一位异国女性的情感纠葛。法国皇帝的这位女友，应该跻身于法兰西名人的史册。史册在哪里？实际是社会的“普遍承认”。不论评价的褒贬，有些人存在于社会记忆之中，这就是无形的、众人心中的史册。

拿破仑·波拿巴将军于 1796 年和约瑟芬结婚，1799 年举行政变，1804 年称帝。1809 年 12 月，他与约瑟芬离婚。约瑟芬公开声明：“鉴于我丧失了生儿育女的一切希望，不能满足陛下的政治需要，及维护法国的利益……我们解除了婚约。”[①] 1810 年 1 月，巴黎大主教（实际代替教皇）解除了他们的

① 奥布里：《拿破仑秘史》，新华出版社 1986 年版，第 235 页。罗斯：《拿破仑一世传》，商务印书馆 1977 年版，第 188 页。

婚约。那时，欧洲的政治传统要求君王娶一位公主为妻。

4 月，拿破仑和玛丽 · 路易丝（奥地利皇帝之女）在巴黎圣母院举行婚礼。1814 年 1 月 25 日，拿破仑从巴黎前往马恩河上的沙隆，指挥新的战役。玛丽 · 路易丝与他告别，这是他们的永诀。她以及许多大臣和将军，在拿破仑遭遇厄运之际，立即背离，拒绝与他一同去流放，她竟然和奥地将军“内佩尔格伯爵发生关系”。1821 年拿破仑死后，她正式嫁给此人。

上述简介说明拿破仑一世的合法婚姻的状况，真可谓辛酸与磨难互相交织！正是在如此既辉煌又悲惨的人生大背景之下，出现了一位不同寻常的女性——玛丽 · 瓦勒夫斯卡。在与拿破仑有过合法与不合法关系的女性中，这位波兰少妇的处境尤其困难，但是她的表现独特的真诚，值得记载！这也是笔者在巴黎的拉舍兹神甫公墓中，寻找她的坟茔的原因。

## 波兰少妇　驿站巧遇

玛丽 · 拉津斯卡（Marie Laczynska）出生在波兰的一个穷苦的旧式家庭。她天生丽质，1802 年 16 岁时遵从父命嫁给当地一位城堡主——瓦勒夫斯基伯爵，从此称玛丽 · 瓦勒夫斯卡（Walewska）[①]。当时，她的祖国正在经受一连串的大灾难。1648 年“三十年战争”结束之际至 18 世纪初，波兰王国是欧洲的一个大国，后来开始衰落。它于 1772 年、1793 年、1795 年遭到欧洲若干大国的瓜分，因而作为独立的国家在政治地图上消失。凡是爱国的波兰人都感到愤愤不平，到处寻找机会，他们为国家重建、民族复兴，不惜牺牲性命。那里，人们经常对革命的法兰西寄予厚望，甚至参加法国军队作战。这是当时欧洲奋起向上的激情澎湃的一种社会浪潮，从中欧的角度展示出欧罗巴文明的活力。正是在此浪潮之中，涌现出玛丽 · 瓦勒夫斯卡。

① 与她相关的事件的记载，时间多有不同。笔者只得选择一种比较可靠的说法。

1807年以前，玛丽作为伯爵夫人生活宽裕，生育一子，只是社交活动受到丈夫限制，而她却渴望较多的行动自由。

1806年10月1日，第四次反法联盟开始，它由英国、普鲁士、俄国与瑞典组成。法军于10月27日占领柏林，11月28日缪拉所率法军夺取波兰首都华沙。11月，拿破仑在向华沙前进的途中，于布洛尼驿站停歇换马。① 当时，许多波兰人热情欢迎与围观，一位少妇以那真诚的大眼睛直直地看着他。她头戴黑色的毛皮软帽，形象小巧玲珑，金色的头发、纤细的身段，体态优雅，脸上因为激动而泛出红晕。她对拿破仑表示："欢迎您，陛下！非常欢迎！欢迎您到这个英雄国度，她希望您帮她重振旗鼓！"拿破仑与她交谈，一见钟情地喜爱这位女子，并从车上取下一束鲜花赠送给她。他说："这一束花象征着我们的友谊。我盼望在华沙与您重逢。"拿破仑及其随从乘马车匆匆东去，他牢牢地记住了这位美丽的少妇。

那些日子，波兰正处于严寒之中。1806年12月18日，拿破仑及其随从到达华沙，室外零下20度的冰冻天气对于科西嘉人而言，无疑是一个考验。法国皇帝的到来，引发出一系列欢迎与庆贺的活动，如舞会宴请等。在华沙的大街上，波兰民众欢迎他时，拿破仑看见了在其府邸阳台上向他致意的玛丽·瓦勒夫斯卡，此时他已经显得情意甚浓，而玛丽仍然心意平静。拿破仑习惯于日日夜夜地工作，他甚至觉得用餐时间太长了，"这已是对于权力的腐蚀"。但是，他对玛丽舍得花费时间，这也是他善于浮想、热情奔放的一种表现。

## 法国皇帝的压力 波兰政府的请求

法国皇帝施展官方的压力，命令波兰临时政府的首脑波尼亚托夫斯基

① Lovie et Palluel-Guillard. *L'Episode napoléonien.* 1799—1815. Paris—1972. pp.223，86. 拿破仑身高1.68米，眼睛较大为灰色。他与瓦勒夫斯卡初遇的时间，存在不同说法，如为1807年1月1日等。下文拿破仑何时到达华沙的时间也说法不一。

（Poniatowski）亲王亲自登门去邀请玛丽出席舞会。但是，她敏锐地觉察到了事态中的危险性，她不畏皇帝的权势与压力，果断地拒绝了邀请。拿破仑随后下令：她必须参加晚会。同时，她的丈夫瓦勒夫斯基伯爵也劝说与鼓励她去参加活动。玛丽只得出席在布拉沙宫等处举行的晚会，拿破仑尝试对她亲近，但是未能如愿。数日内，拿破仑多次亲笔写信、波尼亚托夫斯基多次礼貌地送信，丈夫主动劝说、波兰贵族们的催促，终于起了作用。某贵族对她直言："夫人，在此事关国家命运的重要关头，一切皆应退让。"随后，波兰临时政府给她送来一份"请求书"，恳求她务必顺从拿破仑的心愿。"夫人，些微小事往往能够发挥巨大作用。对于世界政治，妇女一向具有重要影响。""如果您是一个男子汉，您将为祖国的事业……贡献自己的生命。作为一位女性，您可以做出，也应该强制自己做出另外的牺牲，无疑这将使您感到十分痛苦。"① 临时政府的全体成员在此请求书上签名，他们的强求内容一目了然。实际上，波兰人处于被动的境地。此事件具有明确的政治色彩，请求与命令，求全与强迫交织在一起。正如法国史学家戛克佐特（Gaxotte）所说："拿破仑式的专政将权力的需要与民主的思想互相调和起来。"②

一方面，自己为了国家利益的意愿，政府关于"强制自己"的请求，丈夫的规劝；另一方面，是个人可以预见的痛苦与多次的婉言拒绝。这两种情感在玛丽的心中交织，造成了激烈的撞击，爱国的责任和义务如同一座大山，沉重地压在这位波兰少妇身上，好像波兰的命运仅仅她一人有能力挽救。她心慌意乱，终于表示："我听从你们的安排。"她几乎麻木不仁地穿上礼服、佩戴饰品，不得已地前去赴宴。此后，两日之内，她参加活动与拿破仑见面，他对她宣称"有权希望"得到她。她曾以冲出房门、退回赠送的珠宝，伤心流泪表示反抗。拿破仑答应将帮助波兰国家的复兴，否则灾难的后

① 对于波兰临时政府的如此举动，史学界众说纷纭。

② Gaxotte, *La Révolution Française.* Paris—1970. p.503.

果必将来到。既无多少生活经历，也未获任何政治磨炼的玛丽承受着巨大压力。某日她神经近乎崩溃，昏厥在沙发上……当她苏醒后，发现已被拿破仑占有，实际上她遭了专制的对待。

对于自己的行为，拿破仑曾经后悔。她从此每晚与拿破仑相处，但总是激动、哭泣、为波兰求情……她已无法回到在华沙的家里，丈夫瓦勒夫斯基伯爵离开华沙，返回了自己在远方的领地。

## 黑白色的衣裙 玫瑰色的衣裙

此前，即1806年10月，法军在耶拿等地击溃普鲁士军队。1807年5月7日，双方订立《芬肯斯坦条约》，拿破仑迫使普鲁士与法国结盟。1807年拿破仑为波兰采取了若干积极的措施；组建新内阁与国务委员会，建造军队的核心，恢复国家官吏的职务。玛丽得知这些情况后，逐渐缓和情绪，日益了解拿破仑，终于对他产生感情。随着反感的消除及波兰情况的改善，两人之间的交流也不断增加，拿破仑对她坦率地说明："我一定会实现向你许下的诺言。""政治如同一根琴弦，绷得太紧必将断裂。在此期间，你们的政治家必须学会自己的职业，你们现在有几位政治家？你们有大批好样的爱国者……可是仍然不足，必须有一个强大的核心。""我将争取全面恢复你们国家"，无疑"我首先要对法国负责"。他在另一场合也有相似的表示："我首要的责任是对法国的，我不能为了波兰而牺牲法国的利益。"[①] 玛丽时常与拿破仑争论，意在促进他对波兰不断有所作为，从此她自愿伴随拿破仑出席各种公众活动。

在这些日子里，玛丽通常穿着黑白色或白灰色的衣服。拿破仑习惯欣赏鲜丽的衣裳，因而建议她改变服饰。玛丽不是头脑简单追求豪华的女性，她

① 布里昂：《拿破仑传》，天津人民出版社1981年版，第353页。（布里恩内，法文为Bourrienne, *Mémoires*. Paris—1826—1831.）中译本译自英文本。

明确回答："我是一位波兰女子，应该为祖国戴孝。等您复兴了波兰，我一定每日穿上玫瑰色的衣裳！"就此而言，皇帝的旨意、双方的情意皆不曾发挥多大的作用。这一位波兰女士超群出众，独领风骚，她的刚强坚毅在此寥寥数语中充分表露！

后来，拿破仑远去征战了，但希望与她相处，派她的兄弟（骑兵上尉）去迎接。她立即答应，来到芬肯斯坦，与他一同生活。1807 年 6 月 14 日，法军在弗里德兰大胜俄军。7 月 7 日与 9 日，法国分别与俄、普签订《提尔西特和约》，波兰收回普鲁士所瓜分的部分领土，建立了"华沙大公国"①。但是，旧日波兰的土地尚有近半仍在俄国或奥地利的控制之下。玛丽与拿破仑曾在哥尼斯堡相见，她表示了较大的不满，宣称不愿去巴黎。拿破仑请求她耐心等待，她改而允诺将去巴黎与他会合。拿破仑又投入了军事争斗与国内政治的忙碌工作之中，尽管仍有其他短暂的艳遇，他心中牵挂的只有这个玛丽。

1808 年年初，玛丽如约来到巴黎，拿破仑称她为"波兰妻子"，她隐居独处，经常在杜伊勒里宫与拿破仑相会。"1807—1810 年，是（法兰西帝国）繁荣与增长的时期"②，拿破仑掌握巨大的物资财富。但是，玛丽不曾提出任何物质要求，仅仅希望波兰的复兴。在那物欲横流、唯利是图的欧洲社会，如此清纯的女子寥若晨星，拿破仑对她更加倾心。由于欧洲的君王常娶异国公主为妻的习俗，也由于她是瓦勒夫斯基伯爵的妻子，她不可能成为法国皇后。1809 年年初，他们又在巴黎相会。4 月，反对第五次反法联盟的战争开始了，7 月，法军在瓦格拉姆大败奥军。10 月，按照《维也纳和约》，波兰从奥地利属下收回了加里西亚的北部，该地区的南部则划归俄国。玛丽只得被动地接受既成事实。

她对拿破仑早已怀着真诚的感情，此时已有身孕，拿破仑对于玛丽深信

---

① 萨克森国王即 Frédéric-Auguste，为大公，由他掌握行政权，行政权高于立法权。

② Soboul. *La civilisation et la France napoléonienne*. Paris— 1990. p.108.

不疑。另一方面，伯爵丈夫原谅她的处境，请她回到自己的领地待产，于是玛丽返回往日的家中。1810 年 5 月，她与拿破仑的儿子——亚历山大出生，瓦勒夫斯基伯爵让他随自己的姓氏，孩子的额头、嘴型、脸的轮廓酷似拿破仑。12 月 31 日，她们母子与拿破仑相见。她和从前那样隐居于巴黎，另在布伦购买了住宅以供有时居住。她与新皇后玛丽·路易丝结识，但是皇后对于有关私情全然不知，玛丽·瓦勒夫斯卡夫人对公众也尽力避免显露她与拿破仑的特殊关系。

## “波兰妻子”直奔厄尔巴岛探亲

1812 年 5 月，拿破仑准备进攻俄国。他在杜伊勒里宫中接见玛丽·瓦勒夫斯卡，他给她以一项敕令，赐给亚历山大一笔 17 万法郎年金的世袭财产，该款将从那不勒斯王国的财产中提取。随后，她返回华沙，企图在那里与拿破仑相会，并等待波兰的完全重生。拿破仑率领法军一直打到莫斯科（9 月 15 日），10 月 19 日败退而去，匆匆返回巴黎。他与玛丽母子已经数月不曾会面，此时她来到枫丹白露，通报求见。他对仆人答应即将召见，但是由于身心疲惫竟然忘记了此事。她从晚上等到黎明时分，只得惆怅地离去。后来，他们互通书信，继续联系。他郑重道歉，并允诺一旦安排妥当，将请她们母子前去相会。

1814 年 3 月，拿破仑战败。4 月 6 日，宣布退位。20 日，他在枫丹白露与老卫队告别，流放厄尔巴岛。约瑟芬不久即去世，皇后玛丽·路易丝滞留维也纳。拿破仑孤岛流放独身凄然，皇后竟然拒绝前来探望。8 月 2 日，拿破仑的母亲赶来厄尔巴岛看望受难的儿子。9 月 1 日晚，玛丽·瓦勒夫斯卡和儿子以及她的妹妹等人毅然不畏旅途艰难，在厄尔巴岛上岸。拿破仑骑白马到港口菲拉约港迎接，他亲吻并拥抱孩子。玛丽身材稍显丰满，她对拿破仑怀着怜悯之心，情感已深，真心关怀。她带来全新首饰，准备将它们留给这位受难者，以备不时之需。他予以婉拒，反而交给她一张 61000 法郎的信用券，以供路途上的开销。她几经推辞后收下，并表示还将来看望。玛丽仅在岛上短暂停留，有关消息在当地迅速传开。拿破仑后悔催促她离去，并派副官追到港口，但是为时已晚。她乘船返回大陆，后致信拿破仑说明旅途平安。

## “百日”之后巴黎的永别

“百日”期间，1815 年 3 月 20 日—6 月 22 日，拿破仑重登帝位。玛丽匆匆赶来巴黎，她与他私下相见数次，也曾参加若干晚会。在前往滑铁卢作战之前，拿破仑派人给她送去一个巨大的包裹，内有金钱、股票、首饰等贵重物品。滑铁卢战败后,6 月 22 日，拿破仑再次放弃皇位。他又曾重见玛丽，她带着儿子与拿破仑告别，她在他怀里潸然泪下久久哭泣。他准备流放远方，但是对她保证：一旦时来运转，定将她留在自己的身边。1815 年 6 月 29 日，拿破仑与玛丽 · 卡勒夫斯卡夫人和侄女告别，最后与母亲拥抱辞别。这是他们彼此的永别！

拿破仑的暮年在圣海伦娜岛上度过。他“身处万里汪洋之中，强敌禁锢之下，儿子被哈布斯堡朝廷监管，皇后公然变节，他犹如饱受风浪摧残的无主孤舟，弃于海上而沉没”。拿破仑曾经解释自己的想象力：“我无法想象，一些人仅仅围着火炉工作，而不与天空联系（想得更高、更远、更开阔），怎么能够取得成功！”圣海伦娜岛上，热带气候，天际依然高昂头上，但是拿破仑身为囚徒，对于重新工作（统治）只能自作虚无缥缈的幻想。正是在此孤独挣扎病魔缠身的漫漫岁月里，他不止一次想起玛丽以及他们的儿子。有时遇见岛上某个与玛丽长像相似的女性，拿破仑往往陷入那埋在心田深处的回忆！

## 与众不同的玛丽

玛丽·瓦勒夫斯卡仅仅活了 31 岁，死后安葬在巴黎拉舍兹神甫公墓西偏北的第 67 区。旁边 66 区就是她与拿破仑所生的儿子的坟墓。[①] 后来他于 1855 年任第二帝国的外交部长，1865 年任立法团即众议院的主席。

玛丽经历了艰难的青春之路。16 岁嫁为人妇，虽然富裕显赫，但是缺少行动自由。她偶遇拿破仑，原来出于好奇的围观，但是此次大路相逢引出了情感波折。不久，尽管她反复拒绝，由于波兰政府全体成员等的“请求”、丈夫的规劝及自己对于祖国的热爱，她只得充当情人。后来，随着她和拿破仑的交流，波兰的部分复兴，她改而主动地爱恋这个科西嘉强人。如果将她与其他几位女性相比，她无疑处于优势地位。

约瑟芬在与拿破仑结婚之后不久便红杏出墙，水性杨花、秉性难移，她挥金如土，一向债台高筑。她有着深蓝色的眼睛，善于微笑，社交能力甚强，拿破仑曾经真的爱她，但她从未受此约束。拿破仑流放厄尔巴岛不久，她便死去。玛丽·路易丝，由于王族关系而缔结的婚姻，难说她对法国皇帝有多少感情。拿破仑战败后，她自愿接受反法联军方面的保护，携同幼儿返回娘家奥地利宫廷，投入另一男人（法国敌人的将军）的怀抱。她拒绝给拿破仑写信，甚至不允许儿子前往看望父亲。关于玛丽·瓦勒夫斯卡，的确在约瑟芬之后，拿破伦真心真意热恋的是这位波兰少妇。他曾说，“女性头脑愚笨，又变化无常”。但是因为玛丽，他改变了上述意见。

当拿破仑战败、陷入困境后，除去他的母亲与妹妹波丽娜之外，只有这一位玛丽与四岁幼儿远途跋涉，来到岛上探亲，并且给他带来全部首饰。此前，拿破仑处于权势高峰时，她未曾提出任何物质方面的要求。她虽然不

① 1816 年 9 月，玛丽嫁给拿破仑的副官 Ornano 将军，此前 Walewski 伯爵已死。Ornano 后来为第二帝国的元帅。Zins, *Les Marechaux de Napoléon Ⅲ*. Lyon—1996. pp.220，207.

曾在岛上与他共度患难时光（拿破仑劝她尽快离岛），却表现出与他在一起的决心。她的言行明显地超过了“合法的”皇后。她所表达的不是一般的常见的情愫，而是由被迫受害转化为主动热情的人生经历，艰难之处、伤心时刻，只有她自己最为知情。她够不上一个伟大的人物，但却坚强地经历了巨大的转折。她红颜薄命，欧洲历史中少有如此人生的女子，这位悲情的人风格独具，在波兰国家、波法关系、法兰西甚至欧罗巴的激情历史中，不应让她杳如黄鹤，消失于历史的深邃！请倾听波兰的呼喊，它盼望她穿上新的衣裙，那上面将弥漫着玫瑰的色彩！

# Chapter 07 |

# “从来没有救世主！”
## ——奋起反抗社会压迫

# 30

## 巴贝夫（Babeuf，1760—1797）
## 为乌托邦公有制而密谋

## “如果我有一根魔杖……”

### 乌托邦不完全是空想

或许由于某些流行书刊的描绘，给人如此印象：法兰西是一个弥漫着玫瑰色的国度！仁者见仁，智者见智，本是不同观察的自然结果。笔者从来不认为她仅有浪漫颜色。13 世纪，出现了一部长诗《玫瑰传奇》（*Le Roman de la Rose*），作者为洛里斯（Lorris）和默恩（Jean de Meung）。该书大胆抨击私有制，认为社会制度是一种弊端。它主张“听从自然天性的号召”，去争取一种平等的乐园。那里将实行公有制，将有一个能人，由人们集会选出并且供养。“他能守住茅屋，消灭罪犯，给申诉者以公平，他的权威无人敢于挑战。”他“维护大家的权利，保卫共同的家园……”这是思考迷雾中的浪漫色彩的梦幻，乌托邦！她遥不可及，但美丽诱人，在法国社会生活困难的条件下向往远景之美，这也是百姓们力所能及的一种权利！法兰西的大地上，《玫瑰传奇》不是空前绝后的现象……而只是玫瑰色乌托邦长久延续中一个发亮的光环！

过去，常说“空想的共产主义、社会主义”，偶尔提及“乌托邦共产主义、社会主义”，即使采用了“乌托邦”一词，也将它等同于“空想”。空想，正常的理解，无疑是指白想，甚至狂想或无法实现的、不切实际的臆想。将“utopio”译成“空想”，或将“乌托邦”等同于白想，如此译法和解读，可否商榷？utopio 一词的原意为“想象的地方”（pays imaginaire），强调想象，并未说明永远无法变成真实。

再者考察那些共产主义、社会主义思想的内容也可有所领悟。以法兰西为例，那时巴贝夫代表共产主义思想和傅立叶代表社会主义思想，后人难于一言以蔽之地将它们全部说成枉然白想。这些人的思想的产生，以当时的社会为基础。他们敏锐地觉察到了更加新的社会矛盾的出现，然而由于资本主义取代封建主义为时不长，更加新颖的社会矛盾及其冲突仅刚开始，它还不可能为成熟的更新思想的成长准备充分的条件。

不成熟的社会状况，不能“酿造”出成熟的政治理论。于是，乌托邦思想中，出现了真正的空想，如将来应是“无任何差别的绝对平等”“既无第一，也无最后”“清除一切祸害”“一切都按计划”，某些思想家甚至每日中午按时在家中等待富人前来资助社会主义的建造……人们经常用“绝对”“一切”等词语简单地表达自己的思想，巴贝夫也不例外。但是，不能由于上述空想的内容，而对整个思想全盘否定。理由一清二楚，他们的思想一定程度地反映了新的社会矛盾，包含着分量不一的合理成分，有些在当时的社会条件下不可能实现，而在将来社会发展的条件下可以实现。例如男女在法律面前平等。1944 年 4 月 21 日，戴高乐领导的临时政府公布法令，规定男女享受平等的选举权。法兰西女性从此获得了选举权而北欧国家此前很久已经登上了这一历史台阶。又如城市建设。人们曾经预言修建“豪华的、长满花草的林荫大道”①。事实说明，19 世纪中期到 20 世纪初欧洲大城市的规划布局、街道、桥梁与住宅，这些和“空想者”的具体的“空想”确有相似之处。可见，某些曾经的想法不是痴心妄想，而是一种预见，它在一定社会条件下，可以修改加工，纳入日常生活。至少，根据这些情况也不应将巴贝夫与傅立叶等人的思想一律斥为徒劳无功的天花乱坠的“空想”。

① 傅立叶一针见血地指出，“妇女解放是普遍解放的天然尺度”。

因此，还是称作“乌托邦共产主义、社会主义”为好。

上述议论稍长，但是不说清楚这一关键问题，便难于解读200多年前的巴贝夫。换言之，将误解他视之重于生命的思想——关于法兰西未来的真心实意的探讨。

巴贝夫和傅立叶既非开国兴邦的政治家，也非守土拓疆的将帅。后人尊重他们，原因在于巴贝夫为理想而断头，傅立叶曾挑战社会权威。尤其值得指出，在建立不久的新社会中，他们揭露了正在产生的、更加新的社会矛盾，他们对于未来社会的独立思考确实包含着合理的部分。这些尖锐的揭露与珍贵的设想，为后来的有关思想潮流的发展准备了部分养料。这是人类文明中社会主义、共产主义这一类思想传统与发展链条里不可忽视的重要环节。如果断定为空想甚至错想而加以否定，这种社会大思潮发展的征途上便将出现一段空白。巴贝夫、傅立叶等人不曾考虑后人的褒贬、误解，走完了各自创造性的人生之路。

## 后人对巴贝夫各取所需

法兰西政治思想的田野里，通常繁花相争，她们受到爱惜、漠视、拒绝与摧残，早已司空见惯。人们对于巴贝夫，采取了各取所需的态度。法国社会上，许多人无视巴贝夫及其思想，少数人予以肯定，极少数人对他过度推崇或加以利用。

巴黎1988年出版的《巴贝夫文集》（*Babeuf, Ecrits*），收入了他的若干著述，但是编者竟然将自己的长达76页的介绍文章放在该文集的首位，给人以喧宾夺主的印象。1962年的中文译本《巴贝夫文选》（*Babeuf, Textes choisis*），不见法文版的出版年代。[①] 该书的编注存在若干问题，例如：

（a）宣称有一个“1789年宪法”。众所周知，1789年法国无宪法，之

① 《巴贝夫文选》，商务印书馆1962年版。该书从德文版译成中文。

后才有“1791 年宪法”。实际上，文中所指是 1789 年 12 月 22 日的选举法（关于“积极公民”）。

（b）编注将自己的“阶级斗争”、1795 年“资产阶级已经反动”等看法和术语“赠送”给巴贝夫，而后者常说当时为穷富之间的“战争”“内战”“压迫”“剥削”。而巴贝夫只是偶尔使用“阶级”一词。

（c）说 1795 年“肆意歪曲”1789 年的《人与公民权利宣言》，“并补充上一篇公民义务宣言”。事实上，1795 年的宣言称作《人与公民权利和义务宣言》。它既宣布了人与公民的权利，也强调了公民的义务和责任。[①]

关于巴贝夫的研究，还应有一个说明。1982 年春，恩师阿尔贝 · 索布尔（Soboul）教授对笔者解惑时如此回忆：（20 世纪）30 年代，苏联官方出资，由该国学者出面，在法国购买了一批涉及巴贝夫的文献资料，后将它们严密保存于莫斯科的马列主义研究所，通常禁止查阅。20 世纪 50—60 年代，索布尔教授访苏时，获得特殊准许，阅读其中若干文件，做了笔记，但是不准复印与拍照。他随后离开了莫斯科。索布尔教授对笔者表示：“我至今无法理解！”

学术探讨中，关键在于发表与研究巴贝夫的原文原著。他的思想原本是法兰西文明的一部分，必须文明地对待文明。巴贝夫是一种历史的，也是现实的存在！

## 皮卡底的文赎员上书请愿

巴贝夫（François Noël Babeuf）出生于皮卡底的圣康坦的穷人家庭。父亲是位小职员。他自幼少受正规教育，早早地在家乡自谋生路，从而有助于他了解社会下层。1777 年，巴贝夫成为“文赎员见习生”。1778 年，正式获得文赎员（feudiste）职务，主要查阅久远时代的、人们早已淡忘的原始

① Godechot... *Les Constitutions* Op. cit. pp.101–103.

文件，从中寻找封建领主的种种权利。当时，法国商业正在发展，物价日益高涨，中世纪已经确定了数额不变的地租，现在难于满足封建领主的要求，于是他们希望从古旧文献中挖掘新的收入的依据。对巴贝夫而言，此项工作使他能够较多思考社会上久已存在的剥削问题。

巴贝夫生活并不困难，1788 年他开办一家“土地丈量与土地赋税事务所”，开始认识到不平等的严重后果。约 1787 年，他感到必须争取“全人类的平等”，并将取消私有制视作唯一出路。他撰写文章《永久的地籍册》（*catastre perpétuel*），评论此种记载地租的永久簿契，主张由国家颁布“土地法”，实行平均土地权利，达到社会平等。该文于 1789 年 10 月发表：“今天，人民已经到了能够独立思考的时代”，“不能……眼看着穷人饿死”，“目前正在进行大有前途的革命”，“理性之光，将使人们重获应有的尊严”。

革命爆发之前，家庭负担沉重与服务对象的欠债，导致生活困难，巴贝夫对于社会不平等愤愤不平，如此状况为他迎接 1789 年革命的爆发做了思想准备。7 月 17 日，他从皮卡底来到巴黎，争取发表上述论文，未曾预料地亲身感受了革命的热潮，因而欢欣鼓舞。10 月 5 日，他返回家乡，随即展开活动。1790 年年初，他上书制宪议会，要求取消饮料税和盐税，因为这两种间接税的重担主要落在民众的肩上。巴贝夫到处陈述与征集，促使 800 个乡镇的居民在请愿书上签了名。该请愿书中未见激烈的造反词语，却惊动了地方当局。1790 年 5 月，巴贝夫遭到逮捕，不久出狱。

《皮卡底通讯员报》（*Le Correspondant picard*）是巴贝夫 1790 年 9 月创办的一份地方报纸，它的文章主要批评当时的选举体制。根据 1789 年 12 月 22 日的选举法，凡“积极公民”才拥有投票权，他们的资格：“生为法国人或后来成为法国人，年满 25 岁，在本区拥有住所至少已满一年，交纳直接税并且其值相当于当地三日工资，不是仆人。”[①] 这是一项违反平等精神的法律，体现着革命初期君主立宪的政治特征。它遭到了许多人的反

① Jean Bart, 1789—1799. *Les premières expériences constitutionnels en France*. Paris—1989. p.9.

对，巴贝夫如此抨击："现在出现了四个等级"，即增加了"我们这个等级，也就是悲惨的一生丁占有者等级"。"我们被剥夺了选举权。""自由已经仅是空虚的影子。"他的思想逐步成熟，与革命后产生的新的政治权力之间的矛盾不断积累。1791年6—9月，立法议会选举。巴贝夫公开批评罗伯斯比尔和佩蒂昂"作风生硬"。他自己渴望当选议员，"我力求当选为人民代表"，"我无意谋取私利……不怕一切政治迫害"。但是，由于他在当地锋芒毕露，树敌甚多，而被迫放弃竞选。此事可能预示他的从政之路，将不是平安的坦途。

## 不支持山岳派的物资官员

1792年9月17日，经过较长时间努力工作，巴贝夫当选为索姆省的行政长官，即当地新的资产者政权的领导人。不久，这位新官便被迫下台，原因是他在竞选中主张政治平等，支持"土地法"，即至少要求瓜分大农场，甚至瓜分财产。人们找到了证据，将他告发于刑事法庭。1793年1月30日，巴贝夫遭受撤职查办，他被迫逃到巴黎另谋出路。

1793年夏天，罗伯斯比尔等人掌握巨大权力，实行山岳派专政。在此期间，巴贝夫不属于巴黎的山岳派，而主要从事经济工作，他先后在巴黎市物资供应局、法国物资供应局任职。须知，那时关于他的逮捕令还在继续生效。他了解当时社会上消费品的分配、民众的艰难生活等情况，曾在这些方面努力思考如何进行变革。他将自己的名字改为"格拉古斯"（Grachus，古罗马争取社会平等的斗士），示意仿效古人的献身精神。当时，此种做法相当流行。关于巴贝夫担任公职的工作状况，笔者未能见到史料的详细记载。在此时期，1793年宪法被打入冷宫，山岳派专政实行超激进的政治，大恐怖加剧，民众团体丧失自由等。巴贝夫对于这些都难于理解。他身为国家官员，却不曾真心实意地全力追随罗伯斯比尔与赞颂山岳派专政。那时，处于如此状况者，远不止巴贝夫一人，不少人逐渐地身在曹营心在汉。在那些参与治国的议员、雷厉风行的官员、民间团体的领头人，甚至雅各宾俱乐部的活跃分子当中，此种政治敏感心态不断加强。他们独自思考政局走向，暗中指责罗伯斯比尔与圣茹斯特等人的过激政策，潜心寻求改善社会生活的途径……由此萌生出后来的热月政变。罗伯斯比尔断头时，民众赞赏的态度可为另一证明。

## “不能拥有太多，以致他人拥有太少！”

1794 年 4 月（另说 1793 年 11 月 14 日），巴贝夫因为政治思想被机关清洗。7 月 18 日，他从狱中出来。不久，热月政变成功，罗伯斯比尔垮台，巴贝夫欢呼支持。他在自己的报纸上贬责罗伯斯比尔，颂扬热月政变的胜利。

然而，1794 年 10 月至 12 月，他改变了看法，在努力说明自己观点的同时，开始揭露热月政权的政策：“自从有了这个政府以来，我们个个都在挨饿。”他曾创办《新闻自由报》，现在将它改称《人民论坛报》（*Tribun du peuple*），并在“发刊词”中批评马基雅维利和社会上的“通权达变”；宣布“人民有伟大的力量”，“要和人民一起办事”，“我们要把群众动员起来”。12 月 18 日，巴贝夫在《人民论坛报》第 28 期上公然宣布：“革命倒退了。”

当时，热月政变的胜利者们正在小心谨慎地维护其统治权力，他们将巴贝夫的言行视作“煽动叛乱、谋杀与瓦解国民公会”。1795 年 2 月 7 日，巴贝夫被捕，3 月 12 日到阿拉斯，9 月 15 日关入巴黎的监狱。牢狱之灾，因祸得福，巴贝夫在狱中结识了舍尔曼、布昂纳罗蒂等人，与他们建立了友谊，彼此交流思想。同年 10 月 18 日，巴贝夫获释。19 日，他指出：“昨天，专制暴君将我释放。现今，我在他们眼里，如果不是一名叛乱者的话，那么我自己便变成一个罪人。”[1] 法兰西与欧洲许多国家相同，监狱不时成为若干政敌“提高”思想的场所。“巴黎监狱是为平等而秘谋的策源地。”[2]

1795 年 10 月 26 日，国民公会结束，督政府掌握大权。巴贝夫经过对热月政治的反思，决心分道扬镳，追寻自己的理想，走向“平等派密谋”。巴贝夫的《平民宣言》（*Manifeste des plébéiens*）大体上可以反映他的政治见解。1795 年 11 月 30 日，它发表于《人民论坛报》（No.35），表示：“人民为自由与幸福奋斗了六年，仅能充当人家的垫脚石。”现时是“富人反对穷人残酷的战争”，他号召民众：“彻底击毁野蛮制度。”“我们坚定地向平等前进！”“为了恢复人类的权利，必须消除我们的一切邪恶。”“我们认为社会的目的”是“共同的幸福”。“我们认为土地不属于个人，而属于大家。”“我们认为一个人囤积了超出他的饮食之外的东西，便是一种社会盗窃。”“我们最重要的格言：不能拥有太多，以致他人拥有太少。”“应建立一个公共的行政机制。取消个人的所有制。”希望“出现一个新的、重生的世界”。[3]

巴贝夫与布昂纳罗蒂、舍尔曼、达尔特、马沙尔、德鲁埃等人合作，经常在先贤祠俱乐部进行宣传，企图影响共和人士。1795 年 12 月 11 日，巴贝夫在《人民论坛报》（No.36）上发出号召：“对于人民而言，革命尚未成功。”“应将革命进行到底”，即“我们要起义反对那些不再合乎时宜的事物的存在，我们要将它们推翻”；“革命必须继续进行，直至她成为人民的革命”；“只有为群众谋利益的革命，才是真正的革命”。如此号召震动了当局，也引起了社会的关注。

不久，督政府采取镇压措施：查封他的报纸、关闭先贤祠俱乐部（1796 年 2 月）。逮捕巴贝夫时，他击倒警察所长，得以逃脱，后转入地下活动。

---

① 同上书，第 11、26 页。

② Буонарроти, *Заговор во имя равенства*.Москва—1963. cit. p.126.

③ Babeuf, *Ecrits*. Paris—1988. pp.274–281. 此外，马雷沙尔（Maréchal），曾撰写《平等派宣言》（*Manifest des Egaux*），它否定一切艺术、管理与被管理的分工。巴贝夫拒绝发表该文。

## 秘密准备起义与失败

1796 年 3 月，巴贝夫们在巴黎准备起义。30 日，建立了“秘密执行的救国政府”（Directoire secret exécutif），或称“起义委员会”，以及任命若干工作人员。巴黎 12 个区，每个区设一位联络员，如巴贝夫、达尔泰、布昂纳罗蒂、马雷沙尔等人。每个区又有 5 名军事代表。然而，组织工作甚差，中央委员会与各区军事代表之间未规定直接的联系，军事代表之间的关系也不见具体说明。巴贝夫表示“愿将头颅高悬于断头台”。他和达尔特、布昂纳罗蒂组成一个“书记处”，其办公室主任是皮莱。他们号召：“打倒专制暴政！肃清压迫人民者！”希望发动群众，但是缺乏妥善组织斗争的意识和能力。

督政府了解巴贝夫密谋的情况，军事代表格里泽尔（Grisel）于 1796 年 5 月 4 日向政府告密。10 日，巴贝夫等人被捕。巴黎的圣安东区与圣马索区若干劳动者谴责官方的镇压，但是未见示威与街垒。审判由最高法院进行，因为被告中包括议员德鲁埃。法庭设在旺多姆小城，避开了巴黎民众。巴贝夫提出反控告，但是无结果。1797 年 5 月 26 日，法庭判处布昂纳罗蒂等 7 人流放。巴贝夫与达尔特被判处死刑，他们当庭用短刀自刎受了重伤，27 日两人死于断头台。巴贝夫的妻子一度遭到囚禁。

## “如果我有一根魔杖……”

巴贝夫仅仅活了 37 年，而他的思想至今还受到人们的关注。此处主要引用他的话语，来说明他的爱憎，尤其是政治乌托邦。“自由精神……你使我处于比所有其他人更加自由。我所以更加自由，恰恰是因为我身上背负着铁链！”此时，法国全国“上层一万人”是统治者，“2400 万人是被统治者”。现在已发生的“富人进攻穷人的战争”“穷人反对富人的战争”。“舆论是……专制暴君需要的看不见的统治者。”他的态度：“那个使少数人享受与饱餐，而让多数人呻吟与饿死的社会制度必须摧毁。”“必须彻底消灭这个制度。”“肃清弊端的最好办法，就是铲除弊端的根源。”“如果我有一根魔杖（Si j' avais en ma possession la baguette d' une fée），我将把碍手碍脚的一切消灭干净，建立一个人人权利平等的社会。”“革命必须继续进行下去，直至它成为人民的革命。”

应该认识“财产关系的变革不可避免，认识穷人革命反对富人不可避免的历史必然性”。“面包、物质福利、自由，这才是我们要斗争的目标。”“社会的目的在于共同的幸福。”“革命就是为了追求大多数人的幸福。”

他设想将来“每个人必须无条件地参加工作”。那时，“我们大家都是同样的贸易工作者（Nous sommes tous marchands ou commerçants）”[①]。“我们要使‘小商店’与‘小作坊’恢复元气。”“我们要击碎的只是庞大的财产，而所有其他财产则会增大。”同时，他谴责“私有制为万恶的制度”，大力主张“所有的东西都是公有的财产”。“物质资源正在不断地与无限量地增多，它们应成为人民的公共财富。”“平均分配一切共同经营的工业部门的收入和产品。”“各人之间绝对平等。”“在未来新型的社会制度里，一切力量互相保持平衡。”“既无第一，也无最后。”巴贝夫具体地对工业文化、新社会中文化艺术、科学与统治权力的关系等问题表示意见：“新的机器的使用，不会产生恶果。”对于18世纪末而言，如此谈论机器，表明了巴贝夫的先进见识。须知，1811—1812年即十余年之后，英国发生了捣毁机器的卢德运动。1830年，英国还有捣毁打谷机的现象。[②]“艺术、科学与工艺工作者，不再因艺术保护人的喜怒态度而低首顺从，他们将扬眉吐气地创造出真正的文化作品。”

总的来说，巴贝夫的思想表达清楚。关于反对剥削压迫与专制、变革

---

① 他的“贸易”（commerce）一词包括生产与消费的全部过程，与现代人的含义不同。Babeuf, *Ecrits*. Paris—1988. p.257.

② 蒋孟引主编：《英国史》，中国社会科学出版社1988年版，第493页。

社会，为大多数人谋幸福、平等、公有制、工作、机器的使用、文化科学的繁荣的见解具有积极的社会价值。他在《人民论坛报》等报刊上若干文章的说法比较分散与相对温和，而法庭审讯时他的辩护词、回答（审讯记录）以及他的私人信件中，则比较集中与尖锐地表明了自己的政治意愿。他主张公有，但是也有其他若干不同的言论，因为他只想“击碎巨大的财产”，答应使“小店主”与“小作坊”“恢复元气”，认为维护资本主义私有制的1793年宪法“最为神圣”。我们只有了解上述主次两个方面，才可获得对于巴贝夫的全面认识。

必须直言不讳，巴贝夫曾经表示“共和主义者是一小撮吸血鬼”，1795年的法国仍旧存在“贵族制度”，“理性之光……将消除人的一切痛苦”。“人人享受平等的社会所需要的一切，未来将蓦然从平地线出现”，“人民所说的话，一切都必须绝对服从”，也“绝对平等”……

巴贝夫生活在200余年前的法兰西那时的社会条件之下，他属于18世纪后期的社会变革的大潮流。从启蒙运动开始，包括大革命在内，那些冒尖的思考者们、勇敢探索者们，有一个共同的特征：敢于揭露旧制度与旧习俗，敢于构思崭新的社会，勾勒各自寻找的美好未来。但是，他们在进行社会大变革方面认识显然不足，对于认真组织革命、妥善处理反封建营垒的内部纷争、发展国家经济、提高民众生活等方面，缺乏切实可行的革命理伦和领导艺术。巴贝夫也不例外，他虽然曾说“要和人民一起办事”，却只能幻想握有一根魔杖……社会客观条件限制着他，使他无法达到更高的理论水平。无疑，个人的出身、性格、职业与心态等因素，也相对起了作用。

## 殉难者的遗言

巴贝夫拒绝“接受政治时髦行话的影响”，不落入当时文化界泛滥的哲学俗套，他的乌托邦有着明确与通俗的特色，平铺直叙，爱憎分明：

“如果我有一根魔杖……”

“在新的共和国”里，“未来的政府将清除界石、篱笆、墙垣、门锁、争端、诉讼、盗窃、谋杀……将清除法院、监狱、绞架……将清除妒忌、贪欲、欺骗……将清除这些灾害引起的各种绝望”，将清除经常的严重的忧虑与不安，即对命运与家庭的忧虑……简言之，将清除一切“邪恶”，以及对于生活的忧虑。[①] 寥寥数语包罗万象，如此详细、生动、多角度地表达政见，巴贝夫是罕见的一位。简明清新的文字风格，弃旧图新的原则陈述，更是巴贝夫心中乌托邦的具体化。他所反对的物质的、法律的、心态的、情感的事物与现象，皆细细罗列，尤其适合普通民众的阅读。

巴贝夫对掌权者、施加压力者如此申明：人民的“眼前是幸福的未来”。“人民的面前，正在呈现出未来的美景，它将比你们用以愚弄人民的一切更为喜气洋洋！”显而易见，他不是渴望回归自然的原始，而是对将来满怀天真与激情。

巴贝夫消失了，他给妻儿的遗书中有这样的文字：“晚安，我的朋友们！我已准备好在永夜的黑暗里长眠。”“我将你们的境遇托付给一位朋友。”“我的行为洁白无暇，无可指责。”“请写信告诉我的母亲和姐妹们……这样的死是光荣的。”“永别了，我会像一个勇敢与正直的人那样酣睡。”

巴贝夫不能复生，但是他关于必须清除界石、篱笆、法院、绞架、贪欲、欺骗等话语，如同政治遗言留给了法兰西。至少，应该记载，他是一位为自己身心追寻的事业而殉难的志士。

当时大革命尚在进行，巴贝夫不断思考与探索，他虽然未能找到一根魔杖，却启发人们：要善于观察和分析。他发现了新社会的缺陷，而竭力追寻更加新颖的美景！

---

① Babeuf, *Ecrits*. pp.279, 274.

# 31

**傅立叶（Fourier，1772—1837）**
**“乌托邦主义者之王”**

**“抵制发现与侮辱发现者，**
**这是文明制度的人所固有的怪癖。”**

## 蓝色的大眼睛观察着社会

记得，1989 年笔者在第戎大学教书时，于 6 月 20 日独自乘火车，经奥塞尔与多尔，前往贝藏松访问。这座名城在《红与黑》一书中留下了踪迹。司汤达如此写道：“他终于看见了，在远方一座山上连绵不断的黑色围墙，这是贝藏松的城堡。”“这是一个庄严的军事城市。”“贝藏松，不仅为法兰西最漂亮的城市之一，她还有许多心灵善良与机智风趣的人。但是，茹利安（另译于连）只是一个小小的农民，他毫无办法与高贵的人士接近。”[①]

这里，也是傅立叶的故乡。杜布河绕城而过，市内房屋鳞次栉比，城中心甚为繁华……笔者在街道上踱步时，有意询问当地居民，他们都知道《红与黑》。虽然不了解有关政治学说，人们不曾忘记傅立叶这一位颇具声名的乡亲。

傅立叶（Charles Fourier）经历多变的生平。他出生于富裕的呢绒商人家庭，自幼沉默寡言，爱好独自思考，同情贫苦民众。他对理科尤感兴趣，

① Stendhal，*Le Rouge et le Noir.* Paris—1830 . p.195. Paris—1831. p.280.

又醉心音乐，创作讽刺诗，但是家庭要求他继承父业。他9岁丧父，40岁时母亲去世，中学毕业后依靠自修提高。他身材中等，体态清瘦，前额较高，一双蓝色的大眼睛，向左歪的鹰钩鼻，平时少露笑容，但是为人真诚亲切，更精于计算和准时办事。①

1790年，他奉母命到里昂的一家商号学做生意。后来，在巴黎与卢昂两地接受商业训练，曾因生意而访问德意志与荷兰。

1792年，他继承父亲的部分遗产（按遗嘱分期给他），在里昂开始独立经商。1793年7月，里昂反革命叛乱时，叛乱者征用了他的全部商品，导致他的破产。他本人被迫加入叛军队伍。同年10月9日，共和军攻克里昂与镇压反叛，傅立叶被俘，但是趁机逃脱并返回故乡。不久他加入革命的军队，1796年1月因健康欠佳而退役。他数次就军方供应等问题提出建议，执政府曾正式肯定其爱国行为。②

此后，为了谋生，他重操旧业——经商，同时专心思索社会问题与寻求社会改造的良策。

## “协作状态”“遐想者之王”

1799年，他奠定了自己的“理论基础”。

1800—1815年，他在里昂居住，主要从事学说的构思。

1811年，他在帝国的军事部门任呢绒供应检查员。“百日”期间，他为罗纳省政府统计局局长。1816年，他放弃上述官职，一度投靠姐姐，此后在近汝拉山的比热城居住，独自生活、思考与写作至1821年。

1828—1829年，他回到故乡居住，继续沉醉于巨著的撰写。他习惯于普通的生活，喜欢花卉，却惧怕毛毛虫。他每日按时出入住处，企盼“候选

① Cabanis, *Introduction à l' histoire des idées politiques*. Paris—1989. pp.178-179. Paul Louis, *Histoire du Socialisme*. Paris—1925. p.81.

② *История социалистических учений*.Москва—1962.cit. p.443.

人”（即自君王至富人）来帮助他实现心中的乌托邦。

1837 年 10 月 10 日，傅立叶于巴黎辞世，安葬在蒙马特尔公墓的第 23 区。

他的主要著作：《全世界的和谐》（论文，1803），《四种运动与普遍命运的理论》（1808），《宇宙统一论》（1821），《论协作社》（1822），《论家庭与农业的联合》（1822），《工业的或协作的新世界》（1829）。

傅立叶的思想在一定的时段内曾经颇具影响，出现相关派别及其试验活动。1825 年，产生了“法郎斯泰尔派”，又称“协作派”“和谐派”“保障派”。从 1832 年起，他们在孔代—絮尔—维尔斯格尔（Condé-sur Versgre）搞试点，也在俄罗斯搞试验活动。1841—1846 年，美国马萨诸塞州的布鲁克农场和新泽西州的雷德班克的“法郎吉”，是他们的实践地点，但是皆未获得成功。19 世纪 40 年代，孔西德朗曾著书办报宣传傅立叶的思想。80 年代，工业家戈旦受傅立叶思想的若干影响，临终之前将自己的工业企业改为个人合作的共有财产，称“法米利斯泰尔”。

傅立叶认为“现代政治站不住脚”，他努力幻想精心构思将来的社会。他宣称唯有“协作”能够将世界导致“和谐制度”。“人们含糊地提出一项原则：人，为社会而造成。但是他们未曾看到，社会可以有两种秩序：分散的与联合的。前者为非协作状态，后者为协作状态。两者的区别，如同谬误与真理。”“非协作状态”即“分散状态”，是“社会不幸的老根”。[①]

无疑，傅立叶推荐“协作状态”，即“协作制度”。他不搞平均主义，表示“我支持不平等的优越性”。这位善于幻想的法国人，获得“乌托邦者之王”（le roi des utopistes）的声誉。[②]

这里介绍他的一两个特点：指向“文明社会”的批判，对于压制新事物的谴责，从而有利于侧重了解傅立叶的与众不同之处和知晓法国社会的

---

① Paul Louis，Op. cit. p.85.

② Tudesq et Rudel.Op. cit. p.543.

一种痼疾。无疑，他所使用的若干名词的含义，与我们当代的理解之间存在区别。

## “必须怀疑文明制度”

当我们阅读傅立叶的著作时，很快扑入眼帘的便是他针对“文明制度”的抨击。

什么是“文明制度”？傅立叶做了他的说明：按照“社会的本质”，可分为“原始时代”（又称“伊甸园制度”）、“野蛮制度、宗法制度、蒙昧制度”与“文明制度”。他的“文明制度”（或“文明社会”）的批判，远远大于对资本主义制度的批判。傅立叶指出：“必须怀疑文明制度，怀疑它的必要性、它的完善性以及它的持久性。”此种认真怀疑的结果便是批判。

1808 年，傅立叶匿名出版《四种运动和普通命运的理论》一书。他提醒注意：“3200 万法国人中，2200 万在吃、穿方面每天摊不到七个苏。”800 万法国人没有面包吃，只能吃栗子与其他少量食物。2500 万人没有葡萄酒喝。巴黎 30 万—40 万平民喝不到菜汤。“文明制度”下，“哲学是人民的敌人，它取消了人民的最重要的权利——劳动权与最低限度的生活权”。“文明制度下，到处都是魔鬼当道。”“穷人，他们为了一点小小的过失而被判处绞刑。”例如，爱里桑多·德·波因为偷窃一棵白菜被判处死刑。而一位供应商“盗窃了”国家 7 亿 6 千多万巨款却逍遥法外。这样的政治制度与社会机制，应该怀疑。

## “现代国家的商业气质的恐怖”

从 18 世纪后期起，议会制度是法国社会舆论中讨论的一个焦点。傅立叶发现“1793 年代议制的统治带来了罗伯斯比尔的统治，而罗伯斯比尔则把大批的哲学家送上了断头台”。“在为数众多的议会中，绝大多数人指责某个部长的小毛病，却无人敢于指出批发商与零售商所为的多得不可胜数的掠夺行为。”“立法者的利己主义是代议制议会所传授的。”[1] 立法工作、宪法与法律皆遭到傅立叶的指责。“欺诈和不公正支配着文明制度的立法。”“文明制度下人的处境，远不如蒙昧制度下的人和牲畜。”

自由与政治皆难逃出傅立叶的视野。“文明制度下的人，竟然那样缺少正确思想。以致他们用自由做借口，在巴黎允许三四千名称为酒商的公共贩毒者存在。”同时，“在近代人中间，如同在古代人中间，政治学从来没有为人民的幸福发明任何东西”。“文明制度下，两个无药可医的毛病，郑重地宣告了自古以来的政治科学的软弱无力，这两个毛病就是折磨人的贫困与折磨国家的革命。”

傅立叶从商多年，深知商业的底细。他坦然指出：“现代国家的商业气质的恐怖，已经苦恼着自然界，也苦恼着理性。”“商业自由，对生产者与消费者来说，都是加在身上的锁链。”“商人团体是一伙联合起来的海盗，是一群掠夺农业与工业并在各方面奴役整个社会的匪徒。”社会风气遭到批评：“我们近代人乃是真正的愚昧人，不关怀老年人、儿童和病人，这就是臻于完美的文明制度的善行。”“文明制度下，一个人如果不是有钱有势，而是自由与真诚待人，他必然会趋于灭亡。”代议制、立法与商业气质的“恐怖”，都受到傅立叶的贬责。从某种角度观察，他的确看到了问题之所在。同时，他的观点也有偏颇之处。

## “颠倒的世界”“社会的地狱”

傅立叶关于“文明制度”做了概括性的评价：“那种既野蛮又残暴的文明社会”，即“带来千万种祸害的‘文明制度’”。“文明是欺骗的王国，道

① 恩格斯指出：“劳动权是傅立叶发明的，但是我认为这种劳动权只能在法郎斯泰尔里才会实现。”《马克思恩格斯选集》，第4卷，第444页。

德是它的工具。”“文明制度只是一种人间地狱。”总而言之，“文明制度乃命运的对立面，最颠倒的世界，是社会的地狱”。

傅立叶对于当时法国重要的历史事件或人物，也有所评论，卢梭与山岳派便是例子。

“在孟德斯鸠等一流人的著作中，我们所看到的不是什么锋利的机智。”“卢梭连教育好自己子女的勇气都没有。”卢梭与小客栈的一位女服务员共同生活，他们先后生了五个孩子，都被他送到公共慈善机构抚养。“最近一次灾难是政治俱乐部或与世隔绝的雅各宾派式的灾难。”“自1293年大灾难以后，种种之梦想都破灭了。”“雅各宾派，蓄意主宰一切、侵占一切。”“文明制度，在罗伯斯比尔时期经历了向野蛮制度倒退的运动。”

傅立叶对“文明制度”大张挞伐，写下了许多文字。他的意图一清二楚：“我的目的不在于改善文明制度，而在于消灭这个制度。”

## “对于发明者普遍存在恶意”

“文明制度”的一种弊病引起了傅立叶的特别关注。在“文明制度”之下，他忍受了“30年的屈辱与苦恼”，面对“喷发流言蜚语的火山”。人们“诅咒我的著作”，他的著作列入梵蒂冈的《禁书目录》，“文明制度”的弊端就是一贯打击迫害新生事物，傅立叶将抨击的锋芒对准这个弊端。“文明制度的人，对发明者普遍怀着恶意。”“抵制发现，并且侮辱发现者，这是文明制度的人所固有的一种怪癖。”统治地位不容挑战。“触犯别人意见者，必然受到惩罚。19世纪中，占据统治地位的哲学，为了反对我而凭借的偏见，超过了14世纪宗教迷信反对哥伦布时所依据的偏见。”“哲学家们倾向于扼杀损害他们体系的发现，笨蛋们自认为是文人才子。”

议会与法律的干涉，“最有价值的新事物在它刚刚出现时，都遭到过反对。土豆与咖啡曾被议会下令禁止，疫苗与蒸汽机最初也同样遭到诽谤”。他又指出：“最宝贵的发现，在它出世之时，都会遭到反对。咖啡与土豆曾遭到法律的禁止，并被列为毒品。轮船的发明者富尔敦和煤气照明的发明者勒蓬，在巴黎找不到一个听他们讲述的人。”

压制与嫉妒普遍存在，“迷信曾经反对新的科学。现在，那些冒充迷信之敌的人，又来反对新的科学了……他们比迷信势力有过之无不及地进行压制。”“学术界必然会遇到暗礁——嫉妒心。”“人们的本能就是否定它与扼杀他自己不能获得的发现，攻击那个教门之外的发现者。”“在现代教育中”，“新方法一旦公之于世，便招来了四倍的诋毁之词”。“文明制度时期的学者们多坏啊！”“在这种自夸为向着尽善尽美境界前进的，惯于吹牛的社会中，真是又无能又邪恶。一塌糊涂。”

实际上，官方机制与人员发挥坏的作用，“政府认为诡辩家们乃是舆论的至高无上的主宰，因此便继续让他们充当审查那些与他们对抗的理政的鉴定人，还让他们随意堵塞发现的道路。当局……它多么害怕新事物！”实际上，“蒸汽机的发明应归功于布洛瓦出生的法国人帕潘。他最初受到巴黎科学院的无礼对峙”。1681 年，他得到英国皇家学会的接纳。80 年后，即 1764 年，“瓦特以蒸汽机发明者自居”，“他只是略加改装而已”。

“法国为什么对待发明者如此野蛮，以至于没有一个发明者能够生前在法国得到承认？”每当“想要扼杀一本著作时”，“巴黎的这些诽谤家们有自己的禁书目录与灭火器”。人们“压制那些使智慧的垄断者感到惊慌不安的任何发现”。

问题普遍存在着，“只是在事业快要圆满结束时，他们才热乎起来。在法国，这是一种最普遍的性格。法国人对一切新事物的要求总是马后炮，在新事物开始出现时，必要嘲笑一番”。此外，“在法国，任何一位作家或发明家，如果不贿赂期刊的下流作家们，便要遭受他们的攻击”。

## “精神垄断” 社会痉挛

傅立叶认为，新事物遇到了“普通的恶意”，惩罚、禁止、抵制、侮辱、扼杀与嫉妒，构成了“精神垄断”。他们来自“占据统治地位的哲学家们”、学术界、议会、法律、巴黎科学院、“智慧的垄断者”以及“下流作家”等。这些人与机构是“文明制度”的“怪癖”的代表者。

“文明制度”的“怪癖”本质是社会痉挛、社会侵凌、社会痼疾。社会痉挛，实为社会内部人们相斗，文化内耗，情绪的恶性发作，文字的滥用。社会侵凌，此乃侵犯他人的合法权利，以强权对弱势，凌辱无权无势却坚持真理与合法行事的弱者。社会痼疾，指的是它的始终存在，难于治愈，甚至无法治愈。这一种“怪癖”的普通性、严重性与持久性显而易见。

它产生的原因在于强势拥有者们维护特殊权力、垄断地位、学术权势、文化利益，不曾掌权的学术界人士往往由于孤芳自赏故步自封，拒绝甚至厌恶新的信息，否认别人进行学术探讨的合法权利，否认学术探索的复杂性与灵活性。这种“怪癖”或“恐新怪癖”说明施压者在守护着自身的权利和利益、统治地位。但是，即使维护正确的学术观点与合法的权益，也不应该、不需要简单否定另一些合法的不同见解、合法的探索者。

法兰西或欧洲，打击种种学术“异端”或科技“歧见”的事情历来存在。“精神垄断”之下，独立思考可能潜在地危及君王等统治者以及文化与学术的掌权者所拥有的权势。一旦独立思考创造出硕果，就成为实际的危险，即可能证明上述优势力量或强者们的失败或失策。于是，权力、利益、尊严、威望诸方面的利害关系与得失的计较，皆促狭强者们采取高压手段，以求消除新事物带来的威胁。“恐新怪癖”是一种软暴力。当代，有科学家研究证明“权力感对大脑的影响，如同可卡因”，即“增强警觉性、信心、精力、愉悦感，引起焦虑、多疑和狂躁”。如此说法与“恐新怪癖”不无关系。通常还可再加上硬的暴力。

古代希腊的神话里，缪斯为专司诗歌艺术和科学等的女神。她们的数目说法不同，可以有一至九位。她们对那些胆敢前来比赛技艺的人，都严加惩罚。例如，曾使挑战者塔米里斯成为盲者，失去歌喉与弹琴技巧。傅立叶对于“恐新怪癖”深恶痛绝，他多次引用别人的言辞，来支持自己的意见。例如，托马曾说："最难被人宽恕的大错误，就是宣告新的真理。"再如，阿拉哥指出："才智之士，当他不论在哪一方面超过自己的时代时，总是不解被他人承认。"谴责法国社会弊病者，还不止傅立叶一人。"恐新怪癖"的受害者难以数计，抗争者陆续出现。

虽然傅立叶所指不无过分绝对之处，但是"恐新怪癖"确为法兰西的社会痼疾，欧罗巴的社会禁锢。

## "我一个人使三千年来的幻想化为乌有"

傅立叶主张协作组织"法郎吉"为细胞、独立单位，组建"和谐制度"，协作社成员集体住在"法朗斯泰尔"大厦内……与此同时，他的学说包括一些重大的缺陷。数千年的人类社会，原本是一个进步的过程，尽管不同阶段存在不同问题甚至灾难。傅立叶曾指出了每个历史时期有上升与下降，但是他未能将此看法贯彻始终。须知，他所在的 18 世纪末至 19 世纪前期的法国社会，资本主义取代了封建主义，新的经济关系、社会关系引发出新的社会矛盾与冲突。法兰西国家几经磨难正在沿着上升路线的发展，这是不可辩驳的社会真实。

看来，傅立叶的智力和精力过度用于具体地构思未来社会，细节详尽，涓滴不漏，而全面考察当时存在的社会状况，思索社会的过去、现在与将来的决策与传承时，暴露出辩证思考和大趋势观察的明显不足。傅立叶只能对于未来社会（"新世界"）进行"幻想的描绘"。

傅立叶有他的局限性，他关于自己、法国、协作制、远方人民，讲出若干不该讲或可以不讲的言辞：

关于自己："我一个人使 3000 年来的幻想和愚蠢化为乌有……现在和未来几代的人都应该为自己的幸运而感谢我一人。"

关于法国："法国人总是心血来潮。""法兰西王位……中等的王位。""英国与法国是世界上哲学的两个主要发源地。"

关于法语:“学习外国语是一种非常艰苦而丝毫不能生产的劳动。”“从开始建立协作制时起，可以采用一种临时性的统一语言，或许就采用法语。”

关于协作制:“在协作制下，选举时间只需要 40 秒就行了。”“从 3 岁起到老年都由于乐趣而从事工作。”“儿童从 5 岁起便精通 20 种职业。”“在小河里养鱼，不需要劳动。”

关于其他人种：埃及人、中国人、日本人如果与希腊人相比，皆为“野蛮人”。“在中国，所有商人都用假秤，都出售假货而不受到惩罚。”

思考社会难题是必要的，但是傅立叶的聪明才智和探讨激情不能如同脱缰之马肆无忌惮地任性狂奔。毕竟，脑子不该长在舌头上！对于远方人民与文化的无知、域外语言的无知……曾使若干欧洲文化人士“感染了”夜郎国臣民的心态。幸好！如今地球是“村庄”，这将有助于人们去认识陌生的世界。

傅立叶进入了史册！他有三种重大遗憾！

他曾目击商业中的欺诈，不愿继承父业、拒绝经商，并为此而两度出逃。不幸，他还是陷入商界，成了独立的商人，结果却艰难地谋生。

他是一个凡人，自然渴望爱情、家庭，也曾探讨婚姻问题，倡议女性恋爱自由。[①] 不幸，他从未获得真正的爱情，孑然一身，孤寂地度过了 65 个春秋。

他自以为设计的“和谐制度”天衣无缝、精美绝伦，一旦建立便可拯救世界普度众生。不幸，他每日在家中苦苦等待，至死仍然望眼欲穿。

法兰西有一成语:“有志者事竟成”（Vouloir, c'est pouvoir!）！这只是鼓励人们奋斗而已。傅立叶不顾“恐新怪癖”的压制，孤身久战，力求冲破“精神垄断”，为法兰西文明增添了新鲜的气息。

① 恩格斯指出:“他第一个表明了这样的思想：在任何社会中，妇女解放的程度是衡量普遍解放的天然尺度。”

# 32

**罗什弗尔（Rochefort，1831—1913）**
**以虚幻做武器，巧妙影射官方**

## “我宁愿喜欢拿破仑二世……多好的朝代！”

### 被迫离开《费加罗报》

当今世界上，人们正在研究“隐形”，例如隐形的战机或军舰，甚至人的隐形。隐形，可以成为一种武器、手段。其实法国近代史上，曾出现比隐形更厉害的“战斗”方式，即借助“虚幻”去攻击真实的对手，以“虚构”去损害真实的官方势力。笔下所写的为子虚乌有，实际是在政治斗争中采用的举世罕见的绝招！

罗什弗尔就是有着如此绝招的能人，他曾以虚幻去攻击第二帝国，思路巧妙，文字诙谐，笔锋犀利，真是一种罕见的法兰西的淋漓尽致！这不是此人的偶然行为，他一生的特征就在于挥笔抨击，尤其是别出心裁的“刺杀”，他以此单枪匹马、下笔如刀的专长，在欧洲政治文化的辞典中获得了一席之地。

罗什弗尔（Henri Rochefort）有着真实的侯爵的身份，只是生不逢时，他的古老的家庭早已在法国大革命期间受到打击并且破产。看来，革命对于祖先的冲击未曾在此后人的心中栽下复仇的种子，人们公认他是一位为共和制度写作的记者与作家。

有关文献仅说罗什弗尔的父亲是通俗笑剧的作者，母亲未见提及，更不知晓他本人的婚姻情况。国际史学与辞书中常见一种攀龙附凤的现象，人们任意追索人物的先辈的荣誉，可以引出外婆的外婆如何如何，而对本人的某些基本情况，如婚姻、家庭、生活来源、疾病等则只字不提，或仅见寥寥数语。今人与先辈有着传承关系，但是家庭的生活方式与本人的身体状况对于人物的影响无疑更加直接与重要。① 罗什弗尔就是这种不公平的受害者，他被人们虚幻掉了一部分生命的真实。

按照家庭的安排，罗什弗尔应该学习医学，以便将来能够救人济世，而他自己先从政，后来选择了政治文化写作的道路。这种生活之路的艰难危险，看来当时罗什弗尔未曾充分了解。初出茅庐，年轻气盛，难于责怪。他一旦做了选择，便孤行己见，"投笔从戎"，流离颠沛，远洋逃生，走完了82岁战斗的人生。

弃医从政后，他在塞纳省政府当一名普通的公务员——"副本制作员"。同时，他从事文学创作，为报刊撰写文章，取得引人注目的成绩。这些成绩鼓舞着罗什弗尔，终于促使他做出人生的重大决定，也即政治转折。1861年，他离开行政部门，专门从事政治文化的写作。他在"费加罗"等报刊上发表的评论、檄文，招来了麻烦，若干受攻击者与他决斗，其中包括缪拉亲王与卡萨尼亚克。1867年，罗什弗尔开始攻击第二帝国，被迫离开《费加罗报》。

## "我是波拿巴主义者……"

1868年5月11日，拿破仑三世公布立法团于3月9日通过的新闻法律。该法律规定"法国全体男子拥有公民权与政治权利者，不须经过事先批准"，

① 请看乔治·桑，人们总是关注她有萨克森选帝侯的血统，甚少点破她一生渴望着一个挚爱的家。她为此而忍受、奔波、挣扎，甚至故作姿态地出入巴黎社交场所。对于家的追求，这是乔治·桑激情释放的关键。她经历了婚姻、离异、恋爱、分手、孤独……她心肠温柔，却好像茫茫林海中乱飞的小鸟，找不到一个温暖安宁的窝。

可出版定期或不定期的刊物。只需在出版前十五天，向官方书面说明报刊名称与出版时间、所有者与主管人的姓名和住址，以及印刷厂家等。当时，法国已不是 19 世纪 50 年代初“专制帝国”的状况，不过帝制依然存在，共和主义者们还不能充分自由地从事政治活动。一批法律颁布后，官方的管束有所放松，但是罗什弗尔等对此仍然感到不足。该年 5 月 30 日，罗什弗尔乘机创办《明灯报》（*la Lauterne*），第 1 期共 64 页。这是封面红色的小报，它成为攻击第二帝国的有力武器。

罗什弗尔在报上单刀直入：官方的“《帝国年鉴》指出法国有 3600 万臣民，但是对于不满者的状况未做估计”。如此开头的文字，按照常规将引出“火山爆发”。但是，罗什弗尔笔调怪异，词句诡谲。“我是出自内心的波拿巴主义者。如果允许我选择这个朝代中我心目的英雄……作为波拿巴主义者，我宁愿喜欢拿破仑二世。这是我的权利……多好的朝代，我的朋友们，多好的朝代啊！没有捐税，没有无益的战争……没有皇帝的年俸。”[①] 1814 年 4 月 6 日，拿破仑宣布“放弃法兰西的帝位”，但是未说明由谁继承他的权位。1815 年 6 月 18 日，拿破仑一世在滑铁卢战败。帝国议会的代表院曾于 6 月 23 日和 7 月 1 日二次承认拿破仑之子为“拿破仑二世”。此人生于 1811 年，1814 年父亲退位后便随母亲前往维也纳宫廷，即受到奥地利皇帝（外公）的控制。他死于 1832 年，从未在法国实际掌权。罗什弗尔虚拟了一个理想的王朝与皇帝，用以否定现实的帝国制度，他甚至硬将自己说成波拿巴主义者。帝国官方人士无法反驳，哑然无声。

《明灯报》第 2 期上，罗什弗尔含沙射影地暗示：拿破仑三世之母、荷兰王后奥当斯曾经行为不端，意在言外指现任的法国皇帝拿破仑三世是私生子。[②] 此次，官方采取了一定措施，内政部长皮纳尔下令禁止《明灯报》的公开发售，并请掌玺部长巴罗什对罗什弗尔提起诉讼，但是未见进一步的实

① Georges Pradalié, *Le Second empire* Paris—1998. p.43. Gabriel Desert, *La France de Napoleon Ⅲ*. Paris—1970. p.224。

② 请参见拙文《拿破仑三世若干历史问题探讨》，载《史学月刊》，1987 年。

际追究。

《明灯报》的第 11 期于 8 月 8 日问世，部分流入社会，该报遭到禁止出版，因为官方看到了《明灯报》带来的危险。罗什弗尔如此写道：“我在此指出一种令人震惊的不公正的情况。就官方的范围内而言，奥唐斯王后为一永恒主题。与此同时，在受禄最多的忠实廷臣口中，我从未听见谈论她的丈夫荷兰国王路易（拿破仑三世的父亲）……任何一次画展皆有许多王后的画像……路易国王遭到抛弃，相形之下，王后奥唐斯得到崇拜，此处有某些内情我未能得以洞察。”[①]

事态十分严重，但是未能查明，罗什弗尔又提出了虚拟的难题，矛头直指法国皇帝。此外，皇后欧仁妮曾受到罗什弗尔的“关照”。她被称作“加冕的蠢人”（grue couronée）。[②] 同年 8 月 2 日，银行家佩里叶尔兄弟，因银行股票下跌而受到了审判。8 日，罗什弗尔写道：“昨天，皇后陛下主持了部长会议。如果佩雷尔夫人主持‘动产信贷银行’的管理会议，我将感到惊讶！”[③]

法庭对罗什弗尔进行判决，他便匆匆逃亡比利时，并在那里继续出版《明灯报》。为了将该报运入法国，他将报纸放进拿破仑三世的半身塑像内，使之容易通过海关。至 11 月，该报共出版 74 期。第 14—74 期在布鲁塞尔出版，当时应支付 60000 法郎。印刷者的档案早已失散，谁出的钱？“雨果欢迎罗什弗尔到比利时，但是他很吝啬。”那时，“大部分共和派由第一国际给予经济支持，不能排除罗什弗尔获得第一国际的津贴”[④]。不久，举行 1869 年立法团改选，11 月罗什弗尔在巴黎的贝尔维尔区当选。官方对于他的回国予以默认，他和拉斯帕伊两人组成议会内的极左翼。

1870 年 1 月 10 日，拿破仑三世的堂弟皮埃尔 · 波拿巴杀死记者努瓦尔。

---

① Guériot，*Napoléon Ⅲ*. Paris—1980.t.1. p.42. 拿破仑三世父母的关系若即若离。请参见同上所引拙文。

② William Smith，*Eugénie*，Paris—1989. p.147.

③ Desert，Op. cit. p.224

④ Launay，*Histoire de la diplomatie secrète*. Paris—1996. pp.299，300.

11 日，罗什弗尔对此发表议论："啊，已经 18 年了，法兰西受到这些手上沾染了鲜血的暴徒的掌控，他们不满足在街上用机枪扫射共和派，而卑鄙地引诱他们中计，在家中屠杀他们。法国人民，你们是否认为这已经太过分了？""我难以设想一个波拿巴不是杀人凶手，而是其他人物。我敢于想象在此家族中……传统与习俗是杀人与搞诡计。"[①] 众所周知，随后许多人参加了努瓦尔在巴黎的葬礼，罗什弗尔曾力求避免官民双方的大冲突。尽管如此，他被判处监禁半年。2 月 7 日，他被捕，关入圣佩拉吉（Saint-Pélagie）监狱。[②]

## 流放　复仇　逃亡

9 月 4 日，第二帝国垮台，罗什弗尔出狱，当即被选入临时政府，又为"街垒委员会"的主席。11 月 1 日，他辞去职务。1871 年 2 月初，他创办《口号报》（*le Mot d' ordre*），后于 3 月 11 日被禁止。2 月 8 日，他又在巴黎当选议员，随后因反对与德国议和而辞职。

3 月 18 日巴黎民众起义，28 日成立了由选举产生的公社。在此期间罗什弗尔是一个普通记者，主要从事新闻工作。4 月 1 日，他恢复《口号报》，抨击凡尔赛政府也批评公社。他于 5 月 21 日离开巴黎，后在莫城被捕。1873 年 8 月被判流放新卡列多尼亚。1874 年，他逃离流放地渡重洋到达伦敦。1880 年大赦，他返回法国，仍旧从事报刊工作。1885 年重新当选议员，次年 2 月辞职。摆脱了议员职务，无官一身轻，乐于政治抨击，这就是他在第三共和国初年政治活动的主要特点。[③]

19 世纪 80—90 年代，法国政治冲突不断，罗什弗尔曾不同程度地卷

① Velluz. *Raspail*. Paris—1973 p.205. Desert，Op. cit.. p.224. André Castelot，*Napoléon Trois.* Paris—1974 . pp.717，720. Smith，Op. cit. p.147.

② Smith，Ibid. p .148.

③ Noèl, *Dictionnare de la commune*, Paris—1978, t.2. pp.218-219.

入。1889 年，他积极支持布朗热（Boulanger）将军。此人曾任军事部长，极力主张对德复仇，于 1889 年 1 月入选议会。当时，民间传言他将举行政变。4 月，布朗热拒绝政变，但官方要追究他的责任。罗什弗尔伴随布朗热逃去比利时，他被缺席判处流放，随即逃到伦敦，1895 年大赦后回国。1892—1893 年，发生巴拿马运河舞弊事件，揭发出部长、议员、报人共 100 余人受贿。罗什弗尔表示反对官员等人的舞弊。1894—1899 年，德雷菲斯（Dreyfus）受到冤屈时，法国国内舆论大分裂，罗什弗尔反对重审此案，1906 年该案平反。20 世纪来临时，他已年老体弱，其文章的影响日益减少。

罗什弗尔以他的政治抨击展示了法兰西文化的高度尖刻，甚至达到以虚拟的武器去战斗的超乎寻常的难度。他的著作如:《没落的法国人》（*Les Français de la décadence*）、《堕落者》（*Les Dépravés*）、《脱逃者》（*L' Evade*）、《我生命中的冒险》（*L' Aventure de ma vie*）。最后一部记录了这位文人以虚拟做武器，卓有成效地利用公共舆论，在政治旋涡中进行机灵的袭扰。文学、政治与巧妙构思互相熔化，锻造成了他的虚拟武器。它具有超出一般想象的攻击力、难以对付的杀伤力。当时，波拿巴派的文化人士中无人能够应战。他以“我宁愿更喜欢”“我是波拿巴主义者”等虚幻的言辞，深深地刺伤了政治强敌！法兰西本是一个情不释放心不甘、语不惊人死不休的国度！

# 33

**布朗基（Blanqui，1805—1881）**
**狱中苦度半生，坚持造反**

## “既不靠天主，也不靠主人！”

### “我是一个资产者”与“被监禁者”

一位法国人，活了76岁，坐牢约37年，曾领导10万人的示威游行，他去世后的送葬者超过10万人！这是19世纪颇为著名的造反者，他曾经领导一个政治派别，在接舍兹神甫公墓内的安息处，至今仍有拜访者。[①]

此人是谁？奥古斯特·布朗基（Auguste Blanqui）！

他留下的著述：《社会批判》（*La Critique sociale*，1855，文集）、《祖国在危急中》（*La Patrie en Danger*，1871，文集）、《布朗基文选》（*Textes choisis*，1955）等。

他坦然承认“我的家庭出身与所受的教育决定我是一个资产者”。父亲为大革命时国民公会议员，属吉伦特派，曾支持1799年政变，后任某专区区长。母亲思想开明，支持儿子的政治活动，帮助他越狱。布朗基身高1.60米，眼睛与头发皆棕褐色。1832，他和塞尔（Serre）小姐结婚，他无职业，靠她的陪嫁维持生活……

1824年，他中学毕业，随后在巴黎任家庭教师等职，曾加入“烧炭

① 位于该墓地的第97区。笔者曾数次访问。

党”。1827 年，他参加学生运动，三次负伤。数年间，他受到乌托邦社会主义思想的影响。1830 年，他在法学院读书，该年 7 月加入“人民之友社”，目的在于争取共和制度。1831 年年初，他参加学生示威，被捕，初次入狱，为时三周。他称“七月王朝是资产阶级的政府，是统治阶级掠夺人民的工具”[①]。

1832 年 1 月，布朗基获得罪名“违反出版法令，危害国家安全”，判处 1 年徒刑和罚款 200 法郎。1835 年，他参与建立“四季社”，反对七月王朝，争取共和。1839 年 5 月 12 日，他任“总司令”，率 500 余人起义，一度控制了不做抵抗的巴黎市政厅，随即失败。次年，他被判死刑，后改无期。[②]

1848 年 2 月，巴黎起义，宣布共和国，布朗基获释。他与德扎米等对临时政府不满，成立“中央共和社”，曾组织示威游行，要求延期选举制宪议会。5 月 15 日，巴黎民众示威，冲击制宪议会。布朗基不赞成此次活动，但是参加了游行，发表演说要求改革，并因而被捕与被判 10 年徒刑。1859 年大赦，他出狱，后转入地下工作。1861 年，又被捕，罪名为“组织秘密团体”，判 4 年徒刑。他于 1865 年年初越狱成功，逃到比利时，他不时潜回巴黎，拥有支持者约 2000 人。

1870 年 6 月，他在文章中谴责资本主义：“剥削者、寄生虫、杀人犯，就是资本主义在各个世纪所扮演的角色。”“中世纪将胆敢穿花衬衣的人戴枷示众。基督教的思想也将异教徒要求满足物质欲望的思想拿出来示众”，“资本剥夺了广大群众的福利，使它只有利于少数人”。[③] 同年 8 月 14 日，他率领百余人在巴黎起义，又失败与被判刑，但是不久帝国垮台而未执行。1870 年 10 月 31 日，布朗基等领导新的起义，占领了市政厅。他为所谓“新政府”成员的候选人，但是再遭失败，当时“国防政府”对此没有立即追究。布朗

① Bernstein，*Auguste Blanqui*，Paris—1970. p.47.

② Ibid. pp.90−92. Noël，*Dictionnaire de la Commune*. Paris—1978. pp.79−80. Merle，*Armand Barbès*. Paris—1977. pp.86−91.

③《布朗基文选》，商务印书馆 1979 年版，第 127 页。

基曾撰文国防政府：它“正在毁灭革命的共和国”。“它就是反革命，它正在给法国挖掘坟墓。”

1871 年 2 月，第三共和国举行国民议会选举，各俱乐部等组织的候选人名单上不见布朗基的姓名，虽然他获得五万余票。随后，他发表文章，抨击政府的卖国政策。3 月 17 日，他在法国南部费雅克（Fegeac）被捕，政府改而追究 1870 年 10 月 31 日起义之事。3 月 26 日，他当选巴黎公社的委员，曾有人“建议选他为公社委员会的名誉主席”，但是不少人表示反对。[①]4 月 29 日，他被判刑流放后因健康不佳，改作监禁。

1879 年 4 月，议会选举，布朗基当选议员，6 月由于特赦而出狱。1880 年 6 月，他恢复了公民权。1880 年 11 月 20 日，他和厄德（Eudes，另译爱德）等人创办《既不靠天主，也不靠主人报》(*Ni Dieu, ni Maître*)，他担任主编。[②]1881 年 1 月 1 日，布朗基因病去世。

## “私有制是一场灾难”

布朗基除去握着手枪举行起义外，另有一种武器，即公开发表言论，抨击资本主义现实，宣传他自己的政治主张。他否定私有制，认为法国当时 20 万—30 万人属于“特权阶级”或“特权分子”。“总有一天，私有制将同它赖以生存的特权，最终一起被消灭。”“私有制是一场灾难。”私有制必然“产生贫困与豪富”。

当涉及选举问题时，他如此评论：七月王朝时期，有限选举权的状况表明：“恰恰是那种代议制把三权集中在一小撮为了共同利益结合起来的特权阶级手里！不正是这种三权的混乱，建立了最残酷的暴政！”“一直拥有

① *Протоколы Парижской Коммуны.* Москва—1959.t.1 cit. pp.l7，30，37. 巴黎公社委员会每日选举自己的主席与副主席。

② 关于 Eudes（1843—1888），请参见孙娴与郭华榕的文章《艾米尔 · 爱德——公社时期布朗基派的一位重要代表》，载《法国史通讯》，1981 年 3 月。

最高权力的刺刀—金钱—教会这三位一体，只能依靠暴力和愚民来维持。普选成了这三位一体的可怜的奴隶。”19世纪50年代，布朗基明确批判宗教。“需要知识，不能再受教权主义的愚弄了。”“一切新的和旧的宗教，永远都是革命的敌人。”他的结论：“消灭建筑在不平等与剥削基础上的现存秩序。”

19世纪中叶，法国出现社会歧见，官方攻击有知识人士，“诅咒脱离劳动阶级的人”，竟然说他们是“整个社会的敌人”。布朗基给予批判和揭露：“一个进行精神生产的工人，往往比一个进行物质生产的工人要劳苦得多。”人们是“知识贱民”，“咒骂他们，是因为他们贫穷”。然而他们“是进步的无形武器，他们今日是暗中鼓动群众的秘密酵母……明天，他们是革命的后备军”。知识、有知识人士与革命、社会进步之间，存在着密切联系。

## “一个人走了，另一个人来了……”

布朗基大力倡导武装起义，他曾回顾往事，寻找失败的原因。1848年“二月起义，仅是侥幸而已”，因为路易—菲利普不曾动用军队顽抗。6月工人起义，建造了600余个街垒，“十之八九是战胜的机会”，但是“没有一致行动，各人随心所欲地进行”。街垒上“一个人走了，另一个人来了……晚上他们都回家睡觉”。人们只保卫自己的阵地，不去援助邻近战友。普遍认为：“只要每个人守住自己的阵地，一切皆将顺利发展。”实际上，“需要一个统帅部”。

起义的如此分散，是法兰西文明中独立性的过度表现、扭曲领悟。布朗基已经认识到独立性的负面作用。

布朗基说明夺得政权时应采取的紧急措施：解除资产阶级的武装，武装人民，这是挽救革命事业的第一需要、唯一保证；工人与人民全民皆兵；取消法官；改组公务员；教会财产收归国有。消灭现存秩序。出版完全自由、集会与结社自由、宣传自由。不给敌人以任何自由。工商业主暂时维持企业现状。应尊重一切中小业主……

## 建立“巴黎的专政”

布朗基关于革命、专政以及人类前途，有许多认真的思考与天真的设想。“一切革命，从外表来看，都是突如其来的，而它们本身好像蛹那样自己蜕变出来。它们在将要破裂的外壳中慢慢地成长……革命总是自发的。”如同“自然演变，如同一棵植物的生长”。他实际上意识到了从量变到质变的进程。

他希望建立“巴黎的专政”。这个“巴黎政府将是全国选举的国家的政府，唯一合法的政府。巴黎绝不是局限于本身利益的都市，而是一个真正的国家代表”。必须由极少数人搞密谋，获胜后建立他们的革命专政，而后进行教育，走向共产主义。应该坚决取消私有制，“在公有制度下，好事对一切人都有利，坏事对任何人皆不利”。

协作，布朗基多次讲到这个问题。1834 年，他指出“只有用协作代替个人所有制，才能建立以平等为基础的公平的统治。因此，为未来而斗争的人们……要使协作关系的一切因素发扬光大”。1869—1870 年，他认定协作是“一种光荣的原则”，它有“优越性，只能做好事。对于坏事，它是杀虫剂”。“协作是共产主义的未来母亲，（目前）她仅仅是处在怀孕的初期。协作组织将它的参加者保持在交换制度之下，因此仍然是个人主义性质的制度。”“直至今天，共产主义给人看到的仅为协作的、讨厌的表现形式，修道院式的形式。可是，共产主义未来的表现形式却是自由。”“必须使农民习惯于将共产主义理解为一种希望，而不是一种威胁。只要证明共产社会是整个国家的全民协作就够了。全民协作是由部分协作逐步形成，部分协作又是随着联合组织的不断扩大而成。”

布朗基还十分重视教育，并且将它与共产主义相联系。“解放人的工具不是手臂，而是脑袋。脑袋只有经过教育才有活力。攻击思想的乳母，就是对有思想的人的凌辱，对社会的犯罪。”“脑子没有知识，就会造成精神的死亡。”“只要绝大多数人还处于愚昧无知的状态，就绝不能说共产主义取得了最后的胜利。与其说没有知识的共产社会将在大地上实现，还不如说月亮会降临我们的地球，因为知识是共产社会不可缺少的因素。”“无知与共产社会互不相容。”“共产社会的人，是既欺骗不了，也奴役不了的人。”又说：“教育和共产社会并肩前进。”“共产主义绝不能靠强迫命令来实现，它应该等待国家自决的来临，而自决仅在知识普及之后才能产生。”

## 走向“绝对平等”

布朗基解释他头脑中的社会主义和共产主义。“社会主义就是革命。革命也就是社会主义。”“社会主义是带电的火花。”“共产主义——未来的社会。”“人类开始时，孤立生活，绝对个人主义的，经过长久和一系列的改进之后，人类最终会达到共产社会。”“文明的最高峰必然是共产社会……共产主义并不是一个乌托邦。它是正常的发展。”布朗基有他自己的心得：“共产主义是保护个人的，而个人主义却消灭个人。对于共产主义来说，每一个人都是神圣的。个人主义却不过将人当作地里的一只小虫而已……人肉的筵席。”“只有通过共产主义，才能绝对平等。”

布朗基于1869—1870年讲到了“巴黎的专政”“巴黎的政府”“国家自决”。1830年，在君主制的情况下，他已提及“人民自己治理的政府，也即共和国”，“共和国，也就是平等的政府”。1848年，他承认“巴黎是法国的心脏与大脑”。1839年，他号召起义时应该成立一个“临时政府”，其成员为布朗基、巴尔贝斯、拉美内等人，布朗基任“总司令”，巴尔贝斯等为各军的指挥官。

根据上述大约40年的许多说法，我们尝试概括如下：人有思想—民众受教育—组织起来、武装起义、临时政府—巴黎专政与全民协作—共产主义—绝对平等与自由。在上述论述中，显露出布朗基思想的不足：有关基本理论不够明确，并且时有改变。虽然如此，后人不可苛求。

## “既不靠天主，也不靠主人！”

布朗基于 1880 年 11 月底和厄德、瓦扬、格朗热等战友创办一份日报，它的名称为《既不靠天主，也不靠主人》（*Ni Dieu ni Maître*）。该日报发行 25 期后，改作周刊。“既不靠天主，也不靠主人！”这是斩钉截铁的战斗宣言，集中表达布朗基的思想，他的一生就是不靠天主也不靠主人，既不信仰宗教也不恳求官方政权这样走过来的。然而，我们看到，国际学术界对于这一思想精华的研究重视不足。

1880 年的这一句豪言壮语，是一种突出的表达，但并非突然产生、随意狂言。这是布朗基数十年有关思想的最佳说明，他的“政治信条的概括”。①

布朗基的这一思想大体上可以认为已经酝酿了半个世纪之久，也即从青年至老年的有关想法的浓缩与总结。简单地回顾事实，可以见到思路的由来与逐渐表露。

早在 1830 年，布朗基等已在一份秘密组织的文件中表示：“我们应该用什么来取代君主权力呢？由人民自己治理的政府，即用共和国来取而代之。”1832 年 1 月，他指出：“人民不需要恩赐，他们要依靠自己来谋求幸福。人民现在要求，并且将来也要求制定管理自己的法律。”“这些法律是维护人民利益的。”“我们不承认任何人有权可以一时高兴对人民施恩，而不高兴时便收回这些恩赐。”同年 2 月，他强调“人民主权的原则”。1839 年，布朗基领导的“四季社”发出号召：“人民，站起来！你们的敌人将如同尘土一般被大风暴一扫而光。”1849 年，布朗基主张：“工人用同样的武器和资本家的贪得无厌进行斗争，因而将不再处于蚯蚓的地位。”1851 年 4 月，布朗

① Cabanis, *Introduction à l' histoire des idées politiques*. Paris，—1989 . p.171.

基在狱中写道:“武装人民……这是革命事业的唯一保证。”1870年9月16日，第二帝国垮台之后，他宣布:“没有人民，我们什么也做不成。”除去上述言论外，布朗基对于人也有自己的看法，将人和共产主义相联系。1869—1870年，他不止一次谈及了人。如“人是天生的革新者”;“共产社会的人，就是一个人们既欺骗不了，又奴役不了的人”。

大约历时50年之久，布朗基多次说明人民靠自己、人民主权、人民治理、武装人民、人民就是一切等。基本的思想正在延续着，待到1880年以寥寥数语彻底点破。

正是19世纪70—80年代的情况令人瞩目。波蒂叶于1871年6月说出了几乎相同的话:“从来没有什么救世主，也不靠神仙和皇帝!”这句话和布朗基的“既不靠天主，也不靠主人!”成为当时法国进步力量的警语!它们恰如其分、异曲同工地反映了当时法国进步力量的思想水平，也是工人运动、社会主义运动中重要思想的表现。

布朗基不靠天主和主人，原则上是正确的。问题在于这些话语的落实或具体化，它们实际转化成了由布朗基及其战友们领导少数人的起义，去推翻资产者的政权，而后领导民众去建立他们所理想的“巴黎的专政”与“共产主义社会”。尽管如此具体化，强调人民的原则不可否定。在法国，许多人对于布朗基并不知情，不了解他的思想，并且不会赞成他的造反行为，但是可脱口而出“既不靠天主，也不靠主人”这样的句子。

我们看到，布朗基的有关思想徘徊于比较抽象的大众和十分具体的少数造反者之间，他的此种本能冲动的情绪始终未能解开。1830年7月，巴黎民众起义，推翻了复辟王朝和路易—菲利普为国王。不久，学生们举行示威，反对七月王朝。1832年2月，布朗基讲解:“战场还是由人民控制着，而已成为历史的人民胜利，如同达摩克利斯之剑，一直悬挂在当权者的头上。”其实，这一把由马鬃挂着的利剑也挂在布朗基的头顶上。极少数造反者能等同于人民大众吗?就此而言，掌权者与企望掌权者面临着相同的危险!

布朗基的思想包括若干不清楚，甚至混乱的内容。如第二帝国为“可怕的金融、工业与商业三个封建制度”“学者国家”“绝对平等”。此外，他在革命活动中，留下了若干秘密，至今研究者们无法厘清事实。

他是一位不怕挫折的造反者，在法国，人们往往将他称为“被监禁者”（enfermé），他曾积极组织或参加示威和起义，或在地下活动。1827—1839年，他通常是参加者或领导人。1871年，他主要是战斗的领导者。他意志坚强，精神不屈，但是理论思考不足，通常多做直接反应式的抨击，或大胆的设想与辩论。他多讲斗争、造反的必要性，少讲如何斗争、斗争与领导的艺术。或许正是此种勇敢地造反，坚定地追求美好未来的事迹，触动了、吸引了10余万人自发地去送他远行！

1832年，他说了一段极为生动的话：“子弹已经打出去了，巴黎工人的每一颗子弹，都在围绕世界转动，它们不断地打击敌人，直至自由的与人民的敌人完全消灭。”[①] 我们看到，布朗基的言行，在法国甚至欧洲的确曾发生一定影响，然而更有价值的还是“既不靠天主，也不靠主人！”布朗基与众不同地传承着法兰西文明的独特性。

---

① 同上书，第14页。

# 34

**波蒂叶（Pottier，1816—1887）**
**震撼世界的《国际歌》的词作者**

## “从来没有什么救世主，也不靠神仙和皇帝！”

### 《自由万岁》……公社委员

欧仁·波蒂叶（Eugène Pottier，另译鲍狄埃等）的生平罕见于国际著名辞书，法国关于巴黎公社的书籍以及辞书也有一部分不见此人的条目。但是，由他写词与皮耶尔·德盖特尔（Pierre Degeyter）谱曲的《国际歌》（*Internationale*），在许多地方为众人热情传唱。波蒂叶不曾以文学做阶梯去获取国际声誉，他真诚地表达了心中对于新世界的向往。

他的父亲是包装工人，波拿巴主义者。母亲虔诚地信仰天主教。欧仁13岁时，在家中学艺，后来成为舍监、造纸业的职员、面料绘画师。他自幼喜爱诗歌，14岁时撰写一首歌词《自由万岁！》。当时正值1830年革命之际，人们普遍反对复辟王朝的统治，自由是大家的愿望和流行词语。1840年，他创作歌词《各有其分的时候到了》。1848年2月巴黎起义，他参加了推翻七月王朝的斗争。6月工人起义时，他投身街垒战斗。1852年后的“第二帝国时期，波蒂叶曾开办一家颇为重要的印花厂，他的政治主张依旧未变，但是保持沉默”[①]。从1864起，他参加工人运动，如组织工会，1870年

① Bernard Noël, *Dictionnaire de la Commune*. Paris—1978. pp.165-166.

加入第一国际。普法战争时，巴黎被困，他是国民卫队第181营的军士，经历了战斗……

1871年3月18日巴黎起义，28日成立经选举产生的公社。4月16日，公社委员会补选，波蒂叶当选。他在公共服务委员会以及其他委员会工作，未担任要职。在此期间，他参加街垒战，但政治主张并不激进，认为不必成立救国委员会。公社失败时，他藏匿于巴黎，被缺席判处死刑。1871年6月，他撰写歌词《国际歌》，献给公社委员勒弗朗塞。[①] 后来，波蒂叶流亡英国、美国，靠教书、绘画谋生。1882年7月11日大赦后，他回到法国。此时，他已疾病缠身，半瘫痪，陷入贫困，但仍旧坚持他的社会主义信念。去世之前，他见到了自己的两册诗歌集的出版：《谁是狂人？》（*Qui est le fou*?）和《革命诗歌》（*Chants révolutionnaires*）。1966年，他的全部著作得到出版。

往日，法国和苏联左翼史学与文学，通常将波蒂叶缩减为仅仅涉及公社的一位诗人。其实，他的思想、政治主张经历了变化。1848年之际，他曾受傅立叶乌托邦社会主义思想的影响。1870年年底，他赞成建立“工农共和国”。1871年巴黎公社期间，他作为公社委员的作用并不突出，主张相对温和。此外，他的生活也不必简单化，事实是出生于工人家庭，当过职员。在第二帝国初年，自己曾开办一家印花布厂。无疑，如此情况并不奇怪，公社委员中贝勒本人是工程师也是资产者。问题仅仅在于讲述波蒂叶时，不可隐去“不符合要求的”情况，而应给予实事求是的介绍。众所周知，那时为公社、为各自心中美好未来而奋斗流血牺牲者，远不只是工人，还有大学生……

## “吊死在法兰西古老的橡树上！”

波蒂叶在巴黎公社之前曾是官方政权的批判者，公社之后是公社的颂扬

① 1888年Degeyter为《国际歌》谱曲。勒弗朗塞（Lefrançais, 1826—1901）在公社内属于少数派，后追随巴枯宁。

者。他的言论（诗歌）有案可查。

1848年的诗歌中，波蒂叶大胆宣布当时法国的资本社会如同“一幢华丽的楼房……但它早已外强中干”。他谴责银行家、投机商、贪财女人，也否定办工场、经营地产、放高利贷、压价收购粮食。他反对追逐金钱、花天酒地、收租等，又指出穷人们饥寒交迫，“死亡跟着外面的北风，从瓦缝里悄悄地溜进房间”，他预言：“腐朽了，快垮了，折掉它，是时候了！”1870年9月，普法战争期间，波蒂叶呼吁：“我们的法兰西，要用起义来缔造……自卫吧，巴黎，自卫吧！”11月，他又号召：赶快“追捕逃跑的资产者，将巴赞元帅这一伙狐朋狗党吊死在法兰西古老的橡树上！”“巴黎，你快宣布公社成立！”①

波蒂叶握笔写诗歌的高潮出现于公社失败之后，尤其在19世纪80年代。“公社使巴黎感到骄傲，如同一声震撼天地的惊雷。”他主张“社会革命”，希望“能使公社的事业重新开始”。“自然界的一切资源，世界上的大量黄金，都应成为公共财产”，“要成为国家的主人，掌握政权”，争取“没有压迫的世纪”。“三月十八日就是明天的序曲。”他在努力维护巴黎公社的事业。

## “平等的铁犁在田野里深耕”

关于巴黎公社，当时已有多种评说。作家爱德蒙·德·龚古尔承认“这是人民自己在进行自己的战争，自己在主动打仗”。同时，他又说“政权从资产者手中转移到了无产者手中”，他们是一些“不顾秩序、稳定与安全的人”。“工人好似野蛮民族，他们对于现代社会如同对于古代社会，是一些从事毁灭和破坏的暴乱分子”，出现了“无业游民的暴政”。马克西姆·迪·康在《巴黎的动乱》（*Les convulsions de Paris*）一书中写道：“法国

---

①《鲍狄埃诗选》，人民文学出版社1973年版，第6、17、18页。

的头太大了，像一切患脑积症的人，很容易出现疯狂激烈的发作。巴黎公社就是这样的发作。”“如果说叛乱是可恶的、越轨的，那么镇压就更加可怕了。”[①] 雨果：“这两团混乱都没有道理。我谴责打雷的天，也谴责震动的地。”“巴黎有它的公社，凡尔赛有它的辖地，但在它们之上，在一切之上，有一个法兰西！……现在，它们真该互相拥抱，面对面地哭泣。”小仲马将矛头对准公社的女战士们，说“她们等到死后才有几分像个女人”。福楼拜的意见：“公社……这是中世纪的阴魂的最后一次出现。但愿这是最后一次。”他反对公社“干涉私人之间的契约”。

攻击、污蔑、误解、批评与反驳是法兰西政治生活中的常规现象，取决于各自不同的利益。波蒂叶，作为法国人，早已了解如此的社会“习俗”，更何况他心怀自己的理想，并且准备经受许多考验。他如同但丁在《神曲》的炼狱篇中所讲：“走你的路，让人们去说吧！”（Segui il tuo corso，e lascia dir le genti！）马克思在《资本论》的序言中，引用了这位意大利文人振奋人心的话语。恩格斯和马克思指出：“请看巴黎公社吧，这就是无产阶级专政。”“公社的真正秘密就在于：它实质上是工人阶级的政府。”

作为诗人，波蒂叶很清楚自己企望什么。法兰西渴求什么？ 1871 年 7 月，他写道，造反者曾经如此表示：“你不见我的肚子里，将要分娩的是平等吗？”巴黎公社是“平等用它巨大的铁犁，初次在田野里深耕”。“我们的旗帜迎风飘扬，红色光芒照耀着拂动的青草，这是象征平等的大旗。”平等是波蒂叶为之奋斗的核心目标。当时，也有别的诗人要求平等，苏埃特尔写道：“你，年轻的巴黎公社，为了争取平等，你是无产者的最后希望。”消除不平等，波蒂叶的理解为解脱疾苦、社会解放、建立新的社会。当时，这是法国以及欧洲一种强劲有力的思潮。

① 阿达莫夫：《巴黎公社史料辑要》，商务印书馆 1962 年版，第 184、187、183 页。

## 依靠国王沙皇？“全靠我们自己！”

自由、平等、社会的解放是人类光明的前途！它们不会自动降临，也不会由强者恩赐。欧洲历史上不少人进行了探索，结果大失所望。从直布罗陀海峡至乌拉尔山麓，欧洲人曾经不懈地追寻摆脱贫困与压迫的目标。

匈牙利，有关事情值得注意。国王安德拉斯二世（Andrew，1205—1235），面对着众多的人群，人们强烈要求国王满足他们的愿望。于是，他颁发《黄金诏书》，该诏书写在羊皮上，加盖金印，一式七份（实物皆未保存，仅有文字记载）。国王答应：小贵族们获得个人自由，有权参加国王视事日活动；产业免去赋税，并可自行处置；不在国界之外作战；货币制造保持高比例的含银量；农民可用实物交纳什一税；国王不赐给外国人采邑和封号；遇到国王及其后代违反黄金诏书时，大贵族有权个人或集体反抗，但是不应遭到惩处。王权受到若干限制，而封建压迫剥削的基本情况依然保存和延续，民众未获解放。

18 世纪，俄国农民多次起义，造反者们受到传统观念的束缚，通常主张“拥护一位好的沙皇”。在那些年代，普加乔夫等数十人先后冒充沙皇……结果众所周知，民间苦难未曾消除。

从前，法国民众深信“国王的权力来自天主”。古代，国王用手抚摸病人，自己口中不断重复：“国王触摸你，天主治愈你。”人们认为只需国王用手一摸，就能为患者除病。10—13 世纪时，国王的此种“神力”逐渐减少……法兰西的封建专制制度，只有大革命能够清除。1789 年以后，当权者局限于进行若干变革。劳动大众生活的彻底改善由谁来实现？法国的某位乌托邦社会主义者，曾经每日在家中守候，企盼官方或富人前来资助他的社会主义计划，但是以失望告终。

欧洲与法国的历史告诉波蒂叶等奋斗者，神明、君王、富豪皆不可能为广大劳动者带来社会解放。这是君王们、富人们的利益所决定的。里昂工人、巴黎工人，已以流血牺牲证明了这种冷酷的社会现实。于是波蒂叶明白了，发出自己的心声。他活动于19世纪中后期，已经不相信那些岁月中传留下来的君主万能、神仙救世的神话。他高呼："起义者！……他真正的名字是人！不再是当牛做马的奴隶。""我唯一的救世主，就是我自己。""做自己的主人。""人民应该自己当家做主！"总而言之，必须抛弃一切幻想，认清起义者是人，自己是主人，自己救自己！

正是如此清醒与积极的思想，在《国际歌》中有突出的表达："从来就没有什么救世主，也不靠神仙和皇帝。要创造人类的幸福，全靠我们自己！"[①] 借助这些歌词，波蒂叶直截了当地反映受压迫者的迫切愿望，同时努力帮助这些人摆脱种种迷信。波蒂叶在他颠沛流离的一生中，坚守着这一条真理。他长期追求将自己的独立性和贫苦大众的解放紧密结合。他的姓名或许人们会感到生疏，但是世界文明无形的纪念墙上，已经镌刻上了这些通俗而睿智的词句！波蒂叶是一位追寻美好明天的勇士！

① 1981年5月10日，密特朗代表社会党与法共，当选共和国总统。晚上，人们在巴黎共和国广场高唱《国际歌》。

Chapter 08 |

# “为革命而批评革命！”

## ——史学探索的磨难

# 35

**米什勒（Michelet，1797—1874）**
**五度落难，潜心重现历史**

## “我已将他们从墓中挖出，使他们复活了。”

## 停课、撤职、罢官，追求真理

米什勒（Jules Michelet，另译米细来）的生平有着浓厚的学术特色，他在国际文化界声名卓著。他出生于巴黎，父亲持共和主义立场，对伏尔泰也颇为赞赏。母亲信教，十分虔诚。

米什勒自幼酷爱学习，1819年成为文学博士。当时，他认为“文学是生活中的奢侈品，是灵魂最深处的花朵”。1822年，他在一所中学讲授历史课程。1824年，他与波丽娜·卢梭结婚，她受教育有限，酗酒，死于1839年，留下两个孩子。1827年，他成为高等师范的哲学与历史教师。1828年，米什勒担任贝里公爵夫人之女的教师，可见他与当时的复辟王朝有一定关系。但是，1829年波利尼亚克政府禁止他讲授哲学课程，该课改由狂热的天主教徒萨法里讲授。1830—1843年，他成为路易—菲利普国王之女克莱芒·蒂娜公主的教师，因此他与七月王朝宫廷也有一定联系。①

1830—1852年，他担任国家档案馆馆长。1834—1836年，他在索尔邦为基佐代课。1838年，米什勒获得法兰西学院教授的职位，主讲历史与道

① Roland Barthes, *Michelet par lui-même*. Paris—1965. pp.7–10.

德的课程。此外，他曾到外省的许多地方收集资料。1843 年，米什勒与基内合作，讲授关于“耶稣会士”的课程，同年《耶稣会士》一书出版。1844 年，他们开设课程抨击“教皇权力至上”。1845 年，他们开讲“基督教与法国革命”。1846 年，他们的课程遭到“停止”讲授的处分。他们宣传自由民主思想，谴责教权主义，在听众中引起教权主义支持者们的诘难，但是获得那些追求自由的学生的赞赏。

1847 年冬天，政局日益紧张，米什勒宣传“革命的宗教”“人民即救世主”等新的思想。1848 年 1 月 2 日，他开设的课程又遭到政府的“停止”禁令，当时的首相为历史学家基佐。从此，米什勒更加激进地批判教会，该事件也影响了他对于中世纪历史的看法。他宣称：中世纪是“荒芜的时期、人类毫无进步的一千年”。1848 年 2 月革命时，米什勒表示积极支持。3 月 6 日，他重获教授职位。当时，米什勒、基内与利特雷等人曾进入领导制宪议会选举的“中央普选委员会”工作。① 同年，他迎娶第二位妻子，此时他已年届五十，而阿泰伊 · 马拉雷仅 20 岁年华。1851 年 3 月，官方“停止”米什勒在法兰西学院的课程，取消了他的教授职务，原因在于他反对波拿巴的态度。

1852 年 1 月，通过新的宪法，规定路易—拿破仑 · 波拿巴总统掌握全权。凡公职人员必须对宪法宣誓，米什勒表示拒绝，于 4 月失去在国家档案馆中的公职。此后，他迁居南特城附近，不久返回巴黎居住。他依靠写作谋生，幸好文思不曾枯竭。当时，他的家庭生活有些困难，但是对此不可强调过头。他在巴黎的阿巴莱特街拥有一套住房，他与妻子曾多次在法兰西、意大利与瑞士旅游。1871 年，公社时期，内战的炮火曾将他的房屋部分焚毁。在去世之前大约 20 年间，米什勒致力于写作，包括历史和自然等题材。除史学领域外，妻子对他的写作发挥助手作用。1873 年，撰写《19 世纪史》第 4 卷时，米什勒病倒。次年 2 月辞世。他死后，妻子曾改动他

① Gambon, *Dans les bagnes de Napoléon Ⅲ*. Paris— p.268.

尚未发表的著述。米什勒安息地在拉舍兹神甫公墓的第52区，笔者曾两次寻得他的坟茔。

综观米什勒的一生，停课、撤职、罢官，经受了五次挫折，但是五次落难（1829年、1846年、1848年1月、1851年3月和1852年4月）皆无法消磨他追求真理与进步的勇气。

这位史学家著述甚多，他的《法国历史》共出版23卷，前6卷尤其获得好评。除去历史领域之外，米什勒兴趣相当广泛，包括宗教、家庭、妇女等领域，并且各有专门著作。他能够以葡萄酒作为着眼点，勾勒“法兰西的整个情况”。“物产不同，表明各地域的差别。”“从兰斯到摩泽尔河，开始进入真正的葡萄园与葡萄酒产地。香槟生产烈性酒，布尔戈尼（旧译勃艮底）的酒味美而温暖，朗格多克的酒味道不鲜而浓重，波尔多的酒清心可口……”米什勒不时以炽热的感情去燃烧文句，从自己笔端流淌出颂扬或贬损的评判。此时，他往往使用最强烈的词语，如“宏伟”“恐怖”“世界的”“最”……

## “全部生活的复活！”

米什勒多次前往外省考察钱币、图画、奖章、歌谣、谚语、建筑、彩色玻璃、葡萄园与葡萄酒等。他认为必须追寻这些“遗物”的含义，进而重现旧时的社会生活。他表示：“不要制造历史……而应将产生这些结果的那些事实与思想的链条如实复原。法兰西曾说：‘我不要求你们制造国家的信条，说出国家如何进行判断，而是要求你们接受并遵守这些东西。我的问题在于请你们告诉我，国家怎样进行已经做过的工作，怎样判断已经判断的事物’。”这是他在巨著《法国历史》中所遵循的要旨。

这种思想并非产生于一时的感情冲动，而是米什勒长期探索档案与文献，独立思考而获得的领悟。请看1833年他在档案馆里阅读古代手稿时的心得：“我很快便感觉到，在那显然十分寂静的藏书廊里，有一种活动，可听见喃喃的声音，它们不像是死者在说话……这些羊皮纸的记录，已在那里存放了漫长的岁月，它们提出的再好不过的要求，就是复活起来重见天日。这些文献不是文献，而是人们的生活、各省的生活、民族的生活。”“一页页纸上的文字都是活的，都在说话，它们以成百条舌头组成的一支大军，将作者包围，同时粗暴地将大革命与帝国的巨大声音压下去。”“郡制必须复活，壮丽的山河是法兰西古代丰富多彩的特色。”“君主制复活吧！法兰西复活吧！”“我在这些遗骸上呼吸得越多，就越清楚地看见：它们在立起身躯。它们从坟墓中走出来……我准备在这一部书里将它们重现一番。”

1868年，米什勒如此介绍1789年的巨变：“大革命中的这些伟大的演员，都不是冷冷清清地离开我们而去。难道我没有和他们一起生活吗？……我曾经是他们当中的一员，在那个陌生的世界里，我是他们的自己人。翻阅完这些文件、档案与记录时，我在其中呼吸，来来往往，感觉良好。这些材料并非默默无言。所有这些东西表面看来好像已经死亡，实际上并非如此。不论我接触到哪一页材料，都觉得有些东西走了出来，将我唤醒，这就是革命的幽灵。”米什勒以形象的语言、生动的词句表达自己对于历史的理解。当涉及丹东等大革命时期的风云人物时，他指出：“我已将他们从墓中挖出，使他们复活了。”

米什勒头脑清醒，熟知那个时代的同行们研究历史的情况。他如此介绍：“基佐称历史为分析，蒂叶里称之为叙事，我将历史称作复活”，即“全部生活的复活”（résurrection de la vie intégrale）。他坦然承认：“别人更有学问，更加明智。至于我，更多的是爱。”“如果说我超越其他历史学家，那是因为我爱得更深一些。”这种与众不同的爱，就是将历史“复活”。为此，米什勒付出了毕生的心血。这一位世界水平的史学家，既肯定他人的成就，也坚持着自尊，以虚怀若谷的心态给人留下难忘的印象。此外，他和基内两人有着半个世纪的友谊，成为史学界的佳话。

## “请基督教……设法净化自己”

对天主教会的批评，为米什勒活动中的重要内容。年轻时，米什勒对宗教采取何种态度，至今难于确定，可能比较客观。他曾肯定天主教，说“中世纪不能满足人们的要求……教堂应该扩大……人们必须重新发现耶稣基督本身”。

19 世纪 40 年代初，路易 · 维约（Veuillot，1812—1883）等人大力宣扬教皇极权主义或绝对主义或“完整的天主教主义”思想，如教皇“永无谬误”，“宗教使臣民易受治理”，以及谴责大学教育。[①]1842 年，维约任《宇宙报》的主编，该报散布教皇极权主义的言论。面对如此社会舆论潮流，米什勒等开明人士公开反驳。他与基内在关于耶稣会士的课程中明确指出：那些倾听忏悔的神父实为家庭和睦的破坏者。米什勒的言行影响广泛，但也遭到了对手的谴责，如“背叛者”等。米什勒的梦想在于法国的复兴、社会生活脱离教会的束傅与消除君主制的羁绊，公正原则成为治国的基础。

那时，宗教与革命的关系引起米什勒的兴趣。他认为“天主教与大革命，如同突出的与可收缩的尖角，它们对称地锋芒相向，如同敌人一般”。基督教将和古代印度、埃及与罗马一样没落，在此之前“基督教就是敌人”（Le christianisme...c' est L é nnemi! ）。[②] 米什勒于 1856 年 5 月 4 日致函雨果时，写下了上述词句。他大胆预言：中世纪“这个已经定了罪的世界，将走上罗马世界、希腊世界、东方世界相同的道路。中世纪将在它们的遗迹旁边留下自己的遗迹”。“这一切皆不可避免……让我们请基督教也经历这一普遍规则：通过坟墓，回到上帝那里设法净化自己。”[③] 根据米什勒的看法，中世纪

① 请参见拙著《法国政治思想史》，第 491—497 页。

② Barthes，*Michelet par lui-même*. Paris—1954. pp.69，70，54.

③ Ibid. p.47.

末年，基督教已经完结了。近代社会不需要基督教。他作为反对教皇权力至上的激进人士，显示出民主自由的倾向。

## “民族特征……热力在于下层”

谁是历史的主力？极少数领头人物？或者浩浩荡荡的普通民众？或者代表社会普通要求的领导者率领心怀如此要求的民众？史学界历来对此争论不休。1869 年，米什勒在《我们的孩子们》（*Nos fils*）一书中郑重声明：“我出身于人民，我心中热爱人民。他们的往昔岁月的纪念物令我陶醉。我于 1846 年提出人民的权利问题。此前无人提及。”[①] 1846 年，米什勒的《人民》一书出版，“此前无人提及”的判断值得商榷。例如，1785 年，布里索已指出：“所有受压迫的人民都有起义的权利。”又如，1793 年孔多塞指出：主权“本质上存在于全体人民之中”。米什勒的说法过度强调自己，虽然他对人民的解释比较充分。

《人民》一书表现出米什勒对于人民的理解：“民族特征（民族性，nationalité）好像地质学，你能见到它正在增强，它在下层燃烧。”“穷人热爱法兰西，如同对于她的责任、对于她的义务。富人爱她，如同对待他们所有的物品，他们有责任保护她。”“农民以合法的婚姻迎娶了法兰西，这是他白头偕老的妻子。他独自和她相处。对于工人而言，这是他美丽的情人，他一无所有，但是他有法兰西、她高贵的往昔、她的荣誉。各个地区思想自由，他们却欣赏伟大的一致。”“如果我往上走去，多么冷啊！好像在那阿尔卑斯山。我到达了积雪地带。道德的植被逐渐消失，民族特征的花朵失去了光泽。”“当我再登上一级……到处可见冰川，十分寒冷，我无法呼吸。”此外，米什勒又形容：这个农民“转过身去，朝地里望了最后

---

① Michelet，*Nos fils*，Paris—1968.v.2. p.299. Barthes，Op. cit. p.173.

一眼，这是深沉的暗淡的目光”。他为农民丧失土地而“深深地感动”。[①] 生动的描写，说明他对于贫者、富人、农民、工人的判断，以及自己对于社会现象的剖析。

在米什勒的著作中不见长篇累牍地“论述”与评判，他将自己置身于民众的“内部”，进行考察，一起经受酸甜苦辣。他指出：中世纪的历史以人民的生活为基础，而不是依靠国家的生活。他同情贫穷者与受苦人，谴责南特敕令的撤销。[②] 他对路易十四的强权表示愤慨……米什勒主要指出民众的“强大本能”，即他们可按理性行事。同时应该看到，他主要关注农民等小私有者，认为他们与资产者以及有教养者的区别在于保持天然之美。他提倡“社会之爱”与祖国之爱，主张资产者、小业主、手工业者的联合，而自由与小康应该成为这个结合的坚实的基础。还须指出，米什勒既强调农民、小生产者的思想，也反对一种潮流即当时欧洲舆论中谈论无产者的倾向。他不愿随风转舵，而是坚持己见，表现出自由主义。阿居隆（Agulhon）指出：“写《人民》一书的米什勒是人民之友，富于幻想的（浪漫主义的）、潜在的共和主义者，他明白地反对（当时法国形形色色的）社会主义。”[③]

1846 年，《人民》一书的出版在当时具有一定影响。1848 年 2 月巴黎发生革命。垮台的七月王朝官方认为，包括米什勒在内的一批激进人士应对革命的爆发承担责任。米什勒企盼着“人民的共和国”或者“人民的国家”。伊涅斯 · 缪拉（Murat）如此评论：“米什勒将人民阶级提升至拥有最高的本能，预先确定的自然权利的存在使民主变成了一种宗教。”[④]

自由，始终是米什勒思考的一个主题。例如：“世界之初，斗争开始。”

---

① Barthes, Op. cit. pp.172–173.

② 1598 年，亨利四世颁布南特敕令，促使新旧教派的和解。1685 年，路易十四撤销此南特敕令，保护天主教为国家的“信仰”，新教徒被迫改信天主教或流亡国外。

③ Agulhon, 1848, ou *l' apprentissage dé la Ré publique*.1848—1852. Paris—1973. pp.12，15，24，136.

④ Barthes, Op. cit. pp.166–167. Реизов, Французская *романтическая историография*. Ленинград—1956. pp.342，347，349.

这是“人与自然、精神与物质、自由与命运的斗争。历史没有其他的内容，它是关于上述不停斗争的叙述”，“历史为永久的进步，自由不断获胜”。自由与必然不停地斗争，“让这个战斗永远继续！它创造出人的尊严与世界的和谐”。“法兰西……那里需要革命，至少需要言论的自由。”这一句话写于1863年，有明确的针对性，那时正值第二帝国从专制转向发挥议会作用“自由帝国”的演变。米什勒所渴求的是自由。他的夙愿为以“人民的共和国”来保证自由的不断胜利。

## 法兰西是“世界的中心”

米什勒研究法国人与法国历史，他经常表达对于祖国的看法。那时，关于法兰西的起源问题还在断断续续地争论，米什勒不愿陷入关于日耳曼起源或罗马起源的非此即彼的选择，他指出“法兰西人民的基础是年富力强、可塑性与弹性皆较突出的高卢人。他们喜欢吵吵嚷嚷、尽情声色、活泼轻快、敏于学习，自以为是，对新事物如饥似渴”。同时，他大力强调“凯尔特因素”的重要作用。那时，社会上流行关于种族、征服、神明以及伟大人物决定民族形成的说法，米什勒表示反对。他认为法兰西民族本身，由于必要性和灵活性的结合……终于造就法兰西的灵魂。在他的心目中，法国人热情、追求平等，他们是自由的宣传者与近代世界的立法者，他甚至在《世界史引论》一书中大胆宣布：法兰西为“世界的中心与枢纽”。米什勒出自爱国之心，难于控制情感的膨胀，夸大了法兰西的价值，但他不是一个民族主义者。

竭力推崇法兰西的米什勒，同时也发表批评或发人深省的言论。这是最早研究有关档案的人之一，他从“人民”的观点出发，“复活”大革命，认为“它包含着过去一切时代的秘密。仅仅在革命中，法兰西才有自我意识”。“活生生的法兰西精神，除去在我心里之外，何处我能将你捕捉？”大革命“原则上，代表着法治的胜利、正义的复活、理念对于暴力的反抗”。同时，米什勒指出："大革命的仁慈阶段，全体人民皆为它的演员。在它的残暴阶段，只有少数人是它的演员。"大革命时期，"人民"干好事，坏事乃其他人所为。大革命"只有一个主角，这就是人民"[①]。他认为，1792 年 8 月 10 日宣布的共和国乃是大革命的最佳之作。

大革命的人与事受到米什勒的关注：1789 年，法国意识到她的自由。1790 年，她意识到自己的统一。米拉波等犯下了相信君主制的错误。恐怖统治将革命的成功推迟了半个世纪。革命的敌人无法逃脱罪责，路易十六将诺言当儿戏，玛丽—安东内特是个"外国人"，并且犯了罪……米什勒主张"在法兰西的温情中，各种势力皆可得到和解"[②]。事实上，以他的"温情"无法将无辜的断头者"复活"！

## 大革命中的"猴子"与"猫"

革命阵营的一些活动家，在米什勒的笔下获得某种评价。西哀耶斯是"冷静的"。罗兰夫人，"她有能力……从容、坚定、果断"。马拉是"癞蛤蟆"或"猴子"。"马拉以其气质而言，是一个女性，比一个女性有过之无不及，十分神经质与十分狂暴易怒。"罗伯斯比尔是"猫"或者"书呆子"。他引用一位普通法国人的话语："谁发动了革命？米拉波……谁腐蚀了革命？马拉与罗伯斯比尔。"圣茹斯特，"他的眼睛或又白又细的皮肤，都不曾使他具有纯洁清白的情感。他的皮肤甚为贵族化……"[③] 米什勒钟爱丹东，并且设想与他一同发表演说，将他视作人们的真实化身。汤普森（Thompson）在他的研究著作中如此评论："革命时期的法国人就是这样相信的，而且直至 19 世纪中叶，他们还是这样认为。当米什勒开始写这部历史时，许多革

① 同上书第 326 页。Agulhon，*1848 ou l' apprentisage de la République.1848—1852*. Paris—1973. pp.6-7.

② 古奇：《19 世纪历史学与历史学家》，商务印书馆 1989 年版，第 328—329 页。

③ Bartes, Op. cit. pp.110，82，96，117，118.

命活动家都还活着。这就是米什勒所得到的‘口头传统’的地方。”

米什勒对于人类社会的往昔有着广泛的思考。19 世纪前期与中期，法国社会舆论的热点之一为所有权问题。什么是所有权？早在 1780 年布里索已有精辟解答：“所有权即盗窃。”他不否认所有制的原则，只是谴责所有制的弊端。1840 年，普鲁东出版著作《什么是所有权？》，他将所有权等同于盗窃而加以否定，并且认为如此界定乃是自己首创。米什勒在《人民》一书中公然反对“盗窃”的评判，并维护资产者与小资产者的权益。他反驳有关“盗窃”的论证，指出：“如果‘所有权就是盗窃’此话当真，那么法国就有 2500 万个贼了，而他们的想法是根本拒绝放弃自己的赃物。危险完全来自另一方面。其实，被人们排除在外的人民大众，才是因为私利而迷住了心窍。”法国人由于乌托邦的差异，出现对于社会问题的多种解读，这是自然现象，这也是法国社会活力的一种通常表现。

米什勒历史研究的重要不足之处显而易见：他的情感的超常发挥、过度夸大法国的作用。还可指出，他在讲述古代历史时，以印度为起点，而对中华文明不够重视。他强调复活、精神、感情的同时，容易忽视文明的物质基础。

无论如何，阅读米什勒的著作总能获得深刻的印象。恐怕难以淡忘这样的话语：“法兰西有两个敌人：教士与英国的黄金。”“两个新的魔鬼，即白酒与烟草。”它们也是“爱情的两个敌人、孤独的两个魔鬼”。烟草，“它使人不能亲吻”。还有“巴黎、圣德尼、兰斯大教堂的诉说，胜过长篇的叙述！”……

米什勒按照他的理解“复活了”历史，而我们无法复活米什勒。让我们记住他的心声：“我终生爱着历史！”[①]

---

① Bartes, Op. cit. pp.12, 59–60. 米什勒的著述：a）全集共 40 卷，包括：《世界历史引论》《耶稣会士》《人民》《面对欧洲的法兰西》等；b）《法国史》共 23 卷，从中世纪至 19 世纪；c）《我的日记》与书信。

# 36

**基内（Quinet，1803—1875）**
**激进而不极端的治史专家**

## “我的著作的关键与新意，在于为革命而批评革命。”

### “我现在无法放下”中世纪史

法兰西这个国度里，不难见到性格活跃、易于激动的人，文化艺术界更是如此。但是，19 世纪前期，在左翼文化人士群体中，大胆谴责天主教教会、敢于反思大革命、敢于参加街垒战者，可谓寥寥无几。埃德加·基内（Edgar Quinet）就是这些极少数人之一，他揭露耶稣会士与教皇权力至上、批评大革命、握枪走上巴黎的街垒，这些是他贯穿一生的独立品格的标志。他在史学研究方面颇有成就，跻身于世界著名史学家的行列。

基内生于安省的首府布尔—昂—布雷斯。父亲名热罗姆，曾在拿破仑军队中任军需官，属于坚定的共和派，厌恶拿破仑一世的专权……母亲名欧仁妮。1815 年，基内在家乡目击外国军队的入侵。他曾在故乡里昂求学，偏爱文学，较早开始写作。1820 年，他迁居巴黎，此后不再信仰新教，也可能拒绝其他宗教信仰。

1823 年，他自费出版《犹太流浪汉记事》（*Tablettes du juif errant*），表现出他的某些倾向，明显不同于当时社会与文化的潮流。他在书中拒绝推崇中世纪与古代，反对颂扬传说、大教堂、伪善、神秘主义和烦琐哲学。书中的流浪者访问雅典、罗马与法兰西的许多地方，到处观察社会。字里行间流露出作者对于时弊的态度，他不满于复辟王朝治理下的社会不平等。1824年，基内对中世纪历史有着浓厚兴趣。“不论我在何处或经受何种影响，我现在都无法放下这个题材。”那时，基内自视甚高，虽然英语水平有限，却花了两年半时间，翻译德国哲学家赫德尔的著作。但是，他发现了普鲁士民族主义所包含的咄咄逼人的特点，因而感到失望。1831年，他提醒法国人注意“德国的危险”。

1828年，基内参加访问希腊摩里亚（Morée，即伯尼撒半岛）的官方代表团，随后撰写《现代希腊及其与古代的关系》（*De la Grèce moderne et ces rapports avec l' Antiquité*），该书于1830年问世。1833年，他的散文诗《阿哈斯维鲁斯》（*Ahasvérus*）出版，在文坛获得好评。①

## “他将复苏，醒来的他将更加伟大！”

基内年轻时，正值许多法国人回忆拿破仑的年代。拿破仑于1821年去世，但是民间流传着若干“消息”，如拿破仑未死、悄悄返回法国、将要东山再起等。实际上表达出人们对于复辟王朝、七月王朝的愤怒情绪。许多文化人士受到此类情绪的感染。在这个时期，共和主义与波拿巴主义都经受着沉重的政治压力，不论复辟王朝或七月王朝，为了维护各自的君主制度都将共和派与波拿巴派视作打击对象。当时，共和派与波拿巴派自然而然地互相接近、彼此合作，何况拿破仑一世曾是法兰西共和国的将军、司令、执政与皇帝。在这种时代背景下，主张共和主义的基内于1836年撰写诗篇《拿破仑》（*Napoléon*），它的结尾为如此诗句：“他未曾死去，他未曾死去，他将复苏，醒来的他将更加伟大！他将是一位巨人……”②

19世纪40年代，基内的活动呈现出新的特色。1841年，他成为教授，

---

① Ahasvérus 或 Assvérus，古犹太神话中的永远的流浪汉。

② 转引自 Guériot, *Napoléon Ⅲ*. Paris—1933 或 1980.t.1. p.71.

在法兰西学院讲课时矛头对着天主教会。他的《宗教的特性》(*Génie des religions*)于1842年刊行,《教皇极权主义》(*Ultramontanisme*)于1844年问世。他表示同情各种宗教，自己则不相信任何宗教。随后，他谴责耶稣会士，抨击天主教的教义损害了基督教，宣传自由共和思想，肯定法国大革命，同情欧洲被压迫民族的斗争。1845年，他出版新作《基督教与大革命》(*Christianisme et la Révolution*)，指出宗教改革在法国遭到失败，天主教的教义与当代思想互不相容。基内的激进思想和言辞，如同他的合作者米什勒那样，引起了激烈的争论，被批判的一方对他进行反攻击与追究。1846年，基内遭到撤职。

1848年2月，巴黎爆发反对七月王朝的革命。基内手持武器参加街垒战，他积极投入，为首先冲入杜伊勒里宫内城堡的人员之一。他不怕牺牲，目的在于反对君主立宪制度与争取建立共和主义国家。后来，他恢复了教授的职务，当选为制宪议会和立法议会的议员。①

6月，巴黎工人举行起义，要求改善生活条件。此时，基内为国民卫队第11团的上校，奉令率部参与镇压活动。“基内带领该团的一个营与其他武装力量一同到达某个街垒面前，他们与起义者进行谈判……”不久，这一支武装后退与撤走。一部研究6月起义的专著指出：当时，国民卫队“第11团比较温和，基内为它的上校”。另有著作说他“积极参加镇压”，但仅泛泛而谈，未曾提供任何证明。②6月起义失败后，基内公开抨击政府对于造反工人的继续迫害。1849年，他反对法国派兵远征罗马与干涉意大利事务。1848—1850年，基内要求教会与国家分离、学校与教会分离。1850年，他出版《人民的教育》(*L'Enseignement du peuple*)一书。

---

① *Революция1848 во Франции*. М-Л—1934.cit. pp.639，357.

② Тамже. Dominique, *Les journées de juin*. Paris—1966. pp.97，122，182.

## “没有权利的法兰西，没有安全。”

1851 年 12 月政变后，基内因坚持共和主义立场而遭到撤职与驱逐出国。他先在比利时居住，1858 年迁往瑞士。在国外期间，基内主要从事写作。1852 年，出版《意大利的革命》(*Les Révolutions de l' Italie*)，1853—1854 年的《我的思想的历史》(*Histoire des mes idées*) 如一部自传，但价值不大，未获佳评。1857 年，又一部新作问世:《19 世纪的宗教革命》。在基内流落异国期间，他面临一次重要抉择。1859 年 8 月 16 日，第二帝国公布法令，实行大赦。绝大多数流亡国外的人士随后返回法国，只有基内等极少数人予以拒绝。[①]9 月 2 日，基内从维托给另一议员友人发出一信，表示抗议："抗议！我不是被告，也不是被判刑者，我是被流放者。同胞们选举我为议员，由于忠于法律，我被暴力驱赶出国。需要大赦的人，不是法律的捍卫者，而是推翻法律的人。人们无法赦免权利与正义。""我不承认任何人有权将我放逐，并且按照他的意愿将我召唤回国。""法律与被放逐者一同遭到驱逐，法律应该和他们回国一同恢复。"现在的祖国，"没有权利的法兰西，没有可能的尊严，没有安全"，这是暴力和诡计造成的恶果。"我请求为法国人恢复现代人民通常所需的保证。""今天、明日与将来，我，一个流放者，反对放逐人的权利，此举是违反权利的，并且毫无根据。""大地上，正义尚未死亡。"[②] 该信函说明了拒绝大赦的原因，基内一贯坚持着激进共和主义的立场。

在流亡期间，基内的个人生活发生了重要变化。他于 1833 年和一位德国姑娘米娜·莫蕾（Minna Moré）结婚，1852 年米娜早逝。不久，基内另娶伊芙·阿萨基（Yve Asaky）小姐为妻，她的父亲是罗马尼亚的诗人。1870

---

①8 月 15 日（拿破仑一世生日）决定大赦，次日宣布。Plessis，*De la fête impériale au Mur des fédérés.* Paris—1976. pp.200，233. 请参见拙著《法兰西第二帝国史》，第 76、186 页。

② Quinet, *Lettres d' exil*. Paris—1885.t.1. p.422. 这是致 Dufour 议员的信函。

年 9 月，第二帝国垮台，基内回到巴黎。1871 年，他当选国民议会议员，支持梯也尔为首的共和制度，但是时过境迁，此时基内已无多少影响了。当时，基内还有若干著作，如《巴黎的围困与国防》（*Le Siège de Paris et la Défense nationale*，1871）、《共和国》（*La République*，1872）以及《流亡回忆录》（*Mémoires d'exil*，1869，1870）等。1875 年，基内辞世，他埋葬在"蒙帕纳斯墓地"（Cimitière Montparnasse）的第 11 区，墓碑上仅写明"作家、哲学家"，未见说明他也是历史学家。不远处，安息着他的"邻居"普鲁东、圣桑、莫泊桑、波德莱尔等文化人士。

## 目的在于"革大革命的命！"

基内一生中曾着力研究法国大革命，1865 年出版的《大革命》（*La Révolution*.2v.）是他最重要的史学著述。此外，还有 1845 年的《基督教与大革命》等。他指出："让我们铸造一个自由的灵魂！目的在于革大革命的命（révolutionner la Révolution），可是我们任何时候，首先必须拒绝：将不偏不倚的精神视作侮辱大革命。"1876 年，基内在他的《大革命的批判》（*Critique de la Révolution*）中写下了这些话语。①

从总体上来看，基内无疑肯定法国大革命，认为它将人类引向解放。《大革命》一书在相当困难的条件下写成，那时他身处异邦，缺少文献资料，但是他有流放之前长久的积累，放逐岁月中的冷静思考，从而保证了该书的质量。欧洲史学中有人以"完全不是一部研究性的著作""主观的唱高调式的议论""缺乏资料"等贬损基内，这是不通情理的苛求，毕竟大革命的历史不等于一册文献资料的汇编。②1859 年，法兰西第二帝国被迫宣布大赦，然而数十年、近百年后，上述这些研究者仍然不肯"赦免"（宽容）一位史

① 转引自 Furet, *Penser la Révolution française*. Paris—1978. p.7.

② 古奇，同前引书。上册，第 400 页。

学探索者。

学霸式的谴责，实际上否定基内研究大革命的权利，而这些人无权剥夺他人从事史学探索的权利。侵犯他人合法权利者，往往就是权力、权势、特权的受益者与迷恋者，至少也是个不容异见的超级学究。看来，唯我独尊与刁难他人是欧洲史学中的孪生姐妹。这是一个社会难题，请看傅立叶的评论："抵制发现，并且侮辱发现者，这是文明制度的人固有的一种怪癖。"无疑，学术探索路上，如果鹦鹉学舌、阿谀奉承、顶礼膜拜，肯定处境顺遂，出书容易，升官也不难，但是距离取得真正的学术成就，恐怕遥遥无期……基内坚守作为学者、作为人的责任，用心血撰写学术专著，显然不属于上述这一种人，他踩着艰难困苦与挨骂受贬努力攀登，这是对于人类有价值的单枪匹马的个人拼搏。简而言之，基内在流亡国外之前，曾经研究大革命的文献资料，他有水平有权利在被迫远离祖国的条件下，思考大革命、理解大革命与评说大革命。就心态而言，基内的水平为攻击者们所望尘莫及。他对大革命主要提出了两点意见：宗教政策失误、恐怖统治造成恶果。

根据基内的看法，大革命中奉行了失败的宗教政策。天主教一向束缚着法国社会，如此状况防碍自由制度的发展。必须完全废除天主教，而大革命未能以更纯洁的基督教取代旧教。数百年前法国"宗教改革"的失败，对上述情况发挥了重大影响。大革命产生的土壤深深地染上了天主教的色彩，而"教士的公民组织法"引起教会方面的强烈反对。在此失误、对抗、冲突之中，岁月席卷着大革命的人物和机制，他们逐渐地消失了。基内指出"在完成宗教革命之前，法国已完成了政治和社会的革命"。换言之，法国还应完成"宗教革命"。读者可以从字里行间感到他对于宗教的某种赞赏。

## "为何不知道怎样成为自由的人？"

暴力与恐怖遭到基内的谴责。他认为处死国王路易十六是犯下罪行，铸成大错。由于使用暴力，革命家与革命机制自毁长城。暴力与恐怖不仅继承了过去的专制主义，也培养出将来的专制主义。恐怖统治不曾摧毁革命的敌人，而是摧毁了革命。反对革命的敌对势力继续存在，而山岳派的专政却垮台了。由此可见，大革命的掌权者们以及有关机制造成致命的错误。

基内认为，革命的目的在于争取实现自由制度。大革命爆发之时以及它的前期，“不自由毋宁死！”“自由或死亡！”的口号到处喊响，自由成为一种普遍的社会要求。但是，后来事态的演变出乎人们的意料，追寻的目的与得到的结果大相径庭。基内不无感叹地发出质问：“全体人民都高呼‘不自由毋宁死’，而且这是从内心发出的呼喊。但是，那些十分了解怎样死去的人们，为何不知道怎样成为自由的人呢？”基内提出了发人深省、无法回避的问题。如此命题使笔者想起1829年上演的俄国作家格里波叶多夫（Грибоедов，1795—1829）的喜剧《聪明误》（*Горе от ума*）。法国的情况可改称“自由误”，为了以自由平等去取代封建专制，却获得一定程度的暴力滥施与恐怖盛行。“聪明误”可译作“智慧的痛苦”，“自由误”可以改为“自由之痛苦”。1789年7月14日引发了广泛而深刻的社会大地震的人们，肯定不曾期盼这样的结果。

基内在《大革命》一书中，真诚地对山岳派专政进行抨击。他指出：“我书中的关键与新意，在于为了革命而批评革命。”这一句话，说出了他的本意，他原则上肯定大革命，但正是为了它的事业而不愿无视它的缺陷。众所周知，大革命开始后，欧洲政界与文化人士中批评、谴责、诅咒大革命者恐怕难计其数。封建营垒的顽固派，非封建营垒的君主立宪派、温和共和派与激进而不极端的共和派，皆曾各怀目的去面对大革命。君主主义者攻击大革命势在必然，君主立宪派责难它可以理解，共和主义者批评它则相对不容易，而像基内这样的激进共和主义者批评大革命应是难上加难。基内大无畏地做到了，他用理智无情地将大革命进行净化，给它洗去了美化的铅华，恢复了活生生的真相。这是他的治史的成就。激进共和主义，由于力求激进通常可能发展至极端。基内不曾如此转化，这是他的冷静沉着品质的表现。就此而言，马迪叶兹显然不如基内。我们未曾见到基内过度推崇大革命的哪一个事件或哪一个人物。晚年，基内勇于接受当时科学的各种新事物，逐渐恢复了相信人类进步的思想，反映在1870年的《创造》与1874年的《新精神》等著述。[①]

## 共谋社会进步的战友情谊

史学领域与文化领域之外，基内另显人生价值，集中表现于他和米什勒的友谊。他们青春年少时都偏爱文学。1825年夏天，基内与米什勒在哲学家库赞的沙龙里相识，两人一见如故、志同道合，此后开始合作。1843年，他们在法兰西学院合作讲授“耶稣会士”课程，一起抨击教皇极权主义，宣扬自由民主的政治思想。1846年，他们皆遭到“禁止”讲课与撤职的处分。1848年2月革命后不久，他们都恢复了教授的职务。2月29日，两人一同进入官方的“科研与文艺文员会”，其他成员如贝朗热等也是知名文化人士。该委员会的任务在于制订一个庞大的教育计划。3月6日，委员会在索尔邦开会，基内做长篇发言，讲述当时发生的事态。米什勒寥寥数语，指出新世纪已经到来。[②]

临时政府决定于4月9日举行制宪议会选举。临时政府秘书属于温和共和派的马拉斯特奉命准备选举，在他领导下建立“中央普选委员会”。该委员会的主席为雷居尔，它包括基内、米什勒与利特雷等人，[③]但是未曾见到基内与米什勒两人进行活动的具体资料。1851年，政变后，他们又一次失去了教授的职务。

基内与米什勒两人的友谊具有政治共性，同时他们之间的私人感情也相当深厚。两人在史学观点方面存在着区别，对于大革命的看法就是一例。基

① 基内的全集：*Oeuvres complètes*. 28v. Paris—1877—1879. 另有 *Extrait des oeuvres de Edgar Quinet*. Paris—1903.

② Murat.Op. cit. p.199.

③ Guillemin，*La Première résurrection de la République*. Paris—1967. p.30.

内因大革命未曾确立新教而表示惋惜，米什勒则主张以正义取代宗教。米什勒指出，恐怖主要是逃亡贵族与反革命所造成，而基内则认为恐怖统治是革命掌权人的一种自觉行为。从整个态度来看，米什勒相对温和，而基内比较激进。尽管如此，他们的友谊牢固地延续了 50 年之久。世态炎凉，50 年，多少人际关系逐渐淡薄、冷漠，甚至反目成仇、彼此杀戮……而他们两人的交谊为法兰西的浪漫激情增添了光彩。1899 年，基内夫人出版《50 年的友谊：米什勒与基内》（*Cinquante ans d' amitié：Michelet et Quinet*），她是这一场生死之交的参与者和见证人。她告诉世人：法兰西文人不仅勇于内斗，也能够倾心相待，真诚团结！

基内去世后，他的夫人先后出版下述著述：《流亡之前的基内》（*Edgar Quinet avant l' exil*，1888）、《流亡以来的基内》（*Edgar Quinet depuis l' exil*，1889）等。

当代法国社会舆论尤其是历史学界，人们经常提及基内。有关波拿巴主义的书刊，也不时援引他颂扬拿破仑一世的那首诗歌。总而言之，岁月与潮流不曾使人们淡忘这位倔强的史学家。

# 37

**奥拉尔（Aulard，1848—1928）**

**不愿卷入师生内讧的名教授**

## “我将尽力履行历史探索者的职责，而不维护某种论点。”

### “法国大革命讲座”的首创

一位胸怀真才实学的学者，又有可钦可佩风范的老师，呈现在我们的面前，他便是巴黎大学的奥拉尔教授。关于他的私人生活，笔者未见多少材料。他曾是克勒蒙梭、若勒斯、法朗斯等人的朋友。他赞成激进的共和主义，晚年变得比较温和。发生德雷菲斯案件时，他创建“人权同盟”，并任主席。1927 年，国际联盟在柏林召开国际大会时，他任主席之职。法国的书刊中，通常历数他的学术活动与著述，他从事史学研究度过了勤奋一生，留下了珍贵的文化遗产。

奥拉尔（Alphonse Aulard）生于法国西部沙朗特省的蒙布隆，于 1877 年获得文学博士学位，1879 年开始法国大革命的专门研究，此时他在外省大学讲授法国文学。1882 年他出版著作《制宪议会的演说家们》（*Les Orateurs de la Constituante.* 2v.）。1885 年，他的另一著作《立法议会和国民公会的演说家们》（*Les Orateurs de la Législative et de la Convention*）问世。[①]

① 此两书后来合并为《法国大革命时期议会中的雄辩》（*L'Eloquence parlementaire pendant la Révolution française*. Paris—1882—1886）。

这两部著作引起学术界的关注，这位年仅 30 余岁学术探索者的成绩得到舆论的认可。1886 年，巴黎市议会决议：为奥拉尔在巴黎大学专门设立“法国大革命讲座”，这在法兰西乃是首创。（另有他说，如 1885 年、1887 年。）于是文学博士奥拉尔从普瓦蒂叶大学来到巴黎大学执教历史学。就职时，他发表演说，简要陈述自己的学术见解：大革命并非始于 1789 年，其结束也不在 1815 年。他企图说明大革命有她的起源并且早已出现征兆，她一直还在法国人的灵魂里延续，对世界也仍有影响。

## “不想遗漏任何重要资料”

《法国革命》（*La Révolution Française*）杂志于1881年由沙拉维（charavag）等人创办，从 1887 年起改由奥拉尔主编。1888 年，奥拉尔等创建“法国大革命研究会”，它促进了大革命史的研究。在此期间，奥拉尔致力于有关大革命的档案、文献整理与公布。

这一项工作颇为辛苦，但是成果相当突出。那时，巴黎市政府提供经费，保证了文献汇编的公开出版。1889—1922 年，陆续出版 26 卷《救国委员会法令汇编》。1889—1897 年，出版 6 卷的《雅各宾派的社团——有关巴黎雅各宾俱乐部历史的文献汇编》。1898—1902 年，出版 5 卷的《热月反动与督政府时期的巴黎，关于巴黎的公共精神历史的文献汇编》。1903—1904 年，出版 2 卷的《执政府时期的巴黎》。还有《第一帝国时期的巴黎》。无疑，上述工作不可能由奥拉尔一个人完成，而是在他的主持之下进行的。他曾严肃地表示：“我不想遗漏任何一件重要资料，也未曾发表任何一个不是直接根据原始资料的意见。”此外，奥拉尔另有不少著述，如《关于法国大革命的研究和教训》（5 卷）等。

## 《法国大革命政治史》

奥拉尔自己著述的代表作为《法国大革命政治史·民主与共和的起源与发展》(*Histoire politique de la Révolution française.Origine et développement de la démocratie et de la république.*1789—1804.)此书于1901年在巴黎出版，随后译成多种外文，在世界上广泛传播。可惜，它的中译本至今未见。

《法国大革命政治史》将这一次革命分为如下阶段:(1)1789—1792年，民主与共和的起源，即选举的财产资格与君主立宪之下民主的与共和的党派的产生。(2)1792—1795年，民主的共和时期。(3)1795—1799年，资产者的共和时期。(4)1799—1804年，公民投票的共和时期。奥拉尔注重政治派别与政府机制的变化，正视当时层出不穷的事件与人物。他引用布瓦西—当格拉斯1795年的一段言论:“6年之内，我们如同经历了600年之久。”① 奥拉尔不曾为论证自己的观点，而简单地去寻找适合自己口味的材料，虽然此举对于他十分容易，如同近水楼台先得月。他首先长期陶醉于文献的海洋，接受“洗礼”与从中得到领悟，而后才陈述自己的学术见解。这是一个诚实的史学研究与著书立说的途径!

在大革命史研究中，奥拉尔是左翼的代表者之一，他对于此次革命的理解有许多值得重视的内容。

奥拉尔主张以炽热的情感去探讨法国大革命，他指出:“没有同情态度的人，只能看到革命的表面。要想了解她，就必须热爱她。革命解放了人类与科学，我是她的恭顺和感恩之子。”同时从总体来看，奥拉尔不曾成为感情的奴隶，他在介绍社会舆论否定国王的历史时，表现出应有的冷静。1792年8月10日，巴黎民众攻占杜伊勒里宫之后，不仅报刊强调说：法国到处在要求废除国王。戈尔萨(Gorsas)在他的《信使报》上报道：全体法国人

① Aulard，*Histoire politique de la Révolution française*. Paris—1901，p.4.

一致重复："平等万岁！不再需要国王！"[①] 奥拉尔对此评论："戈尔萨以自己的愿望代替真实的情况。我不曾找到这种同心协力的齐唱。显然，存在犹疑不决。法兰西，尤其是农村，渐渐地开始明白发生了什么事情。只有国民公会选举时，她才了解有关事情，但即使那时，也不能说她曾一致高呼："不再需要国王！"[②] 拒绝非此即彼、简单化、绝对化，这是奥拉尔学术风格的突出之点。

《法国大革命政治史》的序言表达作者的意图："在此法国大革命的政治历史中，我的目的为说明 1789—1804 年《人权宣言》的多项原则如何真正实行，在体制方面如何实现，在演说中、报刊上、不同党派的行动里、各种社会舆论中如何解释。在制定新的政治制度时，经常援引这些基本原则中的两条：政治平等与人民主权。从历史的角度考察，这是法国大革命的最主要的原则。但是，在不同时期，对于它们的认识与实行也不相同。介绍这些变化为本书的主要目的。"[③]

关于共和主义思想及其影响的研究，是奥拉尔"独到的贡献"。他证明共和主义产生较迟，1790 年秋天以前，仅仅布里索与孔多塞主张建立共和主义制度。那时，罗伯斯比尔等人停留在赞成君主立宪的水平，制宪议会还在君主立宪派的掌握中。可见，不能牵强附会地将大革命之初等同于为共和制而奋斗的活动。随着革命的推进、矛盾的激化，才给共和制度的建立提供了社会条件。

由于肯定共和主义制度，左翼史学的部分作者比较容易过度赞赏这一种政治思想及其宣传者与实行者，并且尽可能将它的产生提前。奥拉尔则根据他所了解的文献，采取了实事求是的态度。后人的学术研究证明奥拉尔的这些言论是诚实的。

---

① Gorsas 当时出版报纸，后为国民公会成员。

② Aulard，Op. cit. p.292.

③ Ibid. p.III.

## “未有任何系统的恐怖”

大革命期间的“恐怖”行动是奥拉尔研究的对象。他认为 1792—1794 年的“恐怖”，由于必须抵抗入侵者和保卫已经取得的改革成果而产生。他否认那些行为出自“雅各宾人民的心理”。他不曾为 1792 年 9 月的屠杀简单辩护。他指出恐怖是革命陷入危机时民众的心情以及本能所支配的行为。他反对山岳派专政期间的过激或残暴行为，肯定它捍卫新法兰西的功绩。“我们看到，在革命政府的创建中，未有任何系统的恐怖。所有的恐怖事实说明，该政府未曾实行系统的恐怖，也不是实践某种偏执的思想。这个政府日复一日地凭借经验而形成，引发的原因在于保卫国家的需要……在于和整个欧洲作战的人民为了保证自己的生存……同时，人们常说这个革命政府是战争的产物，它将随着战争的结束而消失。”①

丹东的演说才能尤其得到奥拉尔的喜爱。“众所周知，罗伯斯比尔几乎每一次都在宣读他的演说词，仅仅随机添加一些内容。维尼奥通常只是按照比较宽泛的笔记发言……其他人，吉伦特派与山岳派如果没有手稿或很好准备的文稿，绝不敢冒险地上台讲话，他们不念稿子时便是在背诵。丹东从来不写手稿……”丹东是理想的人物：“如果说临时执行会议顺利地完成了它的主要任务——拯救已经受到入侵的法兰西，这只是由于丹东发挥了占优势的作用。”② 他“是临时执行会议的真正领导”。

奥拉尔认为：马拉“要求一个人的专政”。“生前，他的影响有限，几乎仅在巴黎，尤其在圣安东区与圣马尔索郊区。”奥拉尔肯定罗伯斯比尔“反对向天主教会使用暴力”，同时认为此人所提倡的“国家宗教”具有反动性质。③ 关于罗伯斯比尔的作用，奥拉尔的估量低于马迪叶兹的狂热推崇。

---

① Ibid. p.433.

② Aulard, *Etudes et leçons sur la Révolution française*. Paris—1907. pp.267，264–265. “大革命时期，丹东可能是唯一不曾出版讲演集的演说家。”奥拉尔有选择地出版了丹东的若干演说。

③ Aulard, *Histoire politique de la Révolution Française*. Paris—1901. p.506.

## “宽宏大量应对学生的偏激与攻击”

教学工作是奥拉尔对大革命史学做出贡献的另一方面，他教书育人硕果累累，培养了一批学生。1904 年，马迪叶兹向巴黎大学提交博士论文，并且获得通过。他的导师就是奥拉尔，后者给予若干好评：引文规范，文字生动，这是一份很好的论文。

那时，奥拉尔未能预料到：这位学生一旦羽毛丰满，将断然改变对于恩师的态度，甚至进行攻击。无疑奥拉尔感到失望，其实一个学生的品质在毕业的前后很可能发生变化。前期，他需要老师指导与支持论文答辩；后来，他独立工作，即无求或少求于老师甚至拥有一定权势。此种现象在法兰西、欧洲的教育史中可为一种常态。[①] 师生之间会有理所当然的学术争论。学生如果超过老师，这是好现象，与此同时学生与老师都有一个为人处世的问题。况且国际公认，马迪叶兹在学术上从未超过奥拉尔，而仅仅是企图另立“门户”。马迪叶兹和恩师所代表的学派，属于同一政治与学术潮流。除去过度推崇马迪叶兹的人士之外，国际史学对于这两个左翼学派之间的矛盾持冷静态度。奥拉尔不曾计较学生的回报。从 1907 年起，马迪叶兹由学术争鸣改而与奥拉尔公开决裂并加以攻击。马迪叶兹出身农家，那时已是中年人，并非由于年少容易激动而恶对恩师。当时在国际政治活动中，他属于相当左的状况，并且经历了若干折腾，这些可以作为他不断攻击奥拉尔的旁证。那些年代，在法兰西，攻击德意志是一种爱国主义举动，而攻击恩师则被视同爱己主义的行为。往后的十余年里，奥拉尔对学生马迪叶兹态度宽容，未曾以牙还牙给予回击，从而阻止了左翼史学界内的一场“战争”以及所造成的内耗。

奥拉尔于 1928 年作古，马迪叶兹于 1932 年去世。由于过度贬低丹东，马迪叶兹进而将肯定丹东的奥拉尔当成“敌人”，奥拉尔对罗伯斯比尔的评

---

① 例如：德国的齐贝尔（Sybel）对老师兰克（Rank）由尊重演变为与恩师决裂。

价有一定的限度，但是他从未将过度颂扬罗伯斯比尔的马迪叶兹当作打击对象。这一场师生、学术、争论、情缘、内斗……当时的若干旁观者看得清楚；学术争论自然现象，攻击与决裂事关心胸和利益，学术界司空见惯。时间与历史，对于往昔社会的各种探索者一律公平对待。每当涉及凶狠、无情、自私时，他们从来不会给予优良的评价与赞赏！

奥拉尔并非一个好好先生，他随时显示出个性，曾投身激烈的学术论战。与他同时代的奥古斯特·科尚（Cochin，1876—1916）如此介绍：“大革命史学的危机：泰纳（1828—1893）与奥拉尔两位先生。”“大革命史学的小范围可以证明，刚刚过去的那个春天，发生了十分奇怪的新的论战。史学界的著名人士们一对一、短兵相接……奥拉尔先生中断了自己的工作，从他自己的炮楼上下来，以便攻打泰纳的炮楼。”[①] 奥拉尔为维护自己的学术观点，进行了笔锋相对的“战斗”。无疑，出生晚了20余年的马迪叶兹了解奥拉尔与泰纳之间笔战的事实。

其实，从马迪叶兹的所作所为也可以看出奥拉尔的某些特点。奥拉尔教授研究大革命的政治领域，但是很少涉足有关经济、外交、宫廷、战争、文化等领域。他培养出了若干研史专家，以自己高水平的学识“制造”了优质的“产品”。但是，马迪叶兹演变成了有限的历史视角与超限度的评价人与事。正是马迪叶兹的例子告诉后人，奥拉尔对于学生应该如何参加学术争论、如何在学术研讨的范围处理人际关系的品质教育，显然有所疏忽，负有某些责任。

## “尽力履行历史探索者的职责”

尽管存在若干分歧，国际史学界都承认奥拉尔是一位重要的史学家。人

① Cochin, *L' Esprit du jacobinisme*. Paris—1979，p.95. 1914年，科尚投笔从戎，参加第一次世界大战，1916年战死于沙场。

们对于他的评价显然高于马迪叶兹。索布尔的意见：19 世纪末 20 世纪初，“奥拉尔是研究大革命的无可争议的导师，至少在大学的范围之内”；“奥拉尔给了大革命的历史编纂学以杰出的贡献……他有独特的功绩。奥拉尔接受了文学方面的成长教育……他通过对于演说家们的研究转而研究大革命的历史。人们不能不承认，他的著作打上该时代的烙印”；“在大革命中，奥拉尔对政治历史，主要是党派与议会（assemblées）的历史感兴趣，而这些历史又是由思想的演变所制约”；“奥拉尔从上面观察大革命，例如人民群众没有与资产者不同的利益、需要、激情”。①

奥拉尔的贡献将一直流传下去。凡是从事法国大革命历史探索的人，不可能绕开奥拉尔而径直前进！奥拉尔不是绊脚石，而是攀登法国大革命科学研究高峰的一块坚硬的基石。我们需要和企盼一个比较完整的法国大革命左翼史学的图景，一部比较全面的法国大革命的包括左中右的史学专著。只有这样，才能真实地了解这一人类大事，进而更好地从中汲取经验教训。

法国大革命史的研究，在法国的不同时期，以及在不同的国度，出现过纷繁复杂操笔“厮杀”的场面，甚至动辄将不同学术意见者打成“反革命”。

国际史学界普遍肯定奥拉尔，称他是“19—20 世纪之交的活着的最好权威的大革命史学家”“了解这个时期的最大权威”。②

奥拉尔留下“遗言”：“事实上，人在一生中不可能知道一切。”“我希望尽一己之力，履行历史探索者的职责，而不是维护某种论点。”③

---

① Soboul, *Comprendre la Révolution*. Paris—1981. p.288. 按照法国人的习惯，“大学式的”（universitaire）指学术性很强的著述，而“科学院式或学会式的”（académique）指著述有一定根据但学术规范不及“大学式的”，例如引文不注明出处。

② 汤普森，同前引书，第 375 页。古奇，同前引书，第 424 页。

③ 汤普森，同前引书，第 336 页。Aulard，*Histoire politique de la Révolution française*. Paris—1901. p.XI. 笔者此处将 historien 试译作“历史探索者”，以求能够包括教授、专家、教师、大学生等。

# 38

## 马迪叶兹（Mathiez，1874—1932）
## 崇拜的热情不利于学术研究

# “罗伯斯比尔掌权，开始了一个新时代！”

### 震动国际史学界的一场争论

20 世纪初年，法国史学界发生一场颇具影响的“风暴”：罗伯斯比尔的崇拜者公然向肯定丹东历史作用的学者发起了攻击。只是由于后者的沉着和宽容，这一场争论未曾发展为恶性的暴力事件。那是克勒蒙梭等名人偏爱决斗的岁月，当时法国人经常从争论演变成执枪决斗。史学界，奥拉尔受到马迪叶兹的挑战，既包括学术争论，也包括恶意的谴责，他们之间的师生情谊从此烟消云散。

1874 年，马迪叶兹（Albert Mathiez）① 生于法国东部上索恩省拉布品叶尔村的农民家庭，出身对他的成长、个性、心态与思考方式有着不可否定的影响。1893 年在外省中学毕业后，他进入巴黎高师学习，至 1897 年。这所较好的高等院校，为他后来的科研打下了基础。1896 年，他发表第一篇论文《关于 1789 年 10 月 5—6 日的研究》，从此走上了探讨大革命的道路。该文的内容在于解释 5—6 日巴黎民众如何出征凡尔赛，冲击王宫，并将王

① Mathiez，过去中译多为“马迪厄”，实际应译作“马迪叶兹”，因为“Z”必须发音，笔者就此事曾经获得数位法国教授的帮助。

室押解至巴黎的事件。

1904年，马迪叶兹在巴黎大学通过了博士论文答辩。他的论文共两篇：《1796—1802年的敬神爱人教与旬日信仰》（*La Theophilanthropie et le culte décadair;'e*.1796—1802. Paris—1904）和《革命信仰的根源》（*Les origines des cultes révolutionnaires.*1789—1792. Paris—1904）。他的指导老师是奥拉尔教授。马迪叶兹写作认真，思考周密，导师奥拉尔给予如此佳评：论述有所依据，引文规范，文字生动，这是一份很好的论文。年轻的马迪叶兹受到很大的鼓励。看来马迪叶兹当时还不曾想借学术争论去损害恩师。1906年之前，马迪叶兹常在奥拉尔的《法国大革命》杂志上发表文章，得到不少关注。争论与冲突随后开始，1907年马迪叶兹创办"罗伯斯比尔学会"，1908年出版《大革命年鉴》（1924年改称《法国大革命史年鉴》），从此与奥拉尔公开决裂与对抗。

马迪叶兹的生平比较简单，除去短期涉足政治外，基本上为读书人、研究者的直线条式的生活经历。论文通过后，马迪叶兹在外省工作，并利用假期到巴黎继续从事大革命史的探讨。1906—1911年，他在巴黎的伏尔泰学校执教，同时几度到外省大学代课。1911—1919年，他在贝藏松大学教书。1919—1926年，他执教于第戎大学。从1911—1926年，他的学术研究进展显著。由于远离首都交通不便，他也关注地方历史问题。例如，他与若干友人合作，在第戎出版学报《革命时期的科多尔省》。科多尔省的首府为第戎市。

## "我到巴黎太晚了！"

20年代初，马迪叶兹显现出政治意图。1920年12月底，法国共产党（PCF）成立，他加入了这个政党，曾为《人道报》撰稿。但是，1922年他退出法共，据说起因于苏瓦林（Boris Souvarine）遭到法共与共产国际的清除。[①]1922 年 12 月，他与友人发起建立“社会主义联合会”或“革命社会主义劳动者联合会”，马迪叶兹支持法国社会党（SFIO）。1914 年，第一次世界大战爆发，他不曾反对战争，后来谴责《凡尔赛和约》。

1926 年，巴黎大学“法国大革命史讲座”主持人萨尼亚克（Sagnac）赴埃及从事科学研究，马迪叶兹奉命暂时代替他的工作。萨尼亚克回国后继续主持讲座，马迪叶兹留在了巴黎大学任教。他曾经不无感慨地表示：“我到巴黎太晚了！”他表达了自己抑郁和怀才不遇的心境。他虽有学问，但是学术观点过激、争论时评判同行方面也的确颇为苛刻，如此状况使他难于在巴黎学术界获得支持。他从来不曾主持这个“法国大革命史讲座”。

1932 年 2 月 25 日，在巴黎大学讲课时，马迪叶兹发病。下午，他主持讨论班时，因脑溢血倒地，当晚辞世，终年 58 岁。

马迪叶兹的主要著述还有：《法国大革命期间的社会问题》（*La question sociale pendant la Révolution française*.1905）、《罗伯斯比尔研究》（*Etudes robespierristes*.1917—1918）、《法国大革命》（*La Révolution française*.1922—1924）等。

## “罗伯斯比尔掌权开始了新时代！”

马迪叶兹肯定罗伯斯比尔的主要观点，大部分有着可靠的理由，他指出罗伯斯比尔为法国大革命的领导者（应为之一），他的贡献在于反对封建制度、建立资本主义制度、维护山岳派专政、对内对外捍卫大革命的基本成果。这些观点众所周知，不必赘述。

马迪叶兹对罗伯斯比尔的过度赞颂引起他人的批评与反感。“坚强的罗

① Boris Souvarine 为法共驻“共产国际”的代表，法共“指导委员会”的委员。另说，1923 年 11 月马赛代表大会上法共将他开除，1924 年 5 他又被共产国际开除。此人属于左翼……另见不署名的《法国共产党史》，世界知识出版社 1965 年版，卷 1，第 70、72、94 页。Robréieux, *Maurice Thorez, vie secrète et vie publique*. Paris—1975. pp.80，659.

伯斯比尔越来越为听众所欢迎，因为他是人民的人，同时他有雄辩和真诚，他知道引发争论与揭穿诡计。”“罗伯斯比尔不是空想理论家，他有现实主义的头脑，密切关注舆论的细小表现。”1793 年“4 月末，他先对着雅各宾派，后在国民公会，宣读一份关于权利的声明，主张财产应该从属于社会利益”，罗伯斯比尔被描绘成私有制的反对者。同年 7 月 27 日，罗伯斯比尔经过国民公会选举，进入“救国委员会”。但是，马迪叶兹硬将此事改写为“救国委员会邀请罗伯斯比尔参加它的工作。”“罗伯斯比尔掌权开始了一个新时代。”他有“罕见的个人品质：冷血、勇敢、敏锐的洞察力、令人生畏的说服力、卓越的组织能力、完全的无私”。“在手工业者与小民阶级中，罗伯斯比尔是最得人心的革命家，他获得了充分的信任。”“罗伯斯比尔进入政府，表示在民事或军事的行政各部门，‘无套裤汉’将受到支持，他们的对手们将变为沉默，共和国的领导者们不再欺骗人民。”“救国委员会有幸找到了罗伯斯比尔这样一个可靠的令人敬畏的人、一个具有口才的发言人。罗伯斯比尔是一个充满活力的联络者：在公社与国民公会之间、国民公会与各俱乐部之间、巴黎与法兰西之间。他有着充足的威信。”“罗伯斯比尔希望避免革命者之间的分裂。”他是“政府的真正的领袖，一向有着巨大的声望，在他打垮了那些派别之后，声望格外增强。”“罗伯斯比尔只关注革命的利益。”“罗伯斯比尔这一派渴望建造一个平等的、无富者与穷人的共和国。”①

马迪叶兹及其支持者们仅为一个小小的学派，他的影响在法国和其他国家的学术界得到了“放大”。1907 年成立“罗伯斯比尔学会”时，他虽然说明自己的目的，但是也暴露出偏颇的倾向：该学会将出版“所有相关文献”，只要它们能给罗伯斯比尔的生平、政治思想的研究及其影响的历史，带来新的光辉。只应锦上添花，不必说明错误与总结教训……

马迪叶兹过度美化罗伯斯比尔，实际上他自己在推崇一种超激进的专制

---

① Mathiez, *La Révolution Française.I.La chute de la royauté*. Paris—1964 pp.101-102. II.*La Gironde et la Montagne*. Paris—1924 p.208.III.*La Terreur*. Paris—1978. pp.173，174，180，274，282，346，373. 也可参考中译本的相关部分。

式的“共和主义”，即山岳派的雅各宾主义。法国左翼史学对此有清醒的评判：索布尔指出罗伯斯比尔为民主派领袖。山岳派，“他们都有财产”“他们属于中产阶级”，“他们是自觉的资产者，他们尊重财产的所有权”。马迪叶兹本人承认：“事实上，大部分山岳派与吉伦特派相同，有着资产阶级的出身。”[①]

吕西安·费弗尔曾经形象地指出：马迪叶兹好像坐在审判者的位置上，“外表上道貌岸然……如同法律影片中的检察官，或者情节剧中一个富基叶—坦维尔（Fouquier-Tinville，1746—1795）式的人物”。后者为大革命时期“革命法庭”的检察官。执行恐怖政策时，这位检察官具有明显的倾向性，他是处死丹东等人的主要责任人之一。吕西安·费弗尔是年鉴派的代表人之一，他的治学和为人得到广泛的赞扬，他形象地指出了马迪叶兹的为人和治学的不足。

美国学者汤普森在其《历史著作史》（1942 年出版）一书中，恰当地充分肯定奥拉尔，关于马迪叶兹，仅在正文中两次简单提及而已。

## 主动避开丹东雕像的学者

依照历史实际，罗伯斯比尔的政治态度本身并非一成不变。1792 年 11 月，国民公会开始研究如何审讯路易十六时，罗伯斯比尔才由主张君主立宪，改而明确赞成共和制度。大革命前期，要求建立共和制度者仅为极少数，如布里索、孔多塞等人。后期，罗伯斯比尔思想超度激进，主要领导与推行激进与恐怖的政策，打击了革命真正的敌人，也严重侵害了无辜者，这是不争的事实。[②] 概而言之，罗伯斯比尔就是他本人：由相对温和，逐渐激进，达到超度激进与台上断头的经历。他不等于大革命，只是大革命的一位

① 索布尔：《法国大革命史论选》，华东师范大学出版社 1984 年版，第 49 页。Mathiez, Op. cit. Ⅱ. p.69.

② 关于罗伯斯比尔的政治思想，请参见拙著《法国政治思想史》。

领导人。对于这位历史人物的评断，有各种学术见解，法国人对此早已熟视无睹。

马迪叶兹崇拜罗伯斯比尔，甚至大胆地称他为“社会主义共和国的企求者”，将此人比作列宁。他主张以罗伯斯比尔控制的那样的“救国委员会”去领导法国打赢世界大战……他不敢承认，大革命造成了法国经济的危机。“1792—1993 年后，产生了真正的经济的崩溃。”“1796 年后，开始恢复。1800 年，工业的积极活动，才恢复至大革命前的 60% 左右。”① 他无法认识罗伯斯比尔和山岳派专政（雅各宾专政）的局限性以及重大失策。

1982 年，索布尔老师曾对笔者介绍如下情况：马迪叶兹在巴黎大学教书时，经常乘地铁去学校。他本应在最靠近的奥德翁站下车，但是由于该站出口处安放了一座丹东的雕像，他便改在稍远的另一地铁站下车。看来，左翼共和主义、激进民主、社会党的政见加上狭隘和偏执，又以一定的科研为依据（其中正确部分值得肯定），以及对于同行的科研成果视而不见，使他在学术上走向狭窄甚至极端。“农民的气质、严厉的粗野的性格”，充分地暴露出来。

法国大革命的探讨，既不曾止步于奥拉尔，也不会止步于马迪叶兹，研究仍在延续，1981 年前后发生索布尔与菲雷（Furet）的争论。② 法国人常说“时间是个好参谋”，避免马迪叶兹式的偏颇逐渐成为一种学术趋势。1989 年大革命 200 周年纪念日显得相对平静。马迪叶兹生存于他的时代，他在学术舞台上的表演可以理解。神化罗伯斯比尔，实为一种政治态度和史学思考相结合的产物。马迪叶兹是左翼史学若干著名学者之一，而不是左翼史学的唯一代表。③

马迪叶兹的学术观点应该得到尊重，但是他对于同行（不论师生与否）

---

① Asselain.*Histoire économique de la France*. Paris—1984，pp.120-121. 索布尔：《法国大革命史论选》，第 245 页。

② 请参考：Furet，Op. cit. Soboul，*Comprendre la Révolution*..

③ 请参见拙文《法兰西历史的误读》。

的责难与贬低，令人不能接受。他的其他言论，是对于学术同行的损害。让我们简单地回顾马迪叶兹关于学术同行的言论。

## 颐指气使 以蠡测海

关于奥拉尔，马迪叶兹自称“当我摆脱了他的影响后，我便渐渐地接近了客观事物”。言下之意，老师是主观治史。

那时，马迪叶兹对于同行学者们的态度也令人惊讶。他批评拉维斯：“不去档案馆，仅仅善于利用他人的研究成果而已。”马迪叶兹忽略了历史科学的专门研究、高水平综合分析和广泛普及之间的关系。

他竟然指出勒诺特尔（笔名，即 Gosselin）不知历史科学的方法，仅能做文学表述，只是一名书商，善于投读者的所好。此人获得不及拉维斯的评价。

班维尔也遭到了否定：“仅能综合汪达尔的研究成果，不曾增多内容，只添加了错误。”

莫尼叶关于米拉波的著作“仅为坏书的同义语。不公正”。

马德兰作为一个人，受到马迪叶兹的鄙视，原因无疑在于此人的君主主义的史学观点。

笔者在与法国史学界的各类友人数十年的交往和谈话中，从未听见赞扬马迪叶兹的言论，却有人指出他的孤僻心态与刻薄待人。他不曾明白自己在不断地抨击，同时也在享受着同行们的大度和宽容。他将这种高尚的宽容视作自己优势发挥的效果。超度地迷恋导致缺乏冷静的反思与学术辩证。实际上，有意无意地、满怀情感地大力推崇某个历史人物与事件，可能演变成追逐学术权势的一种世俗心态。

法兰西不是缺乏情谊的国度，欧罗巴也有重续旧谊的范例。法国史学界的米涅与梯也尔、米什勒与基内，文学界的大仲马与雨果、乔治·桑与福楼拜，艺术界的安格尔与德拉克卢瓦之间有着长久的、真挚的情谊。在俄罗斯，托尔斯泰和屠格涅夫原为好友，偶因争论而断交。17 年后，托尔斯泰主动发出和解的信函，屠格涅夫立即响应，两人和解，继续往日的友谊。马迪叶兹如何？与他交往 38 年的布尔内指出：“马迪叶兹以猛烈著称。”马迪叶兹在学术上坚持真理与“真理”，又孤芳自赏，从而损害同行。

实际上，丹东喊出了“勇敢，勇敢，再勇敢”与“我请求珍惜人的鲜血”。奥拉尔坦率地向史学界同行说明：“我希望尽力履行历史探索者的职责，而不是维护某种论点。”拉维斯在他的著述中善于视野宽阔地关注整个社会的历史，马德兰与班维尔经研究后发表关于人物与事件的不同评论，这些皆为马迪叶兹所不能接受。学术探索中，总结出自己独立的学术观点并非易事，尊重他人的见解、学习他人的长处，更是不易。难上加难的恐怕是面对学术与权势的互相混合与共同施加压力。这在法国近代并非鲜见的事态。那时，同行们接受了、容忍了马迪叶兹的存在，马迪叶兹也应老实地承认同行们研究大革命历史的合法权利。探讨大革命历史时，同样需要：自由、平等、博爱。神化罗伯斯比尔，说明对于自由民主缺乏辩证的认识。谴责同行众学者，表示对于平等缺乏充分的了解。博爱，学术上尊重同行和宽容异议，能够反映出自己的信心和对于社会的前途的思考。此外，博爱应该包括恐怖时期的无辜受害者。吕西安 · 费弗尔（Lefebvre）与马迪叶兹处于同一时代，仅比他晚出生四年，却有一个相当宽阔的胸怀。

早在马迪叶兹出生之前，1867 年，史学家基内已经说出醒世箴言：“让我们为自己铸造一个自由的灵魂吧，用它来革法国大革命的命……”[①] 法国大革命及其各类人物不是哪一个人的私有财产！关于这些，任人凭说吧！探索者们无法避免史学研究的这一种“自然状况”。翻开马迪叶兹的《法国大革命》一书，可以找到该书的最后一句话：“在与事物的阻力做较量时，人类的意志是有限度的。这是值得记忆的事例。”[②] 或许这是马迪叶兹的一次重

① Quinet, *Critique la Révolution*.（v. Furet, *Penser la Révolution*. p.7.）

② Mathiez, Op. cit. Ⅲ. p.374.

要感悟！

马迪叶兹研究罗伯斯比尔著述中的严重问题，遭到了当代有关研究者瓦尔特（Walter）的诚恳批评。例如：1775 年路易十六加冕与罗伯斯比尔对这位国王朗读颂词之事。马迪叶兹在《罗伯斯比尔研究》一书中写道：17 岁的罗伯斯比尔“跪在御卒踏脚板前朗读颂词，并在颂词中加上了一些建议”。路易十六“很高兴地听取了他的建议并表示满意”。瓦尔特指出“马迪叶兹对事实加以夸大了”[①]。研究者个人情感的纠葛导致为历史人物添加未有的事实，从而损伤了史学研究工作的底线。情感的发挥应有一定的限度！

① 瓦尔特：《罗伯斯比尔》，商务印书馆 1983 年版，第 15 页。

# 39

**菲斯特尔—德—库朗日（Fustel de Coulange，1830—1899）**
**倔强的“城邦重造者”**

## “不必理睬路旁的荆棘，我的双眼仅仅注视科学！”

### 百余年前的《古代城邦》

一册古代城邦的历史，出版已经百余年，为何至今还令我们挂念？

当笔者阅读菲斯特尔—德—库朗日的著作《古代城邦》时，多次回忆起遥远的时光，在列宁格勒大学（今圣彼得堡大学）求学的情况。古代希腊史由科洛波娃（Колобова）教授讲授，她是俄罗斯老太太中少有的清瘦者。她上课时，言辞如其苗条的身材，干净利落，简明扼要，给同学们以独特的印象，实际上考试时颇为严厉。古代罗马史为科瓦廖夫（Ковалев）教授讲课，这位老先生红红的酒糟鼻头，不断用一个手指戳着讲台上右角小小的洼坑，以娓娓动听的话语向我们展示他心仪的古罗马。有时令学生们仿佛感到从古罗马的广场上散发出些许伏特加的气味。后来，当我在古罗马遗址流连忘返时，自然而然地回忆起恩师。他们的渊博学识、认真态度、耐心解惑，都给我们留下了不可磨灭的印象。他们的《古代希腊史》与《古代罗马史》是我们当时的教材。恩师仙逝久矣，幸好他们代表作早已译成中文出版。正是这些老师向我们介绍了菲斯特尔—德—库朗日及其研究古代希腊、罗马的贡献。但是数十年后，笔者在巴黎时才能够将菲斯特尔—德—库朗日的原文著作捧在手中……

多年以来，欧洲史学界对于菲斯特尔—德—库朗日的著述，有褒有贬。评论者往往以自己的眼光，或站在学术的“强者”的立场，或出于本国的利益，去面对尚能辩驳或死后无言的菲斯特尔—德—库朗日。今天，我们力求比较冷静地关注这位史学大师，认识他的时代、他的贡献，尤其学习他那拒绝仰人鼻息的学术探索精神。

在法兰西学术研究的历史中，有一个问题值得注意，即继承传统容易、思考创新艰难、实现创新更难。随波逐流容易，因为这是接受与顺从已有的正在控制局面的强势力量，后者不会感到威胁，不会将前者视作对立面、造反者。

如果尝试另辟蹊径，危险！因为这是挑战，甚至被认为否认学术界原有的正在维持局面的优势力量。既得利益者通常难于放弃既得的权势和利益，同时担心未获利益者前来夺走权势和利益。这是法兰西学术界不时出现的顺我者昌逆我者亡的沉疴痼疾。无疑，受压者、受损者当中也有菲斯特尔—德—库朗日。他经受了谴责，但是他以《古代城邦》为自己赢得了立足之地。

## 数载寒窗 潜心苦读

尼马—德尼 · 菲斯特尔—德—库朗日（Numa Denys · Fustel de Coulange），“尼马—德尼”为他的名字，“菲斯特尔—德—库朗日”是他的姓。这位教授度过了学者的一生。他出生于巴黎，那是一个来自布列塔尼的家庭，父亲为海军军官，但是英年早逝。关于他的母亲的信息，竟告阙如。尼马的成长由祖父监管，曾就读于查理大帝中学，20 岁时进入高等师范学校学习。1853—1855 年，他在雅典的法国（法语）学校任教。在希腊期间，他收集文献资料，撰写了关于希俄斯岛的著述。1855 年，亚眠高级中学聘他为历史教师。1858 年，他撰写两篇博士论文：拉丁文的《维斯塔的崇拜》（*Culte de Vesta*）和法文的《波利比阿，或罗马人征服的希腊》（*Polybe ou la Grece conquise par les romains*）。第一篇关于女灶神维斯塔，初时人们对她仅在家中祭祀，后来她受到城邦的公祭。第二篇认为古希腊贵族自愿地接受罗马贵族的统治。[①] 1858—1860 年，他在巴黎圣路易高级中学执教。1860—1870 年，他应聘为斯特拉斯堡大学中世纪与近代史教授。他所讲授的课程具有明显的学术性。

1864 年，菲斯特尔—德—库朗日的专著《古代城邦——古希腊罗马祭祀、权利和政制研究》（*La Cité antique: Etude sur le culte, le droit, les institutions de la Grèce et de Rome*）出版。作为大学的一名年轻教授，只能自费出版这部著作，为此向出版社支付 18470 法郎，而仅仅印刷 650 册。这一笔支出意味着多少？当时，第二帝国元老院成员年薪 30000 法郎、普通官员年薪 1350 法郎、本堂神甫年薪 1000 法郎。巴黎机械工工资较高，每日为 5—6 法郎（每年 1825—2190 法郎）、里尔的男工每日 2.5 法郎（每年 912.5 法郎）……18470 法郎大约等于普通官员 13 年半的薪水，我们不了解菲斯特尔—德—库朗日如何筹集到了如此巨额经费。后来，他才获得法兰西学院的一个奖项。1865 年夏，巴黎阿舍特（Hachette）出版社重新出版《古代城邦》，发行 1000 册，但是舆论反映相当平淡。此后，该书多次再版，并在国外译成数种外文。

1870 年 2 月，菲斯特尔—德—库朗日出任巴黎高等师范学校（ENS）的讲师。1874 年，他开始出版《古代法国政治制度史》（*Histoire des institutions politiques de l' ancienne France*）。1875 年，他任巴黎大学文学系的教授。1878 年，他成为索尔邦中世纪史首席教授。1880 年他任高师校长，4 年后因对行政工作不满而辞职，返回巴黎大学。1889 年 9 月，他病逝于马西。

关于菲斯特尔—德—库朗日的政治面目，人们了解甚少。从 1870 年 2 月起，他回到巴黎并在高师任教，随后由于迪律伊的推荐，他受聘为皇后欧仁妮的历史教师。6 月 1 日，他在宫中开始讲课，听众还有皇后的若干亲属

① Polybe 或 Polybius，古代希腊的史学家，著《历史》共 40 卷，然而甚少保存至今。

以及私人朋友。拿破仑三世有时也来听课。①1871 年 3 月，爆发巴黎公社的政治大冲突。菲斯特尔—德—库朗日作为高等师范的教师，处于何种状态？有待另做追寻。后来，他曾反对德国人的日耳曼主义言论。就国内政治而言，他认为“诸多革命导致”与历史的割裂，这是法兰西的不幸，并且号召传统的回归。

## 赞扬者甚少，抨击者颇多

就政治生活而言，菲斯特尔—德—库朗日由于出生较迟，不曾经历多少社会巨变。在学术研究领域，他却受到不公平的对待。这里指的不是诚恳的学术争论，而是真正的胡乱攻击，如“先验”“厌恶”“失败”。

当时，欧洲学术界已有不少人研究古代希腊、罗马的历史，如德意志的尼布尔、蒙逊，英国的格洛特，法国的迪律伊、吉尼奥、莫里等。菲斯特尔—德—库朗日不是一个拓荒者，而是一位“重造者”。1864 年，《古代城邦》问世不久，从现有资料考察，它所受到的表扬少，而批评甚多。一位年仅 34 岁的书生，陷入严重的处境。抨击者中，若干人将世界文明遗产，视同自己的私人财产，从而对新的探索者恶言相向。

但是，《古代城邦》得到泰纳等人的赞扬：“这一论著是系统化的。如今，注重细节的专著与研究为数颇多，而此书实在难得，可谓独树一帜。作者不是罗列一堆史实，而是要探究这些史实所蕴藏的理念。”佩罗祝贺作者“未曾迷失在引文中”，未被“注释所湮没”。弗拉什指出“他字字句句一丝不苟，制度是在神圣中具体化的”，“如果没有文字，制度便不存在了”。《公共教育》杂志发表专文评论，主要表示肯定。虽然“德国人早已研究过这些问题”，菲斯特尔—德—库朗日“完全身处科学的范畴和传统之中，他的独

① Pincemaille, *L' impératrice Eugénie. De Suez à Sedan*. Paris—2000. p.328. Smith，*Eugénie impératrice et femme. 1826—1920*. Paris—1989. p.135.

特性并不因此丧失，我们毋宁将他视为一个大师，他与同行们互相交流”。

许多人批评《古代城邦》及作者，朱邦维尔宣布该专著是一部“先验的”历史，对指责作者未能辨明墨洛温王朝若干特许状的真伪。梅纳尔公开表示“厌恶”书中过度突出的宗教作用。莫诺的批评：“菲斯特尔—德—库朗日将所研究的问题表述得过于简单。他仅仅见到问题的困难，并未见到它们的复杂性。”莫雷尔指出该著作的弱点恰恰在于“系统化”，“他过于经常地将……观点建立在某些矛盾问题之上。他展露了才华、与众不同、学识，然而总的来说，如同那些试图‘先验地’建构历史的人们那样，他还是失败了”。发表反对意见本属正常范围，然而“厌恶”等刻薄词语恰恰反映了说话者本人水平的高低。

## “我与主观成见做斗争……”

菲斯特尔—德—库朗日对于若干批评进行了解释甚至反驳。他认为：“历史不是一门艺术，她是一门纯粹的科学。”“她要求严格可靠的文献、全面的客观性与十足的批判精神。”历史是一种科学，爱国是一种道德，二者不可混淆。在他之所见，历史可能和数学一样是纯科学。宣称自己的任务不在解释而仅是揭示。“历史通过我在讲话。”对于社会上的抨击，他的言论可以作为心声：“40 年来，我和主观成见做斗争，敦促年轻的历史家独立自主，阅读记载过去时代的东西要用自己的眼睛，不要用我们的眼睛。”

暮年之际，他坦露胸怀，谈到了学术生涯中所经受的责难：“我惹来憎恨。我的研究打乱了他们（原有）的体系，他们大家都被我激怒了……我的著作也将那些传统的半瓶醋搞得狼狈不堪，我将他们通通得罪了，但是我并非有意如此。这些人很难宽恕我。我估计，他们必然又会将猛烈的攻击与裹着糖衣的暗讽炒成一盘大杂烩。但是，过去 25 年来，他们已经使我非常习惯了这一套，所以我现在已是满不在乎了。更何况，年迈和疾病警告我，不应再去理睬路旁的荆棘，只应将我的双眼注视着科学。”最末一句，说明了他的专注、求实与独立自主探索历史的心得。陈述事实、深刻体会，菲斯特尔—德—库朗日久经磨炼后为自己的学术探索做了中肯的总结。可惜仅涉及学术“体系”，而未指出抨击的原因在于利益、权势。

## “不以近代人的眼光看古代人……”

《古代城邦》这一著作以拉丁文与古希腊的原始文件为依据。作者自称，阅读了公元前 6 世纪到公元 10 世纪的“每一种拉丁原始文书”。无疑，是他力所能及的文献。他依靠文献，力求客观，保持批判精神，这些应是不可怀疑的实情。他在求学时期，已得到老师关于他“不温顺”的评语，经常持有与别人不同的看法。后来，自己成了教授，他希望“整理全部历史”。

《古代城邦》内含菲斯特尔—德—库朗日的特点。他强调如果“以近代人的眼光与事物，来看待古代人，误解他们就在所难免了”。这样，不能达到有关研究的目的。

“我们要着重弄清楚，古代人的社会与近代人的社会的根本不同在于何处。”

“要明白古代人的真实情况，理智的做法在于研究他们时不应将自己放进去。”“我们必须将近代的政治习惯放到一边。”

“研究古代史时，最好以当时的史料为证。”

“我们必须抛弃心中的近代观念以及习惯，而尽可能地置身于古代信仰之中。”

“古代希腊罗马，有一种不可仿效的性质，近代无一与它们相似……治理古代社会的准则，并非放之四海皆准的真理。”这些引文可概括为：必须摆脱现代社会对于研究者的束缚，依据那时的史料，实事求是地对待古代社会与古代人，以及他们的信仰和治理准则，还他们以原来的真面目。

为了贯彻这个原则，菲斯特尔—德—库朗日曾有一系列具体的论述：关于家庭、城邦、所有权、法律、联合、自由……

“如果我们设想自己置身于古人中间，就会看到，每家每户都有一个祭坛”，祭坛前面是“全家人的聚集场所”。“让我们穿过记忆的历史，回到更远古的时代，那时家庭制度正在建立，社会制度正在准备。”“古代，神并非无所不在。”因为“每个人信仰的是家里、村里或城里的神”。“除少许知识人之外，古人并不相信作为唯一主宰的上帝。”“每个城邦都有属于自己的神。”

“古代所有权所依据的原则，与现代的原则并不相同。”“在远古的社会中，很难说清一个人是否能够据土地为私有。”“因为祭坛、家庭应居于这块土地上，永远不动摇。这块土地便是家庭的私产，而不是某一个人的私产。”人仅为家庭的一分子。那时，“法律并非为人所造”，“法律都是宗教的一部分”。

“不要以为，当古代城邦出现的时候，人们就已对即将建立的政府展开了讨论。”“古代的执政官……与我们近代的官员相去甚远。”

“古人未曾设想若干城邦在平等的条件下进行联合，共存于统一的政府之下。”

18 世纪起，法国的社会舆论流行着关于自由平等的言辞，有人对古代社会存在着误解与幻想。《古代城邦》指出：“认为古人有自由的权利，这是近人误解中的一种特别误解。就是关于自由的观念，古人也未曾有过。”近代，“被人们称作自由的，是政治权、投票权、选举官员权、被选为长官权。但是，人受到国家的支配并没有因此而减少”。

研究古代历史时，作为原则，不应以“近代人”的眼光、研究本人所处的当代的水平，去探索古希腊与罗马的社会生活、人物事件。应该“进入”古代，根据那时的社会条件去考察，根据已有的可读的原始文献进行判断。

我们作为一个半世纪后的探索者看到问题还有另一些方面。近现代的人们如何去研讨古代的社会？除了尊重往昔的历史、恢复它们的原态之处，还可从中汲取经验教训，以求有利于近现代的社会进步。比菲斯特尔—德—库朗日稍迟的另一位法国史学家拉维斯（Lavisse，1842—1922）曾对巴黎大学学习历史学的学生指出：“就精神方面而言，我们生活在过去，但是千万不可忘记，大多数人生活在现在，并且寄希望于将来。”

菲斯特尔—德—库朗日还从与众不同的角度进行深度思考。1862 年，他在斯特拉斯堡公开讲授的课中指出：古代的共和国、自由、民主、议会、人民大会……“所有这些概念，都有待我们去正确认识”。“拙劣模仿古代始终后患无穷。因为拙劣模仿古代，我们才有了法国大革命的恐怖时代。报复与仇恨，存在于任何时代任何国家。然而，宣扬‘处死政敌不仅是义务，也是美德’。此事只发生在法国，以及古代的罗马和希腊。”菲斯特尔—德—库朗日生于大革命之后数十年的法国，他有可能比较冷静地对已经结束的历史事件进行另一番思考。他的特点在于从探讨古代社会的角度，反思（他的）现代社会的得失，对于大革命简单模仿古代与推行恐怖表述己见。

## “历史研究人心”“宗教包围着人类”

作者强调宗教信仰。“历史不只研究事实与制度，更要研究人心。它欲了解人类生活中不同时代的所有的想象、思虑与感觉。”古代社会离不开当时水平的宗教信仰。

若干世纪以来，“人类承认的宗教”必须具有两个要素：“仅仅信奉一个神”；所有的人都能接受它并在它面前“大家一律平等”。“对于古代人的宗教，切不可用发达人类的后起宗教来推论。”“原始的宗教”与我们的概念完全不同，那时人们所“尊敬的神不只一个，神也不要求所有的人都崇拜它一个”。那是“家火宗教”“家庭性的宗教”。“每个神只有一个家庭祭祀。”“家庭是这种宗教的发源地，各家造就各家的神。”有关祭祀仪式的说明与实行，仅属于家长一人，由他传给儿子，只传男不传女。“古代家庭不是一个自然的团体，而是一种宗教的联合体。”希腊语的家庭即“围绕圣火的人”。“人不属于自己，而属于家庭。”史书记载之前，“家庭是唯一的社会组织”。“古代社会的这种狭小性，对应着古人关于神的认识的狭小性。”

“（古代）宗教强调的不是信仰与纯洁的意向，而是无数必须慎重遵行的准则”，所以古人经常恐怕出现疏忽、过失、错误，而招来神的报复。那时，“宗教涉及生活的方方面面，它无处不在，包围着人类”；“它制约人的一举一动，支配着人的一切安排，规定着人的一切行为习惯。它以绝对的权威管理着人类”。古希腊、罗马，没有“政教相争”，“国家完全服从于宗教”。“宗教信仰是所有权与继承权的基础。”“私产的观念出自宗教本身。”产业不得与家庭、家祭分离。“法律是出自统治思想的宗教信仰。”

“古代宗教的性质与作用还在于使人类的理智达到某一绝对观念，也在于为求知的思想打开一条最终遇见天主的光明之路。”它包括许多难于彼此联络的“小信仰、小行为、小礼节”。

古人与今人所认知的宗教意义各不相同。“今人所谓宗教，指的是教义以及关于天主的理论……古人的宗教则指礼节、仪式、外在的庆典形式。在古人那里，教义无足轻重……宗教是一种可见的物质关系，是控制人的链条。”“神不爱人，人也不爱他的神。”“信仰是我们思想的产物，但我们不能随意地处置它。”“它出自于人，而我们却以它为神。”

《古代城邦》的作者真的摆脱了所处时代社会的束缚。他认为“历史与城邦的建立同时出现。大凡城邦……都尽力保存它对过去的记忆。这并非为了虚荣，而是因为宗教。历史都与宗教有关，所以城邦无权将它们遗忘”。这种历史是地方性的，每个城邦都有自己的宗教、自己的历史。“古人对他们的历史怀着一颗诚惶诚恐的心”，因为他们心怀“宗教的情感”，“对神明的热心可能超过对真理的爱”。

“城邦的政治制度与城邦同时产生，它们潜伏在每个公民的信仰在宗教内。”“城邦圣火的教长被称为君主。”“城邦，如同一座教堂。城市如同一座神庙。”“小的祖国是家的场所，有坟墓与家火。大的祖国是城邦，有邦火与英雄，以及城墙和国境。”“国家、城邦、祖国，不像在现代人那里的那样抽象和没有内容。在它们的背后，是许多神明，每天的祭祀，以及强烈地影响着人心的信仰。”在古代，宗教包围着人类。人们保留记忆尊重历史是因为宗教情感。

依照菲斯特尔—德—库朗日的看法，信念、宗教信仰为人类社会制度的决定因素。但是与此同时，对于古代的社会，必须具体地了解，同一名字的神在不同地方，含义可以不同。例如，雅典娜在雅典或斯巴达、朱庇特在各个城邦……都因地而异。又如那不勒斯城里，各个街区有自己的圣母像，人们可以跪在本街区的圣母像前祷告求助，也可辱骂邻街的圣母像，如此状况，令人啼笑皆非。

这位学者强调宗教信仰，但他本人不是天主教徒，也非异端分子。他将人心、家庭宗教信仰作为古代历史的重要内容，进行了细心的探讨。具体的见解，可以讨论，例如宗教与家庭、教权与俗权的关系、宗教与私有的产生等。但是重视宗教历史的研究，无疑十分需要。

## “死者的宗教是人类最古老的宗教”

突出之点是将“死者的宗教”视作最古老的宗教。这个结论，完全从菲斯特尔—德—库朗日开始。此前，不论欧洲哪一国家的学者，未见如此看法。

“最远古时代，人们都相信死后尚有来生……死仅是一种生命的变化而已。”“依据希腊、意大利最远古的信仰，供灵魂度来生的地方并不在现世之外。死者的亡灵仍在人间，并且居住在地下。”“无坟墓的灵魂意味着无处栖身，便最终成为野鬼孤魂、四处飘荡……”“从远古时代起，对于灵魂和死亡的这些信仰，催生了（对于死者的）祭供……这是人的义务。于是产生出一种对死者的宗教。”“死者不分高低贵贱。”“在古人的思想中，每个死者都是一个神。”坟墓是死者的也即“神者的庙宇”。古人认为地下有一个地方，它比坟墓大得多，“离开身体的灵魂都聚集在那里”。那时，“人类还未相信什么地狱和天堂的存在”。“敬礼死者的宗教是人类最古老的宗教”，人都崇拜亡灵。“人类思想正是如此：由可见的世界，而进至不可见的世界……”

"古代的家庭……是建立在对死者的信仰以及对他的祭祀上。""古代，将全体家庭成员联络起来的，是一种比出生、情感、体力更大的力量，那就是对于家火和祖先进行敬礼的宗教。此宗教将家庭中的生者与死者结合为一个整体。"

菲斯特尔—德—库朗日到处强调宗教信仰的决定作用，尤其指明了人们对于死者的宗教，他甚至否认家庭的自然性质，而仅仅说明宗教对于家庭的黏合力。

这位法国古代史教授不满足于当时欧洲有关古代历史的研究水平，他努力寻找自然形成的古代家庭、胞族（族盟）部落、城邦，寻找自然的社会生活。与此同时，他对若干问题的解释难以令人信服。例如家庭，他不知不觉地脱离了自然，暴露出对于家庭认识的"狭小性"。人心，毕竟不只是宗教信仰，难道没有亲情与血缘的作用？这位学者有意无意的主观愿望超越了自然的实况，这一种状况乃是史学研究中的自然景色，后人有权另做探索，却不可过分地谴责。

"敬礼死者的宗教是人类最古老的宗教。"这是菲斯特尔—德—库朗日的独到心得。"不要理睬路旁的荆棘，我的双眼仅仅注视着科学！"这是他留给研究历史后来者的忠告。

Chapter 09 |

# “莱茵河不是一道鸿沟！”

——面对欧洲局势

# 40

**费奈龙（Fénelon，1651—1715）**

**寻找欧洲的平衡与安全**

## “权力如同一张弯弓，过度拉开而不放松，它将突然折断。”

### “谁最自由？”“谁最不幸？”

“所有人当中，谁最自由？一些人回答：是一位国王，他对于民众拥有绝对的支配权……另一些人说：是一位相当富裕的人，他能够满足自己的全部愿望。又有人表示：是一个单身汉，他一生都在各个国家旅行，不必服从任何国家的法律。第四类人设想，是一个野蛮人，他靠林中打猎为生，他与一切治理无关……还有一种主张：是濒死的人，因为死亡将使他解脱一切，任何人皆无法对他施加权力。”“我认为：所有人当中最自由者是在奴隶制之下也是自由生存的人……简而言之，真正的自由者是解除了一切忧虑和欲望的人，他仅仅服从神明和自己的理智。”① 这是300余年前一位法国智者费奈龙的高见！此人还有数段发人深醒的文字，请允许笔者继续引用。

“所有人当中，谁最为不幸？……这个人没有财产，不健康也不幸福……此人未交任何朋友。”“我认为所有人当中，最不幸者是这样的国王，他相信自己幸福，却使其他的人经受苦难。由于自己的糊涂，他双重地不

---

① Fénelon, *Les Aventures de Télémaque*. Paris-s.d. p.73.

幸：他不知道自己的不幸，他无法治愈这个不幸，他甚至害怕知道如此状况。”同时，“他因为自己的情感而成为一个暴君……他的不幸与日俱增”。我的回答：“一位国王仅仅知道在和平时期或在战争时期进行统治，而不能在此两种状况下引导自己的臣民前进，这只是半个国王。”君主应该“公正、温和与随和……对于盟友他是忠诚的”，君主对于邻国，“应按照最适度的法律治理国家”。“绝对主义王权将臣民下降至奴隶的地位。”“每一个人都在暴君的目光下颤抖……他无法得到民众的爱戴。”费奈龙还曾希望四海之内皆兄弟，人类为一个大家庭，战争有时是必要的，但它却是人类的耻辱。①

费奈龙不仅进行谴责，他也对广大读者坦露自己设想的、心中向往的乌托邦。让我们跟随他去“访问”地中海上的克里特岛！

## “权力如同一张弯弓……”

“克里特岛得到一切外来者的欣赏，它由于其 100 个城市而著名，它轻松地养活着岛上的居民，尽管他们人数众多。它的土地历来给耕耘者以报酬，她的胸脯奶水充足永不枯竭。一国的民众只需辛勤地劳动，人们便能够享受更多的富足。他们永远无须彼此嫉妒：土地是一位良母，她按照自己孩子的人数而增加奉献，对于她的产品他们按照劳动而获取。他们的野心与吝啬是他们不幸的唯一根源：凡是想获取一切者，他们因渴求过度而不幸；凡希望普通地生活者，他们将因满足于真正的需要而高兴，那里到处可见富裕、欢愉、和平与合作。”②

在仙女的化身者芒托尔的上述说明之后，费奈龙直接介绍克里特岛的国王之一米诺斯：“米诺斯是所有国王中最明智与最好者。你在克里特岛上所见的最好的东西，都是他的法律的硕果。”那里教育儿童将来应该过着“普

---

① Ibid. pp.74.76. 杜兰，同前引书，第 8 卷，第 106—107 页。

② Fénelon; Op. cit. p.64.

通的、粗茶淡饭的生活”。“人们设想所有的享乐使身体与精神变得萎靡与不振。”“这里，人们惩罚三种罪恶，在其他人民那里它们不受惩处，它们是：忘恩负义、虚伪与贪财。”“对于奢华和放纵，此处从来无须抑制，因为克里特岛上它们并不存在。这里，大家都在劳动，任何人不想发财致富。由于生活甜蜜而又规律，每个人都认为自己的劳动得到了足够的报酬。人们在和平中享受生活，拥有生活真正需要的一切。”“克里特的巨大财富是健康、力量、勇敢、和平与家庭的联合、所有公民的自由、必需财品的充足、对多余之物的藐视、劳动的习惯与对游手好闲的厌恶、人们的美德的竞赛及服从法律与害怕主持正义的神明。”“米诺斯希望自己的孩子继承自己的王位，唯一的条件是他们爱民众胜过爱自己的家。”[①]

上述稍长的引文表达了《泰莱马克历险记》（*Les aventures de Télémaque*）一书中的主要内容，该书于1699年出版，作者费奈龙，在17世纪末，这些是相当激进与激励人心的话语。

《泰莱马克历险记》在法国问世后在荷兰重印，作为名著逐渐于欧洲流传，对读者颇具影响，也有政界人士窥测它的真实意图。该书在社会上得到广泛欢迎，长久不衰，一直保持至19世纪中期。

此书为一寓言故事集，文字优美，通俗易懂，引人入胜，巴黎出版的版本并不符合当时的习惯，共有360页的篇幅。当中主角泰莱马克在一仙女化身者芒托尔的伴随下万里寻找父亲，他们到达西西里、克里特等地。该书“记录”所经之地的自然环境，评论所到众多岛屿的政局和制度，指出君主治理国家的优劣……无疑，费奈龙醉翁之意不在酒，字里行间隐藏着他对于法国社会状况的暗示、失望与企盼。费奈龙将一个国家的政治权力的使用，生动地比喻为弓箭的操作控制。“一个权力面临悲惨的垮台，是由于它的过度施行。权力如同一张弯弓，过度拉开而不放松，将突然折断。但是，谁能够将它放松呢？”纵观全书，主要关心当时的国内政治，而对于未来社会的

① Ibid. pp.64-66.

乌托邦设想不曾具有喧宾夺主的分量。[①]

## “这一切困难皆由您引起”

《泰莱马克历险记》不是一时冲动、激情随意迸发的作品。此前大约在1694年，费奈龙已有明确行动。那时，他给国王路易十四写了一封信。它的主要内容如下：“陛下，如今朝纲废弛，社稷倾危。”“您本应爱民如子，但是民众正在饿死。农田几近荒芜，城乡人口锐减，您自己不敢正视，也怕他人向您揭露此种惨状。”“30年来，您的大臣们动摇和推翻了国家的全部旧规，以便将您的威望提高至顶点。”“他们将您吹捧上天”，“将极为可怕的无法医治的奢华引入宫廷”。[②] 如此直率抨击的书信保存了下来，可惜我们不能知晓法国君主收到此信后何种反应。至少，由于该信函，费奈龙的政治见解得到了可靠的表达。

17世纪末，正值路易十四统治的高峰时期，这位君王在国内受到赞颂，在国外令人敬畏。后来，伏尔泰曾称路易十四统治时期为“最接近尽善尽美之境的时代”。正是在那凯歌行进的时候，费奈龙接二连三地尖锐评论时局的危难与国王的无能，这一切展示出他的深入思考与秉直谏言的内在力量。费奈龙在社会上身份显赫，他的如此独特言行将产生较大的影响。正当路易十四的威望如日中天之际，费奈龙“一箭中的”：民众正在饿死，百业凋敝……

再来看看作者费奈龙，他出生于贵族之家，全名为François de Salignac de la Moth-Fénelon，1675年他成为教士，后任一教会学院的院长。费奈龙身材高瘦优美，“眼中闪烁着激情和智慧”，心态谦和，谈吐文雅，感觉纤细，文字优雅。他一向笼而统之地、不区分性质地反对暴力和战争。“他具有一

① Ibid. pp.75–76.

② Fénelon，*Lettre à Louis XIV*. Neuchâtel—1961. p.61.

种说不出的浪漫气质。”

1689 年，费奈龙奉命担任王孙、王储路易（即布尔戈尼公爵）的教师。《泰莱马克历险记》就是为教育王孙而撰写。另外，他为了同样的目的撰写《死者的对话》，书中可见：“那没有法律而只有一个人意志的政府是野蛮的。”“统治者必须服从法律，如果与法律分离，他的个人不过是死物。”他坚持“全人类是一个伟大的国家”，人们对于人类的责任大于对国家的责任。人类由兄弟组成，各国之间的战争皆为内战。费奈龙不曾说明：法律如何产生，它们代表了谁的利益。由于教育王孙获得成绩，费奈龙于 1695 年晋升为康布雷大主教。

## 波絮埃批判费奈龙

那时，欧洲流行静修主义。这是天主教的一个神修学派，也译作“寂静派”。静修主义主张修行必须绝对寂静，回避外物，合一于天主。它宣称灵魂得救与否不必介意，只要使灵魂达到完善，不必倾心忏悔，只应心灵的平和，努力沉思……当时，静修派的言行在意大利遭到异端裁判所的镇压，在法国受到波絮埃的批判。费奈龙撰写《诸圣箴言之解释》一书（1697），专门反驳波絮埃的《祈祷状态的指导》（*Instruction sur la prière*，1696）。为此，费奈龙陷入困境，失去了王孙教师的职务，被限制在康布雷教区内活动，1699 年还受到教皇英诺森十二世的谴责。

当路易十四得知《泰莱马克历险记》实际在影射自己以及在欧洲进行的对外战争时，费奈龙随之失宠，他的申辩无济于事，该书遭到查禁，出版商被捕，大约两年之后，紧张状况才开始缓和，1704 年波絮埃去世。

费奈龙的生活中不曾出现多少突发事件或重大挫折，但是比较平淡的人生经历却伴随着活跃的不落俗套的想象。他幼年丧父，因为兄长们的排斥而无财产继承，依靠母亲抚养长大成人。母亲为一贵族小姐，虽然贫穷却给了他以优雅和细腻的女性式的引导。因此，他自幼对欧洲的战争与镇压等暴力现象反感。这些品质使他能够对法国社会的弊端、欧洲国际政治的混乱，进行深刻的观察与冷静的分析，进而在思想上产生超群脱俗的火花。

关于一个国家的设想，关于一位君王治国的设想，已经使费奈龙从他的贵族同类和教士圈子中脱颖而出。同时也应指出，在那个时代，达到如此认识与构思水平者，不止他一人，其中若干人当时与后来声名显赫。然而，就欧洲的合作而言，费奈龙真是属于凤毛麟角。他将过度弯弓易于折断的见解运用于欧洲问题，看到过度分裂与争斗，将导致大灾难，必须改弦易辙，由分裂转化为合作。

## “基督教世界普遍的共和国”

如果我们简略地回顾《泰莱马克历险记》于1699年出版之前的欧洲历史，尤其1600年以后的历史，不难发现在漫长的岁月里欧洲经历了战争。实际上，自从查理曼帝国结束之后，欧洲陷入分崩离析、互相厮杀的困境。17世纪初起，先后发生了“三十年战争”、波兰与俄国的战争（1632—1634、1654—1667）、俄国与瑞典的战争（1656—1658）、英法与西班牙的战争（1655—1657）、丹麦与瑞典的战争（1657—1658）、英荷战争（1665—1667、1672—1674）、尼德兰遗产争夺战（1677—1668）、法国与荷兰西班牙的战争（1672—1679）、法国与奥格斯堡同盟的战争（1686—1697）……此外，还有欧洲国家和奥斯曼帝国之间的战争。结果，欧洲列强战乱不断，若干次要国家也卷入了战争，各国的社会生活、人口劳力、经济实力、国家威望受到程度不同的损害。当时，如此状况引起人们的思考，不少人着眼于国家、各国之间的和平，而费奈龙主张创立一个崭新的“欧洲秩序”，寻求以新的构架去取代互相残杀的欧洲体制。

费奈龙既超越了国家各自为界的局限，也看到了欧洲内在的共性。他主张欧洲各民族、各个国家应该联合起来，为此必须维持各国之间的平衡与平等。“这种对于维护邻国之间平衡与平等的关心，将成为保证各国之间（也即欧洲）平安无事的基础。在这一方面，所有相邻的和由贸易相连的国家组成一个大集体，一种共同体。比如，基督教世界是某种带有普遍性的共和国，它要维护自己的利益，对付共同的威胁，采取一致的预防措施。”[①]

以平衡与平等取代弱肉强食，以平安相处取代连年战乱，这将是欧洲国际关系的转折。费奈龙将新的欧洲定性为一个大集体、一种共同体，为它设计了新的组织形式：一个共和国。它的宗教信仰仍是不言分裂的基督教。将来，欧洲人不再经受分裂、杀戮、入侵、物质与精神的损害，欧洲将走向富裕和繁荣。这是一种新欧洲的乌托邦，费奈龙的心灵硕果。

## 欧洲人的幻想——“最小的城邦”

欧洲历史上，人们对从一邦一国到整个欧洲乃至全世界的认识，经历了漫长的过程。地理距离与交通困难等曾经妨碍远行，从而不利于人们考察与了解远方世界。欧洲人的有关认识大体上可做如下简单介绍。

柏拉图关心国家政治，他以“城邦”为出发点，涉及粮食、住房、衣服等需求。[②] 曾议论“最小的城邦起码要有四到五个人”，正义就是当时政府的利益，正义就是强者的利益。但丁关于世界大事，指出“为了造就普天下的幸福，必须建立一个一统的世界政体”。“一统天下的尘世政体，一般可称作帝国”。他也注意家庭和国家。家庭的目的在于保证全家的生活舒适，城市的目的是安居乐业自给自足，国家的目的是维护和平，上述目的本质相同。“人类社会……是一个整体。”“整个人类注定只有一个目的，因而人类就应该实行独一无二的统治和建立独一无二的政府，而且这种权力应称为君主或帝王。”由此可见，为了给尘世带来幸福，一统的政体或帝国是必要的。

康帕内拉比费奈龙早出生 80 余年，他一心向往的主要是国家。在他的

① 热尔贝：《欧洲统一的历史与现实》，中国社会科学出版社 1989 年版，第 8 页，该书法文原名为 *Construction de l' Europe*（《欧洲的建造》）。

② 请参见《理想国》，商务印书馆 1996 年版，第 58、59 页。

"太阳域"里，"公社制度使大家都成为富人，同时又是穷人……因为每个人都没有私有财产"。他曾专门谈论女性："妇女们由于都要工作，所以她们的皮肤是健康色，身体的发育也是很好。""那些愿意把美德基础建立在脸上涂脂抹粉、穿高跟鞋来显示身材，穿长裙来遮掩粗腿之上的妇女，就要处以死刑。"但是，如此事情实际不会发生，因为无人供应这些物品。从前，密诺斯、梭伦、柏拉图、亚里士多德等人设想国家时，"所提到的一切恶习，在我们的太阳城里都已消失"。太阳城将"用美德来保证国家的幸福生活的扩大"。

从上述引文中可以清楚地看到，柏拉图、但丁与康帕内拉等努力设法保证人们的正常生活与全社会的幸福，但是他们探讨的范围或者显著地小于欧洲（局限于一邦一国），或者过分地大于欧洲（泛指整个地球）。费奈龙比较实际，专心关注着欧洲。

## 传说中的欧洲与想象的欧洲

曾经流传一些神话，它们涉及欧洲，并且在文化艺术作品中留下痕迹。一幅动人的油画名为《欧罗巴》（*Europa*），它的作者是意大利著名画家提香。[①] 另有一幅类似的鹅毛笔画作《诱拐欧罗巴》。关于欧罗巴存在多种传说，古希腊之前的如农神等。[②] 根据广泛流传的一个神话，欧罗巴为腓尼基国王的女儿，某日她和女伴们在地中海滨玩耍时，众神之父宙斯变成一只公牛，背驮着她飞去，将她拐到克里特岛上，随后她成为他的妻子并且生下孩子……

费奈龙隐隐约约地承接了这个神话的脉搏，将欧洲作为一个整体来思

① 珍藏在波士顿嘉德纳博物馆（Boston，Isabella Stewart Gardner Museum）。

② 多种传说：a）她的父亲是腓尼基人福尼克斯；b）她与福尼克斯是兄妹，父亲同为腓尼基国王阿格诺耳；c）罗马的天神（相当于希腊人的最高天神宙斯）朱庇特很喜爱欧罗巴，并以她来命名三分之一的世界；d）她最终成为克里特国王的妻子。

考。他曾主张“四海之内皆兄弟”“人类为一个大家庭”，此种涉及全人类的思想在东方和西方早已有之，但是它的实现也将遥遥无期。费奈龙进而专门思考欧洲独特的问题，他的欧洲设想既涉及恰当的范围与相同的信仰，也考虑到欧洲诸国社会的水平大致相近，欧洲人既可能维护共同的利益，也必须抗击共同遭受的威胁，因而合作可能变成为现实。这正是费奈龙视野开阔的结晶。

同时，费奈龙的有关思想包含着不足。至今，他对于宗教的凝聚力过度相信，认为大家都是基督徒，可以同心协力建造一个统一宗教信仰的“共和国”。实际上众所周知，该教会的大门内发生了大大小小的分裂：天主教、东正教、新教（内有许多小派别），教廷与各国教会，各种宗派……教内分歧已导致鲜血横流火刑乱施，如天主教对待“异端”或加尔文派（加尔文宗）对待“异见者”。此外，还有不信仰基督教的人群甚至民族。再者，费奈龙在法国一国主张君主立宪、君权神授以及政治革新。就“共和国”而言，他未做充分的说明，如何实现“平衡”与保证“安全”？欧洲的新的机制的结构以及如何运作？……只是一种智者的憧憬，不可多加“追究”。因此，对于上文所涉及的“共和国”，我们不能用当代的概念做简单的解读。

1715 年 1 月 7 日，费奈龙辞世。同年 9 月 1 日，路易十四去世。[①] 无论如何，费奈龙关于欧洲合作的言论具有一定的价值。作为当今欧洲合作的预言者之一，他当之无愧！在历史的长河中，有时越是抽象的构思，越能够诱导后来追寻者的具体创造。土地能够产生粮食，工厂能够制造机器，沉思能够诱发出美好的憧憬！然而，费奈龙的最有价值的言论，应该是关于权力、弯弓、拉紧、易折断的警语！

① 关于路易十四，请参见拙文《路易十四——世界著名的君王》，载《“太阳王”路易十四法国凡尔赛宫藏珍集》，紫禁城出版社 2005 年版，第 43—57 页。

# 41

**尚弗尔（Chamfort，1740—1794）**
**挑战欧洲君主们的图书馆馆员**

## “给城堡以战争，给茅屋以和平！”

### 手握笔杆参加大革命

200 余年前，在法兰西以及与她邻近的地区，有一句响亮的口号：“给城堡以战争，给茅屋以和平！”许多普通的法国人，国民卫队、义勇军与正规军的士兵，响应如此号召，走上前线，奋勇杀敌！那时，这不是法国官方正式提出的口号，而是在国民公会内的正式场合，某些议员慷慨激昂地高声呼喊，或义正词严地宣布应该遵守这一原则！这个口号内含着一种震慑力量，它的作者是谁？它由尚弗尔首先提出。

现在，我们尝试了解尚弗尔的基本情况。他有比较平凡的政治经历和人生旅程。法、英、俄、西文等一般解读法国大革命的著述偶尔提及这个口号，但是几乎找不到关于尚弗尔的文字。我们只在法国的一些“引文辞典”（Dictionnaire de citation）以及在索布尔主编的《法国大革命历史辞典》（*Dictionnaire historique de la Révolution Française*）等有限的书籍内，见到有关此人以及这一句话语的介绍。

尚弗尔（Sébastien Roch Chamfort）是一位文学家，他出生在法国中部的克勒蒙—费朗，逝世于巴黎。1781 年，他成为“法兰西科学院”的成员。法国大革命之前，他已细心关注和公开谴责路易十六统治下的“旧制度”的缺陷。三级会议于1789年5月5日在凡尔赛会召开时，他来到那里，米拉波让他负责自己办的报纸的出版，同事中还有布里索和塔尔热等人为匿名的主编。[1] 他曾是米拉波的部分发言稿的撰写者。他以宽慰的心情欢庆大革命的爆发，企望一个新的法兰西的出现，这是一位文人的真实的心愿。6月20日，第三等级代表们在网球厅宣誓时，尚弗尔在场，他赞成代表们决心制定宪法的誓言。1790年民众铲平巴斯底狱，他对此感到高兴，风趣地形容它"只是在逐渐降低高度与变得美丽"。

尚弗尔主要挥动笔杆参加大革命，他在"法兰西信使"等报刊上发表文章，抨击矛头的指向比较具体，如主张没收神职人员的财产，谴责教士的单身生活，要求给阿尔萨斯和阿维尼翁两地的犹太人以公民权等。在此革命爆发前后，尚弗尔与西哀耶斯比较接近。西哀耶斯所撰出的著名小册子《什么是第三等级？》(*Qu'est ce que le Tiers Etat* ?)，书名就是采用了尚弗尔的建议。

## 拒绝充当派别的盲目追随者

我们沿着革命局势发展的轨道，大致可以寻得尚弗尔政治活动的脉络。革命之初，他接近那个冲锋陷阵与声名甚佳的米拉波，关注政治俱乐部的活动。1790年4月，产生了"1789年协会"，尚弗尔随后加入该协会，说明他赞成君主立宪的政治制度。1791年6月路易十六等逃亡国外失败，尚弗尔从此变得激进，改而参加雅各宾俱乐部。那里，人们将他选入一个专门委员会，它的任务在于阻止该俱乐部所属外省分支改变政见，防止它们转而支持"斐扬俱乐部"，即赞成君主立宪。可见，他参与了雅各宾俱乐部预防自身温和化的工作，在人们的回忆里他尽职尽责，但未有特殊的表现。1791年9月制宪会议结束时，他离开雅各宾俱乐部，参与竞选立法议会议员，但是

① Chaussinand-Nagaret, *Mirabeau*. Paris—1982. pp.85，278.

以落选告终。从政的尝试受到挫折，尚弗尔继续文字工作，致力于出版《法国大革命的情景》（*Tableaux de la Révolution Française*）。此后，他以文章展示自己的政治倾向，热情鼓吹革命的激进化。1792 年夏天，国内外的政治、经济与军事的危机正在到来。

涉及尚弗尔的政治生涯时，无法简单地将他纳入某一种色彩的政治派别。他虽然参加了这个或那个俱乐部，但总是有些若即若离、特立独行，拒绝成为某一个派别积极的成员、盲目的追随者。1792 年夏秋，尚弗尔接近吉伦特派，此为当时人们有目共睹之事，同时他不愿充当“应声虫”，有时发表与吉伦特派议员们颇不相同的意见，如及时与奥地利作战。就此问题而言，他与罗伯斯比尔的某些言论互相唱和。根据法国学术界的有关研究，我们看到，与其说是“由于政治选择”，不如说是“因为意气相投”，尚弗尔与吉伦特派人士交流较多。罗兰夫人的客厅是他常常访问的地方，那里人们议论着当时的政局。

1792 年 8 月 1 日巴黎民众起义，吉伦特派掌握了实权，19 日内政部长罗兰任命尚弗尔为国家图书馆的馆员。这是至今我们所了解的尚弗尔唯一的公职。或许正是由于他仅为一位普通的公职人员，那些大大小小的辞书或专著经常忽略关于他的记载。毕竟，法兰西也是一个世俗的社会，编者与作者们难免用从众随俗的心态，看待法国大革命以及这位尚弗尔先生。

## 外敌入侵　法兰西面临危亡

1792 年夏秋，尚弗尔的政治活动达到高潮。在此之前与当时，法国的对外局势与国内状况促使许多法国人的言行日愈激进，其中包括尚弗尔。

革命的法兰西与封建的欧洲之间的新矛盾，在原有的欧洲大国之间旧矛盾的基础上迅速加剧。1791 年 8 月 27 日，德意志帝国皇帝和普鲁士国王已经在皮尔尼茨堡发表“宣言”，宣称他们遵照法国国王以及阿尔图瓦伯爵（即 1824 年成为法国国王的查理十世）的意愿，声明“目前法国国王的处境关系到欧洲君主们相同的利益”，号召“欧洲列强一同采取最有效的手段，保证法国国王能够自由地确立君主制统治的基础”。他们“决定以必要的力量进行帮助，快速行动……以便达到上述目的。他们将对自己的军队下达命令，要求他们准备好随时采取积极行动”。啰啰唆唆的外交辞令，实际含义为在欧洲与法国坚守封建君主制度。按照加克左特的意见，他们“没有为自己规定任何明确的措施”[①]。1792 年 4 月 20 日，法国对“波西米亚与匈牙利国王宣战”，即对奥地利宣战。正当讨论宣战法令结束时，议员梅尔兰（外号德·蒂昂维尔）高呼：“应该对国王们宣布战争，对人民宣布和平。”（la guerre aux rois et la paix aux peuples）[②]

同年 7 月 25 日，反法联军司令布伦什维克发表宣言，要求法国人结束无政府状态，制止对于王权与教会的攻击，恢复合法政权，恢复国王的安全与自由，法国军队应服从“合法的君主”。凡是对抗反法联军的国民卫队与居民就是“反对国王与破坏社会安宁的暴动者”。“如果发生对于法国王室的任何侵犯，将进行儆戒性的惩罚，对巴黎进行军事清洗和将它彻底破坏，暴动者将受到应得的酷刑。普奥联军决心“解救（法国）国王、王后以及王室一家人”[③]。8 月 16 日普鲁士军队入侵法国。9 月 2 日，丹东在立法议会发表演说，号召“勇敢、勇敢、再勇敢，法兰西才能获救！”28 日，丹东呼吁：“各民族普遍暴动，反对全世界的国王。”在那些日子里，还有人宣布“法兰西共和国拒不接待自己的敌人，她只用子弹来对付他们”[④]。

① Gaxotte，*La Révolution Française*. Paris—1970. p.231. AHCCCP, Французская буржуазная революция.М.-Л.—1941.cit. p.122.

② Madelin，*La Révolution*. Paris—1911. p.215.Gaxotte.Op. cit. p.224.

③ Archives de France, *La Révolution française à travers les archives*. Paris—1988. p.134. AHCCCP, Там же. cit. p.207. Vovelle, *La chute de la monarchie*. Paris—1972. p.261.

④ Bouloiseau, Op. cit. p.137. 此处指旧式火枪用的铅弹（plomb）。

## 城堡与茅屋 战争与和平

1792 年 11 月 19 日，国民公会通过一项法令："国民公会以法兰西国民的名义宣布，对于希望重获自由的一切其他国家的人民，它将给予博爱和援助。" 12 月 15 日，国民公会宣布"给城堡以战争，给茅屋以和平！"（Guerre aux châteaux，paix aux chaumières）根据有关记载，这个口号此前已由尚弗尔提出。[①] 该口号包括以下内容：必须进行革命战争，这是抗击欧洲君主们的唯一手段，不应该宣而不战。对于曾经受到"奴役"，现在或将来被法国所占领的异国民众，应实行博爱与平等政策。该口号提出的具体时间未见确切记载，1792 年 10 月在国民公会内外人们已援引这个警句。

这一口号集中地反映了当时法国革命群体的心态、革命激情广泛流行的状态。无疑，法国人并非仅有一种政治态度。1792 年 8 月底，普军围攻凡尔登，9 月 1 日凡尔登投降，"城里的女士们竟然前去胜利者的军营中访问"[②]。但是广大的民众，尤其在巴黎，革命情绪高涨。马勒—迪—邦曾经如此描绘："狂热激励着法国人投身毁灭性的的战争，这是决死一战。"当时，右翼的或极左的人士十分活跃，他们大力宣传："当宽容危害人民的安全时，它是一种罪行。"法国外省许多地方，民众加入这一激进的洪流，"公民的责任感与失业，在若干地区，（使得参军者）超过了应征入伍的名额。在兰德'女公民们鼓励她们的丈夫'去当志愿兵"。某些法军将领甚至宣布："我们能够战胜整个欧洲！"[③]

尚弗尔尖锐地抓住问题，表现出他爱憎分明的立场。有关口号曾发挥积极作用：鼓舞士兵和民众的士气，激励他们抵抗反法联军，挽救革命的法兰

① Tudesq et Rudel，*1789—1848.* Paris—1960. p.98.

② Mathiez，Op. cit. Ⅱ. p.78.

③ Bouloiseau，Op. cit. pp. 140，65. Huisman，*Récits et épisodes de la Révolution française*. Paris—1962. p.88. Mallet du Pan，瑞士的法语记者，1789—1792 年在巴黎居住。他反对暴力，主张君主立宪，既否定旧制度，也谴责共和国。

西。然而，从史学研究的角度，需要进一步的冷静探讨。对外政策应该分清主要矛盾和次要矛盾，区别敌或友，团结最广泛的的力量，将锋芒对准最应该打击的敌人，必须通过合纵连横、适当约束社会上过度的革命激情，讲究灵活的政策与策略……这些老生常谈\高调宏论易说难行，鲁莽从事或流行坎止，这原本是一个世界性难题，我们坐而论道的史学研究对此往往限于解释的尝试，而在真正的政治军事等活动中无疑更加难于把握。尚弗尔对于法国大革命已经尽心尽力，他不是纵横捭阖的政治家或雄才大略的军事家，不曾肩负任何重要职责，探索者无权对他苛求。

## 逮捕　囚禁　监视　自杀

尽管在对外政策方面有着相当激进的主张，尚弗尔就内政而言远不是一个极端者。1793年7月13日，马拉被刺身亡，对于此事当时曾有各种反应。[①]不少人对于马拉之死感到高兴，认为这是盼望已久的解脱，甚至指出马拉不是法国人。尚弗尔直言直语，不曾掩饰自己的“喜悦”。那时，一些人将马拉奉若神明，当时政治气氛严厉，公民的言论自由受到限制。罗伯斯比尔曾说:“谁不与我保持一致，他就是反对我。”[②]这一句话充分反映官方政策与强权势力实行高压的社会状态。其实，早在1791年已有类似例子：一位厨娘在一份请愿书上签了名，要求改行共和制。但是，她遭到了逮捕，因为主张共和制当时已构成犯罪。马拉死后一周即1793年7月21日，国家图书馆的一个同事告发尚弗尔的上述“喜悦”的“罪行”。他当即遭到逮捕，于9月2日关入马德洛内特收容所。两天后，治安委员会将他释放，改为进行监视。此时，法国政局日愈趋向过度激进，官方拒绝接受尚弗尔关于自己清白无罪的说明。

① 刺杀马拉的凶手不是王党分子。她拥护激进共和，反对马拉的过激言行。

② Madelin, Op. cit. p.367. 马拉生于瑞士一教师之家，为日内瓦的公民。他曾侨居法英，在法国行医。1776年他在法国“定居”，1789年参加革命活动。

必须指出，根据当时的法律，尚弗尔拥有批评马拉的合法权利。1793年6月国民公会通过的宪法以及《人与公民的权利宣言》已做明文规定：“自由以公正为准则，以法律为保证”，“公民有发表自己思想和意见的权利”。[①]尚弗尔公民与那些坐在权力山巅的公民们，拥有相同的权利。手握生杀予夺政治权力的山岳派，对此公民权利不能不承认，也不敢不承认，否则将违背山岳派自己大力宣传的基本原则之一——公民在法律面前的平等。马拉之死（7月13日）、尚弗尔被捕（9月2日），皆发生在该宪法的有效期间，这是容易遭到忽略的实为冷酷的事实。脱离法国大革命中革命政权自己颁布与正在生效的法律法规，脱离山岳派控制的国民公会及救国委员会和治安委员会所制定、颁布与正在生效的法律法规，去谈论山岳派专政、山岳主义，或褒或贬，难免受到个人情感的浸染，探索者甚至可能将人物、事件、政权、法律、制度做出各自的“剪裁”，自相矛盾。刺杀马拉是一回事，批评马拉与指出他不是法国人为另一回事。

那时，尚弗尔不顾受到的制裁，继续走自己的道路。9月9日，尚弗尔经过反复考虑后，辞去图书馆馆员的工作。面对再次遭到逮捕的危险，他如同涸辙之鲋，感到走投无路。10月10日，“革命政府”建立，山岳派专政将不断加强与延续到战争结束。抵抗强大的反法联盟，何时能够取得决定性的胜利？与此同时，国内革命营垒内部的斗争已达到白热化的程度，如此局势何时能够缓解？出路何在？ 11月14日，心去难留的尚弗尔自杀未遂，严重受伤。直至1794年1月末，他才获得完全自由。显然，有关消息来得太迟了！

1794年春天，法国政局演变接近转折。此时，尚弗尔已经陷入困境、心力交瘁，或许他心里的理想未曾泯灭，但是人生如寄忽然而已。4月13日，他那暗淡的生命之火戛然熄灭。

① Godechot..*Les Constitutions*, Op. cit. p.80.

## “烤熟的云雀”不会从空中落下

尚弗尔不是著名的革命人物，甚至算不上二流的活动家，他竞选议员时失败，作为国家图书馆的职员也仅仅任职一年多。就此而言，这一位法兰西公民、文化人士，即普通的革命参加者，发挥了值得记载的作用，他代表着他所属于的社会层次、社会群体。大量的历史书刊中，通常只见到正面为主与反面极少所提及的若干头面人物，仿佛只有依靠他们的推波助澜或负隅顽抗，法国的社会舞台才可能演出正面与反面的戏剧，于是令人感到在法国大革命的波涛中，只见岛屿不见浩荡的海浪，更未提到深邃的涌动或潜藏的大洋。实际上除去极少数外，还有更多的人与事，有了他们，法国大革命才显得丰满充实，才是完整的大革命。深邃的海洋容许岛屿的存在，同时也可以荡涤它们，甚至将它们吞没。正是这些众人的活动推出了少数头面人物。震撼法兰西、欧罗巴的力量，最终来自少有声名甚至默默无闻的大众的人心向背。史书中找不到他们的姓名，但历史首先是属于他们的。尚弗尔不是领军人物，他的言行也并非十全十美。他投身社会大潮，却能独立思考与行动。他不应遭到忽视，何况历史上的种种存在（人与事）从来不怕后人的褒贬。

法国大革命的难以数计的参加者中，有许多人心怀自己的政治乌托邦，尚弗尔也是如此。他曾经随着时局的变化而调整政治蓝图的色彩，却始终坚持反对封建与要求政治革新。他以文人的心灵“企盼着烤熟的云雀从空中落下”（法国谚语：Il attend que les alouettes lui tombent toutes rôties），但是他被迫背负着失望的沉重，艰难地走上了不归之途！

随着时间的推移，现实的社会中，人们淡忘着尚弗尔，但是将来的社会里，人们还会记住“给城堡以战争，给茅屋以和平”。它原本是大革命的经典名句。

# 42

**康进（Cambon，1756—1820）**

**对内冷静、对外激进的财政专家**

## “在我们进入的国家，所有特权者与暴君皆应视作敌人！”

### 从商人至议会财政委员会主席

法国大革命中，在那铡刀频落、喊声震天的日子里，成为一个众人知晓的活动家，能够受到后人关注的历史人物，必须有脱颖而出之处。他们当中许多人，或将别人的头颅砍下，或自己身首异处，更有甚者一人两项兼而有之。但是，也有例外，极少数活动家表面政绩平平，思想并非极端绝对，而他们的一些话语和行动留下了深深的印痕。康进就是这样一个人。每当议论法国大革命时，人们很少谈到他所负责的主要工作——管理法国财政，而他所做报告中的明确主张，当时在欧洲广为流传。

康进（Joseph Cambon，另译康盘、坎蓬、康邦、刚芃）作为政治家，以他平常却不平庸的一生，熬过了大革命那迅速变化的岁月的严峻考验。在山岳派专政结束后，他曾遭受数次政治折磨。他出身于商人之家，本人也以从商为业。“旧制度”时，他和父亲皆对封建专制表示不满，并因此在家乡蒙佩利叶颇有声望。1789 年 6 月 27 日，他和蒙佩利叶的朋友们公开声明：应“将法兰西建成为共和国”。他主张共和早于丹东、罗伯斯比尔、继尼奥等人。同年，他入选国民议会，曾参加网球厅宣誓。1790 年 1 月，他创建“自由之友协会”，与雅各宾俱乐部保持联系，又入选蒙佩利叶市政府。1791 年 6 月，路易十六外逃失败，康进更加积极地争取共和制度的建立。10 月，立法议会召开，随后举行补选，康进当选为议员，1792 年 9 月，国民公会开幕，康进又当选为议员，这是个全国最高的权力机构。他主要在共和国的财政委员会内工作，关心财政问题，发挥自己所长，任该委员会主席至 1795 年 4 月，即不受热月政变的影响。1793 年 4—7 月，康进入选“救国委员会”，负责主持的工作特点不变，他和巴雷尔、丹东为核心人物。同年 9 月 22 日，他一度轮选为国民公会主席。他向来不曾大声喊叫地为自己制造舆论，或恶语连篇地进行口诛笔伐。

关于康进政治思想由温和至激进的发展，未见专门的得到公认的研究，有关书刊说法不一。一说 1792 年 6 月 20 日巴黎民众示威事件后，立法议会末期，他开始由平原派观点向山岳派转变。另说 1792 年 9 月国民公会初时，他已经由平原派倾向山岳派。法国大革命中，活动家与民众的思想状况不断波动，十分复杂。米涅对此做了清楚的说明：“革命所开创的时代，总是受到各种不同思想体系的激荡，革命就是这些思想体系的反映。”革命形势的发展受到这个因素（以及其他因素，如经济、外交等）的左右。法国大革命不是完全地按照人们的乌托邦的模型冲压出来的，与此同时，典型的君立宪派、平原派、山岳派之间还有许多不曾明确表现政治倾向的议员及其他活动者，他们也可以随着局势的变化、政策的更改，而采取这种那种态度或投票等言行。这是他们的合法权利，也是必须承认的客观事实、自然状态，不能简单地称为随风转舵的跟风派。

## 从温和走向比较激进

康进思想变化完全属于反封建的范围内，它的阶段性或许原本就是不够清晰，我们不必陷入这个细致精确的学术探讨，而只需看到，他曾是相对温和或不够激进，后来转向山岳派政治立场。这是符合他的实际的大视野角度的基本判断。正是在此种状态中，他对政策、主要掌权者……表示支持、保留与反对的态度，并因此受到种种对待。

1792 年 2 月，康进促使立法议会宣布“将逃亡者的财产收归国有”。8 月 10 日后，他反对将土地优先分配给无财产者，认为既有损于国家利益，也违背私有制原则。8 月 30 日，立法议会决议解散“巴黎公社”（市府）。罗兰埋怨公社作为市政权妨碍巴黎的粮食供应，它甚至敢于取缔中央政府所信任的巴黎粮食委员会。康进支持内政部长罗兰的有关批评。

8 月23日，朗格维失守，巴黎危急。9 月4 日，康进在立法议会发言：“南部公民一定将前来拯救首都。”“如果自由（首都）被征服，南部乡土将成为神圣的避难所来接纳那些逃脱了暴徒们屠杀的不幸者。”① 此时，他与吉伦特派“步调一致”，后来倾向山岳派，但是不信任巴黎公社。9 月初，他曾谴责当时巴黎发生的大屠杀。11 月，他建议取消国家对于宗教的预算，但是遭到了国民公会的拒绝，热月政变后该建议才获采纳。他一直反对巴黎公社和马拉的暴力言行，总之反对“巴黎的专政”。

1793 年 3 月，“革命法庭”建立，康进表示反对，即否定加强镇压。4 月，按照他起草的一项法律，建立了“救国委员会”，该委员会秘密召开，拥有大权，康进为它的成员。5 月 20 日，国民公会根据康进的建议通过法令：向富人征收 100 万里弗尔累进税，以便保证军队的供应。6 月 2 日，他敢于挺身而出反对迫害吉伦特派。② 作为山岳派的重要成员，此举十分特殊，他因此未能于 7 月重新入选救国委员会。8 月，他试图控制通货膨胀，但是效果不大。8 月 24 日，他建立了“国债总账”（Grand Livre de la Dette Publique），登记全国的债务。现代法国一学者如此评论：“他是我们国库的大主子。”③ 当时，康进管理的国库，不受救国委员会的控制。1794 年 4 月中，在消除了各类反对派之后，罗伯斯比尔将财政大权转移至他所控制的救国委

① Mathiez, Op. cit. Ⅱ. p.47`.

② 苏联科学院出版的《法国资产阶级革命史》（俄文 crp.316）有一错误，将康进纳入 1793 年 6 月 2 日国民公会决定的“软禁在家”的吉伦特派的名单。

③ Bouloiseau, Op. cit. p.121.

员会，从而削弱国民公会财政委员会的权力。康进作为后者的负责人，曾表示坚决反对。罗伯斯比尔在国民公会公开批评瓦迪叶、卡尔诺、巴雷尔、康进以及治安委员会和救国委员会，说康进领导的财政制度是浪费与扰民，但是未曾指名控告他们。

1794 年 7 月，热月政变时，康进反对罗伯斯比尔。就此前罗伯斯比尔的公开批评，他表示："在受到污辱之前，我要向法兰西讲话。"他指责"有那么一个人使国民公会的意志瘫痪，此人就是罗伯斯比尔"。当晚，康进曾寄语在外省的父亲："明日，罗伯斯比尔与我之中必有一个人丧命。"随后，他投票赞成逮捕罗伯斯比尔、圣茹斯特、库通等掌权专政的山岳派领导人。

热月政变后不久，康进受到抨击，因为他要求严格的财经政策与惩治腐败，并公开表示后悔曾经支持热月政变与反对罗伯斯比尔，从而激化了他与塔利安等人的矛盾。1795 年 4 月，国民公会撤销康进在财政委员会的职务，并下令逮捕他，即将他视作老山岳派议员。他逃出巴黎，流亡瑞士。10 月 26 日，国民公会在自行解散的前一天，通过决议，对"纯属革命问题的各种案件"实行大赦。康进回到法国，归隐故乡。

第一帝国时期，传说他可能重新参政。1806 年，康巴色雷斯曾经访问他，并主动给他以庄重拥抱，按照法兰西习惯以示尊敬。该人与他同乡，同为国民公会议员，此时身任执政官（之一）等领导职位，但是康进东山再起的传说未曾变为真实。

"百日"期间，他当选为立法团议员，曾促使有关经济法令的通过。

波旁王朝复辟，康进受到"白色恐怖"的压制，被警察监视，因为他康进乃是"弑君者"，曾投票赞成处死路易十六。他于 1815 年遭到追究，随即逃亡比利时，至死不曾归国。

## "特权者与暴君皆是敌人"

康进一生主要贡献在于管理大革命期间的国家财政，不可能像军人那样立下赫赫战功，但是他发表了当时令人震动、事后不能忘却的言论，矛头直指特权者与暴君。1792 年 12 月 15 日，国民公会通过一项法令。该法令由康进起草，目的在于解决当时面临的涉外的经济与政治难题。

此前，同年秋天，法军在国外战场上取得不少进展。它控制了尼斯、萨瓦、美因兹、法兰克福、比利时等地。战争消耗巨大，在所占领的地域如何为法军提供给养？各种办法都在采用，如法军自己解决给养、向当地征集、士兵抢劫、向特权者征税、向普通工匠或银行家收税，甚至夺走图书馆中的善本书……如此混乱，不易管理。1792 年 12 月 10 日，康进在国民公会做报告，对上述问题发表意见。“我们越是深入敌人国土，战争便越是费资浩大。”“我们答应了使他们幸福，但是我们仅仅限于承诺。”“人民受到了奴役，无力自己打碎锁链。”“人们说，我们给邻国带去了自由，我们还带去了我们的货币（硬币）与食粮！那里，不欢迎我们的旨券。”他指出“没有自由，便没有安全”，主张如同法国一样，建立“人民选举的临时政府”。“一切旧制度的机构皆不应存在。”“无套裤汉绝对应该参加管理”，必须查封教会与政敌的财产，废除什一税以及一切封建捐税。向富人征收革命税。居民经过宣誓后，可以选举新的“临时政府”。应在所占领地区使用革命的货币，派遣议会特使前往，以便保证军队的供应。① 简言之，所占地域的民众必须接受法国的治理方式，承担战争的费用，从而获得法国的保护。

康进在报告中说明大革命的一个原则：反对特权，主张自由平等。这是他个人的思想，也是当时非特权者的普遍要求。人们曾受封建专制制度的压迫，深知专制与特权必须废除，否则社会的积极性无法顺利地释放。康进呼吁，革命战争的目的是消灭一切专制和特权。他指出：“在我们进入的国家，所有特权者和暴君皆应视作敌人。”“战胜敌人，又由他们承担费用，这是两次打倒他们。”②

---

① АНСССР, там же.cit. pp.265–266.

② Там же. Mathiez, Op. cit. Ⅱ. p.167. Bouloiseau.Op. cit. p.167.

这个主张是法国国内的激进政治的向外扩延。法兰西革命者们希望在国境之外也推翻专制与取消特权，实现自由平等。外交通常是内政的延续。这是法国人希望改造欧洲的一个政治标准。这些也是那时法国激进者们的“统治者的意志”的表现，一种革命心理即“惩罚意志”的显示。康迸起草的1792年12月15日法会，曾经提及“给宫廷以战争，给茅屋以和平！”罗伯斯比尔曾说：“我们不仅要对流亡者作战，也要对欧洲君主们的不同联合作战。”伊斯纳尔指出：“要号召各国人民起来反对国王。”丹东认为：应组织“各国人民的普遍暴动”，“反对全世界的国王”。康迸本人还曾谈及世界的共和国……

这些主张说明当时法国的掌权者们的一种具体考虑：改造所占领的地域，使之实行如同法兰西一样的政治体制，从而为控制当地的法国军队提供物质给养。目的在于避免法军直接从当地剥夺、征集，而由该地区经过社会改造后，化政治变革为物质力量。因此，可以窥见该主张的一种深层次的内涵。康迸曾说：“我们需要一切，故须夺取一切。”这是他对派往军中的议会特使的回复。无论如何，这些主张、原则、思想，从国民公会讲台上传播出来，曾经使欧洲君主与特权者们感到如坐针毡。他们竭力思考一旦政局大变，如何接受挑战，以求保全生命、权势、王朝、江山……看来，康迸的这些精辟言语具有的威胁力和代表性，远远超过了他当时在国内的影响，这些响亮的言论在落后的欧洲引起君王与特权者们的惊慌。

# 43

## 费弗尔（Febvre，1878—1956）
### 不避亲敌嫌疑的莱茵河之恋

**“莱茵河并非鸿沟，而是一条纽带、一个交流的通道。”**

### 区分高卢与日耳曼的河流

吕西安·费弗尔（Lucien Febvre）去世已经六十余年，年鉴派也大势已去，他的《莱茵河》一书却引起了我们的兴趣。[①] 人们侧重关注费弗尔对于创立年鉴派的重大贡献，而忽略了他与当年的时代大潮、两次世界大战之间欧洲局势的密切关系，而正是作者这种与时代局势息息相关的状态，导致《莱茵河》一书的产生。此书曾经受到忽视，但是数十年的岁月不曾使它泯灭。如同真实的莱茵河对于西部欧洲那样意义重大，《莱茵河》对于费弗尔和欧洲史学是一册珍贵的著述。

费弗尔在《莱茵河》中表述了超越时代的真知灼见。第一次世界大战之后，关注莱茵河者大有人在，法国、德国等欧洲国家的政治家与军事家们，时刻注意这条著名的河流，他们出自各不相同的利益，但是都将莱茵河视同一条边界、不可逾越的鸿沟，一旦跨越即可引发战争。对于莱茵河的如此认识以及政策，反映了当时欧洲政见的主流与当时众多历史学家的看法。

法兰西的政治家与文人们历来在莱茵河上倾注了对于德国的深仇大恨。

① 另有一位历史学家：乔治·勒费弗尔（Georges Lefebvre，1874—1959）。

戴鲁莱德、巴雷斯等是此种心态的代表。戴鲁莱德用诗句如此发泄感情：“我仇恨他们，我诅咒他们，我诅咒这个必将带来不幸的种族。这就是普鲁士和普鲁士人！”“啊！阿尔萨斯和洛林的狗，你们也在拒绝德国的国籍。”[①]巴雷斯指出莱茵河为“区分高卢与日耳曼的河流……”，“我们只有以莱茵河作为屏障”。[②]杜美格总理就职时公然宣布：“任何时候，我皆对德国实行强硬政策，我将对它寸步不让！”[③]法兰西找到了恰当的机会——德国拖延支付第一次世界大战的赔款。普安卡雷总理与米勒兰总统以及众议院采取强硬的对德政策，1923 年 1 月法国与比利时的军队跨过莱茵河，占领鲁尔地区。1929 年德国政府接受“杨格计划”，1930 年 6 月法、比占领军才全部撤出。

那时，德国人的群体心态基本相同。大战中失败之后，他们忍气吞声，接受了《凡尔赛和约》关于莱茵河左岸与右岸的条文。当鲁尔区遭到侵占时，他们进行若干抵抗。1923 年，施特雷泽曼总理发出号召：“为了德国的未来，为了莱茵河和鲁尔区的利益，必须消除（殃及德国人生存的）这一危险。”1933 年 1 月，兴登堡任命希特勒为总理，从此大力加强对于莱茵河的攻势。1935 年 3 月，德国废除《凡尔赛和约》关于限制其军事实力的条款。1936 年 3 月，德军进驻莱茵兰这一非军事区，由于莱茵河而引起的欧洲冲突达到新的高潮。20 世纪二三十年代，德法关系逐渐恶化。莱茵河两岸，德意志和法兰西走向战争的格局基本形成。

## 边界代表的“激情与仇恨”

两次世界大战之间，在欧洲问题或莱茵河问题的研究中，民族主义情绪是主要倾向，与此相异者实属学术“异端”。虽然路人皆知真理往往掌握在少数人的手里，但是在多数人认识真理的过程中，这些少数人有时必须经受

① *Chant du Soldat*, Paris，1972，p.118.

② *Appel du Rhin,* Paris，1919，p.14. *Le Génie du Rhin*，Paris, 1921，pp.28，230.

③ Geneviève Tabouis：*Vingt ans de “suspense” diplomatique*, Paris, 1958，p.164.

血与火的磨炼。然而此时，欧洲社会的多样性发挥出应有的威力。曾经出现争夺莱茵河与法德仇恨的宣传战，导致群体心态的狂热浪潮，同时存在着一种虽然微弱但却别具一格的力量，它尝试另辟蹊径，追寻法德的非战争状态与欧洲的合作。

阿尔萨兴业银行与费弗尔等人就是此种“标新立异”者。阿尔萨斯兴业银行创办于1881年，总部设在斯特拉斯堡，后来日益获得发展。20世纪20年代，该银行已在科隆、美因茨、法兰克福与威斯巴登等城市设立了分号，银行业务不断开展。该银行开设分号的城市多在德意志地域，它与德意志的客户、地区、文化具有千丝万缕的联系。莱茵河两岸的和平、合作与繁荣是这个银行经济利益的基本保证。正是由于如此原因，阿尔萨斯兴业银行需要区别于当时民族主义喧嚣的、对抗潮流的著述，以便申诉自身的主张，尽可能地维护自己的利益。

这个银行的总经理德布里思想比较开放，曾加入法德研究会，他一向倡导法德缓和。为了庆祝该银行创建50周年，他希望撰写一部有关莱茵河的著作，他的好友提议应由费弗尔来完成此事。

1928年，费弗尔欣然接受上述任务，他的个人经历实际上早已为此准备了条件。费弗尔的故乡是弗朗什—孔泰，他于1902年在巴黎高等师范学校获得文学与史学的学士学位，1911年通过国家博士论文:《菲利普二世与弗什—孔泰：政治、宗教与社会史研究》，1912年任第戎大学历史系教授，1914年入伍参战，1919年开始在斯特拉斯堡大学执教。1921年，他在美因茨的日耳曼研究中心执教。1929年，费弗尔与布洛克共同创办《经济与社会史年鉴》，1933年出任法兰西学院的近代文明史教授。他将历史与地理等领域结合起来研究，视历史为一系列要素的综合。早在20世纪20年代，费弗尔已经出版若干著作，如《土地与人类演进，地理历史学导论》等。

费弗尔通晓德语，一向颇为关注莱茵河与德意志，曾探讨莱茵河对于法德两国、欧洲的地理历史和政治方面的作用，着重研究15世纪的勃艮第与16世纪的哈布斯堡王朝。费弗尔乐于接受上述委托，著书任务既符合他的专长，也能为家庭增加收入，撰写《莱茵河》一书将获得两万五千法郎的稿酬。约稿者与撰稿者的利益互相结合，这就是《莱茵河》产生的物质基础。费弗尔学术上的长年积累，他对莱茵河的实地考察皆有助于《莱茵河》一书的撰写。1930 年 5 月，费弗尔等数人应邀去莱茵河旅行，乘船从美因茨直至鹿特丹。此行给费弗尔留下“十分强烈的印象”。旅行结束后，他开始撰写此书。1931 年该书以非卖品方式出版，1935 年公开出版。布洛克对于此书的写作，曾给予大力支持。

费弗尔的《莱茵河》特点突出。这是那个时代欧洲的逆向思维的一个学术成果，全书贯穿着独立思考的精神。它超越了民族感情与国界限制，不仅看到了莱茵河的严酷性，而且展示了她的亲和性。她维系两岸，沟通法兰西与德意志，连接西欧的南北两端……如果考虑到西部欧洲多年来从“欧洲共同市场”至“欧洲联盟”的发展，考虑到近年东欧与西欧的和平状态，那么过去人们代代相传地重复法德世仇、英德冲突、世界大战等的时候，是否仅仅见到了历史的一面？必须坦然承认，历史还有其他内容，历史的大河中无疑存在着支流、潜流甚至倒流，有时支流在其他时段将变成主流……《莱茵河》一书给人的启示在于：国无常仇，分久必合，合久必分，共处交流也是历史进步的一种方法。

笔者曾在法国和德国的境内游访莱茵河，见过她的宽阔雄壮的浪涛，也嗅到了并不清新的工业气息。还曾访问莱茵河两岸法德两国的城市与乡村，触摸过教堂墙上第二次世界大战留下的弹痕。几乎在每一个法兰西乡村的小广场边，都能找到“死难者纪念碑”，上面主要镌刻着该村在第一次世界大战中牺牲的战士的名字。这是一条传统史学的莱茵河，兵戎相见结下世代国仇家恨的莱茵河。带着如此深刻的记忆来阅读费弗尔的《莱茵河》，我们便发现另外一条莱茵河：它既不是“德意志的莱茵河”，也不是法兰西的“自然边界”，它是一条“欧洲的河流”。让我们追随费弗尔的笔迹，探讨一条没有战火硝烟的、两岸交流的、上下游贯通的莱茵河。

费弗尔是一位认真严肃与宽容大度的历史学家，他不曾回避莱茵河两岸的仇恨、法德两国的冲突，指出莱茵河有它一部“屠杀和战争的历史”，“出现了令人心碎的莱茵河近代的悲剧”。“……边界有了。换言之，将边界深深地刻在土地上的，既不是宪兵、海关，也不是堡垒后面的大炮，而是感情，是的，是被煽动的激情和仇恨。”[①] 总之，遗留在历史性大河上的所有战争残迹，都是“莱茵河边界”这两个法语词汇造成的结果。费弗尔将莱茵河的血与泪深藏在心底，而以相当宽阔、深远的目光来看待这条河流。

## 欧洲最活跃的自然通道

关注客观存在是社会生活中基本与本质的要素，这是费弗尔的出发点。他细心考察莱茵河地区的地理环境、经济活动、语言变化、人际交流、宗教信仰、日常生活与思想感情，还有这个地区的绘画、河谷的飓风乃至灌木丛中的蚊子等。这是一条看得见、摸得到、感觉得出来的真正的莱茵河。“莱茵河老爹”作为一条地理的河流，如此状态是于距今 300 万至 1 万年前逐渐形成的。它长达一千多公里，由南往北浩荡奔流，养育着一代又一代的人类群体。作者高瞻远瞩地紧紧抓住了永久的莱茵河，而不过多关注历史现象的王朝、国家、战争与仇恨，他也不顾那些难以数计的生灵的无意识的群体心态。他真诚地告诉后人：在历史研究中，要善于发现自然与永恒，哪怕是相对永远的客观存在！

对于费弗尔而言，莱茵河不只是“一条界河”，不是“用长矛和大炮建立起来的边界”。它不是德国和法国之间的“围墙与壕沟”，相反“莱茵河犹如一个人”，如同“站在眼前的一位交往已久的老友”。它给人以一种“生动而强烈的莱茵河观念”，人们应该将莱茵河看作“一个巨大的历史常数”。

“老友”与“历史常数”的具体内容是什么？是一条“长长的莱茵河走

---

① 本篇写作时，该书尚未出版。有关引文皆见费弗尔《莱茵河》，辽宁教育出版社 2003 年版或商务印书馆 2010 年版。（2003 年中译本不曾收入：Schoffler，Présentation）（目前已无法找到法文原书。）

廊，风平浪静的水道”，穿梭如织的船只上飘扬着数十个国家的旗帜，这是“欧洲最活跃的自然通道”。“过于详尽的细节并不十分重要。我们应该记住的，或者说自古以来照亮莱茵河之命运的是人……将山谷与激流锻造成一条通道，而不是一堵屏障。这是一条纽带，而不是一条鸿沟。”

“地理法则造就了河流，并不是让它去分裂人类遗产，或挑起人们之间的仇恨。”“河流不能自己发挥联合作用，而是需要通过人的努力。”“人拥有各种可能性。”莱茵河“是一条交流的通道”，自然而大方地流过西欧大地，“总共只有一条莱茵河”，两岸民族与国家完全可以变分力为合力，缔结联盟……莱茵河也可以成为南北欧洲的“一个中介”“一种纽带”，“莱茵河地区诸国便是桥梁”。莱茵河沟通东西与南北的巨大作用，如何充分估计也不会过头。“莱茵河好像一条长长的街道，时而穿行在山间，时而流经平原的心脏地带，商人和军人，旅行家和学生，总之形形色色的莱茵河的使用者们，摩肩接踵地走在莱茵河两岸，有人慢条斯理地闲逛，有人匆匆忙忙地赶路，有人忧心忡忡，有人则无所顾忌。”这是一条正常的，在日常生活中消磨时光的莱茵河。

费弗尔不仅对莱茵河进行了综合思考，而且深入西欧的具体历史事实之中。他指出：“数千法兰克人征服了罗马人的高卢，当他们胜利地进入这片广阔的土地时，除了他们就没有别的居民吗？在他们之前的数千罗马人呢？这些人征服了高卢的凯尔特人之后，没有在这块处女地上扎根定居吗？凯尔特人呢？数千凯尔特人到哪里去了？人群逐渐屈服、归附，最终融为一体。”这些人在莱茵河的乳汁哺育之下彼此影响与同化，人类群体的混血过程导致新的“混合体”的出现 。“莱茵河老爹对于我们来说，如同传说中的查理曼。”查理大帝定都亚琛，公元 843 年他的后代们缔结《凡尔登条约》，决定三分天下，后来才有法兰西德意志诸国。回溯到查理曼，怀念法兰克人、罗马人与凯尔特人，其寓意在于强调莱茵河两岸共有的历史遗产和久远传统。

莱茵河究竟是什么？“是奈梅根的小巧玲珑的房舍、科隆的映照水面的钟楼尖塔、阿尔萨斯的富饶美丽的田野及其竞相繁荣的文化、工业和贸易……在我们眼里，所有这一切都是宝中之宝，都是古老西欧的基石。这块基石虽然曾被砸碎，然而无论在经受困苦还是享有繁荣的时候，它总是把整个西欧连成一片。”如同上游流向下游、众多的支流先后注入这一条大河那样，莱茵河是一条体现了向心力、聚合力的西欧大动脉。“共同的莱茵河文明中的各种成分沿着这条长线流动，这种文明包含许多借鉴和模仿的成分，但是它的组合却独具特色，它的魅力也与众不同。”莱茵河地区的习俗传统以及待人接物的态度等文化因素“构成了共同的宝库”，人们的思想感情和欲望，有时“如同河谷中的飓风那样，飞快地从康斯坦茨吹到莱顿”。莱茵河之风吹拂着瑞士人、奥地利人、德国人、法国人与荷兰人，涤荡着他们的心灵。

莱茵河的魅力就是它所孕育的创造力、所造成的勃勃生机。人们很难设想，如果缺少莱茵河的辛勤劳作以及它所带来的恩泽，西欧可能是一个发达的整体吗？请看费弗尔娓娓动听的叙述：“这些莱茵河城市在将近两千年的历史上，犹如始终发挥着积极作用的酵母；它们是一些地区的实力之所在，这些地区在数百年中借助强大的城市组织促进了文明的发展，而这些城市组织则以其光彩、富有与活力令外来者赞叹不已。“的确如此，莱茵河是一条“维系各族人民的纽带”、一个繁荣兴旺的“大熔炉”，它具有“永远旺盛的创造力”，是“财富、生活与自由行动的源泉”。“这条大河拥有巨大的能力，可以创造智力，并对之进行集中和再分配。”

费弗尔在结束语中概括：“从人类历史的初期直到现代文明的繁荣时期，莱茵河的巨大特征就这样展现在我们面前，民族的激情无法摧毁这一特征，因为它不顾各个民族的意愿，把自己镌刻在每一个世纪中，镌刻在人类社会的生活与事业中，莱茵河是密切联系和促成相互接近的河流。”“历史就这样继续着，尽管存在着政治仇恨与冲突，莱茵河依然是一条联合各个民族的河流。”

费弗尔向我们提出了若干值得重视的见解。他强调莱茵河的复杂性和多样性，认为“与其说莱茵河所呈现的是统一，毋宁说是多样性”。“说实话，无须过于认真……无论是短暂的墨洛温王朝或洛林王朝的那些条约，都不值得历史为之着迷。支配历史的绝不是一些空洞无物的形式，而是有血有肉有生命的人群。”“过于杂乱也许反而有利于统一。我们可以从高处和远处勾勒一幅图像，将莱茵河的历史简化……”“与其争论不休，不如理解为佳。”费弗尔对于莱茵河上的防洪工程也持独特而辩证的见解，他将筑堤控水视同“文明的紧身衣”。

《莱茵河》一书是费弗尔个人的情感与文采交融的产品，该书自始至终流露出作者的喜怒哀乐、厌恶与追求。让我们随着他的生花妙笔，来到孚日山脉与黑林之间的平原上，穿过树丛和芦苇荡，在河狸与候鸟经常驻足的沼泽地后面，发现神往已久的莱茵河。这里灌木稠密，蚊虫成群……费弗尔对于莱茵河水的记述又是一个例证：“荒凉的莱茵河波涛滚滚，夹带着来自比瑟河的松树枝，箭一般穿过巴塞尔市内的桥梁奔腾而下……”

## “莱茵河并非全程都美”

费弗尔热爱与讴歌莱茵河，但是他指出：“莱茵河汇集了许多神话……莱茵河的景色美吗？当然，不过并不特别美，而且并非全程都美，就如同其他河流一样。”他拒不接受法德世仇的绝对化与“神化”，也反对莱茵河的“神化”，认为对它不必顶礼膜拜。当人们告别了一尊神像时，绝不是为了再次跪向另一座神龛。我们学习费弗尔的此种精神时，也不必将这一位历史学家奉若神明，何况《莱茵河》一书的确存在某些不足，“整个欧洲没有一条河流能与莱茵河匹敌”和“对于人来说，山的重要之处不在于山顶而在于山口”等看法，显然值得商榷。莱茵河全长 1320 千米，发源于瑞士东南，流经列支敦士登、奥地利、德国、法国与荷兰，注入北海。多瑙河源于德国西南，流经奥地利、斯洛伐克、匈牙利、克罗地亚、塞尔维亚、保加利亚、摩尔多瓦与乌克兰，注入黑海。多瑙河在历史上与现实中的重大意义，应该不是一个争论的问题。俄罗斯帝国与奥斯曼帝国曾为它而长期持戈相向。同时，山顶在自然地理与交通、军事上的作用，也是不争的事实，古往今来为了争夺山头的制高点，多少人死伤恐怕难以计数。

在批评实证主义史学的活动中，费弗尔和布洛克起了主要作用。费弗尔抨击“事件史”，主张历史是“综合史”，即为“政治的、经济的、社会的、宗教的、文化的与精神的要素的综合”。他的代表作是《为历史而战》（*Combats pour l' histoire*，1953）。此外，两次世界大战之间，撰写有关莱茵河著述的还有其他专家，如布洛克于 1933 年 5 月在《经济与社会史年鉴》发表的《莱茵河》专文等。[①]

《莱茵河》不是费弗尔用来与实证主义相抗衡的主要武器，但是毫无疑问，它具有另一种代表性，显示出法国人、欧洲人挣脱传统束缚与放下历史包袱的决心，表明了他们寻求和平的远见。今日的欧洲正在分分合合之中挣扎，更使费弗尔的莱茵河情怀具有难以估量的价值。[②] 思路的开阔、视野的高远、思考角度的更新、历史束缚的解除，往往能使学习与研究历史的我们眼前豁然开朗。布洛克深知问题的严重性，曾经一针见血地指出：“谁希望撰写莱茵河的历史，他首先应该驱邪祓魔除鬼魂。”[③]《莱茵河》一书的内容令人难忘！在莱茵河上空“战云”密布的岁月里，费弗尔并非独弦哀歌，故意不同于流俗以示孤傲，而是“卓卓如野鹤之在鸡群”。20 世纪 80 年代末，笔者曾在第戎大学历史系执教，比费弗尔迟了七十余年，这些文字是晚辈学习前辈的粗浅心得。关于历史研究，费弗尔曾经如此解说：“有传统，有历史。最终皆在回答需求，不论这种需求是否为有意识的。历史著作是安排过去的一种手段，以求防止人们负担过重。”[④]

---

① 布洛克又于二战之初开始撰写《为历史而辩护，或历史学家的技艺》（*Apologie pour l' histoire ou métier d' historien*），该书未完稿，作为遗稿于 1952 年出版。

② 请参见郭华榕、徐天新主编《欧洲的分与合》，人民出版社 2015 年版。

③ Lucien Febvre, *Le Rhin*, Paris—1977. p.11.

④ Lucien Febvre, *Combats pour l' hisloire*. Paris.1953. p.437.

Chapter 10

# “人，生来心里便向往自由！”

## ——追求心中的自由

# 44

**罗兰夫人（Mme Roland，1754—1793）**
**“吉伦特派的灵魂”**

## “啊，自由女神！以你的名义犯下了多少罪行！”

### “塞纳河边的孩子”寻找知音

罗兰夫人经历了默默无闻至活跃于政坛的人生，她回忆：“我的父亲以雕刻为业，同时从事绘画。”“希望发财的想法使他经商。”他后来破产，于1787年去世。母亲生于并不富裕的商家，“她是一位好妈妈……心灵善美，体态迷人，有同情心。”① 他们住在巴黎的塞纳河边，她自称“塞纳河边的孩子”。无疑这意味着，多见世面与思想灵活。她如此形容：“我在艺术陶冶中，度过了童年。”② 他们一家姓弗利蓬（Philipon），她从小名为玛丽—让娜（Marie-Jeanne），后来被人们亲切地称作“玛依”（Manon）。父母对她教育有方，她从小学习历史、地理、数学、外语与舞蹈等知识，爱劳动，了解应如何穿衣打扮。她自幼信仰天主教，一度进入修道院学习。

玛依长大成人时，吸引人们的关注。拉马丁曾如此描绘：“她体态端庄，腰身柔软，头发黑而亮丽，蓝色的双眼因思考而带着光泽，目光温柔而富有活力……”③ 1775年，母亲去世，玛依遭受沉重打击，从此开始独立生活。

---

① Lamartine, *Les Girondins*. Paris—1847. cit. p.44.

② Mme Roland, *Mémoires*. Paris—1830. pp.48–49.

③ Lamartine, Op. cit. p.3.

同年，她与罗兰先生（Jean-Marie de La Platière，1734—1793）相识，罗兰是一个贵族出身的孤儿，缺少财产，已成为律师和工场总监察员。

两人相识后，经过数年的交往，于 1780 年结为夫妻，从此她被称作“罗兰夫人”。崇拜自由，颇受启蒙思想影响的玛侬，与见多识广的罗兰，成为互相理解与支持的关系良好的一对。次年，他们的女儿欧多拉出生。

## 欢呼革命爆发 卷入政治冲突

罗兰夫人早已反对封建专制制度，但是未能预见革命的临近。此前，罗兰因工作常在外省逗留。他们为革命的爆发而欢呼。7 月 14 日后，罗兰夫人亲自撰写与印刷宣传品，带到里昂等地散发，她讴歌革命和宣传自由平等。罗兰因思想开明、外省名流、掌握技术，而终于被巴黎的中央权力所选上。1791 年年初，他奉命来到巴黎，在制宪议会里负责里昂市财政方面的工作。罗兰夫人在政界崭露头角，她的沙龙经常接待吉伦特派人士。9 月 30 日，制宪会议结束，罗兰夫妇只得离开首都。年底，他们重返巴黎，投身于政治活动。他们赞同吉伦特派的主张，尤其支持布里索，当时后者正与罗伯斯比尔发生激烈争论。

1792 年 3 月，路易十六被迫撤销君主立宪派的内阁，任命新内阁。罗兰奉命主持内政部工作。史学家米涅如此评述：“罗兰不善于应付乱局与党争……他虽然勤奋，经验丰富，但若没有他妻子的帮助，是不会引人注意的。他所缺少的一切：毅力、机智、雄心、远见，都由罗兰夫人补上了。”“那些杰出、勇敢的人物，以她为中心，讨论祖国的需要和危难。她确知谁善于行动，就鼓动谁去行动。她确知谁有雄辩才能，就促使谁登上议会讲坛。”吉伦特派并无组织机制，罗兰夫人的沙龙成为它的一个重要活动地点。1792 年 4 月末，罗兰夫人直接致函罗伯斯比尔，责怪他在煽动舆论反对那些与已不同意见者，并企图“将后者视为阴谋家”。该年夏初，罗兰夫人的政治影响超过罗兰先生，引人注目。6 月 13 日，由于和国王及宫廷的矛盾，罗兰等部长被免职。罗兰夫妇不曾离开巴黎。

## “罗兰乐于和我讨论问题”

1792年8月10日巴黎起义后，吉伦特派势力大增，获得了组阁的良机。罗兰第二次入阁，官复原职。这时，罗兰夫人虽无一官半职，却与丈夫一同办公，处理各种事务和了解重大事态。她主要撰写指示，颁发通报，与教皇通信商讨问题，随时同外省保持联系。她回忆说：“罗兰乐于和我讨论问题，我们之间始终相互信任，而且认识一致，意见相同。”她还说：“我习惯于分担罗兰的工作，向来一起工作，共同努力。他成了部长，我不介入行政管理，但是当涉及一份通报，一项指示，一纸公开而重要的文件时……彼此商量而后行动。我们心心相印，思想相通，由我执笔撰写，因为我的时间比他宽裕……经我手处理的事情，从未使我的丈夫受到损失。……如果没有我，罗兰也是一个好样的官员……和我在一起，他更加出色。我在他的文件中，添上了女性的温柔、理性和权威与感情的魅力。”[①] 她有政治头脑，办事干练，大力协助罗兰管理内政部，人们说她是“真正的内政部长”。1986年法国关于罗兰夫人的新研究也证实：罗兰智力不及她，执政时以她为顾问，许多文件由她亲手撰写。当时，山岳派反对她超过了反对罗兰本人。罗兰夫人承认自己“了解事态的发展”，她的影响已显而易见。她有魄力，可能左右了罗兰及吉伦特派的重要人物如布里索、孔多塞等。

罗兰夫妇利用领导内政部的便利条件，经常向各省官员发送小册子，宣传吉伦特派的政治主张，又将内政部的宣传费用去补贴一些政治家。上述活动既对革命有利，也动员更多的力量与山岳派抗争。但是，当马拉创办的刊物《人民之友》申请经费时，却遭到内政部的拒绝。山岳党人称罗兰夫人的住宅为巴黎的“公众思想控制局”。

---

① Mme Roland; Op. cit. pp.104–105.

罗兰夫人支持罗兰，多次抨击巴黎公社。据说，罗兰夫妇曾指使他人贴出题为“胜利的危险”的传单，称罗伯斯比尔为“一个极端嫉妒的人”，指责他企图击败吉伦特派和夺取政权。8 月 30 日，罗兰在立法议会向巴黎公社发起攻击。他谴责公社取消了他所信任的巴黎粮食委员会和破坏全城粮食供应工作，他声明不再对巴黎的粮食供应承担责任。但是，吉伦特派企图解散巴黎公社的目的未能实现。

此时，丹东和罗伯斯比尔也在不断扩大自己的政治影响。罗兰夫人等对此相当不满，她认为吉伦特派人士“已处在罗伯斯比尔、马拉等人的刀下”，“我们的朋友丹东，是一个革命的公敌”。她把公社和罗伯斯比尔、丹东等人看成最危险的敌人。她在一封致友人邦卡尔的信中表示：“我们没有保障，如果各郡不组成一个卫队来保护议会和内阁，则两者皆不安全。因此，请尽快为我们派遣一支卫队，可用抵抗外敌为借口……必须使全国一起来保卫这两大权力机构，它们属于全国人民，也为全国人民所珍惜。”实际上，她考虑的是整个法兰西的命运问题。

1792 年 9 月 22 日，国民公会宣布法兰西为共和国。罗兰夫妇是她的积极拥护者，此前，他们已以内政部的名义，向各行政机关发出通令：“先生们，请宣布共和国成立的消息，同时也请宣布赞成博爱，因为两者不可分割。”9—10 月，吉伦特派与山岳派的冲突愈演愈烈，“罗兰集团”受到的攻击不断增加，罗兰夫妇愤愤不平。9 月 25 日，罗兰提出辞职，但是被国民公会挽留。

10 月底，罗兰在议会内，罗兰夫人在议会外，一起抨击罗伯斯比尔，指责他在蓄意搞专制独裁。然而数月后，山岳派的政治力量逐渐超过吉伦特派。1793 年上半年，它们之间的争斗不断向暴力方面演化。山岳派抨击当时物价上涨，而罗兰夫妇坚持自由竞争，国家不干预经济，禁止侵犯私人财产。1793 年 1 月 23 日，罗兰被迫辞职。春末夏初，罗兰夫人回忆：罗兰虽已辞职，仇敌仍认为他是“危险的人物”。她不曾预知即将大难临头。

## “女公民，我们来逮捕您”

1793年5月31日和6月2日，巴黎发生起义，起义开始后，吉伦特派随即发现问题严重，罗兰夫妇及其朋友们担心自身安全。山岳派通过“暴动委员会”采取断然措施，用武力包围了国民公会，下令逮捕罗兰等吉伦特派要人，封闭吉伦特派报刊。

当时，罗兰夫人住在阿尔普街。5月31日下午，6名武装人员来到罗兰家中，要以“革命委员会”名义逮捕罗兰。罗兰表示抗议：“我不知道哪一条法律给你们对我行使这样的权力。我不服从出自这种权力的命令。如果你们运用暴力，我将以这把年纪的人的力量进行反抗……”其中有一人回答：“我未得到使用暴力的命令，我立即将你的答复报告给公社委员会，我的同伴将留在你的家中。”[①]

罗兰夫人在与罗兰商量后迅速写好一封信，立即驾驶一辆马车，飞速来到杜伊勒里宫前，准备把刚才发生的事情报告给国民公会。然而，它已被武装人员控制。维尼奥出来向她解释说：“鉴于议会目前的状况，我无法说出能够使您高兴的话，您不要抱任何希望。如果让您出席会议，您作为妇女，可能得到较多的关注，但国民公会已无力做什么好事了。”她回答道：“它能干一切事情，因为多数巴黎人需要知道他们应该干什么。如果让我进议会登台演说，我能说出你讲了定遭控告的话。我无所畏惧，如果我无法拯救罗兰，我将努力说明真理，它对于共和国并非无益。”最后，她只得嘱咐维尼奥：“请将消息转告给咱们的朋友们。”他回答说：“他们多数人已不在这里。”[②] 她只得返回家中，罗兰已躲了起来。

罗兰夫人悄悄地找到了罗兰，将国民公会的有关情况告诉他。此后，她

---

① Mme Roland.Op. cit. pp.6，10，103.

② Ibid. pp.10−11.

又赶往杜伊勒里宫，但是一切都晚了。她为“罗兰避开了群众的狂热，或敌人的鹰爪”而感到庆幸。她再次返回家中，当公社人员多次询问罗兰的去处时，她一概回答“不知道”。这时候，她的确不知道罗兰藏在哪里。整个下午的来回奔走，使她精疲力竭。当夜幕降临时，她便进入梦乡。夜半，女佣人突然将她唤醒。当她出现在书房时，早已在等候她的人宣布：“女公民，我们来逮捕您……”来人将一张“革命委员会”的证明递给她。她表示：“我与罗兰相同，可以告诉你们，我对这个委员会毫无所闻。我拒绝服从它的命令，你们除了使用暴力，否则无法让我离开家里。”① 随之而来的是搜查。

6 月 1 日早晨 7 时，在女儿与家人的哭泣声中，武装人员将罗兰夫人押上马车带走。此时，路旁数名妇女呼喊：“送她上断头台！”押送者对她说：“您比许多男人更为坚强，您安心等待公正判决吧！”她回答：“公正判决，如果存在正义，现在我不会落入你们手中，极不公正的审判将送我上断头台……我将坚定而安详地走上断头台，我为祖国而悲叹……我珍惜生活……我蔑视邪恶和死亡！”② 她被关入阿贝监狱，每日在囚室内读书和撰写回忆录。在狱中，书与花成了她所钟爱物品，有时她可以会见友人。他们的好友博斯克领走了女儿欧多拉，又掩护罗兰逃到卢昂市友人家中隐藏。6 月 2 日，国民公会决议，逮捕一批吉伦特派议员。

24 日，罗兰夫人获释。当她快到家时，突然两个从后面赶上来的男人对她高声喊道：“女公民罗兰，我们以法律的名义逮捕你。”他们解释道：上次逮捕不符合法律手续，这次可完全符合有关法律了。她愤怒地表示：“刚释放又抓人，这是一个残忍的圈套。”她被关入圣贝拉吉监狱。她与朋友们有若干信件往来。博斯克经常化装成农民，冒着危险提着一篮蒙莫朗西森林中的鲜花前来探监。修道院的女友来探监，建议与她互换衣裳掩护她逃走，

---

① Ibid. p.11.

② Ibid. pp.15–19.

罗兰夫人婉言谢绝。她准备“尝尽艰辛，受尽凌辱”。英国一位女史学家曾入狱访问她，当问及其幼女时，她流下了眼泪，几乎泣不成声。

当时，正是吉伦特派在全国遭难的岁月，布里索与维尼奥等 21 人于 10 月 31 日被处死。当天，罗兰夫人被押至巴黎另一个监狱。她的囚室距王后的囚室不远。布里索、维尼奥等人的新寡也关押在这里。11 月 1 日和 3 日，罗兰夫人经受了两次审讯。她的罪名是“阴谋反对法国人民的统一”。检查官还认为她是外省“联邦主义”暴动的同谋，并以她和吉伦特派议员杜普勒的通信做罪证。法庭传讯若干证人，她的家庭女教师谴责女主人，而男女仆人的证词却对她有利。

8 日，罗兰夫人经受了最后一次审讯。吉约律师为她辩护。法庭允许她发言，她宣读了一份关于自己革命以来所作所为的简单说明:“我深知，在革命初期，法律与正义经常被人们遗忘……你们将判我死刑，我等待着它的来临。”此时，有人打断并禁止她发言，认为“其文字显示了联邦主义”。[①] 法官随即宣判她的死刑。她身穿白衣，黑色长发散乱地披在肩上，以示她“灵魂的纯洁”。听完宣判后，她以高兴的心态迅速回到狱中，然后神色镇定地乘着囚车前往刑场。

“8 日为 11 月的一个寒冷日子，树叶落尽，忧郁的自然景色仿佛表露出人们的心情。在这个冬季，革命由于自己幻想的破灭而葬送了自己。傍晚 5 时 30 分……罗兰夫人来到自由女神塑像跟前，这个塑像坐落在断头台的旁边，即今日方形碑的地方。她轻快登上台阶，同时转向自由女神，颇为温和并无责备地说:‘啊！自由女神！以你的名义犯下了多少罪行！’”[②] 米什勒在他的史学著作中，如此生动地描绘这个悲惨的场面。罗兰夫人死时，年仅 39 岁。

① Ibid. p.8.

② Ibid. p.8.

## “政治诗神”“政治灵魂”

罗兰夫人葬于玛德兰·德·拉维尔勒维克墓地，即今“路易十六广场”，在现在的巴黎市内圣拉扎尔火车站的西南。布里索、维尼奥等人也葬在这里。

死前一个月内，罗兰夫人给亲友留下数份绝命书。她给罗兰与女儿的遗书中写道：“请原谅我与你如此度过一生。如果允许我减轻你的不幸，我愿与你共同分担。”“亲爱的孩子，幼稚而温柔的女儿，请原谅！你的甜蜜模样在我心里浮现……我想在此即将永诀的时候，我希望给你树立榜样，这是我最好的遗产。”“请记住你的妈妈吧！这寥寥数语包括了我能向你说的一切最好的话语……以你的父母为荣吧！他们给你留下了伟大的榜样……永别了，我的欧多拉。”在给女佣人的信中，她感谢弗勒丽13年来对自己在生活上的照顾。博斯克收到她10月26日写的信：“我崇拜真理”，“我既有健全的头脑，也有未曾预见的勇气”。①

隐藏在卢昂市的罗兰于11月10日得知妻子被处死的消息，如同晴天霹雳。他想自首，但担心处决导致财产充公，也即剥夺女儿的财产。当晚6时，他为了不连累朋友，独自来到卢昂附近的布尔—波都安，在路边一棵树旁坐下，仗剑自杀。次日过路的人们以为他在沉睡。有人从他身上找到一张字条，上面写着：“发现我躺在此处的人们，请尊重我的遗体。”“不论死去或活着，我皆正直而诚实。同胞们，应该怀有较为温和与人道的感情，祖国血流遍野启示我发出这种忠告。当我得知人们已经杀害我的妻子后，不是恐惧，而是愤慨使我离开避难所。我不希望在受到罪行玷污的土地上继续生活。”②

① Ibid. pp.97，108，109-110.

② Ibid. p.46.

罗兰夫人死后，男仆人路易·勒科克因“为女囚办事”遭到逮捕，经审判后于1794年6月7日被处死。罗兰夫人房东的儿子，是一位建筑师。当罗兰夫人被捕时，曾为她说过几句好话而受株连，经革命法庭审判后处死。当时，株连事件时常发生。

罗兰夫人在狱中，断断续续撰写《回忆录》。它有两种：一种为“私人回忆”，追忆少年、青春时节的往事；另一种是政治回忆，记载她两度“入阁参政”、被捕、抄家、坐监狱、审讯和自己的辩护等活动。笔记本由监狱看门人提供。写完的部分先后借助探视的可靠人士偷偷地带出并保存。她的手稿曾藏于蒙莫朗西森林、卢浮宫等处，也曾辗转于数位友人之手。为了安全起见，从第八册以后涉及山岳派的四部分不久被焚毁。在回忆录中，她充满自尊心而又平静地叙述往事。全文一气呵成，没有涂改。1795年，博斯克出版她的回忆录，但经过删改与校正。1846年，欧多拉按遗嘱将母亲的手稿送交国家图书馆。1858年，第一次出版留下来的《回忆录》“全文”，此后多次再版。1900年，出版了《罗兰夫人书信集》。1909年，《罗兰夫妇婚前书信集》出版。以后，关于罗兰夫人的书籍不时出现。1986年，法国出版了《玛侬·罗兰，政治诗神》一书。

法国史学家们较多给予肯定的评价。米涅指出：“罗兰夫人成了吉伦特派的灵魂。”当她走上断头时，“她表现出一个古罗马女人的英勇气概”。拉马丁认为：她是一位朴素无华、令人感动的人物。在路易·勃朗的心目中，罗兰夫人是“吉伦特派的灵魂……”奥拉尔说：吉伦派“是由一位妇女、罗兰夫人领导的派别”。她回忆录的编者评论说：这是一个大政治派别的首领，“她是吉伦特派的顾问、鼓舞者、灵感启示者。她比同时代的大多数男人，更有力地影响了1791—1793年法国的命运”。1986年，法国有关新著认为，她是“政治诗神”，“是这样一种女性，只要她有微小的摆动，便激起历史的浪潮”。罗兰夫人满怀激情，但是有时自视过高。1793年，她曾宣称“法国没有人才，遍地都是侏儒”。

我们中国，过去对于罗兰夫人并不陌生。梁启超曾为她撰写传记：“罗兰夫人何人也，彼生于自由，死于自由。”她是吉伦特派的“指挥者”“党魁”。秋瑾女士称她为“自由舞台之女杰、女英雄……”①

罗兰夫人为了自由而被夺走了自由！自由争夺的要害，在于利益！独立思考与奋斗，不能完全保证获得自由！

① Ibid. pp.8，108，109–110. Ibid. p.46. 梁启超，同前引书，第 4 页。

# 45

**马尼埃尔（Manuel，1775—1827）**
**坚守议会制度反而被议会开除**

## “昨日，我曾说只对暴力让步。今天，我来履行诺言。”

### 拥护大革命的志愿兵

1830年7月，巴黎民众起义（又称1830年革命），推翻了复辟的波旁王朝。这个王朝重新统治约15年，大体与拿破仑掌权的时间相当。随着时间的推移，现今的史书中仍可见到路易十八和查理十世的名字，而该王朝统治时期的其他人与事逐渐消失于通常的信息之外，即使法国史学界，有关研究也是相当不足。其实，这是一个很值得探讨的历史时段，它体现了法国社会经济与政治领域的新与旧的交替，旧势力的垂死挣扎、王朝对于资本主义所有制的承认。[①] 两度复辟、两次白色恐怖、“无双议院”和“重获的议院”皆有各自的特征。就人物而言，有一位不可忘却，因为他打破了当时万马齐喑、死气沉沉的局面。此人就是马尼埃尔！

马尼埃尔（Jean Antoine Manuel）出生于法国东南部的巴色罗内特，他以14岁幼稚的心灵迎接了大革命。1793年，他成为志愿兵，年仅18岁，不久在意大利战场上随共和军作战时受了重伤，只得离开队伍。后来，他进

① 1814年宪章承认大革命以来造成的资本主义所有权，这是经济上的让步。路易十八容许资产者通过众议院参政。

入学校，学习法律，在埃克斯城任律师。[①] 他反对封建的立场十分明显，“百日”期间他曾当选议员。拿破仑一世彻底失败后，他明确反对路易十八登基与波旁王朝复辟，同时主张由拿破仑二世继承其父的帝国统治。如此态度，使马尼埃尔付出代价——被清洗出律师队伍。这种遭遇增加了他反对封建主义的决心，以及他在法国各地的政治影响。

1818 年，议会选举，马尼埃尔在旺代当选议员，获得了较大的活动机会。他在议会中，保持赞扬大革命与否定旧制度的心态，经常随机应变即席发言，得到左翼议员们的支持，而右翼议员与社会上的旧势力将他视同眼中钉、肉中刺。马尼埃尔和拉菲特（Laffite）同为自由派即当时的左翼的代表人物。[②]

1819 年，议会发生一件事，令马尼埃尔感到气愤，当即挺身而出。当时，格列高利（Grégoire）主教于伊泽尔省当选议员，随即在政界引起争论。这位主教欢迎大革命的爆发，曾主张君主立宪，接受“教士的公民组织法”（1790 年）并进行宣誓，后入选国民公会与支持共和制度。督政府与执政府时期，他皆是议员，但反对建立帝国。他曾表示“国王，是指在精神范畴而言，就他们的人体来说是怪物（monstre，也可译作凶恶者）。宫廷是罪行的制造所、腐败的中心。国王们的历史是各民族的受难的记录册”[③]。这样一个新当选的议员，遭到了众议院的拒绝，即不承认他的当选资格。讨论此事时，马尼埃尔积极发言，谴责那有关拒绝已当选议员的格雷瓜尔进入众议院的主张。

那时，“烧炭党”在法国有一定的影响，1821 年马尼埃尔为它在法国的领导人之一。次年 9 月，他反对减少新闻自由的法案。该法案获得通过，它规定新闻必须事先审查，官方可以指控某人意图不良等。

---

① Jardin et Tudesq, Op. cit. pp.44，42.

② Chaminade, *La monarche et les puissances d' argent*. Paris—1933. p.67. Jardin et Tudesq. Op. cit. p.45.

③ Decaux et Castelot, *Dictionnaire*. p.455.

## “我只对暴力让步”

1823年，马尼埃尔迎接更加严重的考验，事情涉及西班牙。[①] 1808—1814年，西班牙曾发生革命，反对法国人的资本主义的军事侵占，但是结果失败，导致本国封建贵族的专制统治卷土重来。1820—1823年，西班牙又发生革命，起义者占优势，恢复1812年的资产阶级性质的宪法，组织了新政府，召开了新的议会…… 1822年10月，欧洲君主们的“神圣同盟”于维罗纳召开会议，决定由法兰西王国出兵镇压西班牙革命。为此，法国议会开会讨论，是否批准有关授权行动，可否给予一亿法郎作为征战西班牙的费用。外交大臣沙多布里昂在众议院尽力促使大家投票支持此次征战。

2月26日，马尼埃尔走上讲台发表演说。他尽一个议员的职责，谴责当时西班牙国王费迪南的保守政府是“残暴的”，同时指出法国出兵将是一种“外国的侵犯”。法国众议院内，极右翼议员们立即发出巨大的嘈杂声音，打断马尼埃尔的发言。议会再次开会时，他们阻止马尼埃尔上台发言。27日，极右翼议员拉布尔多内（La Bourdonnais）提议：将马尼埃尔开除出议会。3月3日，议会不顾马尼埃尔的辩驳，竟然投票通过了决议，将他开除。4日，马尼埃尔身穿议员制服，来到议会。他说：“主席先生，昨日，我曾说只对暴力让步。今天，我来履行诺言。”议会主席召来国民卫队等武力，但是国民卫队拒绝执行命令。后来，宪兵将马尼埃尔驱逐出议会会场。

此事件在众议院内引起了震动。62名左翼议员于次日一同签名抗议，并且从此不再出席众议院的会议。中间派议员继续出席会议，但是拒绝参加会议的讨论。无疑，开除马尼埃尔是一种粗暴的、专横的政治行为。须知“1814年6月4日宪章”由路易十八颁布并实行，他的第35—53条专

① 法国人对于西班牙“情有独钟”。路易十四参加“西班牙继位战争”，使法国耗尽了力量。拿破仑一世入侵西班牙，使他的帝国开始由强变弱。

门规定了众议员的选举、组织、议员的职权等，但是未见可以开除议员的内容。[1]

与马尼埃尔主张相反的议员们公然违反“宪章”，赞成复辟王朝官方的安排，也即欧洲反动的神圣同盟的安排。开除马尼埃尔实际上是对议会体制的破坏。由于该届议会所引发的冲突，1823 年 12 月 24 日路易十八被迫下令解散下议院。开除马尼埃尔也即容许一个国家（法国）出兵去干涉另一个国家（西班牙）的内政。法军镇压了西班牙的第二次革命，法国的复辟王朝充当欧洲君主的神圣同盟的打手，野蛮地侵犯了西班牙的主权。开除议员马尼埃尔，这是一种欧洲性质的灾难。

## 反对专制与争取自由的“指南”

离开众议院后，马尼埃尔恢复到平民的身份。1824 年 2—3 月，众议院选举，马尼埃尔参选，但是落选了。[2]

尽管如此，他与复辟王朝势力正面抗争的事迹，留存于民间。1827 年，他逝世于凡尔赛附近的美宗—拉菲特，浩浩荡荡的人群参加了他的葬礼。他的姓氏 Manuel 作为普通法语的词语（manuel）而言，意为“教程、手册与指南”。马尼埃尔这“一位活的指南”，曾经帮助法国人认识复辟王朝的反动面目，鼓励他们去为自由而奋斗。

马尼埃尔大胆地在众议院维护正义，这不是一个孤立的事件，而是当时反对波旁复辟王朝专横统治的进步潮流的组成部分。那些年代，法国的“烧炭党”展开了斗争。同时，出现其他秘密组织，在索米尔、贝尔弗特、南特等地先后发生反抗活动。[3] 1822 年 9 月 2 日，巴黎的断头台上处死了四名年轻的军士。他们是波里（策划人）、拉乌尔斯、戈班与波米叶，原在拉罗舍

① Godechot...*Les Constitutions*. Op. cit. pp.221−222.

② Chaminade, Op. cit. p.80.

③ Vidalenc, *La Restauration*. Paris—1993. p.81.

尔服役，强加给他们的“罪名”为发表“反对政府的言论”。在此前后，还处决了布雷东将军、卡龙上校，他们皆因在军队中的反抗活动而遭到镇压。

上述斗争既分散，也各遭失败，但它们却如同群体性的蝴蝶效应，或者预告一种新的社会进程的开端。马尼埃尔是这个社会大激荡中的一个重要因素。19世纪20年代法国的反抗潮流，如同汤汤河水，数年之内激励巴黎民众，导致复辟王朝的覆亡。政治独立性使马尼埃尔议员当时遭受了沉重打击，然而他因此名垂青史！

# 46

**沙多布里昂（Chateaubriand，1768—1848）**
**眷恋波旁王朝，又倾向君主立宪**

## “如果我是一只自由的鸟！”

### “我生来什么都不相信”

对法国大革命的探讨至今仍是一个沉重的课题，她的人物的变易性、过度性始终研究不足。我们看到，左与右之间存在“平原派”，另有从右侧向左移动的一类人物，如罗伯斯比尔由君主立宪，经激进共和，达到超激进的山岳主义。还有如沙多布里昂等，既忠心拥护波旁王朝掌权，也坚持自由主义，为君主立宪而奋斗。在常见的书刊中，沙多布里昂（另译夏多布里昂）等不是典型人物。其实，非典型是另类的典型，它是流行概念与传统视野之外的一种客观存在，反映了相当范围的社会意愿。我们将侧重考察沙多布里昂的自作主张、敢想敢做，有时错有时对的活动。

文学创作是沙多布里昂的特长，下述几段引文便可说明此人思想的特色。“世界的命运在涅曼河上飘荡”，所指为 1807 年 6 月拿破仑与亚历山大在该河上的谈判以及随后提尔西特和约的签订。“卢梭……曾自己设想人们将会严肃地质问他，要求他坦白与维也纳妓女所犯的罪愆。”他“将私生子抛弃在孤儿院”。这是卢梭的实情。“轻浮——我们民族的缺点。”“法国好像真的成了世界第一。”沙多布里昂承认：“我的思想生来什么都不相信，甚至不相信自己。什么都瞧不起，不管是伟大或贫贱，是国王或民众，（看法）

皆被一种理性的本能所支配。”[①]

大革命前，沙多布里昂子爵已是军官，曾欢迎革命，后反对革命的继续发展。他于1791年去美洲探险，1792年年初回国，夏季流亡国外时加入亲王孔德率领的“流亡者”的“勤王军”，1793年受伤后迁居英国。1800年，他返回法国。1803年，担任外交官职，为驻罗马的第一秘书、驻瓦莱共和国（瑞士的一个州，当时为一天主教共和国）的公使，1804年辞职。1806—1807年，他在中东旅行。

1814年波旁王朝复辟，他任驻瑞典使节，后随路易十八逃亡。1815年再次复辟时，他为国王举办庆祝晚会，花费了4万法郎。他进入贵族院，较多从事外交工作。1821年任驻柏林大使、1822年任驻伦敦大使、1822年12月25日任外交部长。此前，他曾在维罗纳国际会议上力主武装干涉西班牙革命。“他认为战争不可避免，并于1823年1月28日在（法国）议会宣布（对西班牙的）战争。”[②] 同年2—9月，法国出兵镇压西班牙革命。1824年他被维勒尔首相免职，原因在于他的影响过大并主张君主立宪。1825—1828年，他任驻罗马教廷大使。他自称是查理十世的“七月敕令的‘无情敌人’”。

巴黎于1830年7月爆发革命，他表示“一个政府从圣母院的塔楼上栽下来”。随后，他拒绝对路易—菲利普宣誓，辞去贵族院议员的职务，从此隐退。1832年与1833年，他曾因支持贝里公爵夫人的复辟活动而两度被捕。1848年7月4日，沙多布里昂于巴黎去世。

1811—1841年，他撰写《九泉之下的回忆》（*Mémoires d'outre-tombe*）。该书中译文约2000页，这一部巨著记载了作者的生平和感想，以及当时发生的若干事件和人物。但是，它有明显的不足，例如包括作者与雷卡米叶夫人的大量信函，它们通常缺乏重要价值，又如关于拿破仑一世出身等章节多属人云亦云，完全不必纳入作者个人的回忆录。

---

① 《夏多布里昂回忆录》，东方出版社2005年版，第717、473、505页。

② Jardin et Tudesq. Op. cit. p.77. Vidalenc, *La France de la diligence au Concorde*. Paris—1975. p.23.

## “平民的专制”即“暴君无处不在”

沙多布里昂是法国大革命的支持者、反对者和受害者。他回忆：“7月14日，夺取巴斯底狱。我作为旁观者，目睹了这场进攻……如果人们坚持不开门，民众绝不可能进入要塞。我看见放了两三声枪，这不是（守卫的）残疾军人，而是登上塔楼的王室卫队的士兵（所为）。”

守备司令德洛内“被人打死”之后，市长弗勒赛尔“被手枪击毙”。“在凶杀当中，人们开始狂欢。”数日后，他看见“两颗披头散发与脸容毁损的人头”，被人“用两支长矛举着”，这是弗龙（Foulon）与贝蒂叶（Berthier）两位官员。“这两颗人头，还有后来我将碰见的其他人头，改变了我的政治态度。我憎恶吃人肉的宴席。我萌生了离开法国，到某个遥远国度去的念头。”“外省也在流血。在冈城，人们陶醉于屠杀中，并且将贝尔赞斯的心脏吃掉了。”1821年，沙多布里昂回顾与评说：“这是人类的新生，攻克巴斯底狱犹如一场流血的狂欢，开辟了新的世纪。粗暴的愤怒造成废墟，而在这种愤怒之下，废墟中隐藏着为新大厦奠基的智慧。”“这场革命的庄严与伟大，并非来自血淋淋的狂欢。”①

1792年，当他从美洲返回法兰西时，见到“巴黎发生了很大的变化。这不再是新生的革命，而是一个被引入歧途的醉醺醺的人民越过深渊，朝着自己的命运走去……他们面带杀机”。“大家觉得平民的专制正在到来。确实，这种专制是年轻的、有生命力的和充满希望的。但它比过去的旧王权的专制更加可怕，因为变成统治者的人民无处不在，当他们变得暴虐的时候，暴君就无所不在。”“红帽子仅为另一种王冠，激进的共和主义仅为另一种高贵，而马拉与罗伯斯比尔是其中最大的贵族。”沙多布里昂指责马拉与罗伯斯比尔拥有特殊的权势地位。这也是他对于当时官方正在向专政

① Belzunce少校在冈城（Caen）遭到处死，人们将他撕成数块。见Madelin Op. cit. p.79.

过度的批评。

“1793年（是）一场浩劫。”大革命“吞噬了旧世界，既未留下旧社会，也未留下新社会，这场革命自己也可能死亡”。“革命将法国人扔进了坟墓。”“恐怖统治……罪恶都是在真诚之中犯下的。血腥中举行狂欢活动……民间妇女来到杀人机器旁，如同在自家炉灶边干活。斩刑成了社会风尚，死亡成了政府的基础。”“道德范畴继续存在……即将无辜者作为罪犯处死。”“君主政体灭亡了，数年间大教堂被改作马厩。”“国民公会杀死了成千上万社会最底层的工人。”“根据雅各宾派主义庸俗的意识……还应该再砍下40万—50万个人头。”山岳派受到抨击，吉伦特派也受到谴责。“吉伦特派……走向牺牲的英俊的年轻人。这群为路易十六说话，又投票赞成处决他的卑怯的乱党。”概而言之，“法国大革命是一场政治大破坏”。“我们，劫后余生的倒霉鬼。”“一场数年的浩劫，使我们尝遍了许多世纪的辛酸苦辣。”

沙多布里昂不仅目睹大革命的初期状况，自己也受到了冲击。“由于取消封建特权，我以幼子的身份分得的产业，几乎荡然无存。由于我和马耳他修会的关系，我应该享受的利益如同教会的其他财产那样，皆落入政府的手中。”“在法国，我不再拥有财产与住所。”他只有教士的身份。此外，他的亲友当中，有人遭到逮捕，甚至处决。他的兄嫂死于断头台。母亲、姐姐与妻子皆曾被关入监狱，唯一原因是他流亡国外。因此，他不是简单地以观察家的视角，来解读这一场革命。他关于“罪恶都是在真诚之中犯下的”说法，显然与当时的实况不符，在巴黎的政治角斗场上，有一些人借助自己极端的言行而竭力为自己谋求权势和利益。

## “自由成了讨厌的东西”

波拿巴“在粉碎无政府状态时，他窒息了自由”。“波拿巴剥夺了一个民族的独立。”“波拿巴掌权后，思想受到钳制，人们只能听到专制政府的声音，他自吹自擂，却不允许人们谈论别的事情，真理消失了。”“压迫我的人民的暴君，应该永远是我的敌人。”“对拿破仑而言，自从他饮过权力之樽中的美酒以后，自由就成了讨厌的东西。”但是，“从某些方面看来，我也认为波拿巴值得歌颂”。“尽管我对拿破仑感到厌恶，但是我对他一生中为公众服务的部分还是钦佩的。”“拿破仑的伟大就在于他是白手打天下。”

沙多布里昂和拿破仑一世有直接的关系。1804 年他们曾经会面，彼此简短地对话。后来，拿破仑关心沙多布里昂的著作《基督教真谛》，认为它应获研究院的大奖。沙多布里昂还曾是帝国的外交官员。与此同时，他的夫人是“铁杆波拿巴派，她全力支持拿破仑，而反对正统主义的王权”。沙多布里昂的头脑有清醒的一面，他对拿破仑采用两分法，既有肯定，也加以抨击。主要批判第一帝国时期的专制，即缺乏自由。他对山岳派专政和第一帝国，态度是一致的。

波拿巴家族不曾简单成为沙多布里昂的敌人，他和拿破仑三世与其母亲有着若干联系。1830 年复辟王朝结束后，他们之间开始通信。原荷兰王后（拿破仑三世的母亲）如此写道：“沙多布里昂先生拥有超人的天赋，他不会不理解拿破仑皇帝的天赋是茫无垠际的。”他回函表示，“收到了极具热烈的恭维……用‘感谢’二字已无法表达”。①

1832 年 5 月 4 日，年轻的路易 · 波拿巴在给他的信中夸奖他：“有您这样的天才的支持，波旁王朝是多么荣幸！”同时表明“我也相同，对所有能使国家得到荣耀的事情十分热心”。“虽然我们的看法不同……但是至少我们都希望法国幸福！”5 月 19 日沙多布里昂回答：“您的赞美之词……那是言过其实。”“我们还是可以找到同感：您年轻有为，我老骥伏枥，都是为了法兰西的荣誉而战斗！”1833 年 1 月，沙多布里昂致函路易 · 波拿巴：“我们年轻的国王亨利（亨利五世）还在苏格兰，只要他活着，我不可能拥护其他人为法兰西国王。”如果此人死去，“如果我们的祖国不可能重返共和状态，

① Dansette，*Louis Napoléon à la conquête du pouvoir*. Paris—1961. pp.41，44，74，93.Séguin，*Louis Napoléon* le grand. Paris—1990. pp.29，34，50，82.

那么将无人能比您更适合法兰西的荣耀了”。沙多布里昂对于“亨利五世”的未来估计错误，而对于小拿破仑的企盼后来成了现实——法兰西第二帝国。如此历史步骤的决定者实为人心背向，尤其是农民等无名大众的选票。

沙多布里昂曾以自身经历为例，如此比较第一帝国和七月王朝的政治。他后来回忆：“路易—菲利普政府是唯一将我划入土匪圈子的政府。”“拿破仑曾经举起手，但他没有打下来。”“七月王朝时期，我坐过牢、受过审。波拿巴就是在最气恼时，也没有让我受这份罪。”

对于那个时期的政治潮流，沙多布里昂头脑清楚，自己做出判断。

## “夫人，您的儿子是我的国王！”

他支持波旁王室的复辟活动，并与贝里公爵夫人的阴谋关系密切，为此曾两次被捕。

1832 年 6 月 20 日晨，64 岁的沙多布里昂被捕。逮捕令经国王路易—菲利普批准，罪名为“参与反对国家安全的阴谋……反对公共安全”。他向警察声明：“我完全不承认你们的政府，我抗议你们对我采取的暴力行为。由于我手无缚鸡之力……我跟你们走。”在审讯中，他重申：“不承认现行的政治制度。”6 月 30 日，法庭奉令不予起诉，他获得了自由。8 月 7 日，贝里公爵夫人致函沙多布里昂：“我要同您谈谈我认为应该组建的临时政府的事宜……有人告诉我，您已同意成为其中的一员。实际上，本政府并不存在。”“我希望您不停地为亨利五世而战斗。”

1833 年 3 月，沙多布里昂发表小册子《关于贝里公爵夫人被囚禁的回忆》。他写道：“在布勒（Blaye）城堡的卓越的囚禁者……夫人，您的儿子是我的国王！我将看到您的胜利吗？”须知，“脚下踩扁的东西，难以踩碎”。“我非常遗憾，对您现时的处境我无能为力！我的话语围绕着您的监狱的墙壁无用地飘逝！”

随后，若干报纸重复刊登“您的儿子是我的国王”。这些话语成为波旁王朝追随者公开的政治口号。支持波旁王朝第三次“复辟”，因而违反了当时的出版法，他被传唤出庭。勒德律为他辩护，效果不佳。另一案件中，贝利叶为《日报》辩护时，间接也为他辩护，结果法庭宣告他无罪。

事后，沙多布里昂如此追忆。“正统派将这一句话当作格言，若干报纸以它为题词，有人将它刻在项链和戒指上。我第一个面对篡权者（指路易—菲利普）说出了没人敢说的话，这实在是出于无奈，因为我认为亨利五世回来掌权的可能很小。”无疑，沙多布里昂赞成波旁王族重获君主权力，但是此人并不糊涂，他感觉到了 19 世纪法国的社会潮流的不可逆转，实际上他由于贵族的传统情结而不忍抛弃旧主。就此而言，冷静思考和坚持愚忠两者并存，他的这种心态、思想状况的出路，往往在于争取建立君主立宪制，即波旁王族的权力接受自由主义宪法的约束，换言之用自由主义宪法去限制君主权力，防止它转向专制统治。

首先公开说出了“亨利五世”将是国王，又坦然承认是出于无奈，并且认为此人将来掌权的可能性甚小。沙多布里昂在“保王派”的行列中显然超群脱俗。这里，文明的诡谲性告诉我们一个奇异多变的教训：如果说专制在法兰西可以造成许多罪戾，那么独立性也可以衍变出不少错误。“独立”本是“盲从”的对立面，但它并非“正确”的同义词。

## “如果我是一只自由的鸟！”

不论政治或生活，人们通常一边倒，这既容易又简单，并且比较安全，但是在社会巨变的过程中，人们难于采取如此行动。“变形时代”的复杂性使沙多布里昂受到磨炼，他不是顽固的保王分子，也不是纯粹的自由战士。拥护波旁王室复位、赞赏君主立宪体制、要求自由、热爱祖国，这是他的生活中互相混杂彼此共存的要素。尽管他说出了“您的儿子是我的国王”这一句“名言”，总体看来自由主义是他的言行的核心。

中学时期，他的性格已有明显的表露。“在游戏当中，我不想指挥别人，也不要听从别人指挥。我既不能当暴君，也不适合当奴隶，而且我一生都如此。”“我生性不愿被人使唤。旅行吸引我，可是我只喜欢按照己愿独自成行。”后来，此种性格继续发展。他宣称“我与贵族毫无共同之处”。他承认自己“有暴躁的天性”“顽固的沉默”“毫无野心”，但是“我的思想随着我的世纪前进”，具有“思想的独立性”。“我只想远离政治生涯，回归孤独，渴望在有生之年能独立自主。”

沙多布里昂坚持着独立与孤立，不论政治、日常生活、文学创作皆如此。他指出：“在创作中应该保留独立自主，也即保留自己的激情。应该允许带嚼子的年轻战马流点吐沫。”他的思想是独立的，他对于独立性的形容也有别于众人。

关于自由，沙多布里昂有许多解释：“我谈论的自由，是来自秩序与产生法律的自由，不是因为放纵而招来奴役的自由。”他反对“破坏性的自由”，赞成“建设性的自由”，“自由来自自然权利”“我不赶时髦。我认为没有自由，就没有世界上的一切。因为有自由，生命才有价值。”“用陈旧观念来指责拿破仑，其实就是为他准备新的胜利。人们只能用比他更伟大的东西——自由来打击他。”“我憎恶奴役，自由最适合我天生的独立性格。”“为了国家的自由，我如此卖命。”“我酷爱自由。”“整个法国必须实行大众的自由，而我正是这些自由的捍卫者。”“即使最后剩下我一个人为自由辩护，我也要继续宣告她的权利。”此外，他曾说“我天然是一个民主主义者”，“我没有什么需求：一块面包、一眼山泉足矣。我的一生很可悲，被路旁的荆棘扯扯绊绊地耽误了，如果我是一只自由的鸟，并在那些荆棘丛上面筑巢歌唱，那该多么幸福啊！”

自由是沙多布里昂用来抗击专制的理想的利刃，自由是他追寻的幸福！

## “君主立宪……现代最好的政体”

争取君主立宪制度，沙多布里昂为此努力奋斗，他在《关于符合宪章的君主制》(*De la monarchie selon la Charte*. Paris—1816.)和《回忆录》等著述中，说明他所追求的政治体制。

“无论何处，只要有公开的论坛，受到批评的人，就不能担任政府首长。总会有某种言论，迫使有关部长提出辞呈，退出议会。这种机制是代议制政府自由原则的结果。”“代议制政府……我偏好它到了痴迷的地步。”

“君主立宪制……是时间与事件的产物。”“在君主立宪国家，人们尊重民众的自由。他们将自由看作君主、人民与法律的保障。”“我生于理性，喜欢君主制度，将君主立宪制看作现代社会可行的、最好的政体。”“人民君主制[①]的信条已取代王室君主制的信条，世袭君主制已变成选举君主制。”“我希望卡贝王朝以一种与其伟大相称的方式消失。重振宗教、完善家国宪法，扩大公民权利，割断和舆论界的最后一丝联系，解放公民，推翻专制，平衡工资与劳动，抑制滥用而巩固私有制，发展工业，减少税收，在群众中重树威信，确定后退的国界以保证对外的独立。当完成这一切时，该是多么美好与不平凡的一天啊！”“我曾反对查封《关于符合宪章的君主制》……为的是支持思想和新闻自由。”“王权，在法国不再是一种感情，而是一条原则：保证私有和利益、权利和自由。”显而易见，沙多布里昂希望将“君主制与现代自由相互调和”。对于19世纪前期法国史颇有研究的专家雅尔丹指出：“沙多布里昂在《关于符合宪章的君主制》一文中强烈地表示坚持议会制的原则，尤其内阁责任制。”[②]

在坚持君主立宪的同时，沙多布里昂曾多次表明自己与共和制的关系：“我有共和主义倾向。”“我非常钦佩共和国，尽管我不相信它在我们的时代可能实现。”“我对共和国没有什么恐惧。”他认为：“自由、平等与共和在全球的伟大代表——基督。”

---

① 使用“人民”一词并非新鲜事。从前，圣路易宣誓：只为天主的荣誉和人民的利益而行使权力。亨利四世曾说：“我每日为人民做一切事。为了拯救人民，我愿意死一千次。”19世纪前期，共和人士特雷拉（Trélat）曾说“人民是主人”。“人民”一直是法国社会的流行词语。

② Jardin et Tudesq; Op. cit. pp.78，98.

沙多布里昂反对专制，不论君主专制或平民专制。他要求自由权利。他的真正意图在于实现自由主义政治。它由代议制所体现，政权形式应是受宪法约束的君主制。如果波旁王族第三次复辟无法实现，则可由波拿巴家族掌权。他曾经泛泛地提及“选举君主制”“人民君主制”。在某种情况下，共和制也可接受，但是在当时不可能实现。无疑，基督是上述一切的信仰。沙多布里昂愿意如同年轻的战马，带着嚼子自由地流淌着吐沫！

## “梦想无处不有，痛苦与欢乐随处可见”

沙多布里昂总结自己的一生。他的经历显然有别于普通法国人。支持波旁王族是他恋旧与落伍的表现，而争取自由与宪政是他与时俱进的行动。“变形时代”的人生往往五味相混，令人迷惑。

他表示：“我的一生是不断的告别。”“在内心与理论上，我充满构想；在对外与实际中，我是很实际的。由于我既富于冒险精神又井井有条，既充满激情又有条不紊，没有人比我更喜欢幻想与追求实际，更热情与更冷漠。我是父母不同血液糅合而成的奇异的两重性质的畸形人。”“在我和保王派之间，有一种隔阂：我们希望同一个国王，除此之外我们的愿望大多数是背道相驰的。”沙多布里昂是独特的。

“我的三种职业都有它的最高目标：作为旅行者，我渴望发现地球两极的秘密；作为人文学者，我努力尝试在遗址上重建宗教信仰；作为政治家，我竭力让人民拥有一个沉着冷静的君主制，找回在（1815 年）《维也纳条约》中丧失的力量，使法国重立于欧洲民族之林。”“在神的领域，宗教和自由；在人的领域，体面与荣耀。这就是我对祖国的企望。”沙多布里昂曾经努力前行，艰辛地走完了 80 年的命运旅途，感到“梦想无处不有，痛苦与欢乐随处可见”。

# 47

**贝利叶（Berryer，1790—1868）**
**“正统派”首领，自由主义议员**

## “争取立宪制与议会制的统治。”

### 数十年的议员生涯

法兰西的共和史学对于史学研究做了许多有益的工作，同时也留下了不少遗憾。就 19 世纪初期与中期而言，一些人与事遭到忽视，其实这些人与事本身是一种客观存在。须知，由于他们的出现，才可能使历史舞台显得丰满。失败者的出现，将有力说明胜利者的成功。19 世纪 30—60 年代，法国政坛上的贝利叶就是此种遭到忽视的人物。

贝利叶（Pierre Antoine Berryer）是那个时代法兰西的著名的讲演家，他代表“正统派”。正统派又称“正统王朝派”，这些人怀着一种君主主义思想，即认为波旁王朝乃世袭的、合法的王朝，应该恢复它的统治。该派的代表有塔列朗、巴吕埃尔与梅斯特尔等人。他们除了上述共同点外，常有不同之处，如塔列朗主张“最高权力必须寻求公共舆论的支持”，巴吕埃尔认为路易十六不是“暴君”，梅斯特尔指出：“天主是全世界的原动力。”“政府的一切具体形成是神圣的创造。”[1] 比他们晚生数十年的贝利叶受着他们的影响

---

① 关于正统主义，请参见拙著《法国政治思想史》。

走上政治舞台。由于大革命的经验教训、法国社会新的发展以及出身并非贵族家庭等，贝利叶将正统主义与自由主义相结合，因此，他的正统主义不可简单地等同于主张封建专制主义的完全复辟。

贝利叶出生于巴黎的律师家庭，中学毕业后随父学业。1811 年，他自己成为律师，结婚成家，后在拿破仑军中任上校。1830 年当选议员，反对七月王朝，属于“正统派”。1839 年，他联合共和派阿拉戈（Arago）等人士，公开反对当时的莫勒（Molé）内阁。1846 年，他入选众议院。1848 年，他当选为第二共和国国民议会议员。1850 年，他为“秩序党”的首领之一。1852 年他入选共和国的立法团，1863 年入选第二帝国的立法团。他的仕途并不复杂，曾尽心尽力为正统主义呐喊，也为自由权利辩护。

## 赞成复辟活动 反对七月王朝

从 1830 年奥尔良王朝统治时期开始，贝利叶成为议会中正统派的喉舌，他坚持反对路易—菲利普及奥尔良家族掌权，企盼波旁王朝恢复王位。

1832 年发生贝里公爵夫人复辟事件。她是查理十世次子的妻子，丈夫于 1820 年遇刺身亡，数月后遗腹子亨利出生。1830 年，亨利成为波旁王朝王位的继承人。[①] 波旁王朝派称亨利为“亨利五世”，贝里公爵夫人于 1830 年被逐出法国。1832 年 4 月，她在普罗旺斯登陆，5 月于马赛受挫。后来，她改而前往旺代冒险，号召暴动，但遭到打击。她逃到南特，11 月被捕入狱。

贝利叶了解公爵夫人的复辟活动。他借为他人办理案件出差之机，曾将沙多布里昂的一封信函转交给这位夫人。该信建议她离开旺代。由于如此行为，贝利叶遭到逮捕与接受审讯，罪名为贝里公爵夫人的“同谋犯”，后被

---

① 查理十世的长子于 1830 年放弃继承权，1844 年去世。亨利即波尔多公爵与尚博尔伯爵，死于 1883 年。

宣告无罪。沙多布里昂为此事曾向内政大臣基佐求情，此举可能起了作用。贝利叶仍然坚持波旁王朝复位的政见。

1848 年二月革命时，贝利叶等人主张以“摄政”取代奥尔良王朝的君权，在议会讨论相关问题时，他数次打断勒德律—罗兰的发言。后者反对“摄政”，并不停地讲解大革命以来的法国历史。此时，贝利叶高喊：“简单一些，我们知道历史，说您的结论！”勒德律—罗兰主张建立“人民指定的临时政府”[①]。贝利叶表示反对。

1850 年，在立法议会内，保守共和派实际多属君主派，即“秩序党”。当时，议会内外的君主派人士，其中奥尔良派约 150 人，正统派近 100 人。那时，依照法律，议员必须对共和国宪法宣誓效忠。贝利叶等随机应变，也曾宣誓，企求在议会内为波旁王族复位而操劳。

在随后的 30 余年内，比较冷静的君立派人士主张波旁派与奥尔良派“融合”，即反对波拿巴派的帝国，以君主制取代共和国。贝利叶是其中一位活动家。1883 年“亨利五世”死去，波旁王族在法国绝嗣，“融合”尝试结束。贝利叶已于 15 年前去世。

## “国民意志认可的保证……”

贝利叶以律师的身份从事若干政治工作，他坚持自由主义原则，对抗官方的法制，为名人也为民众努力辩护。1815 年年末，他陪同父亲，为内（Ney，另译内伊）元帅辩护，此人在拿破仑从科西嘉岛返回法国时，背离复辟的波旁王朝，重新投入拿破仑的军中，结果辩护失败。

1816 年春天，他独自为康布罗纳（Combronne）将军辩护。这位将军在滑铁卢战役中抵抗到底，后受伤被俘，结果无罪释放。1826 年，他为拉默内（Lamennais）教士辩护。此人宣传君权神授与教皇权力至上，反对世俗

① *1848，Москва-Ленинград*—1934. cit. pp.118，134.

国家。由于贝利叶说明公民拥有言论自由的权利，结果无罪释放。1833 年 2 月，他为《日报》辩护，有力地“捍卫了新闻自由”，也获得成功。

19 世纪 30—40 年代，他为工人、民众出庭争辩。1844—1845 年，他公开维护工人结社的权利，此举与保守的正统派针锋相对。1862 年，贝利叶已 72 岁，他为巴黎的印刷工人罢工辩护，指出资产者已建立他们自己的行业组织，工人也应有相同的权利。辩护失败，但是拿破三世最终赦免了受处分的工人。工人们为了感谢贝利叶，曾给他赠送纪念品。

1840 年，他为搞政变的路易 · 波拿巴辩护。该年 8 月，未来的拿破仑三世在布伦搞军事政变，失败被捕，后受贵族院审讯。他邀请贝利叶为主要辩护，另有两名共和派律师协助。[①] 贝利叶巧妙地避开具体事实，从原则出发，指出：事关“最高权力”——这是“国民意志”不可争辩的表达。“我不认为……（议员们的）决议就是此种表达。”波拿巴王朝是“曾经创立的、确立的王朝，凭借国民的最高权力而得到了肯定的王朝”。“你们是在拒绝那些基于国民意志已经认可的保证。”“你们是谁？伯爵、男爵，你们曾经是拿破仑的部长、将军、元老、元帅，是谁给了你们这样的头衔和荣誉？你们自己的生活与所获的恩惠将迫使你们回忆。我认为，有关判决将是不道德的。”“贵族院成员们如不征求全国的意见，无法进行审讯判决。”[②] 贵族院勉强通过判决：永久监禁。

贝利叶曾为宗教信仰说话。大革命中，教会及其有关人士受到打击。七月王朝时，“农村神甫的生活自然地单调与忧郁。”[③] 教会人士逐渐加强活动，1845 年，贝利叶奋起维护宗教信仰与组织团体的权利。

1858 年，贝利叶出庭为蒙塔朗贝尔（Montalembert）辩护。后者是一位政论家，公开主张议会制度与抨击第二帝国的罗马政策。贝利叶在辩护词中指出：“没有一家报纸，不曾在某个时日，受到某位身穿黑衣者的造

---

① 贝利叶的聘金为 15000 法郎，其他俩人各获 4000 法郎。

② Castelot, *Napoléon Trois. Des prisons au pouvoir*. Paris—1973. pp.372–374.

③ Pierrard, *Le prêtre français*. Belgique—1969. p.104.

访。”“他由官方派遣，却形式上应邀而来。”他告诫报刊的主管或发行人，在某种条件中，什么该说……贝利叶的语锋直指官方。[①] 贝利叶由于辩护而展示出政治特点，也因此而享有社会声誉。

## “以宪法的名义召开自由的会议”

贝利叶的身份是律师和议员，他辞世之后，出版了他的两部著作:《贝利叶的议会演说》(*Discours parlementaires*. Paris—1872—1874.）与《贝利叶的辩护词》(*Playdoyers*. Paris—1875—1878)。在这两部著述中，可以清楚见到他与众不同的政治思想。

1851 年 1 月 16 日，贝利叶在立法议会的演说尤为重要，他宣布自己的奋斗目标:“为了立宪制与议会制的治理。”[②]

这是他的自由主义的突出表现，它内藏着波旁王族的重新拥有王位的目的，其条件为与时俱进地实行改革。他不同于一般的正统派，不是为着该王族的私利而简单地呼吁，而将君主主义与自由主义相结合，这正是当时法国政治的大难题。七月王朝曾有尝试，第二帝国中后期的改革基本上属于此类。贝利叶超越了普通的正统派。

1851 年 12 月 2 日发生政变，共和国总统掌握了全权，这对于贝利叶是一个重大考验。当政变发生时，贝利叶等约 300 人聚集于巴黎第十区的区政府，其中多属右翼议员，极少共和派。贝利叶多次发言:“我们开会不仅是为了抗议。”“我要求，我们应该成为以宪法的名义而召开的自由的会议。”他提议一项法令草案:“国民议会通过如下法令：废除路易—拿破仑 · 波拿巴的共和国总统职务，因此行政权完全转归国民议会。”与会者 220 人通过

① Dansette, *Du 2 décembre au* 4 septembre. Paris—1972. p.85.

② Rials, *Le Légitimisme*. Paris—1993. p.53.

了此法案。贝利叶又说“我们只有依靠法律、法令，依靠合法的抵抗”[①]。随后，他们遭到逮捕，为首的贝利叶不久获释，重操律师旧业。此事说明贝利叶身为正统派议员，曾经企图依靠共和国的法律，捍卫已经存在的共和制度。大势所趋，他努力修改着自己的言行。

1852年春，立法团选举，贝利叶又当选为议员。随后，他批评说："这个立法团在各方面都被剥夺了活力，我在其中再也找不到1830年和1848年革命那样的独立性与自由。"[②] 他抨击了第二帝国前期的专制制度。

贝利叶的人生表现不难解释。19世纪中后期，由于法国社会的发展，奥尔良派与正统派都“已经完全资产阶级化了”。前者主要与金融资本联系，后者主要与大地产相关。贝利叶们保留正统主义情感，但必须面对现实。

① Ténot，*Paris en déscembre* 1851. Paris—1868. pp.159-166，168. Guériot，*Napoléon Ⅲ*. Paris—1980. p.169. *Guillemin, Le coup du 2 décembre*. Paris—1951. p.361-366.Dansette，*Louis—Napoléon, à la conquête du pouvoir.* Paris—1961. p.389.

② Agulhon, *1848. et l' apprentisage de la République*.1848—1852. Paris—1973. pp.210，209.

# 48

**德·门（de Mun，1841—1914）**
**群体事件的一种解读**

## “先生们，我们到人民中间去！”

### 寻找“到人民中间去”的踪迹

历史上，有时出现近似的人物和事件！如此说法并非信口开河，至少可以在法国与俄国找到具有启发性的例子。它们的出现，往往由于在一定条件下产生了类似的社会问题。

1832 年 6 月共和派将军拉马克（Lamarque）出殡引发起义失败后，法国的“人与公民权利社”（简称“人权社”）等民间团体的“共和主义者们认识到今后必须到人民中间去（aller au peuple）”！

1873 年年末，俄国的“民粹派”开始行动，他们真诚地走进乡村，“到人民中间去（Хождение в народ）！”

1885 年，法国的阿尔贝·德·门（Albert de Mun）伯爵向人们发出号召：“先生们，我们到人民中间去（allons au peuple, messieurs!）！”

关于 aller au peuple 与 хождение в народ 的翻译问题，需要略加说明。对于俄国史而言，中译文过去通常译作“到民间去！”但是，不论法文或俄文，原意强调的是“人民”、“民众”与“大众”，而“民间”的含义似乎较为宽泛，即可理解为“人民中间”，也可视作“非官方”。法国教材中有关俄国史的部分，хождение в народ 的法文译文也是 aller au peuple。依笔者的理解，将它们译作“到人民中间去”较为合适。

表面上看，1832年、1873年、1885年的上述三个现象各自独立发生，互不相干，更无直接联系。实际上，它们属于欧洲社会的同一类脉搏，彼此无形地联系着。现在，让我们回顾法俄近代历史的篇章，考察此种社会政治走向的踪迹！

1831年3月13日，卡西米尔·佩里叶（Casimir Périer）负责组建法国七月王朝的新内阁。[①]18日，他公布政纲：“国内，维持秩序，但是不损伤自由。国外，保持和平，但是不牺牲任何尊严。”1832是个危难的年头，巴黎等地霍乱横行，夺走了许多人的性命。随后，发生若干群体性事件。4月3—4日，巴黎的“旧物收购者们”处于骚动状态。6月5—6日，巴黎发生骚动，拥护共和制度的将军拉马克出殡之时，共和派鼓动数万人造反，参加者为工人、手工业者、学生等。7日，这一次民众起事遭到4000余军队的弹压。佩里叶所构想的国内秩序未能获得安全的保证，相反民众为了共和制度洒下了鲜血。他本人死于霍乱，临终时遗言：“国家比我更加灾难深重。”[②]

## “到人民中间去！”共和派另寻出路

群众事件的发展引起了不同的思考。作家维尼（Alfred de Vigny，1797—1863）如此表达自己的恐惧心情：“（1830年7月巴黎起义时）工人们到处入户要钱，他们腰上挂着手枪。正是应该恢复秩序的时候了！这是国

---

① Périers是姓，Casimir为名。1873年，其子以父亲的名和姓一同作为姓，他成为Auguste Casimir-Périer。此外，Périer或Perier，皆可见到。

② Vigier, *La monarchie de juillet*. Paris—1999. p.24. Jardin et Tudesq, Op. cit. pp.132-134；Chamine, Op. cit. pp.172，184. 关于1832年4月妇女群体事件，目前缺乏更多的资料。chiffonnier一词译作“旧物收购者”较合适，他们将所收购的物品出售给加工工厂。另可译：拾荒者、买卖破烂的商人、造纸厂分拣破布的女工。

民卫队的责任。”[1] 维尼伯爵是一位浪漫主义诗人，他曾反对复辟王朝，也反对七月王朝。他强调个人渴望自由，害怕民众的斗争。

同时，另有不同的反应。群体事件的失败引起了共和主义者们的深刻思考。此前，他们喜爱的惯用的斗争方法，主要在巴黎举行起义。现在，他们感到旧办法已经难于达到目的。法国人常说“巴黎，她不等于法兰西”，可以作为此种想法的旁证。于是，不少思想比较开阔的政治人士，逐渐认识到只顾首都乃是缺陷，应该加强对外省的关注。1832 年 6 月造反受挫之后，不少人感到必须超出巴黎、走出首都，广泛地到各省乡镇去寻找民众的支持，以便有效地壮大共和派的力量，将来有利于以共和制去取代已经存在的君主立宪制。当时，共和派人士不再忽视外省的政治作用，认识到必须到人民中间去，并且采取了一系列行动。[2]

为了到人民中间去，为了赢得外省民众的支持，“人权社”积极展开活动。它组建了一个共和主义的“中央委员会”，并在外省的若干大中城市建立组织。据估计，1834 年年初，在梅莰、斯特拉斯堡、第戎、里昂等地，会员约 2000 人。中部、南方、西部与北方，共和主义协会的成员人数较少，领导人也缺少积极性。但是，无论如何，“到人民中间去！”，向外省发展，成了法国共和主义运动的新动向。

“人权社”（1833—1845）的来源是“人民之友社”（1830—1832）的一个分部。“人权社”约有 6000 名成员，他们分属于 300 个分部（section），其中 170 个在巴黎。[3] 它在争取共制的斗争中，曾发挥一定的作用。“人权社”的存在为时甚短，而“到人民中间去”的思想潜藏于法国社会内部。

---

① Merle. *Armand Barbès*, Paris—1977. p.41. Van Trieghon，*Le Romantisme français*. Paris—1984. pp.32，35.

② Vigier, Op. cit. p.28.

③ Bernstein, *Auguste Blanqui*. Paris—1970. p.58. Velluz, *Raspail, un contestataire au XⅠXe siècle*. Paris—1974. p.91.

## 为了“村社的社会主义”

“到人民中间去”的思想不仅在法国出现，它在俄罗斯留下了更大的痕迹。

对于许多法国人或欧洲人而言，俄罗斯好像并不属于欧洲，那只是遥远的东方、茫茫的雪原以及凶猛的哥萨克骑兵。1861 年废除农奴制，但是从上而下的改革并不彻底，还保留着农奴制的残余，同时资本主义经济的发展产生一些新的问题。因此，小生产者日益感到不满，萌发着关于将来社会的幻想，包括一种小资产者的乌托邦社会主义思想。它认为：“资本主义在俄罗斯没有社会基础，国家的前途在于村社的社会主义（Общинный социализм）。它还认为农民已准备好接受社会主义思想，应以革命的方法实现国家的改造。”这就是民粹主义（Народничество）的理论基础。这种民粹主义思潮内部分成三个派别：巴枯宁（Бакунин）为首的无政府主义暴动派，主张农民天生地准备革命，知识分子应该“到人民中间去”，发动农民造反；拉甫洛夫（Лавров）为首的唤醒派，强调以宣传唤醒农民去革命；特卡乔夫（Ткачев）为首的职业革命者的秘谋派，认定俄国人民“本能地是共产主义者”。[①]

1873 年年末“到人民中间去”的活动已经开始，1874 年夏天达到高潮。“在巴枯宁思想的影响下”，1000 余年轻的革命者发起了颇具声势的“到人民中间去”的运动，这些人追求的目的在于促进农民准备起义。他们身穿农民服装，学讲农村口语，模仿农人的粗犷，学习农村的手艺，主要在伏尔加河中游约 37 个省的农村从事宣传。不久，他们遭到失败，原因在于官方的镇压、农民对于沙皇的愚忠及其私有观念。

---

① Орлов, *История России.* М-Л.—1999. cit. pp.299–300.

## “应该离开已经失败的道路！”

“到人民中间去”的运动在俄国受到挫折，但是此种思想在法国依然隐隐约约地存在。1885 年，“到人民中间去”的政治主张在巴黎出现，它的提倡者为德·门伯爵。

德·门伯爵曾经参加 1870 年的法德战争（又称普法战争），并且被俘和囚禁。他曾参与镇压 1871 年的巴黎公社。后来，他主要从事与“社会的天主教主义”相关的活动。他主张“道德秩序”，指责“特权者们”对于巴黎公社的发生负有责任，因为社会上缺少家长式的教育。这个“高尚的或自私的孩子”、贫困的受害者，由于无知而干了坏事。[①] 1876 年和 1894 年，德·门两度当选议员，倡导通过立法解决社会问题。1914 年 8 月，他在维维阿尼（Viviani）内阁中任职，不久去世。

19 世纪后期，法国存在工人失业、生活贫困等社会问题，各种政治人物都无法对此视而不见。德·门伯爵比较关心社会难题，撰写了《我的社会感言》（*Ma vocation sociale*）等著述，主张必须对工人开展天主教性质的教育，号召组织雇主与工人的“混合工会”等。

1878 年 9 月 8 日，德·门伯爵在一次演说中将法国大革命前后的贫困混为一谈。他公开宣布自己“永远不会是社会主义者”，承认“我们为不可调和的反对革命”。他指出只有“回归天主教”，才能摆脱贫困。[②]

1885 年，德·门伯爵在卢万市（Louvain）的演说中呼吁：“先生们，我们到人民中间去（Allons au peuple, Messieurs ）！”“我们应该离开已经失败

① 政治的天主教主义思想可分作：完整的天主教主义，如维约（Veuillot）等；自由的天主教主义，如蒙塔朗贝尔（Montalembert）等；民主的天主教主义，如拉科代尔（Lacordaire）等；社会的天主教主义，如拉默内（Lamennais）和德·门等。请参见拙著《法国政治思想史》（人民出版社 2010 年版）、Serman，*La Commune de Paris*. Paris—1985. p.549.

② *Actes du Coloque du Bicentenaire（Paris—1989）Les catholiques français et l' héritage de 1789，1889—1989*. Paris—1989. p.59.

的道路，那里政治协商步履维艰。”“我们到工人当中去，目的在于理解他们经受了多少苦难，以及他们有何种要求。”① 当时，如此见解受到了社会的关注。德·门伯爵强调到工人当中去，而不是去接近农民。

按照德·门伯爵的看法：法国大革命导致“社会的破产”。“像法兰西这样一个国家，能够下降到最野蛮的地步？使阶级之间的战争不可避免地成为正常的情况？”“社会有权手持武器自卫，但是它应该知道，炮弹和子弹不能治愈创伤，必须寻找其他办法。”② 这位伯爵拒绝政治革命，希望直接与工人大众联系，以天主教的教义去感化他们，进而寻求贫困的消除，为了解决贫困难题。德·门伯爵不曾改变宣传的对象，只是否定一种变革的途径（政治革命和起义），鼓吹另一种途径（天主教色彩的思想教育）。政治革命和起义的结果，无疑不符合德·门伯爵心中的企盼。

从19世纪30年代至80年代，在50余年的时间内，“到人民中间去！”陆续出现于欧洲大陆。它具有一定的群众性，好像一种移动的现象，在不同时间和地点，反映出社会生活中的一类问题。“人民”是哪些人？广大的外省居民、农民、工人。涉及了哪些具体问题？反对君主立宪，争取共和；反对沙皇专制，争取民粹主义式的社会主义；反对政治革命和起义，依靠天主教会去消除贫困。“到人民中间去”的具体化便是如此，它们实际上明显地包含着异性，由不同时间、地域、人物和社会条件所决定的异性。

与此同时，也可看见“到人民中间去”的共性，即作为欧洲的一种思潮，包含着互相一致的特点。三种有关人士认识到如此活动的必要性，而且付诸行动，他们并非心血来潮或虚张声势。德·门的两句话，具有代表性：“离开已经失败的道路。”“必须寻找其他办法。”改弦易辙的原因在于认识到原来的斗争策略已近山穷水尽，唯有另辟蹊径，从而产生了新的政

---

① *Collection Chaulanges*，*Textes historiques.1871—1914*. Paris—1978. p.82.

② Albert de Mun，*Ma vocation sociale. Paris*—1908. pp.22-23.

治思想的表述。但是还应指出，“到人民中间去！”只是粗略的政治主张。它具有明显的朦胧特点，还不是一种比较完整的理论系统，缺乏说服人的思想结构。

从“到人民中间去”的演变当中，可以观察到欧洲与法国的社会活力。为了久怀心中的理想，人们不愿因循守旧，毅然决然地迈开新的步伐。无疑，活力的发挥不等于行为的正确，法兰西的历史经常伴随着群体事件，它们曾经产生颇不相同的效果，但是这一切毕竟能够说明法兰西的精神世界不是一潭死水！

# 49

**梅里美（Prosper Mérimée，1803—1870）**
**不恋官位的“皇室顾问”**

## “卡尔曼永远是自由的！”

### 文化活动 云游四方

有关法国历史的著述，通常强调所涉及的人物属于这个或那个派别，或将跻身宫廷与独立行事截然对立。但是我们经常遇到困难，不少人物无法生硬地纳入这种或那种截然对立的方阵。法国社会大震荡时期的人物，尤其难于解读。梅里美突出地反映了此类艰难，笔者企盼着了解他独步宫廷的特点。

梅里美（Prosper Mérimée）是一位著名的作家，他的父亲曾在大革命中任国民公会的议员，后于复辟王朝时期遭到放逐。双亲皆为颇具才华的画家。梅里美曾就读于亨利四世中学，1823年巴黎大学法律系毕业，成为律师，归属于商业部。他仅短期从事若干法律性质的活动，如出主意帮助贝朗热打官司，以便反对其著作的遭禁。[①] 在此期间，梅里美的兴趣倾注于文学、艺术、历史与考古。他经常出入沙龙，结交司汤达，后者比他年长20岁，给他以良好的影响。

---

① 1823年，贝朗热因政论诗篇被监禁3个月。1828年，法庭以侮辱国王与教会、反对政府的罪名，判处贝朗热9个月监禁与1万法郎的罚款。

19 世纪 20—30 年代，梅里美进行三方面的活动：撰写文学作品、云游四方、担任官职。

他积极从事文学创作，1840 年之前已陆续发表作品，如《克拉拉 · 嘎聚尔戏剧集》（*Théâtre de Clara Gazul.* Paris—1825）、《在丹麦的西班牙人》（*Les espagnols en Danemark.* Paris—1825）、《居兹拉或抒情诗选》（*La Guzla ou Choix de poésies illyriques.* Paris—1827）、《雅克雷》（*La Jacquerie.* Paris—1828）、《塔曼戈》（*Tamango.* Paris—1820）、《马特奥 · 法尔科内》（*Matéo Falcone.* Paris—1829）、《查理九世时代编年史》（*Chronique du temps de Louis* Ⅸ , Paris—1820）、《查理九世统治编年史》（*Chronique du rè`gne de Charles* Ⅸ . Paris—1832）、《镶嵌画》（*Mozaïque.* Paris—1833）、《双重错误》（*La double méprise.* Paris—1833）、《伊尔的维纳斯》（*La Vénus d' Ille.* Paris—1837）……

十余年的写作说明作者自出机杼，创造出新的风格和意境。梅里美首先从事戏剧创作，如《克伦威尔》（*Cromwell*，1822 年末完成。雨果的《〈克伦威尔〉序》发表于 1827 年）、《克拉拉 · 嘎聚尔戏剧集》，但是从查理九世的两个题材开始，他转而撰写历史小说。其次，梅里美数次用作品表现普通民众的生活，如《雅克雷》和《马特奥 · 法尔科内》，前者介绍 1358 年法国北部的农民起义，后者叙述科西嘉岛农民为了正义和荣誉而大义灭亲。《在丹麦的西班牙人》告诉读者西班牙人如何奋起反对法国军队的入侵。此外，梅里美喜欢古怪的题材，有些著作以假名甚至改译者之名出版。由此，这位青年作者思想的灵活性显得突出！他的声名的获得，不曾依靠自我标榜或别人的溢美或官方的赏赐，而是凭借自己的知识、思考与创造的能力。

经过 19 世纪 20—30 年代的磨砺，梅里美于 40 年代提高了创作水平。《高龙巴》（*Colomba*）于 1840 年，《卡尔曼》（*Carmen*，另译卡门）于 1845 年陆续问世。这两部著作与此前的《塔曼戈》成为梅里美的代表作。《塔曼戈》表现被贩卖的非洲黑人，在海船上抗争的情景。《高龙巴》展示一位科西嘉姑娘超凡的激情与不屈的精神，遵循仇杀习俗，为复仇而促使哥哥杀人。书中描绘了科西嘉日常生活中的传统，如族间仇杀、“不管法律，只相信好枪”、“有许多杀人犯，却没有贼”、经常用大拇指划十字等。《卡尔曼》里的女主角为吉卜赛女工，她泼辣豪放与情思易变，不受法国上流社会习俗的束缚，在爱情的海洋里自由地行动，以至用自己的鲜血去记录短暂一生的追求。梅里美的这些著作，超越法兰西文学当时的一般水平，渗透出一种“异端的”气息。此外不落窠臼的品质，深触读者情感！

概而言之，19 世纪 20 年代初出茅庐的梅里美的作品主要体现浪漫主义的特点。30 年代，他倾向现实主义。40 年代，他的文学创作达到高潮。50—60 年代，他较多从事社会活动，也继续文学写作。1852 年后的作品如《乌克兰的哥萨克》《拉辛》《彼得大帝统治史》《蓝室》等，此外也翻译了普希金和屠格涅夫的著作。关于他的文学创作已有许多介绍，这里仅从历史、政治的视角探讨梅里美的生涯。父母的职业、家庭教育、长期稳定的工作及成绩、与宫廷的良好关系，这一切造就了梅里美的风格。

云游四方是当时欧洲国家上流社会的一种风气，它使梅里美开阔眼界，增加了知识，对文学创作以及专业工作十分有益。1826 年他前往英国旅行，1830 年他去西班牙旅行。1831 年，梅里美认识珍妮 · 达坎（Jenny Daqin de Boulogne）小姐，从此一直书信往来。1874 年，梅里美的《致一位不知名女子的信函》（*Lettres à une inconnue*）出版。1839 年，他与斯汤达尔结伴，同游科西嘉，获得深刻的印象，有利于后来的文学创作。1840—1841 年，他在意大利、希腊和小西细亚旅行与考察。出于个人兴趣和考古工作的需要，梅里美曾访问法兰西国内的许多地方。

正当由于文学和历史的著作成名之际，1833 年梅里美接受“七月王朝”的任命，担任法国“历史文物总督查官”直至 1853 年。因为职务的需要，他做了大量保护文物、文化遗址的工作，付出了辛劳，得到社会舆论的广泛认可。

梅里美是一位独身者，偶尔有些浪漫插曲。1828 年，他与拉科斯特夫人关系甚为亲近，从而引发纠纷。她的丈夫要求和梅里美决斗，此人精于射击，事先请梅里美表示愿意哪一只手臂中弹，后者同意应伤在左臂，结果左臂连中两弹，这在当时不是热点新闻，梅里美已有说明：“此种状况与随之而来的决斗，当时并非罕见。”[①]

## “我寄了一些白薯给皇后”

1854年12月2日，路易—拿破仑·波拿巴总统发动政变。此时，梅里美和这位总统并无特殊的关系。[②]12月9日，梅里美对于政变时的局势向友人如此报道：“有关巴黎的情况，只是不能看到《世纪报》（*Siècle*）而已，这里与平时相同，十分安静。骚乱与好奇的人们接受了从前的教训。”“到处传来安定的信息。例外仅在迪尼（Digne，在法国东南部，为阿尔卑斯——上普罗旺斯省的首府），那里出现了农民造反的尝试，如抢劫、杀害、强奸、侵犯等。我感到，如果听任‘这个孩子’（指农民造反）自己壮大，1852年将干出蠢事。迪尼的人民不会让他们长久地得意，将进行迅速的镇压。”（1851年12月9日信函）1852年1月25日，梅里美不忘自己的工作，他告知友人：“我很想为我的政府工作。如你熟知，所有的政府皆匆匆忙忙。”[③]梅里美与法兰西第二帝国宫廷的关系常见于各种文字的书刊，实况究竟如何，应该从他的西班牙之行与结识蒙蒂霍（Montijo）一家开始查考。

1830年，梅里美去西班牙旅行。他在那里认识蒙蒂霍伯爵夫人，彼此友好相处。[④]伯爵夫人的女儿欧仁妮（Eugénie）生于1826年，她自幼受到梅里美的爱护，忘年之交情感颇深。后来在巴黎等地，梅里美作为欧仁妮的私人朋友经常陪同她参加活动。1853年1月拿破仑三世迎娶欧仁妮时，

---

① Реизов，*Французский исторический ромам вэпоху романтизма*. Ленинград—1958. cit. pp.383，412.

② 政变后，第二帝国始于1852年12月2日。

③ Mérimée，*Lettres à Francisque Michel*（1848—1870）*et Journal de Prosper Mérimée*（1860—1868）. Paris—1930. pp.43—45，49.

④ Montijo夫人于1879年去世。一说梅里美曾是她的“情人”。见Guériot，Napoléon Ⅲ，Paris—1933.1980，t.1，p.20. Castelot，*Napoléon Trois*. Paris—1934. p.164. 但是近年若干新著对有关说法予以否定，如Smith，*Eugénie impératrice et femme*. Paris—1989. p.16.

梅里美参加婚约的撰写，并且将她送至普瓦蒂叶，而后她前往巴黎举行婚礼。同年 5 月 23 日，梅里美在信中告诉友人：关于修复巴黎圣母院等文化遗址的“40 万法郎的法令已经顺利通过。今晚，我曾去圣克卢，见到了皇帝……皇后自由自在地活动”[①]。6 月，梅里美由皇帝任命为元老院成员。

在第二帝国宫廷里梅里美未曾担任具体官职，但他拥有单独的门上挂着他姓名的房间，他是杜伊勒里宫中晚餐的常客。当时，法国宫廷通常在杜伊勒里宫举行晚宴，在圣克鲁召开舞会，在康边举办音乐会。法国西南部的比亚利茨海边为皇室成员的修养地。上述活动时，陪伴在拿破仑三世与欧仁妮身边者通常包括梅里美。他陪同皇后在比亚利茨的海滩散步，他们一同欣赏大西洋的海景、议论社会新闻。梅里美直言国是，为拿破仑三世最愿听取意见的“顾问”之一。作为“家庭的朋友，他独自一人获得完全的信任，他的意见几乎总能得到倾听”[②]。的确，梅里美具有较多的自由，去判断事物和发表已见。

梅里美在与朋友的通信中表明自己的政治倾向与私人感情。“我寄了一些白薯给皇后，约 7300 克，这是此处（戛纳，Cannes）的土产。我不知道（他们）是否愿意吃它。”（1862 年 12 月 17 日致友人信函）他又对朋友表示：“您告诉我了关于皇后身体状况的坏消息，我深感忧伤。她的变化令我吃惊。我与您相同，认为她的生活比较不健康。她在一定时期内应该绝对地休息。”（1865 年 1 月 1 日信函）[③] 梅里美与欧仁妮长期交谊关心备至，寄送白薯一事说明关系的亲近。

对于拿破仑三世，梅里美原则上持肯定与支持的态度。皇帝“在圣安托万郊区发表的演说，我很欣赏。我想，它产生了非常好的效果”（1862 年 12 月 17 日致友人书）。作家与君主的关系非同寻常。1863 年之际，拿破仑三世正在撰写一册专著《凯撒史》，梅里美不断给他以帮助。他从比阿里茨的

---

① Mérimée, *Lettres à Viollet-le-Duc*（1839—1870）. Paris—1927. p.13.

② Delort, *Histoire du Second empire*. Paris—1874—1875.t.6. p.2.

③ Mérimée.Op. cit. pp.81，119，136.

欧仁妮别墅写信告诉朋友："我感觉《凯撒史》进展缓慢。（作者）想说明一切，过于好奇。有许多无法解释的奥秘，例如凯撒临睡时脱下了什么帽子？棉织的、印度马德拉斯棉布制的，或者月桂装饰的皇冠？"（1863 年 9 月 22 日致友人信函）[①]1863 年，法兰西第二帝国派兵远征墨西哥取得胜利，6 月 3 日法军进入墨西哥城。9 月 13 日，梅里美写道："如今在英国，皇帝（拿破仑三世）最得人心。"一年多后，梅里美从比阿里茨告诉远方友人："皇帝积极活动，心情十分愉快。太子各方面皆有进步，有时候淘气。"（1866 年 10 月 2 日致友人信函）[②]梅里美与拿破仑三世的关系远不及他与皇后那样的"私人朋友"性质，但是拿破仑三世不将他当作外人，况且他对于国家政治未曾发挥较大影响。

## "我们正在走向大混乱！"

从另一角度，也可见到梅里美对于拿破仑三世政权的关切，他较早地因为法国政局的演变而感到不安。1863 年 5 月 31 日立法团选举，官方候选人获 500 余万张选票，251 人当选，即议员的绝对大多数。但是，反对派获 100 余万张选票，即 17—20 名共和派与 15 名王朝反对派人士当选议员。与此前各次选举相比，反对派所获选票及议员人数增加，显示出当时国内矛盾的激化。梅里美对于立法团选举、法国社会的政治活动甚为担忧："我们正在走向一个大混乱，我们大概无法摆脱。这将是返回议会制政体或发生一次革命，或两者全将到来。"（1863 年 12 月致友人信函）[③]1866 年 7 月，普鲁士在萨多瓦战胜奥地利之后，梅里美对于欧洲局势产生的不安有所增添，认为法国将面临国际上的动荡。

19 世纪 60 年代末即第二帝国后期，梅里美忧心忡忡，多次私下对朋友

① Ibid. pp.92，94.

② Ibid. pp.136，139.

③ Ibid. p.99. 请参见拙著《法兰西第二帝国史》，知识产权出版社 2008 年版，第 79 页。

表露。“我想，你是对的，前途阴郁。到处不见光明……使我震惊与痛苦的尤其是人的缺乏。”“显然，一次大革命正在秘密地酝酿着。她将在某一天爆发，很可能使人民感到突然。大家知道她在临近，但是每一个人都希望她尽量推迟，以便完全避免。”“我所经历的、我从历史中知晓的一切革命，皆是对于以往的坏事、罪行实行清算，皆将结束往日的、反自然的状况。目前，我看不到需要清算的罪行与需要进行的社会变革，它们与人性直接矛盾。我感到，改变所有权不会比改变肝和脾的位置更为容易。尽管社会由于文明而进步，仍然不能如同路易·布朗的门徒们所幻想的那样——实现平等。”[①]（1869 年 4 月 11 日信函）

由于对局势的愁绪，促使梅里美显著地关心政治制度等问题。他曾对友人说明己见：“我想法国人最爱的不是自由，而是良好的治理。聪明文雅的省长将促使人们热爱政府。”“我在某种程度上希望现任的内政部长弗卡德—德—拉罗克特（1868 年 12 月—1870 年 1 月在职）比他的前任有更多的感知力。但是，人们容许他如此行事吗？”（1869 年 4 月 23 日致友人信函）同年年底，梅里美的忧患继续加强。“我常常自问，我们正在走向何方？”“我们不是走向一次社会革命。回到神权政治或专制主义，我觉得这些皆不可能。只能回复到一个范围之内，即混乱与蛊惑人心的纵情狂欢或者专政这两者的轮流出现。我既不爱前者，也不爱后者。”（1869 年 12 月 29 日信函）[②] 梅里美感觉到社会前途暗淡无光。

1870 年 1 月 10 日，巴黎发生凶杀事件。拿破仑三世的堂弟皮叶尔·拿破仑亲王在其报刊上攻击《报复报》（科西嘉的民主报纸），后者的编辑之一格卢塞表示抗议，并请两位友人努瓦尔（Noir）与丰维尔代表他会晤该亲王，要求此人赔礼道歉。这位亲王蛮横无礼并开枪射击，努瓦尔因伤致死。12 日举行葬礼时，约 10 万人参加游行，其中包括共和派人士。3 月，特别

---

① Mérimée, Op. cit. pp.169–171.

② Ibid. pp.171–172，175–177.

高等法院审讯，结果判处格卢塞和丰维尔入狱，投案自首的皮叶尔仅赔偿 2500 法郎给受害者的妻子等亲属。梅里美于 2 月 7 日在私人信中写道：美国一份报纸说，“如何能够相信这个证人（丰维尔）？此人握有武器，却让自己的同伴被杀，而不保护他？”梅里美表示“我觉得，美国人评论得不坏”。[①]

同年 3—4 月，梅里美在戛纳，他对于局势的演变十分关切。“巴黎的政局，我再也无法理解了。”“我看到政府越来越无能为力，它如同一个受挫的赌者，正在双倍地投下赌注。”（1870 年 4 月 10 日致友人信函）[②]

上述文字表明梅里美对于皇后、皇帝、政府的支持与赞赏，心怀由衷的善意。同时，他对局势与社会前途日益不安。

## 当时，法国是一个“狂人的社会”

数十年的生涯里，梅里美曾经反对、谴责许多东西。他反对封建专制、教皇极权主义，宣称法兰西最好，然而他对历史不是没有批评。

法国大革命在某些共和左翼史学家的著述中得到了神化，但梅里美拒不分享这种迷信。他指出：大革命中“人民开会时，使用最可憎的、比 1848 年更加恶劣的语言。人们颂扬断头台，又说 1793 年还不曾砍下足够的头颅”。“罗伯斯比尔的政治思想……在于禁止一切个性，并以国家的干预去取代个人的一切行动。”[③] 显然，梅里美对于极端的言行予以否定。

1823 年，梅里美告诉一位朋友：“在我们的这个卑鄙的世纪，活得很不愉快，对于自由已经失望。”他的《克伦威尔》《嘎聚尔戏剧集》《雅克雷》矛头所指多是复辟王朝，尤其查理十世的统治。

① Ibid. p.181.

② Ibid. pp.184，187.

③ Trahard，*La Vieillesse de Mérimée*（1854—1870）. Paris—1930. p.15. 及 *Mérimée，Lettres à Viollet -le-Duc*（1839—1870）. Paris—1927. p.112.

梅里美对于自由主义与民主持保留态度。他从1861年起时常对它们加以谴责，1861—1862年他在致蒙蒂霍夫人的信函中充分表露无奈。他关心内政的走向，认为政府所做的“自由主义性质的让步，或者官方的无所作为，皆是有害的”。“我们动摇于无政府状态和绝对权力之间。”“谁也不知道人们走向何方与渴求什么。”随着“一种严重的骚动”“一种潜伏的动乱”（1862年4月6日信函），“大家都不高兴”（1862年11月13日信函）。①

1864年起，梅里美对自由主义更加不满。“给人民以更多的自由，红色的反对派将越多。”（1864年1月23日信函）“巴黎的民众赞成共和主义。”（1864年5月5日信函）他最为遗憾的是“向议会主义的让步”（1867年1月24日信函）。他“猛烈地抨击”梯也尔、法弗尔、罗什弗尔以及雨果（1867年3月8日与4月6日信函），指出法国民众“是比较不合适于立宪政府和自治（self-gouvernement）的民众”（1867年3月8日信函）。他宣称：“自由太多，就成为疾病。”“皇帝的软弱、党派的分裂、爱国主义的缺乏、教权主义的危险、普通的意志落弱，这些就是疾病的原因。”“人们很可能给法兰西社会带来长久和平与物质利益的崇拜，但是与此相比，一场战争将更能治愈精神的疾病。”（1867年2月8日信函）②

1862—1867年，梅里美保持对当时法国社会的批判。“国家的道德败坏，某种不可设想之事。”（1862年12月21日信函）法国民众已经“深度堕落与道德败坏”（1863年12月20日信函）。法国当时是“狂人的社会”（société des fous）（1867年6月4日信函）。“爱恋金钱与舒适，毁坏了资产阶级，她比任何时候都是利己主义与软弱无力。”（1867年4月6日信函）③

自由主义、议会主义、教皇极权主义、民主、资产阶级以及19世纪社会的利己主义皆成了梅里美抨击的对象。梅里美自由地批评自由，同时自由地处理与官方的关系，坚守自己心灵与言行的自由。

---

① Trahard Op. cit. pp.149，150.

② Ibid. p.150.

③ Ibid. p.154.

## “唯一的敌手是共和国”

共和主义更是无法避开梅里美的严厉言辞，请看他的态度。“在普雷—奥—克勒尔（Pré-aux-Clercs）（召开的反对专制）的讨论会、关于博丹（纪念碑）的捐助、马赛对于若干投毒者的审讯，都使我伤心。太愚蠢了！太愚蠢了！与1848年我们不停地重复的情况相同。当人们对于是否需要取消首都而争论三个月之久时，一个国家应该怎么办？”“一位杰出的律师甘必大……为一个不懂人情世故之人博丹建造纪念碑而捐献……”（1868年12月8日信函）1869年，梅里美对友人直言：“帝国的唯一敌手，这就是共和国。咳，她极为强大！”（1869年6月3日信函）[①] 梅里美的政治判断不无道理，一年多以后共和国将取代帝国的统治。

对于工人群众，梅里美看法明确。他主张借助天主教会教育工人，如修复大教堂，并认为这是一种绝妙的手段。此外，1864年年初，他另有议论。那时，正值立法团补充选举之前，2月17日，《国民舆论报》发表了《六十人宣言》，这些签字的工人声明在立法团中“需要有自己的代表”。梅里美对于《六十人宣言》不曾加以尖刻的攻击，而是私下表示：“巴黎工人们宣言使我感到惊讶，这个宣言应该起源于1848年。”（1864年2月25日从戛纳致友人信函）[②]

梅里美对于资产者、记者以及新闻进行了评论。从1868年起，梅里美采用尖刻甚至辱骂的语言进行谴责：“为什么有那么多的政治狂人？”“墨守成规将使法兰西遭受失败。法国的资产者是一些愚蠢者和盲从者。与其说记者们是低能儿，不如说他们是更加危险的。”（1868年4月22日信函）“新

① *Mérimée, Lettres à Viollet-le Duc*, Op. cit. p.168. Trahard, Op. cit. p.152. Pré-aux-Clercs 在巴黎城内，此处往北为 Rue de l’Université。马赛的审判是一刑事事件，曾有一定影响。

② 第二帝国议会由立法团与元老院组成。请参见拙文《〈六十人宣言〉——法国工人运动的一个路标》。

闻是坏蛋！它想毒死我们大家，它应该为自己所做的蠢事付出代价。”① 显然，梅里美身为文化人士、与政治少有直接关联，他不能辩证地看待上述问题。当时，法国一批共和主义报刊经常激烈抨击内外政策以及辱骂拿破仑三世，从而和梅里美比较冷静的忧国忧民的心态互相抵触，引发出他的气愤。

就第二帝国的对外政策而言，梅里美发表了许多意见。他认为法国并入萨瓦与尼斯、插手罗马教廷事务、干涉意大利政局、在中国与美洲进行战争，皆是“不合时宜与不祥的行为”（1860 年 3 月 24 日信函）。他曾公开反对法国军队远征墨西哥。

## 不当朝廷的奉承者永远是自由的

梅里美留下了《卡尔曼》《高龙巴》《塔曼戈》，这样的文人不可能销声匿迹，他们的遗产延续在人世间，因此不可避免地受到探索者的“拷问”……

在若干后人的著述中，梅里美是拿破仑三世皇帝“陛下的侍从小丑”、“反动分子”、为宫廷“倒尿盆的人”、“朝臣”、奉承者。另有意见认为“他由于漠不关心或因为利益驱使，而支持所有的制度”②。不过，“所有的”显然不妥，至少梅里美既否定封建专制，又反对复辟王朝，对于共和制度人也怀有某些敌意。他虽然身为七月王朝的官员，仍然不肯支持路易—菲利普国王的统治。

梅里美出入宫廷与履行官场礼仪，无疑都是事实，与此同时，他遭受过打击，敢于拒绝朝廷的恩赐，对官方保持一定距离，这些也是事实。他坦然承认：“我在拼命地工作。”“知音难觅啊！”他曾被法庭判处罚款与监禁

① Trahard.Op. cit. p.151. Lucas-Dubreton, *Monsieur Thiers*. Paris—1948. p.54.

② 发表此意见者为第戎大学教授 Trahard，他撰写了关于梅里美的数册专著：*La jeunesse de Mérimée*（1803—1834），Paris—1925. *Mérimée de 1834—1853.* Paris—1928. *La vieillesse de Mérimée.* Paris—1930.

（1852 年 6 月）。当时，一位数学家（Libri Carucci della Sammaja）由于“耶稣会士阴谋”等“莫须有”的罪名，获刑 10 年监禁。梅里美挺身而出为受害者辩护，并尖锐地抨击法庭，因而也受到审讯。他在私人信中说明有关情况：“有关我的审讯，（法庭对我说）判处罚款 1000 法郎与监禁 15 天……我将于下月初进入监狱。我的情绪比较愉快。我支付了罚款，我不再考虑此事。”（1852 年 6 月 19 日信函）梅里美以他的法学专业知识，努力维护人的尊严。[①]

他曾多次采取行动，不接受宫廷的美意：拒绝担任皇后的秘书（1853 年 3 月）；拒绝出任公共教育部长（1853 年 6 月）；接受元老院元老的任命时，辞去历史文物总检查官之职（1853 年 6 月）；接受关于诺曼底的古物收藏家协会会长的任命时，以保持自己的独立性为条件（1853 年 8 月）。

这些发生于第二帝国的初年，即“专制帝国”阶段。那时的政治气氛和社会束缚相当严厉，公然抗命可能招致危险。他婉言拒绝了人们趋之若鹜的或不敢抗拒的官职。梅里美不愿意也不曾成为一个俯首听命的朝臣。他曾明白无误地告诉友人：命运使我“不当朝廷的奉承者”[②]。

《卡尔曼》一书中，梅里美如此描述这位女主角的野性反抗：她面对利刃死期已至时，坚定地表示：“我看清楚了你要杀我……然而卡尔曼永远是自由的！”

梅里美茕茕孑立，第二帝国垮台后不久，他因病辞世。死时冷冷清清，只有他母亲的朋友即两位英国夫人相伴。[③] 他以自己的一生坚定地表示：尽管得到宫廷的照顾，梅里美永远是自由的！

---

① Mérimée，*Lettres à Michel et journal*., Op. cit. pp.52–53.

② Trahard，Op. cit. p.12.

③ 梅里美是个无神论者，死后葬在新教徒的墓园。

# 50

**拉马丁（Lamartine，1790—1869）**
**悲情的诗人，自由的火炬**

## “人，作为奴隶，生来心里便向往自由！”

### 贵族、军官、诗人、外交部长

贵族、军官、诗人、外交部长以及突出的贡献和优美的诗句，这些词语堆砌在一起，“构成”一个特别的人物——拉马丁，法兰西的诗歌与政治曾是他以激情耕耘的沃土。笔者将追寻他借助文字勾勒的幽谷，使用政策掀起的巨浪。

阿尔丰斯·德·拉马丁（Alphonse de Lamartine）生于贵族家庭，母亲既聪明也敏感。成长时，他受到沙多布里昂、修道院长伯父（叔父）拉马丁的影响。1811—1812 年，他在意大利旅游，增添了见识，开阔了眼界。1814 年波旁王朝复辟后，他为卫队军官，但不属于顽固的正统派。拿破仑执政的“百日”期间，他流亡瑞士。1815 年第二次复辟后，他离开军队，进入外交界。1816 年，他偶遇茹丽夫人，两人一见钟情。1819 年 4—5 月，他骑马从巴黎走到布尔戈尼的乡野，此次旅行加深了他对法兰西的了解。1820 年，他出任法国驻那不勒斯使馆的随员。同年，他结婚成家，妻子玛丽安娜·拜奇（Marianne Birch），英国人。1821 年他为法国驻佛罗伦萨使馆秘书。1824 年 9 月，路易十八去世，查理十世即位。拉马丁和雨果等人曾颂扬新国王的加冕，同时要求生存的权利。[①] 1830 年 7 月，巴黎发生革命，复辟的波旁王朝垮台。奥尔良王朝开始，拉马丁对它持反对态度，并辞去外交官职。1832 年，他在近东漫游。1834 年，10 岁的女儿茹丽亚夭折，拉马丁受到了打击。1836 年，他的膝盖受伤，行走困难。

1833—1851 年，他多次入选议会，初时属于王朝反对派，1838 年后为无党派反对者的首领。1840 年起持自由主义立场，他主张议会改革，要求自由权利。1847 年他因出版《吉伦特派史》而影响大增，此时他属于共和派，参加"宴会运动"，宣布正统主义"自取灭亡"，表示当时掌权的基佐已使大家"厌倦了"，此外也指责山岳派专政的"愚蠢"。拉马丁又一次政治转折，这个时期的活动为 1848 年 2 月的斗争和掌权准备了条件。

政治方面之外，拉马丁的情感生活与文学创作令人瞩目。1820 年，他出版《诗歌的沉思》(*Méditatios poétiques*)，获得广泛好评。1823 年，他的《新的诗歌沉思》(*Nouvelles Méditations poétiques*) 问世，也受到欢迎。此外，他还著有《诗歌与宗教的和谐》(*Harmonies poétiques et religieuses*, 1830) 以及《诗歌之冥想》(*Recuillements poétiques*, 1839) 等。他在史学领域也有建树，例如著名的 8 卷本《吉伦特派史》(*Histoire des Girondins*, 1847) [②]、《1848 年革命史》(*Histoire de la Révolution de* 1848，1848—1849) 和《掌权三个月》(*Trois mois au pouvoir*, 1848)。1850 年，巴黎出版《拉马丁全集》(*Oeuvres complètes de M.A.de Lamartine*)。

拉马丁不相信无神论，他是个天主教徒。1819 年，他写道："天主显然存在"，"大家崇敬的天主，赞美，我所敬仰的主宰"，"我的灵不曾忘记，永远将天主珍藏在我心里"。从 1832 年起，他"与天主教会保持距离，但是仍旧信仰天主教"。1844 年，他写道：让命运再来折磨我们吧！天主令我们为人类而将明灯高举！ 1847 年，他表示心中将遵循天主的旨意。崇信天

---

① Jardin et Tudesq, Op. cit. p.105.

② 笔者在第戎大学执教期间曾阅读此书，该校图书馆当时将 8 卷书一直放在笔者的座位上，不必每日重新借阅，趁此机会表示衷心的感谢。第戎大学让笔者留下了美好的回忆。

主的拉马丁未能避免个人的不幸。[①]

## 共和国政府的实际领导人

1848年2月22日，巴黎发生起义，拉马丁走到政治舞台的中心。24日，许多起义者簇拥着他来到市政厅，他在阳台上高声宣布“法兰西是共和国”，“我们将一同谱写最为雄伟壮丽的诗篇”。25日，拉马丁发表演说：“公民们！你们建立了共和国……一个平等的共和国……在法律面前不再有贵族、寡头、大人物与小民、古罗马的贵族与平民、主人和奴隶，只有全体公民组成的人民……公共权力仅来自每一个人的权利与投票。”[②]24日成立了“临时政府”。“虽然杜邦—德—勒尔（主席）拥有官方名声的优势，外长拉马丁成了政府的真正领导。”[③] 该政府正式宣布：“法国的临时政府是共和国政府。”共和制度的建立获得了保证。5月4日制定议会开幕之前，临时政府是法国唯一的政权机构。

由于拉马丁的指挥、部长们的努力、民众的渴求，临时政府采取相当积极的内外政策。“废除了一切君主政体”，坚决“阻止旧王朝的重建与新王朝的产生”。蓝白红三色旗是“自由、平等、博爱的象征”，也是“秩序的象征”，“正义是它的基础”。召开国民议会，这将是由全体男人直接普选产生的立法机关。重建全体公民皆可参加的“国民卫队”。立即释放政治罪犯。“新闻自由”，“临时政府保护俱乐部”，“共和国依靠自由与争论而生存”，但是反对“携带武器的讨论（集会）”。劳动权得到承认。“共和国保护私人的所有权”，取消酒类的零售税。在法居殖民地“废除奴隶制”。外交政策发生变化，拉马丁于3月4日发表《告欧洲宣言书》，宣布反对输出革命，

---

① Lamartine, *Oeuvres poétiques, Méditations poétiques*. Paris—1839.t.1，pp.301，27. *Méditations* nouvelles.t.2.Bruxelles—1825. p.166. 又曾参考张秋红所译《拉马丁诗选》，译文出版社1994年版。

② Agulhon，1848.Op. cit. p.41.

③ Lamartine，*Trois mois au pouvoir*. Paris—1848. pp.64–65.

渴望欧洲和平。①

与此同时，临时政府在对待工人与农民方面，存在着政策问题。虽然成立了“政府为劳动者的委员会”，但是“国家工场”效果有限。政府对“四种直接税的每1法郎加收45生丁税”。四种直接税为土地、动产、门窗与营业税,1法郎等于100生丁，即加收45%。如此做法主要造成农村民众（小土地所有者与佃农）的损失。

临时政府内，以拉马丁为首的温和共和派受到社会大局势的促进，加之比较激进的成员们的合作，采取了一系列积极措施。76天从政的激进实践，为法兰西的政治历史做出了难能可贵的贡献。二月革命与临时政府的时光，被誉为“人民的春天”“充满激情的革命”。当时的条件之下，临时政府已经很有作为，在政府工作中，拉马丁是“一个独立的人物”。他曾面临诸多困难，并感慨地指出:“这种革命政权真难掌握。”②

## “打倒拉马丁！” 寻死与撤职

5月10日，制宪议会解散临时政府，同时成立“行政委员会”，由阿拉戈、拉马丁等5人组成，下设若干部长。拉马丁的实权已不及临时政府时期。

6月22日巴黎工人开始游行，次日转变为起义。工人集会时，曾有人高呼:“打倒拉马丁！”23日，行政委员会与拉马丁指示卡维尼亚克将军:调军队6万人进城以便阻止骚动。但是，卡维尼亚克不肯服从，他在等待事态扩大与获得更大的授权。当天下午近5时，该将军认为已经进行了足够的调动。“将近6时，拉马丁企图靠近唐普尔的街垒。后来，他承认曾想在那里寻死。若干暴动者向他开火，但是未能击中。”同日，议会决定取消“行

① 上述内容皆见*Actes officiels du Gouvernement Provisoire*. Paris—1848. pp.3，34，20，32–33，68，69，11，16，23，26，3–8.

② Vidalenc，*La France de la diligence au Concorde*. Paris—1975. p.53.

政委员会”，建立卡维尔亚克将军的“军事专政”。拉马丁匆忙给他的妻子写信：“你只能去‘马德里’/卡斯特尔·马德里，靠近布伦森林/我大约将去那里与你汇合。我们被撤职了。卡维尼亚克（获得全权）成了独裁者，巴黎已经戒严。”“行政委员会”于23日取消。[①]

5—8月，议会成立一个调查委员会，追究临时政府的问题，有人提出拉马丁曾从国库窃取200万法郎，用于还私债和在伦敦购买房屋。拉马丁只得详细地公布自己的财产。8月25—26日，议会专门开会，审核勒德律和罗兰等人的问题，但是拉马丁未曾受到质疑。1851年后，拉马丁陷入经济困境可为旁证，他曾经出售他在米利的住宅。

## 竞选总统，仅获2万余票

1848年12月10日，举行共和国总统选举，候选人为路易—拿破仑·波拿巴、卡维尼亚克、拉马丁等6人。结果，波拿巴获得500余万选票，当选总统。拉马丁仅获21032票，他大为失望。[②] 看来，临时政府的工农政策对他产生了不利的影响，尤其是农村居民痛恨“45生丁税”。他们将选票投给了拿破仑一世的侄子。“春天”的创造者拉马丁只得吞下“寒冬”的苦果。他曾经表示：“我一辈子都是业余的诗歌爱好者，而不是以写诗为职业。”[③] 实际上，可以换个说法：拉马丁难说是职业政治家，而是生花妙笔、技艺精湛的诗人。

乔治·桑认为，与其说他是活动家，不如说他是一个诗人，“他是伟大的诗人”。拉马丁与雨果的关系也可以从侧面说明问题。他们之间的友好交往大约于1830年年初发生转折。雨果的性格“专横无比像皇帝”，拉马丁

① Murat，Ibid. pp.269，272，302，277.

② 另有若干数字如17010、17000、800等，但获票极少是不争的事实。*Séguin, Luis Napoléon le grand*. Paris—1990. p.127. Murat，Op. cit. p.337.

③《拉马丁诗选》，上海译文出版社1994年版，第189页。

对于雨果拥有多名情妇“表示十分气愤”，这些皆起了作用。雨果年轻12岁，一直对拉马丁怀着敬意。1820年拉马丁出版《诗歌的沉思》时，雨果深受感动，表示“这才是真正诗人的诗，充满真正诗意的诗”。他曾前往圣普安拜见拉马丁。后来，19世纪60年代，雨果称拉马丁为“伟大的诗人”“作家中最伟大的人物”。另一方面，1848年2月临时政府时，拉马丁曾任命雨果为巴黎一个区区长。但是，对于雨果的作品《欧那尼》《秋叶》《巴黎圣母院》《沉思》，拉马丁如同沙多布里昂，一直保持沉默。1826年，《悲惨世界》出版时，拉马丁甚至指责："这部书是危险的。"[①] 在那些著名的文化人士面前，雨果无法过分矜功自伐显耀自己。

拉马丁由满头金发的青春年华，到弯腰拱背的垂暮依依，伤感融化在血液里，渗透在诗句中，或许正是因为历经折磨、苦在心田，激发他在领导临时政府时期，能够采取一系列先进的政策，以一种出人意料的政治激情震撼法兰西、欧罗巴！临时政府是拉马丁以激情书写的政治诗篇！

## “如今，我想独自长眠！”

1844年，拉马丁在一首诗中写道："任何天才都会受尽折磨。"著名画家安格尔也曾指出：卓越的艺术成就，只能用眼泪去获取。谁不备受折磨，谁就不会有信心。什么是天才？拉马丁是天才吗？任由世人评说！应该首先承认他的诗歌才能，而后为政治才能。

拉马丁思想活跃、开放、仁慈，为人认真诚实。请看拉马丁本人的变化，便可知晓他付出了多少辛劳。1848年二月革命与临时政府成立时，他的头发初显灰色，六月起义后头发全白了！ 12月，他脸色苍白，面带愁容，腰背弯曲。与2月相比，仿佛老了10岁。对于广大民众，他的贵族出身，使他以高贵的姿态保持着距离。但是，他拒绝奥尔良王朝，脱离正统主义，

① 莫洛阿：《雨果传》，湖南人民出版社1983年版，第569页。

改奉自由主义，直至温和共和主义，又以临时政府激进的功绩，展露政治激情。他领略了令人欢笑的春天，也忍受了捉襟见肘的冬日。在某种程度上，拉马丁反映着法国近代政治的特别性质：追寻幻想与面对现实，在现实的土地上栽种幻想之树，企盼它结出浪漫的果实。

1851 年，拉马丁反对波拿巴总统的政变，从此退居乡野，随后陷入贫困，但是拒绝接受官方的津贴。1863 年他的妻子玛丽安娜去世。1867 年，他接受第二帝国立法团提供的年俸。拉马丁曾说“法兰西是一个有伸缩性的国家”。他自己的思想转变可为一例。1869 年 2 月 28 日，拉马丁在巴黎逝世，他生前已拒绝国葬。在他病情加重期间，侄女（Valentine de Cessiat）与他相伴，她遵照他的意见，拒绝官方给予国葬的待遇。拉丁马落叶归根，安葬在家乡马孔的圣普安。①

拉马丁是一位自由的追逐者。恋人的病逝使他身心受到重创，但是他继续反对专制。1819 年春天，他从巴黎去布尔戈尼的途中，② 骑在马上信步而行时，已经写下了“不错，我的灵魂乐于摆脱天主的桎梏”。1851 年，由于反对政变，他告别政治决心隐退，负债与贫困限制了他的经济自由！他自由地追求了自由，不无遗憾地自由了！

他晚年表示：“我爱过，我也曾被人所爱，我辞世之前已经足矣，这些词语多么沉重，为此只有垂泪！”③

人们如果有机会，请去访问法兰西的布尔戈尼，前往马孔寻找圣普安镇的小教堂，那里安息着拉马丁。请静心倾听，或许可以想象听见他的低吟：“往昔我活着为了民众，如今我想独自长眠！”（J’ ai vécu pour la foule et je veux dormir seul！）这是他在墓碑上留下的遗言。④ 无疑，他也留下了悲伤的情史和自由的诗篇。

---

① 关于拉马丁妻子死亡以及下文临终相伴的女伴、他和天主教会的关系等情况，曾与法国教授伊尔德什美尔核实。

② *Méditations poétiques*, p.297.

③ Lamartine, *Oeuvres poétiques. Poémes-épitres*.t.3. Bruxelles—1825. p.115.

④ Decaux et Castelot. *Dictionnaire*. p.541.

## “活人的太阳无法晒热死者！”

爱情的厄运使拉马丁受到严重伤害。1816年10月，他在萨瓦的埃克斯—勒—班的布尔热湖边，认识了茹丽·莎尔夫人，[①] 两人迅速坠入爱河。1817年1月，他们在巴黎相聚约4个月。8月拉马丁来到埃克斯—勒—班，他未能遇见约定前来重聚的女友。12月，茹丽因病在巴黎病逝。拉马丁较迟得知噩耗，伤心至极，从此悲情一直笼罩着这位诗人。1816年10月至1817年1月的《祈求》、1817年9月的《湖》、1818年的《孤独》、1919年的《幽谷》、1823年的《带有耶稣像的十字架》成为法兰西情诗中的佳作，茹丽仿佛活在诗中。

纵观拉马丁的一生，官场的激烈搏击、波谲云诡，远不及情场的悲惨灾难对他产生的影响。可以认为，茹丽之死使他永远失落、无限忧伤！1816年10月至1823年的诗篇证明了深深的感情。1816年10月—1817年11月，拉马丁写道：“突然出现在面前，你这位下凡的仙女。”“既然在人间给我以婉转柔情，在天堂也请勿将我忘记。”（《祈求》）迷信的拉马丁似乎所有预感。1817年9月，拉马丁回忆布尔热湖边的往事：坐在岸边久久等待，却不见茹丽的到来，他无限感慨。“我们始终被推向新岸，在那无尽头的黑夜，永远不能回归，难道我们在那岁月的大洋中，一日也无法抛锚停歇？”“湖啊！她允诺在这可爱的波浪旁边重逢。你看！我已独自赴约，静静地坐在这石头上，你能见证这就是她曾歇息的地方。”“啊，光阴，请你暂停飞奔的脚步……让我们专心体验着瞬间即逝的心满意足！”（《湖》）[②] 未曾与茹丽重聚，心里惆怅，但仍然怀着希望……认为只是“生离”，由于茹丽爽约而已，他还不知死别的信息。

① Savoie于1796—1814年被法国兼并，1860年它和Nice一同并入法国。

② *Méditations poétiques*. pp.215–216，185–188. Lamartine, *Oeuvres complètes.* Paris—1850. cit. p.116.

1818年8月，茹丽去世后约8个月，拉马丁倍感孤独。“当那夕阳西垂之时，我屡屡忧伤沉思”，坐在山上的一棵老橡树下，安静地眺望原野，教堂的塔尖耸立于远方，悠扬的钟声在耳际回荡。但是，终究“活人的太阳无法晒热那已经仙逝的死者”。大自然啊！“只是少了一个人，整个世界便变得一片苍凉。”“当那树叶坠落草地，晚风乍起，将落叶卷离山谷，而我如同那些枯叶。猛烈的朔风啊，带走我吧！我愿随它们一同离去！”（《孤独》）① 化作秋叶，随风遁迹，没入无涯无际，为了追寻已经永逝的茹丽。

1819年，拉马丁专心注视：残绿、落黄，意味着“大自然的悲伤”。它们和“我的哀愁”互相映照。阳光开始隐逸，林间初露昏暗，还有那渐渐失去活力的大自然……“我渴求饮尽……人生之酒”，“不久我也将辞绝人寰”。（《秋》）。拉马丁在《幽谷》中写道：“从此，忘却是我唯一的快乐”，“我的生命已经悄然泯没”。② 诗人心中无形的泪水，仿佛在诗行中流淌。

1817年12月18日茹丽病逝于巴黎，她将自己配戴的十字架，委托在场的教士转交给拉马丁。茹丽临终前，曾经亲吻这个十字架，“从她即将咽气的唇边，我接过了你（十字架）和她的最后的气息与她的永别”。倩影“在我面前时隐时现”，但是亲人已经命赴黄泉。几经辗转收到的十字架，“你将留在我身边”，“这是令人痛不欲生的遗赠”。“坟旁树木已经七番新绿，你始终和我寸步不离。”（《带有耶稣像的十字架》）③ 这是1823年拉马丁的心迹。

死亡如利斧，斩断了拉马丁和茹丽的情缘，心中的伤口好似无底深渊。留下的十字架成为他们醉心相爱的信物。泪水滴落在十字架上，也浸透了诗篇。拉马丁的心在泣血！此外，悲欢离合的人生烈酒，使他“沉醉”，难于苏醒，直至皓首垂年！这真是思往事易成伤，最断人肠！

---

① *Méditations poétiques*. pp.85–88.

② Ibid. pp.309–310，127，129.

③ *Méditations nouvelles*. pp.189–191.

## “自由，我对你一往情深！”

具体的形象坦露拉马丁的自由情感。如称家园为“自由的故乡”。构想“自由得如同树林中的飞鸟”。愿意做一只雄鹰，“你活着是为了思考，如同雄鹰控制着寂寞的天际”。希望变成孤舟，“让那一叶无桅小舟，随着我的意愿，驰骋于你那永不安宁的海上”。[①]

诗人笔下出现动物、植物、景色，但他不是着意于风花雪月。不能用凡俗的眼光看待这一位诗人。他不属于巴黎街头和议会讲坛上普通的自由派或激进派，那些人或喋喋不休或竭力呐喊极端口号。拉马丁的诗句出自心灵。他在柔情似海洋、悲伤如泪雨中露出了锋利的钢刀——自由，朝着 19 世纪前期法国尚存的专制制度刺去。这正是拉马丁浪漫诗篇的激情力量之所在。

拉马丁怀着“暴风雨般的激情”。他曾表示：“深沉的黑夜里，激情是我唯一的火炬！”“激情，以她纷扰动荡之风，扬起人类之帆！”[②] 他的激情在文学园地尽意表露，也在政治舞台努力抒发。法兰西的恋情史上，拉马丁并不特殊，但是在那文学与政治相结合的领域，他确实做出了巨大贡献。法国文明中，少有人能与他并肩相比。诗篇弥漫着情感的忧伤，却透射出浪漫的光芒！

1815—1830 年，拉马丁身为外交官，但是他追寻自由，实际将抨击的主要矛头指向复辟王朝。此外，对于七月王朝与第二帝国也有所涉及。“我仍旧时常体验到，20 年华的热血涌入脑海！”1856 年，暮年的拉马丁写道：“冰雹骤然坠落，击碎了彩绘玻璃装饰的窗户，让那些归巢的旧燕，自由自在地出入！”

人类的生存、民众的命运、自己的灾难，促使拉马丁弹起弦琴，奏出忧伤。他的激情通过苦涩的歌喉表达着人生的无奈与辛酸。人，很容易受到伤害，但是绝大多数受损害、受侮辱者不能表示相悖的意见，无法维护自己的

① *Méditations poétiques*, p.251. *Méditations nouvelles*, pp.235，27，185.

② *Méditations poétiques*, p.299. *Méditations nouvelles*, pp.78，67.

权利。（有多少打手、凶手事后能够反思？）受伤者当中仅有极少数人以诗的形式坦陈自己的感触。请听拉马丁的倾诉：

“人是一个神灵，他已被逐下凡尘，却未曾忘记天堂。”[①] 人生是“流放地”。“生活多次欺骗了我，于是我将希望永远逐出心窝。”死神“将人赶向坟墓，不让他弯下身子，去摘取那些他未能摘取的花朵”。时光将“吞食”生命，“犹如一条大河淹没了岸边的沙粒”。“我灰心失望”，“我的灵魂疲惫困乏”。“我将独自结束自己的风烛残年，在那希望和死亡之间！”“无论生或死，人民难免为了流亡或永别而哭泣！”

他又描绘道：“双唇紧吻鲜红色的酒杯，多么幸福。”“当人生之酒还在我们手上时，应该立即一饮而尽。”但是，人生如苦酒的诗句更为常见。“你我命运相同，我和你都喝干了这令人愁闷的苦酒。”“我刚刚尝到人生苦酒的滋味。”无声的泪、破碎的心、一叶孤舟、“迷茫空濛的大海”……以及恋人的请求：“尽快归来吧！”天主却判定他们为“永别！”[②]

尽管无法摆脱悲伤的心态，拉马丁不曾被它卷走、湮没、窒息。他不肯沉沦于痛苦，始终追寻着心中的目标——自由。1851 年反对政变，他自由地隐退。贫困限制了他的经济自由。他失望地自由了，然而，一直自由地追求着自由。

“我的灵魂乐于挣脱天主的锁链：解除人世间苦难的重负，在此肉体的世界上，让我的感觉随意踱步。让我轻松地达到精神世界的高度。”诗人歌颂大海：“如同思想那样自由，你击碎了国王们的舰船。”拉马丁出身贵族，同样向往着自由。但是，“啊，自由！当代人们亵渎了你神圣的名字，我在心里对你一往情深”[③]。“人啊！……作为奴隶，他出生以来心里便向往自由。”

---

① *Méditations poétiques*. pp.92，123，222，111-112，290. *Méditations nouvelles*. pp.94，166，239.

② *Méditations poétiques*. pp.220，94，281-282. *Harmonies poétiques et religieuses*. Paris—1876. pp.50，51，69.

③ *Méditations poétiques*. pp.297，183，92，175.

Conclusion | 结语

# 关于法兰西独特性的初浅认识

法兰西是一个特点突出的国度，数十年来笔者对她进行着探索。此时，她在千万里之外，但是如同近在眼前：巴黎的塞纳河畔，行人络绎不绝，仿佛在寻觅法兰西惊世骇俗的踪影。图雷纳的葡萄园，友人盛情款待的1912年的佳酿余味犹存。科多尔绵亘不断山带的上空，云海中的落日余晖依然闪烁。奥尔良城下，匈奴远征军曾经饮马的卢瓦尔河！在马赛，汪洋里的伊弗孤岛上，高耸的大墙是禁锢的象征。还有那凡尔赛宫内的镜廊，357块硕大的玻璃隐匿着政治博弈的得失与悲欢……在探访法兰西的过程中，有时可将活跃的思绪收拢起来，凝聚成一叶轻舟，漂向大海，随风逐浪去闯荡、去思考……法国人说："好好播种的土地，带来好收成。"（Bon champ semé，bon blé rapporte）中国人说："一方水土养一方人。"异彩纷呈的景象构成法兰西自然的、社会的与政治的环境，铸造了法国人的心灵，孕育出文明的独特性。

这个国度所获的并非一时虚誉，她的确与若干欧洲国家不同。如果你在那里曾有较长时间的逗留、亲近的接触与被法国人"接纳"，那么你便无法将她忘却。每当面对或追忆她的风物景致与历史传统时，总是令人觉得她蕴含着一种无形的感染力，这就是她的独特性，独有的社会政治文化艺术的内容与格调！在那尽享荣华的宫廷里，舌战难休的议会内，激情荡漾的书信中，先后出现了许多特殊的言行，它们有时如同石破天惊，导致国家政局的更迭、社会生活的变化……

法兰西的确具有令人刮目相看的独特性！她的发挥方式多种多样，此处可做简单的归拢。直陈式的表达，如斯特拉斯堡宣誓。亨利四世一语道破："为了巴黎，很值得去做一次弥撒！"丹东对议员们说"我请求珍惜人的鲜血！"反潮流式的强音，如卢韦—德—库弗雷的冒死回击："罗伯斯比尔，我就敢控告你！"傅立叶指责当时社会上"对于发明者普遍存在敌意"。费弗尔违反法德世仇的传统观念，主张"莱茵河并非鸿沟，而是一条纽带，一个交流的通道"。戴高乐坚持"坦克集群"的快速运动能够克敌制胜。异见式的言行，如布瓦西—当格拉斯呼吁应该"拒绝引发灾难的火把，代之以教育的烛光"。罗丹抨击"巴黎传来的一切，都是贫瘠与乏味"！冷眼观察式的感叹，如拿破仑的母亲所说："但愿这一切能够长久！"梅里美坦言"不当朝廷的奉承者"。虚拟式的例子出自罗什弗尔，它真的罕见难得："我宁愿喜欢拿破仑二世，多好的朝代，没有捐税……"自我解救式的设想，如皮桑的"女士城"、古日的男女结亲"契约书"，尤其波蒂叶的"从来就没有什么救世主，也不靠神仙和皇帝"！学术式的如基内的告白："我的著作的关键和新意，在于为了革命而批评革命。"奥拉尔的心声"我将履行史学探索者的职责，而不维护某种观点"。宗教信仰方面的表述，如阿贝拉尔遭到阉割与绝罚，至死坚持"先理解而后信仰"。个人恋情领域，路易十四的无冕之妻可为典型，曼特侬夫人表示，"我只能对他说真话！"瓦勒弗斯卡告诉拿破仑："等你复兴了波兰，我一定每日穿上玫瑰色的衣裳！"本书还收入了一些难于简单归类的言论，如玛格丽特与费奈龙等的话语，有了它们可以充分反映法兰西文明的复杂性。毫无疑问，这些都不是普通的言论，其中不少已经纳入法国以及其他国家的辞书，或常见于有关著述。

法兰西文明的独特性曾有许多充分的表现，说明该文明的动态存在。无疑，有关言论的内容迥然不同。真挚可信者，如罗兰夫人临刑前的领悟："自由女神，以你的名誉犯下了多少罪行！"拉马丁深思熟虑："人，作为奴隶，他生来便向往自由！"众所周知，也有不值得肯定的言论。"异端裁判处处长”要求“证明异端劣迹”时，对于14世纪的山区民众而言，等同于威胁与恐吓。大革命时期的副检察长埃贝尔，好像“无套裤汉夸张的回声”，随意鼓动“已经到了必须砍杀活人的时候”！此人的狭隘心胸与丹东那幡然醒悟的宽阔胸怀无法相比。这一类言论应该属于基佐所说的“个人独立的过度行为”[①]。还有一些言辞比较片面偏颇。皮桑只顾女性，女士城将男性拒之门外，家庭对于社会的积极作用未见说明。又如马迪叶兹宣称，罗伯斯比尔“掌权开辟了人类的新纪元”，过度的推崇对于法国大革命的学术研究造成某些影响。数十年前，在巴黎的一次讨论会上，人们争论拿破仑是“世界巨人”或“吃人妖魔”时，索布尔教授指出：“不管辩护也好，诟骂也好，都是向个人崇拜低头。如此对待问题是错误的，因为是将这位伟大人物放在历史之外，而不是将他和历史融为一体，以便更好地去了解他。”

放言惊世，那些骤然说出的话语实际言为心声，甚至是长久思虑的迸发。布瓦西—当格拉斯强调教育的烛光，与他本人的出身、所受的教育、职业，以及对于政坛厮杀的静思不无关系。丹东期盼珍惜人血和宽容无辜，他充分了解当时社会与革命的危急形势，并且因而忧虑重重。卢韦—德—库弗雷控告罗伯斯比尔，发生在一种不大的政治环境——议会大厅，但是反映了社会上对于罗伯斯比尔及其山岳派超度集权的广泛不满，对于专政的或明或暗的抵制。1890年，中国使臣薛福成派驻英、法、意、比四国，他曾指出：“法国则叫嚣之气过重。”[②]归根结底，惊人言语根据讲话者与其群体的权力和利益。由于阶级、派别、群体的基本权益，人们语言表达出愿望、愤怒……正是这样颇具特色地向全世界展现出法兰西文化的风度神采！凡是符合社会进步基本要求的言论，将发挥良好的作用，而相反的言论则将不利于甚至破坏社会的发展。

---

① 按照这位史学家与政治家的理解，“文明主要包括两点：社会状态的进展与精神状态的进展。人的外部条件的进展……人的内部性质与个人性质的进展。总之，是社会与个人的完善。”《法国文明史》，商务印书馆1993年版，第3册，第225页。第1册，第9页。

② 《郭嵩焘等使西记六种》，三联书店1998年版，第283—284页。

尽情吐露心思，可能接受严酷考验。有时，代价就是断头台上身首异处，受害者从政坛上消失，掌权者希望产生杀鸡儆猴的效果。当然，也有人平安地渡过了山岳派专政下的艰难时日。布瓦西—当格拉斯发表“不合时宜的”言论时，不曾单刀直入“刺刀见红”，机智迂回的策略使他免除了杀身之祸。如果从历史的高度和时间的长度观察，往往部分言论的重要性、严重性，明显地超过了说话者的境况，超过该人作为历史人物的社会价值。

本书中的法国人早已大胆陈述惊动世人，戴高乐将军辞世已近半个世纪，我们重视他们的言论，是为了知晓法兰西文明的一种气质。从总体来看，这是法兰西的瑰意琦行！罗丹说过：要善于发现美。我们可以补充：也要能够发现丑！美与丑，历来是人类社会所养育的孪生姐妹，她们的共同存在本是自然现象。法兰西的丑受到了费奈龙与罗丹等人的抨击。费奈龙身为贵族与王孙教师，他当面指责路易十四的封建专制：“陛下，如今朝纲废弛，社稷倾危……这一切困难皆由您引起。”举世公认的艺术家罗丹写道：“科学与工业撕碎了巴黎！”他的矛头针对着正在进行的工业革命与现代化的弊端。这是他们见到了丑！实际上，独特性不可能十全十美。皮桑女士已经感觉到了它的局限性：“有时候对于一种生灵而言，保持独立并非最好的事情。”

由于篇幅所限，另有若干言论未能收入本书，例如诗人维尼（Vigny）在他的《一位诗人的回忆》中指出：“一个较好的政府，它应该表现较少，人们对它感觉较少，并且向它缴纳的（赋税）也较少。”又如乌托邦共产主义者皮约（Pillot）指出：“既不要宫殿，也不要茅屋！”（Ni châteaux，ni chaumières.）[①] 让我们寄希望于后续的写作和出版。

法兰西是美丽的，她确有魅力，但不是凌空下凡的仙女，也非迷茫天际的神灵！我们应该接触她、了解她，然而不必萧规曹随、唐临晋帖。必须独

① Maurice Flamant，*Le Libéralisme* Paris—1979. p.36. Jean-Jacques Pillot，*Ni châteaux，ni chaumières.* Paris—1840. p.60.

立地认识法兰西的独特性！

这仅是探索与领略法兰西文明的一些感触，请允许借用诗人缪塞的诗句，作为本书的结尾：

我的玻璃杯不大，

但是我用我的杯子畅饮！

Mon verre n’est pas grand,

Mais je bois dans mon verre !

郭华榕

于坝河西岸

2018 年春夏